AF572875

Herrmann Meyer

Das astrologische Herrschersystem

Standardwerke der Astrologie

Hermann Meyer

Das astrologische Herrschersystem

Wechselwirkungen im Horoskop

ISBN 978-3-89997-235-1
2. Auflage 2020

Umschlag: Judith Hamann, Tübingen
Druck: Finidr, Český Těšin, CZ

Zu beziehen über:
Chiron Verlag, Postfach 1250, D-72002 Tübingen
www.chironverlag.de

Inhalt

Vorwort

In der umfangreichen astrologischen Literatur der letzten Jahre ist bisher ein Thema nicht behandelt worden: das Herrschersystem. Diese Lücke zu schließen war das Ziel, welches ich mir mit dem vorliegenden Buch gesteckt hatte. Dabei war mir anfangs nicht klar, welcher Riesenberg an Arbeit mit dieser Aufgabe verbunden sein würde, ja mehr noch, dass dieses Werk nie wirklich zum Abschluss gebracht werden kann. Denn die zwölf Herrscher können in zwölf verschiedene Häuser ausgewandert sein und in zwölf verschiedenen Tierkreiszeichen stehen. Allein aufgrund dieser Tatsache ergeben sich schon zwölf mal zwölf mal zwölf mal zwölf, also 20 736 mögliche Kombinationen. In dieser Rechnung wurden jedoch die verschiedenen Mieter der Herrscher und die unterschiedlichen Aspektverbindungen zu den Herrscherplaneten noch gar nicht berücksichtigt.

Um also den Umfang des Buches in einem verträglichen Rahmen zu halten, habe ich nur die zwölf Herrscher der Häuser und die zwölf Felder des Horoskops, also zwölf mal zwölf mal zwölf bzw. 1 728 Möglichkeiten dargestellt. An einigen Stellen wurden beispielhaft die Tierkreiszeichen mit in die Deutung einbezogen.

Die große Zahl der Kombinationsmöglichkeiten ist jedoch kein Grund, um den Mut zu verlieren, denn die zwölf kosmischen Prinzipien sind feststehende Größen, die lediglich in immer neuen Varianten und Symbolverbindungen zum Tragen kommen. Ist die Bedeutung der zwölf Tierkreiszeichen erst einmal erfasst, dann können Kombinationen selbstständig und ohne Weiteres vorgenommen werden.

Mithilfe des Herrschersystems können vollkommen neue Einblicke in das eigene Horoskop oder in jenes von Freunden, Bekannten, Verwandten, aber auch von Klienten gewonnen werden. Recht bald wird deutlich, dass das Herrschersystem gegenüber der Aspektdeutung sogar noch Vorrang hat. Denn was nützen harmonische Aspekte, wenn die Planeten, die diese Aspekte bilden, nicht zur Verfügung stehen, als gehemmt oder pervertiert erlebt werden und damit also unerlöst sind?

Darüber hinaus kann eine Aspektdeutung mithilfe des Herrschersystems viel differenzierter vorgenommen werden. Es ist ein großer Unterschied, ob Merkur als Herrscher von Haus 6 in Haus 3 eine Quadratur zu Pluto bildet, der als Herrscher von Haus 10 in Haus 7 steht, oder ob Merkur als Herrscher von Haus 2 in Haus 5 steht und einen Quadrataspekt zu Pluto als Herrscher von Haus 11 in Haus 8 darstellt. Der Aspekt ist in beiden Fällen gleich, doch werden mit ihm unterschiedliche Lebensgebiete angesprochen und verschiedene Lernprozesse ausgelöst. – Dies vorweg als Hinweis für jene Leser, die sich schon tiefer in das weite Feld der Astrologie eingearbeitet haben.

Und noch etwas: Erste Tests mit dem Manuskript dieses Buches haben ergeben, dass viele Leser über das Herrschersystem zwar ihre Mitmenschen sehr gut erkennen können, bei sich selbst jedoch weniger Zutreffendes finden. Dies mag vielleicht daher rühren, dass man häufig bei sich selbst die gehemmten und die kompensierenden Formen einer Anlage ablehnt, weil diese mit dem eigenen Selbstbild nicht vereinbar sind, während hingegen bei der Deutung von anderen Horoskopen diese Barriere nicht besteht. Grundvoraussetzungen für die Arbeit mit diesem Buch sind also Mut zur Selbstanalyse und ein bisschen Kombinationsgabe.

Schließlich möchte ich die Gelegenheit nutzen, um all denjenigen zu danken, die zur Entstehung dieses Buches beigetragen haben: Veronika Bachmann-Stumm, Brigitte Becvar-Jost, Brunhilde Feiler, Vera Klein, Marlis Kramer, Rolf Sellin und nicht zuletzt auch Diane von Weltzien und Kristin Bamberg, die das Manuskript betreuten.

Ich wünsche meinen Lesern mit diesem Nachschlagewerk
viel Freude und Erfolg!

Hermann Meyer

Einführung

Das Herrschersystem - eine alte Methode neu gesehen

Das Herrschersystem ist eine alte Deutungsmethode, die schon Astrologen wie Hans Baumgartner, Karl Brandler-Pracht oder Frank Glahn praktiziert haben. Da die Astrologie damals jedoch noch kaum von anderen Wissensgebieten beeinflusst war, waren die Interpretationen folgender Art:

- »Steht der Herr des 12. Hauses im 11. Haus, so wird die Freundschaft sehr nachteilig wirken.«[1]
- »Steht der Herr des 7. Hauses im 2. Haus: Geldheirat; im 5. Haus: Liebesheirat; im 10. Haus: Berufsangelegenheit; im 11. Haus: vorheriges Freundschaftsverhältnis.«[2]
- »Steht Mars als Herr des 7. Hauses im 8. Haus: die Mitgift des Partners bringt die Gefahr der Vernichtung oder des Verlusts.«[3]
- »Steht der Herr des 3. Hauses im 12. Haus: Studium des interessanten Asozialen; Gefängniswissenschaft; Erholung in Einsamkeit; Versöhnungsangebot; Schicksal durch Briefe.«[4]

Ergänzt durch tiefenpsychologische und soziologische Sichtweisen, gestattet das Herrschersystem heute eine erheblich differenziertere Deu-

---

1 Frank Glahn, Erklärung und systematische Deutung des Geburtshoroskops. Memmingen 1930, S. 337

2 Ebenda, S. 356/357

3 Ebenda, S. 360

4 Hans Baumgartner, Tabellen zur Planetendeutung nach Häuserstand und Häuserherrschaft. Warpke 1949, S. 45

tung. Insbesondere jedoch durch die psychologische Astrologie hat es neue Impulse erhalten. Revolutioniert wird das Herrschersystem vor allem durch die zehn Schicksalsgesetze, darunter an erster Stelle durch das Gesetz von Ursache und Wirkung, das Gesetz des Ausgleichs, das Gesetz der Wiederkehr des Verdrängten und das Gesetz von Inhalt und Form. Doch auch die Vorstellung, dass ein Planet zu entwickelnde Fähigkeiten, also eine Anlage symbolisiert, und die Unterscheidung zwischen der neurotischen und der realen Natur einer solchen Anlage, zwischen der gehemmten, kompensierenden und realen (erwachsenen) Form eines Planeten bzw. einer Anlage sind wichtige Anstöße bei der Arbeit mit dem Herrschersystem.

Die neue Herangehensweise macht es plötzlich möglich, Schicksal nicht mehr nur als Determination zu begreifen. Ursache und Wirkung einer Anlage im Horoskop sind jetzt erkennbar und können auf die Frage hin untersucht werden, in welcher Form (gehemmt, kompensierend oder erwachsen) sie bisher gelebt wurden. Dies wiederum eröffnet neue Lösungsmöglichkeiten für die betreffende Konstellation. Indem man über das Herrschersystem erkennt, wie eine Anlage, die vorher schmerzhaft erlebt wurde, in der entwickelten, erwachsenen Form aussehen kann, erhält man die Möglichkeit zu unmittelbaren, positiven Veränderungen. Mit einem Mal wird erkennbar, wohin der Weg führt, welche Intention die Anlage in sich birgt und welche Lernschritte in diesem Zusammenhang erforderlich sind.

Die derart zeitgemäße Anwendung des Herrschersystems macht das Horoskop zu einem Wegweiser für die eigene Entwicklung und zu einem wertvollen therapeutischen Hilfsmittel für Ärzte, Heilpraktiker, Psychoanalytiker und Psychotherapeuten. Es fördert die Bereitschaft des Horoskopeigners, selbst etwas zu erkennen und umzusetzen, selbst strategisch und taktisch in das eigene Schicksal einzugreifen.

Ferner konnte auch die Ökologie, in der Übertragung auf die Innenwelt des Menschen angewendet, die Astrologie befruchten. Daher ist es möglich, über das Herrschersystem die Vernetzung des eigenen Persönlichkeitssystems zu erfahren, Szenarien zu proben und zu erkennen, welche Kettenreaktionen im gesamten Tierkreis ablaufen, wenn man bei einer einzigen Anlage von der Hemmung in die Kompensation geht oder sie gar in ihrer erwachsenen Form ausbildet.

Gebrauchsanweisung für dieses Buch

Um dieses Buch für die Deutung des eigenen Horoskops zu verwenden, muss man zunächst wissen, wie Planeten und Tierkreiszeichen einander astrologisch zugeordnet sind, oder, anders ausgedrückt, welcher Planet welches Tierkreiszeichen »beherrscht«.

Planet/Symbol beherrscht Tierkreiszeichen/Symbol

♂ Mars	♈ Widder
♀ Venus	♉ Stier
☿ Merkur	♊ Zwillinge
☽ Mond	♋ Krebs
☉ Sonne	♌ Löwe
☿ Merkur	♍ Jungfrau
♀ Venus	♎ Waage
♇ Pluto	♏ Skorpion
♃ Jupiter	♐ Schütze
♄ Saturn	♑ Steinbock
♅ Uranus	♒ Wassermann
♆ Neptun	♓ Fische

Die Planeten Merkur und Venus beherrschen jeweils zwei Tierkreiszeichen. Merkur ist Herrscher von Zwillinge und Jungfrau. Die Venus ist Regentin der Tierkreiszeichen Stier und Waage.

Herrscher oder Dispositor eines Hauses ist der zu dem Tierkreiszeichen gehörende Planet, welcher die jeweilige Häuserspitze anschneidet. Die Häuserspitze ist immer der Anfang eines Hauses. Hierbei ist zu beachten, dass die Häuser gegen den Uhrzeigersinn nummeriert werden.

An Herberts Horoskop (siehe Seite 14) werden die Herrscher der einzelnen Häuser folgendermaßen beispielhaft bestimmt:

Haus 1 (Aszendent): Die Häuserspitze steht im Tierkreiszeichen Skorpion. Der dazugehörige Planet ist Pluto. Somit ist Pluto der Herrscher von Haus 1.

Haus 2: Die Häuserspitze steht im Schützen. Der beherrschende Planet ist Jupiter. Deshalb ist Jupiter der Herrscher von Haus 2.

Haus 3: Die Spitze des 3. Hauses befindet sich im Tierkreiszeichen Steinbock. Saturn beherrscht Steinbock, folglich ist er der Herrscher des 3. Hauses.

Haus 4: Bei diesem Haus gibt es einen Herrscher und einen Mitherrscher. Da das Tierkreiszeichen Fische keine Häuserspitze aufweist, nennt man es »eingeschlossenes Tierkreiszeichen«. Der zu diesem eingeschlossenen Zeichen gehörige Planet wird als Mitherrscher des

Herbert 27.01.1952 02:15:00 MEZ
Köln 006 59:00 0 50:56:00 N 01:15:00 GMT

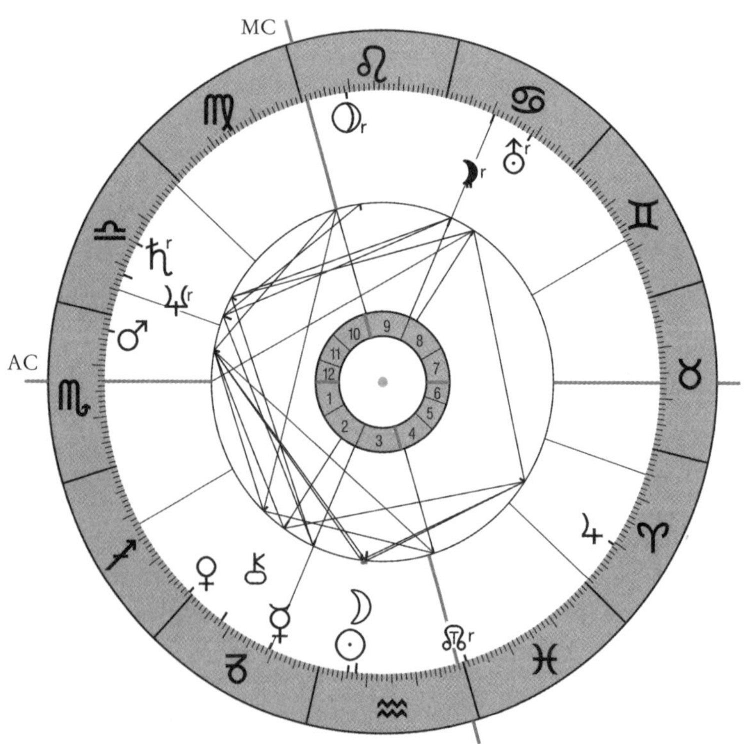

jeweiligen Hauses bezeichnet. Die Spitze des 4. Hauses steht im Tierkreiszeichen Wassermann, der dazugehörige Planet ist Uranus, somit ist Uranus der Herrscher von Haus 4. Das Tierkreiszeichen Fische ist im 4. Haus eingeschlossen. Der dazugehörige Planet zum Tierkreiszeichen Fische ist Neptun. Deshalb ist Neptun der Mitherrscher von Haus 4.

Haus 5: Die Spitze des 5. Hauses steht im Tierkreiszeichen Widder. Da der Mars das Zeichen Widder beherrscht, ist er der Herrscher von Haus 5.

Haus 6: Die Häuserspitze des 6. Hauses steht im Zeichen Widder. Der Mars gehört diesem Tierkreiszeichen an und ist somit der Herrscher von Haus 6. In diesem Horoskop beherrscht Mars also zwei Häuser, da zwei Häuserspitzen das Tierkreiszeichen Widder anschneiden.

Haus 7: Die Spitze des 7. Hauses steht im Tierkreiszeichen Stier. Der dazugehörige Planet ist die Venus. Folglich herrscht Venus über das 7. Haus.

Haus 8: Die Spitze von Haus 8 steht im Zeichen Zwillinge. Der dazugehörige Planet ist der Merkur. Daher herrscht Merkur über das 8. Haus.

Haus 9: Die Spitze des 9. Hauses steht im Tierkreiszeichen Krebs, das dem der Planet Mond zugeordnet ist. Folglich ist der Mond der Herrscher des 9. Hauses.

Haus 10 (Medium Coeli): Die Spitze des 10. Hauses steht im Zeichen Löwe. Die Sonne herrscht über das Tierkreiszeichen Löwe, und somit ist sie die Herrscherin von Haus 10. Weil das Tierkreiszeichen Jungfrau keine Häuserspitze aufweist und deshalb »eingeschlossen« ist, gibt es in diesem Haus wieder einen Mitherrscher. Merkur gehört zum Zeichen Jungfrau und ist deshalb Mitherrscher des 10. Hauses.

Haus 11: Die Spitze des 11. Hauses steht im Zeichen Waage, der zugeordnete Planet ist die Venus, und somit herrscht sie über das Haus 11.

Haus 12: Die Spitze des 12. Hauses steht im Zeichen Waage. Die Venus ist dem Tierkreiszeichen Waage zugeordnet, und daher ist sie die Herrscherin von Haus 12.

Da das Tierkreiszeichen Waage zwei Häuserspitzen aufweist, ist der ihm zugehörige Planet, die Venus, die Herrscherin von zwei Häusern. Angenommen, man möchte in dem nachfolgenden Horoskop von Hans wissen, was es mit Pluto als Herrscher von Haus 6, der nach Haus 3 »ausgewandert« ist (siehe Seite 17), auf sich hat.

Zunächst informiert man sich über die Bedeutung der beiden betroffenen Häuser, Haus 6 und 3. Dies kann entweder mittels der Kurzcharakteristiken ab Seite 17 erfolgen oder über den vierten Teil des Buches, »Die Bedeutung der Häuser« (ab Seite 335).

Dann beschäftigt man sich mit Pluto als Herrscher von Haus 6 auf den Seiten 196-198. Beleuchtet wird der Planet, wie er in der Hemmung, in der Kompensation und schließlich in der Lösungsmöglichkeit bzw. in der erwachsenen Form zur Wirkung kommt. Jeder dieser drei Abschnitte ist durch einen Deutungstext eingeleitet. Eine Deutung steht selbstverständlich immer in enger Beziehung zu der Person, die sie wagt. Sie ist also keineswegs unumstößlich oder hat Gesetzescharakter, vielmehr muss sie immer auch noch anderen Deutungsmöglichkeiten Raum geben.

Wenn man sich die Bedeutung von Pluto als Herrscher von Haus 6 erarbeitet hat, kann man sich der Interpretation von Pluto als Herrscher von Haus 3 (Seite 134f.) zuwenden, um zu erfahren, wie der Planet in dem Haus, in welches er ausgewandert ist, in der Hemmung, in der Kompensation und in der Lösungsmöglichkeit bzw. in der erwachsenen Form zum Tragen kommt.

Ferner lässt sich noch beleuchten, wie Pluto als Herrscher von Haus 6, der nach Haus 3 ausgewandert ist, auf den Beziehungspartner oder Mitmenschen von Hans wirkt. Der Herrscher eines Hauses wirkt sich immer auf das gegenüberliegende Haus des Partners oder Mitmenschen aus. Zum Beispiel beeinflusst Jupiter als Herrscher von Haus 1 das 7. Haus des Partners oder Mitmenschen oder Saturn als Herrscher von Haus 11 das 5. Haus des Partners oder Mitmenschen. Ist der Planet in ein anderes Haus ausgewandert, wie es im Beispiel von Hans der Fall ist, wo Pluto als Herrscher von Haus 6 nun »Mieter« des 3. Hauses ist, dann ist immer auch das neue »Domizil« des Planeten zu beachten. In diesem Fall entspricht also das 3. Haus von Hans dem 9. Haus seiner Partnerin oder seines Mitmenschen (siehe Seite 341). Auch hier kommen wieder die drei Möglichkeiten Hemmung, Kompensation und Lösungsmöglichkeit bzw. erwachsene Form mit ihren jeweiligen Deutungen zum Tragen. Außerdem finden sich im vierten Teil des Buches, »Die Bedeutung der Häuser«, noch weitere Informationen zu diesem Thema.

Das, was hier exemplarisch anhand von Pluto als Herrscher von Haus 6 in Haus 3 aufgezeigt wurde, kann nach diesem Muster auch auf alle anderen Planeten übertragen werden. Auf diese Weise ist es möglich, sämtliche Persönlichkeitsanteile zusammenzusetzen, bis schließlich ein geschlossenes Bild entsteht: Sichtbar wird das eigene Persönlichkeitssystem mit all seinen Wechselwirkungen und Vernetzungen.

Hans	08.06.1943 06:00:00 Mes	
Darmstadt	008 38:58 0 49:52:20 N	04:00:00 GMT

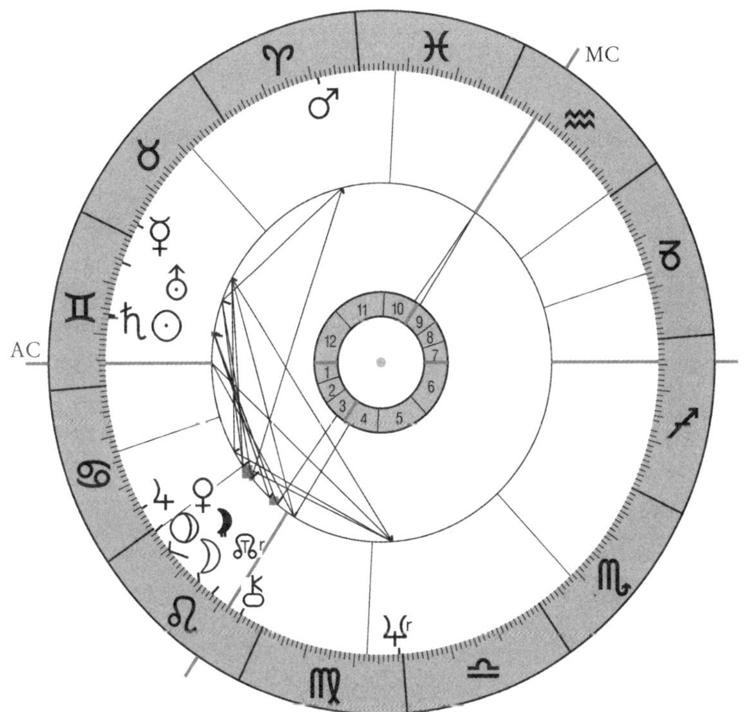

Für die Arbeit mit diesem Buch ist eine Kurzcharakteristik der zwölf Häuser des Horoskops hilfreich, um zu einer raschen Deutung zu gelangen. Detailliertere Beschreibungen finden sich im vierten Teil des Buches, »Die Bedeutung der Häuser« (ab Seite 335).

Haus 1: Ego - Initiative - Durchsetzung - Triebleben

Haus 2: Besitz und Finanzen - eigenes Revier - Lebensstil - Eigenwert

Haus 3: Darstellung - Kommunikation - Information - freier Aktionsradius

Haus 4: Wohnung und Haus - Familie - Gefühlswelt - Prozess der Identitätsfindung

Haus 5: Unternehmung - Kreativität - Sexualität - Kinder

Haus 6: Arbeit - Zeigen der Gefühle - Wahrnehmung und Beobachtung - Analyse

Haus 7: Begegnung und Umwelt - Partner - Partnerschaft - Prozess der Geschmacksfindung

Haus 8: Prozess der Meinungsbildung - erotische Fantasien - Partnerbeziehung - Prozess der Transformation

Haus 9: Weltanschauung, Philosophie und Religion - Weiterentwicklung und Verbesserung der Partnerschaft - Das »Schöngeistige« (Oper, Operette, Vernissagen, Literatur) - Reisen

Haus 10: Beruf und Berufung - Normen und Ideale der Kultur (auch Moral und Konvention) - Gesetze der Kollektivneurose und Gesetze des Lebens - eigene Ziele

Haus 11: Freiheit und Unabhängigkeit - Freizeit - progressive Bestrebungen - Prozess der Emanzipation und Individuation

Haus 12: Das Verdrängte - Subkultur, Alternativszene - Träume und Wünsche - Prozess der Auflösung

Befindet sich bei einem Menschen zum Beispiel der Uranus als Herrscher von Haus 9 in Haus 1, dann beeinflusst oder stärkt Uranus dort das Ego und die Durchsetzungskraft, in Haus 2 den Lebensstil und den Eigenwert, in Haus 3 die Darstellung und die Kommunikation, in

Haus 4 das Familienleben und den Prozess der Identitätsfindung usw. Auf diese einfache Weise ist zunächst eine verhältnismäßig schnelle Deutung möglich, die dann natürlich immer weiter differenziert werden kann.

Schließlich soll am Beispiel von Herberts Horoskop, welches bereits auf Seite 14 als Muster diente, noch einmal gezeigt werden, welche Fragen anhand des Herrschersystems gestellt und beantwortet werden können.

Im Horoskop von Herbert fällt die Spitze des 8. Hauses in das Tierkreiszeichen Zwillinge. Der den Zwillingen zugeordnete Planet ist Merkur, und er gilt daher als Herrscher von Haus 8. Er befindet sich in Haus 3 im Tierkreiszeichen Steinbock. Er ist - um den korrekten astrologischen Begriff zu verwenden - nach dorthin »ausgewandert«.

Die Beschäftigung mit dem Herrschersystem führt zu den folgenden Fragen:

1. **Um welchen Planeten handelt es sich? Welche Anlage bringt er ins Spiel?**
   In Herberts Horoskop geht es um den Merkur, also um rhetorische und schriftliche Begabungen, um technische und kommunikative Fähigkeiten, um einen freien Aktionsradius sowie um Informationsaufnahme und -abgabe.

2. **Über welches Haus herrscht diese Anlage bzw. dieser Planet?**
   Dort, wo der Planet Herrscher ist, muss die entsprechende Anlage ausgebildet werden, denn dort verbirgt sich die Ursache. In Herberts Fall ist Merkur Herrscher von Haus 8. Er benötigt also zum Beispiel für kommunikative Zwecke (Merkur) und für seine schriftlichen Arbeiten (Merkur) eine Ideen- oder Stoffsammlung und ein Konzept (Haus 8).

3. **Welchen Planeten hat der Herrscher als Mieter?**
   In Herberts Horoskop steht im 8. Haus, in dem Merkur der Herrscher ist, Uranus als Mieter. Folglich wird Uranus als Mieter des Hauseigentümers Merkur betrachtet. Also finden im 8. Haus ständig Revolutionen (Uranus), Veränderungen (Uranus) und Erneuerungen (Uranus) statt. Der Mieter beeinflusst Stimmung und Atmosphäre des Hauses und verleiht ihm seine besondere Note. Herberts

Konzepte sind also von neuartigem, spektakulärem und revolutionärem Charakter.

4. **In welches Haus ist die Anlage ausgewandert?**
Dort, wo der Planet im Horoskop steht, kommt seine Wirkung zum Tragen. Merkur, der Herrscher von Haus 8, ist nach Haus 3 ausgewandert. Herbert kann also, wenn er neue, revolutionäre Konzepte mündlich und schriftlich darlegt, seine Darstellung (Haus 3) entscheidend verbessern.

5. **In welchem Tierkreiszeichen steht die Anlage?**
Der Merkur steht in Herberts Horoskop im Steinbock. Er braucht also nicht nur ein Konzept (Haus 8) beim Sprechen (Merkur), sondern muss auch die Gesetze (Steinbock) der Kommunikation (Merkur) beachten. Ferner stellt Merkur im Steinbock die Aufgabe dar, das strenge Unterscheiden zu lernen zwischen dem, was wirklich wichtig (Steinbock) und notwendig (Steinbock) ist, und dem, was als unwichtig, nebensächlich und trivial betrachtet wird. Wenn also der Merkur im Steinbock steht, dann gilt es, konzentriert, zielgerichtet und mit logischem Aufbau zu sprechen und zu schreiben.

6. **Welche Aspekte empfängt die Anlage?**
In Herberts Horoskop bildet der Merkur in Haus 3 zu Neptun und Saturn in Haus 11 ein Quadrat. Es besteht also die Gefahr, dass von Haus 11 aus irgendwelche Verunsicherungen (Neptun) oder Blockaden (Saturn) erfolgen.

7. **Wodurch wird der Planet beherrscht?**
Merkur steht im Steinbock in Haus 3. Der Herrscher von Haus 3 ist Saturn und steht in Haus 11. Demnach wird Merkur von Saturn beherrscht. Solange Herbert die Gesetze der Kommunikation und sein Recht auf freien Aktionsradius nicht verwirklichen kann, hemmt Saturn seine Unabhängigkeit und Freiheit.

8. **Wodurch wird seinerseits der Herrscher der Anlage beherrscht?**
Saturn als Herrscher von Haus 3, in dem sich Merkur befindet, steht in Haus 11 in der Waage, wird also seinerseits wiederum von der Venus regiert, die in Haus 2 steht.
Die letzte Frage löst eine ganze Reihe von weiteren Überlegungen aus: Wer ist der Herrscher von Haus 2? Es ist Jupiter in Haus 5.

5. **Wer beherrscht Jupiter in Haus 5?**
   Es ist Mars in Haus 12. Und wer beherrscht Mars in Haus 12? Richtig, es ist die Venus, die in Haus 2 steht. Damit endlich schließt sich der Kreis.
   Wer mit dem Herrschersystem arbeitet, muss sich darüber klar sein, dass er sich Prozessen der Bewusstwerdung aussetzt, die unter Umständen auch schmerzhaft sein können. Damit die Arbeit mit dem Herrschersystem sinnvoll ist, sind also vor allen Dingen Ehrlichkeit sich selbst gegenüber und die Fähigkeit gefragt, auch eigene liebgewonnene Einstellungen, Vorstellungen und Verhaltensweisen zu korrigieren oder zu transformieren. Wer dieses Wagnis eingeht, erspart sich zukünftig vielleicht lange Um- und Irrwege und darf mehr Lebensqualität erhoffen.

Die Deutung des Herrschers

Bei der Deutung eines Planeten, der ein Haus beherrscht, müssen verschiedene Faktoren beachtet werden. Insbesondere heißt es dabei soziologische, psychologische, esoterische und ökologische Aspekte zu berücksichtigen:

Soziologische Aspekte:

1. Die kulturspezifische Deutung
2. Die milieuspezifische Deutung
3. Die zeitepochenspezifische Deutung
4. Die geschlechtsspezifische Deutung

Psychologische Aspekte:

5. Hemmung, Kompensation, erwachsene Form
6. Die Materialisation der Anlage (Gesetz von Inhalt und Form, Gesetz der Affinität)
7. Verzerrung und Pervertierung durch Verdrängung der Anlage (Gesetz der Wiederkehr des Verdrängten)
8. Die Somatisierung der Anlage
9. Die Projektion der Anlage auf Mitmenschen

Esoterische Aspekte:

10. Das Gesetz von Ursache und Wirkung
11. Das Gesetz der positiven und negativen Verstärkung, das Gesetz des Ausgleichs, das Gesetz der Bestätigung

Ökologische Aspekte:

12. Wechselwirkung und Vernetzung

1. Die kulturspezifische Deutung

Ein Mensch, der von der christlich-abendländischen Kultur geprägt wurde, hat gewöhnlich große Schwierigkeiten, ein Horoskop zu deuten, dessen Eigner beispielsweise in China aufgewachsen ist und dort lebt, denn die Planeten im Horoskop werden zu einem großen Teil kulturspezifisch ausgelebt. Es steht zu bedenken, dass jede Kultur ihre eigenen Symbole und Formen des Auslebens besitzt.

2. Die milieuspezifische Deutung

Bei der astrologischen Deutung eines Planeten wird dem Milieu, aus dem der Horoskopeigner stammt, häufig viel zu wenig Aufmerksamkeit geschenkt. Dabei kann es von großer Bedeutung sein, ob die betreffende Person etwa aus der mittleren Unterschicht oder aus der oberen Mittelschicht kommt.

Der Vollständigkeit halber seien hier kurz die Schichten erwähnt, in welche die Soziologie die Bevölkerung schematisch gliedert: Elite, obere Oberschicht, mittlere Oberschicht, untere Oberschicht, obere Mittelschicht, mittlere Mittelschicht, untere Mittelschicht, obere Unterschicht, mittlere Unterschicht und untere Unterschicht. Jede Schicht besitzt eine für sie typische Sprache, ihren eigenen Lebensstil, eigene Signale, Statussymbole, Fühl- und Denkmuster, Handlungs- und Verhaltensmuster, Rollenspiele und so fort. Die schichtspezifische Prägung ist bei vielen Menschen so tief greifend und dabei so unmerklich geschehen, dass sie sich Zeit ihres Lebens der Täuschung hingeben, ihr Fühlen, Denken und Handeln sei Ausdruck ihrer individuellen Persönlichkeit. In Wahrheit jedoch wiederholt der Betreffende lediglich die in seinem Milieu vorherrschenden Rollen und Muster.

Wäre er mit demselben Horoskop Angehöriger einer anderen Gesellschaftsschicht, würde er möglicherweise andere Formen ausleben. Ein Mensch, in dessen Horoskop der Wassermann stark betont ist, wird vielleicht in der unteren Unterschicht besonders durch Auflehnung (Uranus) und Widerstand (Uranus) zum Beispiel gegenüber der Staatsgewalt auffallen. Ist er jedoch der oberen Oberschicht zugehörig, so hat er die Möglichkeit, den Uranus als neue Ideen und Erfindungen oder als Abenteuerlust (Safari etc.) auszuleben. Er befindet sich mit seinem Uranus auf einer anderen Frequenz.

Um Missverständnissen vorzubeugen: Die Frequenz einer Anlage wird nicht allein durch das Milieu bestimmt, sondern selbstverständlich auch durch die persönliche seelische und geistige Entwicklung.

Aus astrologischer Sicht hat es keineswegs nur Vorzüge, der Mittel- oder Oberschicht zu entstammen. Zum Beispiel werden in der Unterschicht Gefühle oft direkt und unverblümt ausgedrückt, was einen seelischen Reinigungsprozess auslöst. In anderen Schichten hingegen gelangen insbesondere negative Gefühle wie Aggression, Hass oder

Wut weniger offen an die Oberfläche und müssen sich daher andere Kanäle suchen.

3. Die zeitepochenspezifische Deutung

Die Masken, die ein Archetypus (Planet) wählt, sind abhängig von der Zeitepoche. So konnte zum Beispiel eine Frau aus dem 18. Jahrhundert den Uranus in ihrem Horoskop nicht in Aerobic-Kursen oder in feministischen Gruppen ausleben. Mithin sind Variationen und Formen des Ausdrucks abhängig von dem durch die Zeitepoche gegebenen Rahmen.

4. Die geschlechtsspezifische Deutung

Auch geschlechtsspezifische Fühl-, Denk- und Verhaltensmuster spielen bei der Deutung eines Horoskops eine große Rolle. Selbst wenn ein Mann und eine Frau ein identisches Horoskop besitzen, so wird sie es doch vollkommen anders mit Leben füllen als er. So kann beispielsweise die Venus (Waage) im Horoskop einer Frau für ihre Fähigkeit stehen, sich zu schminken, das Beste aus ihrem Typ oder sich schön zu machen. Einem Mann hingegen könnte es schwerfallen, die Konstellation auf die gleiche Weise auszuleben. Er wird mit seiner Venus mehr strategische und taktische Fähigkeiten entwickeln.

So verschiedene Motive, Ziele und Verhaltensweisen Frauen und Männer haben, so verschieden sind auch die astrologischen Interpretationsmöglichkeiten.

In der psychologischen Astrologie unterscheiden wir zwischen der gehemmten, der kompensierenden und der erwachsenen Form einer Anlage.

Die Hemmung

Die Stellungnahme eines Kursteilnehmers über das Phänomen der Hemmung spricht Bände. Er sagte: »Nie hätte ich gedacht, dass ausgerechnet die Maßstäbe, die Ideale und Normen der Gesellschaft, ausgerechnet Anstand und Anpassung mich so sehr am Leben gehindert haben. Man möchte meinen, dass man doch dafür belohnt wird, brav, anständig und bescheiden zu sein, dafür, sich zurückzunehmen, sich nicht vorzudrängen, nicht egoistisch zu sein.«

Makaber ist dabei, dass ausgerechnet das Streben nach Normalität und Anerkennung den Individuationsprozess so sehr behindert, ja mehr noch, dass gerade dies den Menschen in das Karma-Karussell katapultiert, aus dem es nur schwer ein Entrinnen gibt. Doch wer es sich zum Ziel gesetzt hat, normal (Saturn) und so zu sein wie alle anderen, wer danach strebt, den Normen (Saturn) und Idealen (Saturn) der Gesellschaft zu entsprechen, der verleugnet seine Individualität und kann sich nicht so entwickeln, wie es seine Anlagen verlangen.

Ein Mensch, dem das Streben nach Normalität der höchste Wert ist, verhält sich so, als ob Saturn in allen Häusern seines Horoskops stehe. Er beschneidet sich selbst, indem er die Normen und Ideale der Gesellschaft über die Gesetze des Lebens stellt. Und weil er selbst sich innerlich hemmt, zieht er außen Situationen und Personen an, die ihn blockieren und ihm einen Schicksalsschlag nach dem anderen versetzen. Die Folge ist, dass der Gehemmte meint, noch braver, noch anständiger und noch angepasster sein zu müssen – eine Haltung, mit der er unweigerlich neue Krankheiten und Schicksalsvarianten auslöst.

Gehemmt zu sein bedeutet also, ein Leben auf Sparflamme zu führen, nie richtig erfolgreich sein zu können und nie das große Glück zu erleben. Und es heißt u. a. auch, immer nur so viel zu verdienen, dass eben die Existenz noch gesichert ist, gerade so viel, dass man nur ja nicht auf den Gedanken kommt, auch nur ein einziges Mal – und sei es nur für kurze Zeit – aus der Tretmühle auszuscheren.

Die Kompensation

Das Leben des kompensierenden Menschen ist etwas angenehmer als jenes des gehemmten. Der Kompensator verkörpert die Normen und Ideale der Gesellschaft, und er gibt sich nach außen so, als ob er sie erfülle und nach ihnen lebe. Im Umgang mit gehemmten Menschen, also mit jenen, die in der Kindrolle verharren, übernimmt er die Elternrolle. Indem er diesen Part übernimmt, gewinnt er Einfluss auf sein Schicksal und ist damit weniger passiv: Er teilt das Schicksal aus, statt es selbst zugewiesen zu bekommen. Allerdings macht sich der kompensierende Mensch ständig Sorgen wegen der »Kinder«, muss sich über sie ärgern oder ist frustriert, wenn sie nicht so funktionieren, wie er es will.

In der Elternrolle wird der Mensch zum Bewahrer und Hüter von Anstand, Moral und Konvention. Er kritisiert und maßregelt, korrigiert und straft jeden, der gegen die Regeln verstößt. Das Bedürfnis, immer recht zu haben und alles besser zu wissen, ist typisch für ihn.

Der Kompensator meint von sich, moralisch sauberer, besser, edler und anständiger zu sein als andere Menschen. Nur er besitzt Niveau und Stil, kann und weiß alles. Besonders wohl fühlt sich der kompensierende Mensch in der Rolle des Vorgesetzten, in der er auch gesellschaftlich die Legitimation hat, gehemmte Menschen, die in der Kindrolle bleiben, zu maßregeln und zu korrigieren, zu belohnen oder zu bestrafen. Damit wiederholt sich auf einer neuen Ebene ein Rollenmuster, welches der Gehemmte bereits in der Beziehung zu seinen Eltern kennengelernt hat.

Genau genommen ist also die Person, die in der Elternrolle verharrt, genauso gehemmt wie jene, welche die Kindrolle übernommen hat. Erstere versucht jedoch, die Hemmung zu kompensieren, indem sie mit großem Ehrgeiz nach der Umsetzung von Normen und Idealen strebt. Dass sie sich nicht mit einem gehemmten Leben zufriedengibt, sondern die Energie zur Kompensation aufbringt, ist dabei als günstig zu bewerten. Der kompensierende Mensch handelt, während der gehemmte Mensch passiv bleibt.

Der **Erwachsene** lässt sich weder von Normen und Idealen hemmen, noch versucht er, sie zu verkörpern. Er steigt aus aus der komplementären Verflochtenheit zwischen Eltern- und Kindrollenspieler und dadurch aus dem Wechselspiel zwischen Schwätzer und Schweiger, Versorger und Versorgtem, Machthaber und Ohnmächtigem, Richter und Gerichtetem, Helfer und Hilflosem ... Er wiederholt nicht allgemein vorherrschende Auffassungen, ist nicht abhängig von Anerkennung, kleidet sich und wohnt geschmackvoll, aber nicht zwanghaft dem neuesten Trend entsprechend. Er versucht auf allen Lebensgebieten etwas Eigenes zu entwickeln – Lebensstil, Weltanschauung, Lebensphilosophie, Selbstdarstellung, Selbstverwirklichung, Gefühle, Freizeitgestaltung, Fantasie und Träume spiegeln seine individuelle Persönlichkeit.

Der Erwachsene versucht also, seine Anlagen so zu entwickeln, wie sie von Natur aus in ihm angelegt sind. Er weiß, dass er die jeweilige Anlage nur erlösen kann, wenn er sie mit Inhalt füllt, also die entsprechende Fähigkeit ausbildet und sich das erforderliche Wissen aneignet. Beispielsweise kann der Mond im Horoskop entweder in der unerlösten (»inhaltsleeren«) Form als Launenhaftigkeit ausgelebt werden oder aber in der erlösten Form als die Fähigkeit, Zärtlichkeit zu schenken und zu empfangen, und schließlich auch als psychologisches Wissen präsent sein. In der erwachsenen Form steht der Mensch zu seiner psychischen Struktur bzw. zu seinem Horoskop und legt weitgehend Authentizität an den Tag. Er befindet sich jenseits von Moral und Konvention und ist daher dem herkömmlichen Schicksal, welches aus der Identifikation mit Normen und Idealen resultiert, weniger ausgeliefert.

Vor allen Dingen aber lebt der Erwachsene wirklichkeitsadäquat und gegenwartsbezogen, während Menschen, die auf die Kind- oder Elternrolle fixiert sind, sich in der Vergangenheit verlieren und unrealistischen Vorstellungen und Ideologien nachjagen.

Wie ein roter Faden zieht sich die Aufteilung der Anlagen in die gehemmte, kompensatorische oder erwachsene Form durch das Buch. Wenngleich es Menschen gibt, die fast alle Anlagen in der Hemmung erleben, und auch die Reinform des Kompensators nicht selten ist, so neigen doch die meisten Horoskopeigner zu Mischformen, das heißt, einige Anlagen sind gehemmt, andere werden in der Kompensation erlebt und ein paar Anlagen stehen vielleicht schon im Erwachsenenstadium zur Verfügung.

Außerdem kann es sein, dass auch manchmal die Tagesform des betreffenden Menschen oder die Begegnungssituation als solche darüber entscheidet, in welche Rolle er schlüpft. Begegnet er einem Menschen, der in der Hierarchie höher angesiedelt ist, fällt er in die Hemmung, während die Begegnung mit einem Subalternen den Kompensator in ihm weckt.

Die Einteilung in die drei Zustände kann auch in der Medizin beobachtet werden – man denke nur an einen zu niedrigen Blutdruck (Hemmung) oder an einer zu hohen (Kompensation), an eine Unterfunktion der Schilddrüse oder eine Überfunktion und an die jeweilige physiologische Funktion (erwachsen). Es geht dabei darum aufzuzeigen, welche Möglichkeiten für den Horoskopeigner bestehen, sich aus ungünstigen Lebensumständen und Leid herauszumanövrieren. Deshalb spricht man in der psychologischen Astrologie bei der erwachsenen Form auch von den Lösungsmöglichkeiten. Es kann für den Horoskopeigner eine große Hilfe bedeuten zu wissen, wie der Weg aus der unerlösten, mit seelischen Schmerzen verbundenen Form hin zu einer erlösten und reifen Möglichkeit aussieht. Indem man weiß, was man tun müsste, ist es schon leichter, das bisherige Schicksal zu tragen. Die Seele hat Hoffnung geschöpft und setzt alle Hebel in Bewegung, um glücklicher und freier leben zu können.

6. Die Materialisation der Anlage

Ein weiterer Aspekt, der bei der Deutung einer Anlage beachtet werden muss, ist, dass eine Anlage oft nur in materialisierter Form sichtbar wird – etwa der Mars im Horoskop als Motorrad, der Uranus als Paraglider oder der Neptun als Aquarium im Wohnzimmer. Die Energie des jeweiligen Planeten ist in einem ihr entsprechenden Gegenstand gebunden. Hier kommen insbesondere das Gesetz von Inhalt und Form und das Gesetz der Affinität zum Tragen.
Das Gesetz von Inhalt und Form besagt, dass seelisch-geistige Inhalte immer auch in entsprechende Formen gebracht werden müssen, denn jeder Inhalt sucht nach einer äußeren Form. Nun gibt es jedoch Menschen, bei denen ein Missverhältnis zwischen Inhalt und Form besteht oder die sich aus Mangel an Inhalten auf äußere Formen beschränken. Die Konsumgesellschaft kann nur deshalb funktionieren, weil es den meisten Menschen nicht gelingt, ihre wertvollen Anlagen zu entwickeln und zu verwirklichen. Stattdessen müssen sie sich Ersatz kaufen, Inhalt durch Form ersetzen. Deshalb wird unsere Kultur auch allgemein als Surrogatkultur bezeichnet.
Man kann die Materialisation der Anlage jedoch auch in Hinblick auf das Gesetz der Affinität betrachten. Affinität heißt so viel wie seelisch verwandt, und ein Mensch ist mit alldem in der Außenwelt seelisch verwandt, was ihm in seinem Inneren entspricht. Die innere Seelenlandschaft wird äußerlich mittels materieller Symbole zum Ausdruck gebracht. Wenn es gelingt, diese Symbolsprache zu verstehen – und das ist mithilfe der Astrologie gar nicht so schwer –, dann kann die Außenwelt dem Menschen sein Innenleben bewusst machen.

7. Verzerrung und Pervertierung durch Verdrängung der Anlage

Die Deutung eines Planeten verkompliziert sich, wenn die Energie der Anlage durch den Horoskopeigner ins Unbewusste verdrängt wurde. Dies führt zu einer Verzerrung und Pervertierung der Anlage. So kann etwa Durchsetzungskraft als Aggression, sexuelle Energie als Sadomasochismus in Erscheinung treten oder Freiheits- und Unabhängigkeitsdrang in Form von Unfällen oder gar von terroristischen Akten zum Ausdruck kommen.

Grundsätzlich gilt auch hier: Wer eine Anlage nicht lebt, sie unbewusst aufgrund von falschen Vorstellungen und Moralvorschriften untergräbt oder knebelt, wird in der Außenwelt mit diesem geschundenen und geknebelten Leben konfrontiert. Was man sich innen selbst angetan hat, erfährt man außen als negatives Schicksal.

Aufgabe ist es, die Symbolsprache des Schicksals zu entschlüsseln. Ist beispielsweise eine Person ständig mit Angebern und Blendern konfrontiert, dann bedeutet dies nicht etwa, dass sie nun selbst zum Angeber und Blender werden soll oder dies bereits ist. Ein solcher Mensch muss sich vielmehr bewusst machen, dass er sein inneres Licht bisher zu sehr unter den Scheffel gestellt, es zu stark verdrängt hat. Sein inneres Licht wurde durch die Verdrängung pervertiert und wurde aufgrund eines unbewussten Mechanismus projiziert. Der Prahler oder der Blender in der Außenwelt wird zum Träger dieser Projektion und muss auf pervertierte Weise Ausgleich schaffen. Wer es nicht versteht, sein Licht zum Leuchten zu bringen, zwingt sein Gegenüber dazu – dies wird durch das Unbewusste inszeniert – in doppeltem Glanz zu erstrahlen.

8. Die Somatisierung der Anlage

Wird die Anlage nicht konstruktiv ausgelebt, dann kann sich die verdrängte Energie somatisch äußern, wobei die Krankheit zum unbewussten Kompensationsversuch wird. Verschiedene Krankheitsformen fungieren dabei als Gleichnis und zeigen symbolisch am eigenen Leib, welche Anlagen aufgrund von inneren und äußeren Umständen bisher nicht zu ihrem Recht kamen. Die Krankheit kann unangenehme

Kettenreaktionen auslösen wie Verlust des Arbeitsplatzes, des Partners oder von Status und Prestige.

Aus dem Horoskop ist zunächst nicht ersichtlich, ob eine Anlage auf dem Umweg über eine Krankheit zum Ausdruck kommt. Man kann nur sagen, wenn ihre Energie nicht im freien Fluss ist, kann sie »verwunschen« oder »verzaubert« in diesen oder jenen Symptomen zum Vorschein kommen.

9. Die Projektion der Anlage auf Mitmenschen

Eine Anlage kann auch auf den Partner, auf Kinder, Arbeitskollegen, Vorgesetzte, Freunde oder auf Stars der Musik-, Sport- oder Filmszene projiziert werden. Der betreffende Mitmensch wird zum Träger der Projektion. Ihm wird die Aufgabe übertragen, die entsprechende Anlage stellvertretend auszuleben.

Beispielsweise erzählt Frank S. ständig von seinem Freund, dem Porsche-Jochen. Er hat seinen Mars auf Jochen projiziert und sorgt für die eigene psychische Stabilität, indem er jemanden kennt, der einen Porsche fährt. Martha hingegen projiziert unbewusst ihren Uranus auf ihre Tochter. Martha wagt nicht, sich aus einer unbefriedigenden Ehesituation zu befreien. Ihre Tochter hingegen, die sehr freiheitlich und progressiv eingestellt ist, heiratet mit 23 Jahren, lässt sich aber bereits zwei Jahre später wieder scheiden. Anders als ihre Mutter vollzieht sie die Trennung von ihrem Ehemann gezielt und setzt die Energie ihres Uranus ohne Schuldgefühle ein.

10. Das Gesetz von Ursache und Wirkung

Besonders relevant beim astrologischen Herrschersystem ist das Gesetz von Ursache und Wirkung: Dort, wo der Planet herrscht, ist die Ursache, dort wo er steht, ist die Wirkung. Es gilt, die Anlage zuerst dort auszubilden, wo sie Herrscher ist, um sie in dem Haus einzusetzen, in dem sie steht.

Leider machen die meisten Menschen dies gerade umgekehrt und versuchen die entsprechenden Lernschritte zunächst in dem Haus zu unternehmen, in welches der Planet ausgewandert ist. Auf diese Weise nimmt der Lernprozess jedoch ungemein an Langwierigkeit, Schwierigkeit und Schicksalsträchtigkeit zu.

Konrad, ein 55-jähriger Klient, kam beruflich einfach nicht auf die Beine, weil er die Aufgabe, die Saturn ihm stellte, nicht verstand. In seinem Horoskop stand Saturn als Herrscher von Haus 3 im 10. Haus. Er bildete über seine berufliche Tätigkeit (Haus 10) erst im Laufe vieler Jahre allmählich seine rhetorischen und schriftlichen Fähigkeiten (Haus 3) aus. Da er die Anlagen seines 3. Hauses so lange nicht zur Verfügung hatte (Ursache), musste er Schwierigkeiten in Beruf und Karriere ertragen (Wirkung). Konrad konnte seine Probleme – da er unbewusst sein kompensierend aufgebautes positives Selbstbild schützen musste – nicht auf die Ursache, nämlich auf die defizitäre Anlage im 3. Haus, zurückführen. Wer gibt schon gerne vor sich und anderen zu, in der Kommunikation große Mängel aufzuweisen? Stattdessen beginnt der lange »Holzhackerweg« von Versuch und Irrtum, der meist mit Schicksalsschlägen (Bevorzugung von Mitkonkurrenten, Entlassung, Konkursverfahren etc.) und Krankheiten gepflastert ist. Es ist also nicht so günstig, bei der Wirkung zu beginnen, nur die Symptome zu bekämpfen, zumal man dann all die negativen und zeitaufwendigen Erfahrungen, die andere schon früher gemacht haben, noch einmal – quasi als »Greenhorn« und »Einzelkämpfer« – zu durchleiden hat. Stattdessen wäre es besser, die notwendigen Informationen einzuholen und das Wissen, das andere auf diesem Gebiet gesammelt haben, zu nutzen. Über eine Ausbildung, das Erlernen von Gesetzmäßigkeiten, das Lesen von Büchern und den Besuch von Rhetorikkursen hätte sich also Konrad lange Irrwege ersparen können.

Bei Hildegard befindet sich der Mond als Herrscher von Haus 11 im 8. Haus. Diese Konstellation stellt ihr die Aufgabe, sich zunächst als Frau (Mond) zu emanzipieren (Haus 11), sich gefühlsmäßig (Mond) stärker zu distanzieren (Haus 11), in ihren Gefühlen (Mond) freier (Uranus) und unabhängiger (Uranus) zu werden und sich in Sexualität, Unternehmen und Kreativität des Partners (Haus 11 entspricht dem 5. Haus des Partners) besser einzufühlen, um mit dieser Anlage die Partnerbeziehung zu festigen und zu stärken. Da sie diesen Lernprozess zunächst nicht vollzog, fühlte sie sich immer wieder nicht geborgen

Hildegard 18.03.1961 17:45:00 Mez
Freiburg im Breisgau 007 51:00 0 47:59:00 N 16:45:00 GMT

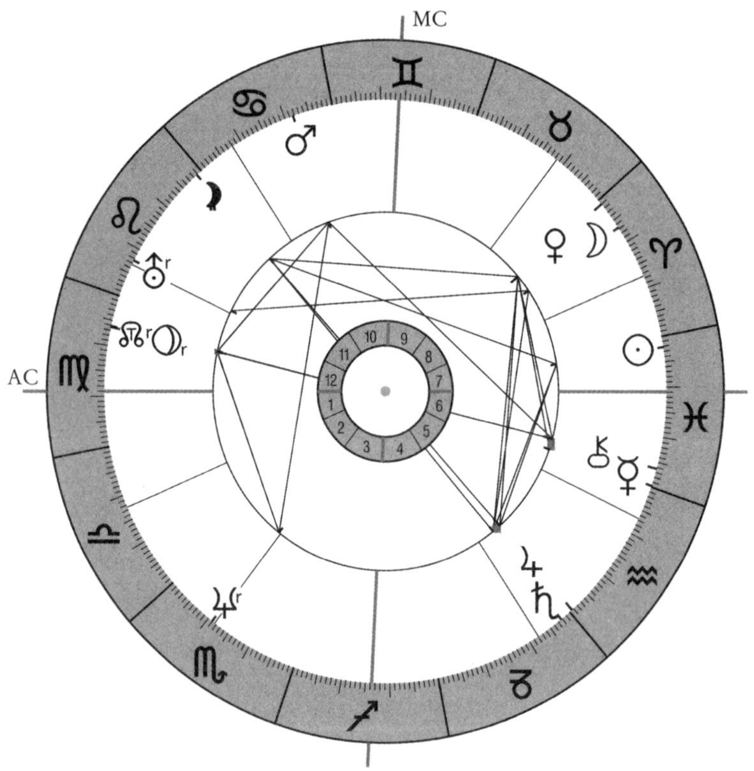

und unzufrieden und belastete als gestresste (Haus 11) Frau (Mond) die Partnerbeziehung (Haus 8). Zusätzlich litt sie in bestimmten Abständen unter Magenschleimhautentzündungen (Magen = Mond) und musste des Öfteren wegen ihrer Unterleibsbeschwerden (Mond) einen Gynäkologen aufsuchen. Aufgrund dieser misslichen Umstände kam es dann zu einer Trennung (Haus 11), die ihre Seele (Mond) sehr belastete.

Beide Beispiele machen deutlich: Der Königsweg besteht darin, die Anlage dort auszubilden, wo sie Herrscher ist, und sie dort einzusetzen, wohin sie ausgewandert ist.

Thomas 15.05.1963 08:50:00 Mez
Düsseldorf 006 47:00 0 51:12:00 N 07:50:00 GMT

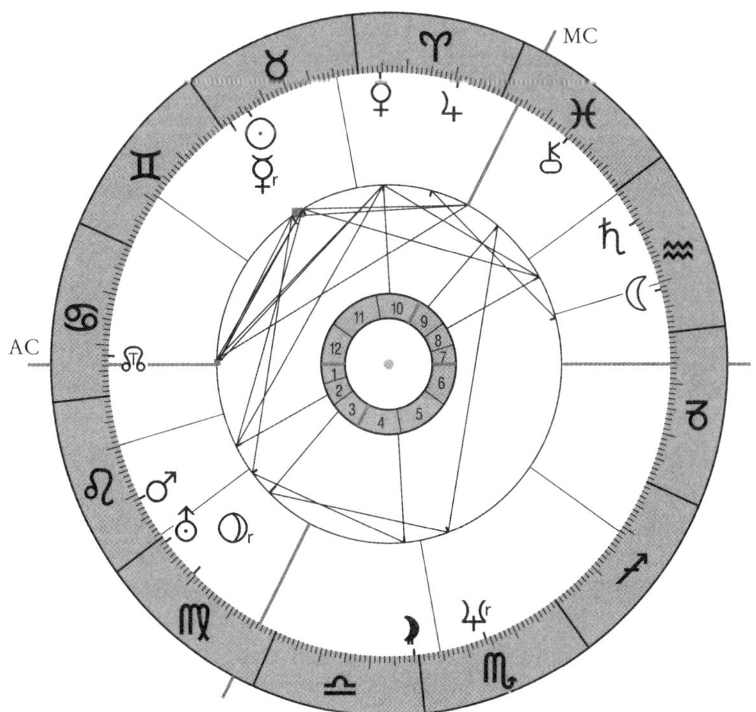

Die Anlage kann nach ihrer Ausbildung für ein anderes Lebensgebiet verwendet werden. Diese Tatsache hat für das Schicksal des Horoskopeigners ungeheure Konsequenzen. Es bedeutet, dass er dann vom Schicksal belohnt wird, wenn er eine Anlage oder Energie zur Verfügung hat, sie mit Inhalt gefüllt hat und bereit ist, sie zu investieren.

Das Schicksal verfährt nach der Grundregel: Wer hat, dem wird gegeben und wer wenig hat, dem wird das wenige noch genommen.

Die Geldwirtschaft fungiert hier als Gleichnis. Wer Geld hat und anlegt, bekommt dafür Zinsen. Wer kein Geld hat, muss sich Geld ausleihen und dafür Zinsen zahlen.

Das Horoskop von Thomas (siehe Seite 35) weist die Sonne als Herrscher von Haus 2 in Haus 11 aus. Seine Aufgabe lautet: Zuerst handlungsfähig werden und Managementfähigkeiten ausbilden, unternehmerisch tätig werden, um materielle und finanzielle Sicherheit sowie mehr Eigenwert zu erlangen. Ist dies geschehen, kann die Anlage für Haus 11 Verwendung finden.
Die durch Management (Sonne) und Unternehmergeist (Sonne) erworbene materielle und finanzielle Sicherheit (Haus 2) macht die Verwirklichung (Sonne) von Freiheit und Unabhängigkeit (Haus 11) möglich.
Über das Herrschersystem wird deutlich, dass jeder Planet und jedes Licht eine Aufgabe darstellt, die bewältigt werden will. Alle zwölf Aufgaben in unserem Horoskop ergeben summa summarum die Gesamtaufgabe, die der Einzelne in diesem Leben innerhalb der Wechselwirkungen des Seins zu übernehmen hat.

11. Das Gesetz der positiven und negativen Verstärkung, das Gesetz der Bestätigung, das Gesetz des Ausgleichs

Kursteilnehmer fragen immer wieder: Wie können denn Planeten wie Mars, Pluto, Saturn, Uranus und Neptun, von denen doch jeder einzelne als Bösewicht gilt, eine Stärkung für irgendein Lebensfeld sein?

Diese Planeten machen sich nur in der gehemmten und in der kompensierenden Form unangenehm bemerkbar. Im erwachsenen Zustand werden sie zu wertvollen Anlagen. Ja mehr noch, sie werden zu Wohltätern, die das Persönlichkeitssystem stabilisieren und stärken. Ein entwickelter und erlöster Pluto oder Saturn kann letztendlich sogar mehr Freude bereiten als ein unerlöster Jupiter oder eine unerlöste Venus. Nur wenn ein Mensch in seinem Horoskop die Planeten Mars, Pluto, Saturn, Uranus und Neptun noch als »verzaubert« erlebt, kommt die attackierte (Mars), unterdrückte (Pluto), gehemmte (Saturn), irritierte (Uranus) oder verunsicherte (Neptun) Anlage in einem anderen Lebensgebiet zum Einsatz.

Ist eine Anlage nur defizitär oder pervertiert vorhanden, dann trägt sie den Mangel oder die Perversion in das Haus, in welches sie ausgewandert ist. Folglich schwächt sie das betreffende Lebensgebiet, statt es zu stärken.

So schleppt zum Beispiel Petra, in deren Horoskop Pluto als Herrscher von Haus 11 im 8. Haus steht, ihre unterdrückte Freizeit, Freiheit und Unabhängigkeit oder ihre unterdrückte Emanzipation und Individuation (Haus 11) in ihre Partnerbeziehung. Außerdem erschwert sie sich damit das Finden des eigenen Lebenswegs (Haus 8). Die Wechselwirkung zwischen Haus 11 (Ursache) und Haus 8 (Wirkung) bringt das Gesetz der negativen Verstärkung zum Tragen. Weil Petra mit Pluto als Herrscher von Haus 11 (Ursache) in ihrer Freizeit, Freiheit und Unabhängigkeit unterdrückt (Pluto) ist, deshalb wird sie auch in der Partnerbeziehung (Haus 8) unterdrückt oder hat dort ganz massive Kämpfe auszutragen (Pluto in Haus 8 = Wirkung). Die Unterdrückung und die Kämpfe in der Beziehung (Pluto in Haus 8) verstärken wiederum Petras Unterdrückung von Freizeit, Freiheit und Unabhängigkeit. Mithin kommt es zu einer negativen Verstärkung der Wirkung (Haus 8) durch die Ursache (Haus 11) aufgrund von irreal ausgelebten Anlagen.

Wenn Petra jedoch ihren Pluto als Herrscher von Haus 11 ausbildet, dann kommt das Gesetz der positiven Verstärkung zum Tragen. Weil sie ein eigenes Freizeit-(Haus ll)Programm (Pluto) und ein Konzept (Pluto) entwickelt hat, wie sie zu mehr Freiheit und Unabhängigkeit (Haus 11) kommen kann, ist sie dazu in der Lage, dies in die Partnerbeziehung (Haus 8) einzubringen und sich in dieser Hinsicht mit dem Partner abzustimmen. Petra bringt ihre Vorstellungen, Programme und Konzepte ein und lässt aber auch die ihres Partners zu. Da beide Lebensprogramme mithin ausgewogen sind, finden keine zeit- und kraftraubenden Kämpfe in der Beziehung statt. Vielmehr werden dadurch Freiheit, Unabhängigkeit, Emanzipation und Individuation (Haus 11) gefördert und positiv verstärkt, da beide Partner ihre Anlagen real ausleben.

Um das Gesetz der positiven und negativen Verstärkung und seine Wirkweise noch deutlicher zu machen, ein zweites Beispiel. Bei Jörg steht Neptun als Herrscher von Haus 4 im 9. Haus. Die schwach ausgebildete seelische Eigenart, die Verunsicherung im Prozess der Identitätsfindung, die fehlende innere Geborgenheit bewirken Unsicherheit (Neptun-Hemmung) im Prozess der Sinnfindung bzw. die Flucht (Neptun-Kompensation) in Weltanschauung, Philosophie und

Religion. Jörg floh zu einer Sekte. Es ist leicht nachzuvollziehen, dass ein Mensch, der seine Identität noch nicht gefunden hat, Schwierigkeiten hat, seinen Sinn in der Welt zu erkennen. Die Illusionen (Neptun-Kompensation), die sich Jörg bei dieser Sekte machte, verstärkten wiederum seine Unsicherheiten in Bezug auf seine seelische Eigenart und Identität (negative Verstärkung bei irreal ausgelebten Anlagen).

Wenn Jörg jedoch die Hintergründe (Neptun) seiner Seele (Haus 4) erforschen und so nach und nach einen tieferen Zugang zu seiner Identität finden würde, dann wäre es für ihn sehr viel leichter, in Haus 9 die Spreu vom Weizen zu trennen und seinen ureigenen Sinn zu finden (positive Verstärkung bei real ausgelebten Anlagen).

An Bernds Horoskop (Seite 39) lässt sich zeigen, auf welche Weise das Gesetz der positiven und negativen Verstärkung, das Gesetz der Bestätigung und das Gesetz des Ausgleichs zur Wirkung kommt. Bernds Saturn steht als Herrscher von Haus 2 im 7. Haus. Nach dem Gesetz von Ursache und Wirkung bedeutet dies: Die Hemmung im Eigenwert, im Genuss, in wirtschaftlichen Fähigkeiten, auf dem Finanzsektor und in der Abgrenzung schmälert die Begegnungsfähigkeit (Haus 7) und den Partnerwahlprozess (Haus 7) (= Wirkung).

An dieser Stelle zeigt das Gesetz der negativen Verstärkung seine Wirkung: Die Hemmungen und Schwierigkeiten im Zusammenhang mit Begegnung und Partnerschaft verstärken die Hemmung im Eigenwert, im Genuss und in der Abgrenzung des eigenen Reviers (Wirkung verstärkt die Ursache).

Auch das Gesetz der Bestätigung zeigt sich in diesem Zusammenhang wirksam. Es besagt, dass sich jedes Gefühl, jedes Vorurteil und jede Meinung, ganz egal, wie absurd diese sind, immer wieder selbst bestätigt. In Bernds Fall legt dies nahe, dass die Hemmung im Eigenwert und im Genuss auch noch durch einen unpassenden Partner bestätigt wird. Und tatsächlich, Bernd zieht nur solche Partner an, mit denen er sich in seinem Eigenwert und in seinem Genuss geschmälert fühlt.

Wenn man noch einen Schritt weiter geht, dann lässt sich auch das Gesetz des Ausgleichs in die Deutung mit einbeziehen. Allerdings muss unterschieden werden, ob es sich um einen Ausgleich innerhalb des eigenen Persönlichkeitssystems handelt oder um einen, der durch andere Menschen erfolgt, ob er über das Medium Körper wirkt oder ob der eigene Ausgleich durch die Außenwelt herbeigeführt wird.

Bernd	29.05.1972 20:03:00 Mez	
Hanau	008 55:05 0 50:08:18 N	19:03:00 GMT

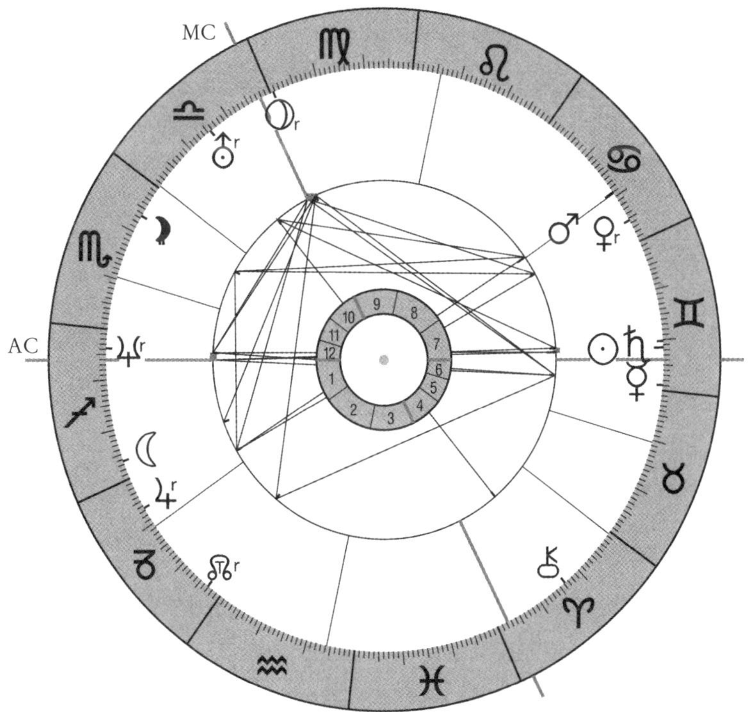

Ausgleich innerhalb des eigenen Persönlichkeitssystems

Jedes Defizit erzeugt vor dem geistigen Auge ein sogenanntes Komplementärbild. So ruft beispielsweise ein Defizit im Wasserhaushalt des Körpers im Geist das Bild einer Quelle oder einer Gastwirtschaft hervor. Der Mechanismus bewirkt, dass auch jede Hemmung auf einem beliebigen Lebensgebiet zugleich eine Idealvorstellung erzeugt. Übertragen auf Bernds Konstellation (Saturn befindet sich als Herrscher von Haus 2 im 7. Haus) bedeutet dies: Die Hemmung im Eigenwert, im Genuss und in der Abgrenzung wird geistig durch das Bild eines Idealpartners ausgeglichen.

Ausgleich durch andere Menschen

Die Hemmung im Eigenwert wird durch Maßregler, Rechthaber, Besserwisser, Richter und Kontrolleure »ausgeglichen«. Damit wird deutlich: Wer eine Anlage in der Hemmung erlebt, sie also im Minuspol belässt, der gibt anderen Menschen die Gelegenheit, dieselbe Anlage kompensierend, also im Pluspol auszuleben. Wenn Bernd also dem Gesetz des Ausgleichs auf diese Weise Raum gibt, dann tritt er damit den Pluspol seiner wertvollen Saturn-Anlagen an andere Menschen ab.

Ausgleich über den Körper

Die Hemmung im Eigenwert, im Genuss, in den Finanzen und in der Abgrenzung, sowie die Schwierigkeiten und Belastungen in der Partnerschaft werden durch Hals- und Racheninfektionen (Haus 2) oder durch Nieren- und Blasenbeschwerden (Haus 7) ausgeglichen.

Eigener Ausgleich in der Außenwelt

Die Hemmung im Eigenwert wird kompensiert, indem man andere Menschen belehrt, maßregelt, bevormundet, kontrolliert und straft oder sich ihnen gegenüber als Rechthaber, Richter, Moralapostel oder Besserwisser aufspielt. Mit anderen Worten, Bernds Mitmenschen müssen dafür büßen, dass er sich auf dem einen oder anderen Lebensgebiet gehemmt fühlt. Unbewusst benutzt er sie, um sich selbst auszugleichen und stabilisieren zu können.

Welche Lösungsmöglichkeiten bieten sich für Bernd an, damit er sich aus dem Karma befreien kann, welches für ihn Saturn als Herrscher von Haus 2 im 7. Haus darstellt?

Lösungsmöglichkeit, erwachsene Form:
Bernds Aufgabe ist es, sich intensiv mit den Gesetzen von Wirtschaft und Finanzen zu beschäftigen, Verantwortung für seine materielle Sicherheit zu übernehmen, von seinem Recht auf Abgrenzung und

Genuss Gebrauch zu machen und seinen Eigenwert nicht mehr von den Normen und Idealen der Gesellschaft abhängig zu machen, sondern von den Gesetzen des Lebens. Dies würde bedeuten, dass nicht mehr Status und Prestigegüter oder der Rang innerhalb der Hierarchie über den Eigenwert entscheiden, sondern die Lebendigkeit seiner Anlagen und Fähigkeiten. Deutungsmöglichkeit: Die Integration in die Gesetze von Wirtschaft und Finanzen, die Verantwortung für die eigene materielle und finanzielle Sicherheit, das Recht auf Abgrenzung, auf einen eigenen Lebensstil und auf Genuss und der gesunde Eigenwert, der aus den Gesetzen des Lebens resultiert, ermöglichen eine freie Partnerwahl und die Anziehung eines Partners, mit dem ein Gleichgewicht (Haus 7) in Bezug auf Rechte und Pflichten zu verwirklichen ist. Die angenehme Partnersituation wiederum strahlt positiv zurück und stärkt den Eigenwert und den Lebensgenuss. Dies wäre für Bernd die erwachsene Form des Umgangs mit seiner Anlage.

12. Wechselwirkung und Vernetzung

Bisher hat sich gezeigt, dass eine Anlage, die ausgebildet und mit Inhalt gefüllt wurde, sowohl in dem Feld, in dem sie steht, positiv wirkt, als auch in jenem, in dem sie Herrscher ist (Wechselwirkung zwischen Ursache und Wirkung). Steht aber eine Anlage nicht zur Verfügung, weil sie verdrängt wurde oder nur defizitär vorhanden ist, ist mit einer negativen Verstärkung zu rechnen.

Nun zeigt aber das Herrschersystem nicht nur die zuvor beschriebenen Mechanismen auf, sondern auch die unterschiedlichen Wechselwirkungen zwischen den vier Quadranten (Körper, Seele, Geist, Bewusstsein) des Horoskops. Es gibt Antwort auf die Frage: Auf welche Weise ist mein Persönlichkeitssystem vernetzt?

Wer sich die Mühe macht und in seinem Horoskop die gegenseitige Beeinflussung von Körper (I. Quadrant), Seele (II. Quadrant), Geist (III. Quadrant) und Bewusstsein (IV. Quadrant) untersucht, kann überraschende Erkenntnisse gewinnen. Das Herrschersystem zeigt hier, wie Gefühle die Gedanken beeinflussen, welche Auswirkungen Gefühle auf die Bewusstseinsentwicklung haben können

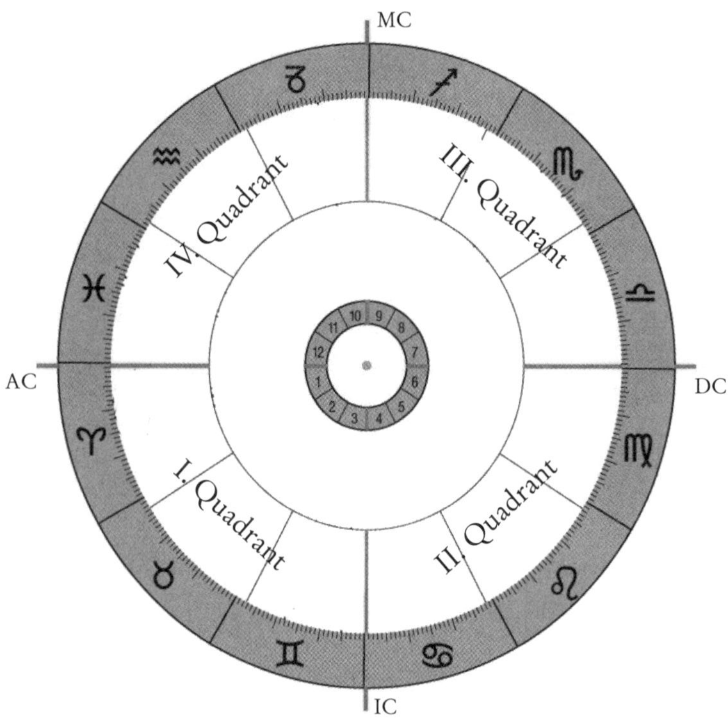

oder welchen Einfluss der Geist auf das Bewusstsein ausübt. Mithin verdeutlicht das Herrschersystem, wie an dem folgenden Beispiel zu sehen sein wird, den gesamten Energieverlauf der Anlagen in einem Horoskop.

In Dagmars Horoskop ist der Herrscher von Haus 1 Neptun. Er steht im 7. Haus in der Waage. Da das gesamte Widder-Prinzip im 1. Haus eingeschlossen ist, fungiert Mars als Mitherrscher von Haus 1. Außerdem steht Mars in der Jungfrau.

Lange Zeit wurde Dagmar mit den unangenehmen Seiten von Neptun und Mars konfrontiert. Ihre Schwäche und mangelnde Durchsetzungskraft verunsicherte ihre Partnerschaft. Ihr Partner ignorierte sie (Neptun in Haus 7). Er tat gewöhnlich so, als ob sie nicht vorhanden (Neptun) sei, und wenn er sich doch einmal dazu herabließ, sich mit ihr

Die Vernetzung der 4 Quadranten

z. B. wenn der Herrscher von Haus 3 in Haus 5	**1. Wechsel-wirkungen**	I ↔ Körper Ursache	II Seele Wirkung
oder der Herrscher von Haus 5 in Haus 1 steht;		II ↔ Seele Ursache	I Körper Wirkung
wenn der Herrscher von Haus 1 nach Haus 7	**2. Wechsel-wirkungen**	I ↔ Körper Ursache	III Geist Wirkung
oder der Herrscher von Haus 8 nach Haus 3 abgewandert ist;		III ↔ Geist Ursache	I Körper Wirkung
wenn der Herrscher von Haus 2 in Haus 10	**3. Wechsel-wirkungen**	I ↔ Körper Ursache	IV Bewusstsein Wirkung
oder der Herrscher von Haus 11 in 1 steht;		IV ↔ Bewusstsein Ursache	I Körper Wirkung
wenn der Herrscher von Haus 6 in Haus 9	**4. Wechsel-wirkungen**	II ↔ Seele Ursache	III Geist Wirkung
oder der Herrscher von Haus 7 in Haus 4 platziert ist;		III ↔ Geist Ursache	II Seele Wirkung
wenn der Herrscher von Haus 5 in Haus 11	**5. Wechsel-wirkungen**	II ↔ Seele Ursache	IV Bewusstsein Wirkung
oder der Herrscher von Haus 12 sich in Haus 4 befindet;		IV ↔ Bewusstsein Ursache	II Seele Wirkung
wenn der Herrscher von Haus 7 in Haus 11	**6. Wechsel-wirkungen**	III ↔ Geist Ursache	IV Bewusstsein Wirkung
oder der Herrscher von Haus 10 sich in Haus 7 befindet.		IV ↔ Bewusstsein Ursache	III Geist Wirkung

Dagmar 07.06.1950 01:30:00 Mez
Wuppertal 007 11:00 0 51:16:00 N 00:30:00 GMT

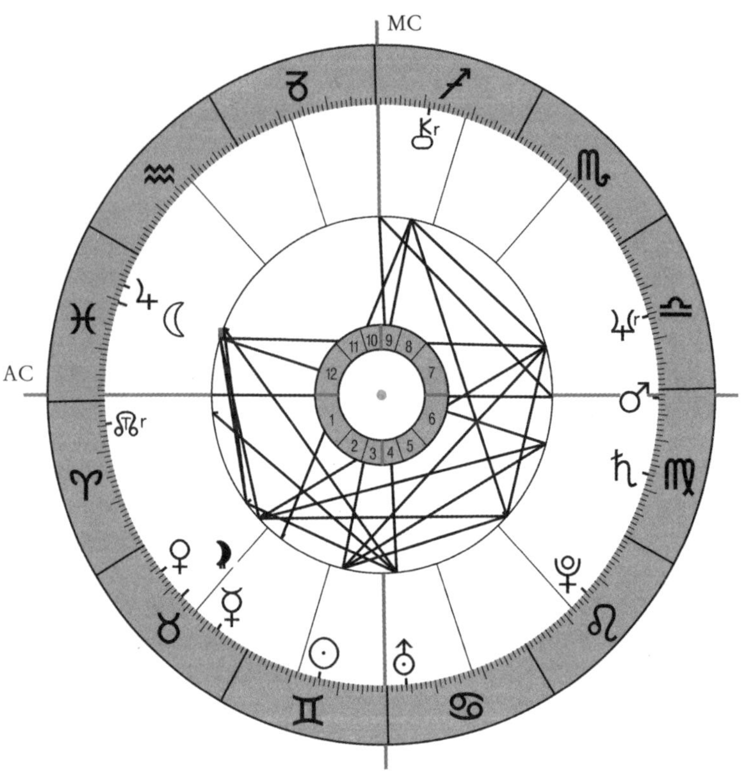

zu unterhalten, dann äußerte er stets beißende (Mars) Kritik (Jungfrau). Wie wirkte sich dieses Verhalten auf Dagmar aus?

Um diese Frage zu beantworten, ist es notwendig herauszufinden, welche Planeten Haus 7 regieren, in dem Neptun und Mars sich befinden. Sie werden beherrscht von Merkur (Jungfrau) in Haus 2 im Stier und von Venus, Mitherrscherin von Haus 7 in Haus 1. Dies bedeutet, dass Dagmar sowohl in ihrem Eigenwert als auch in ihrer Durchsetzung durch die Gleichgültigkeit und die beißende Kritik ihres Partners schwer belastet wird.

Wenn man den Energiefluss in Dagmars Horoskop weiter verfolgt, dann zeigt sich, dass die Spitze des 2. Hauses das Tierkreiszeichen Stier anschneidet und dass wiederum die Venus, die in Haus 1 steht, die Herrscherin von Haus 2 ist. Venus schleppt also die Belastungen, die Merkur (Jungfrau) von Haus 7 nach Haus 2 verfrachtet, nach Haus 1 und schwächt durch den lädierten Eigenwert die Durchsetzung noch weiter. Die geschwächte und verunsicherte Durchsetzung wiederum wird nach Haus 7 getragen, und das Spiel beginnt folglich von Neuem. Die Auswertung von Dagmars Horoskop bis zu diesem Punkt zeigt, dass sie sich in einem ungünstigen Kreislauf befindet, in dem ihre Lebensenergien geschwächt und abgebaut werden und in dem sie wenig Lebensfreude erfahren wird.

Als Lösung wurde Dagmar der Vorschlag unterbreitet, zwei Größen, nämlich Neptun und Mars, in diesem System zu bearbeiten und damit zu verändern.

Dagmar folgte dem Rat, eine psychotherapeutische Ausbildung zu absolvieren, um sich danach auch mit der Astrologie (Neptun), mit der sie sich schon jahrelang beschäftigt hatte, tiefer zu befassen. Sie befriedete ihren Mars, indem sie nunmehr regelmäßig Sport in einem Basketballclub trieb (Mars, Herrscher von Haus 1 in Haus 7). Außerdem ging sie heimlich eine Liebesbeziehung ein, um auch die Energie des Neptun und des Mars in Bewegung zu bringen. Nachdem Dagmar ihre psychotherapeutische Ausbildung mit großem Erfolg abgeschlossen hatte, gelang es ihr tatsächlich, ihre nun aufgenommene therapeutische Arbeit in Beziehung zur Astrologie auszuüben. Die Menschen, die bei ihr Hilfe (Neptun in Haus 7) suchten, waren begeistert von ihrer Fähigkeit, Hintergründe zu erfassen, von ihrem Einfühlungsvermögen und von ihrem analytischen Verstand. Dagmar verstand es, echte Hilfe zur Selbsthilfe zu geben. Der große Zulauf von Menschen – ihr Terminkalender war nun ausgebucht – stärkte ihren Eigenwert, ihre Finanzen (Merkur, Herrscher von Haus 7 in Haus 2) und ihre Durchsetzung (Venus [Waage], Herrscher von Haus 7 in Haus 1, und Venus [Stier], Herrscher von Haus 2 in Haus 1).

Der Erfolg stachelte sie dazu an, ihre Neptun-Anlagen in Haus 7 noch mehr einzusetzen. Und das, was sie nicht zu hoffen gewagt hatte, trat ein: Ihr Ehemann ist heute stolz auf sie. Sie befindet sich nun endlich in einem günstigen Energiekreislauf, in dem eine Anlage die

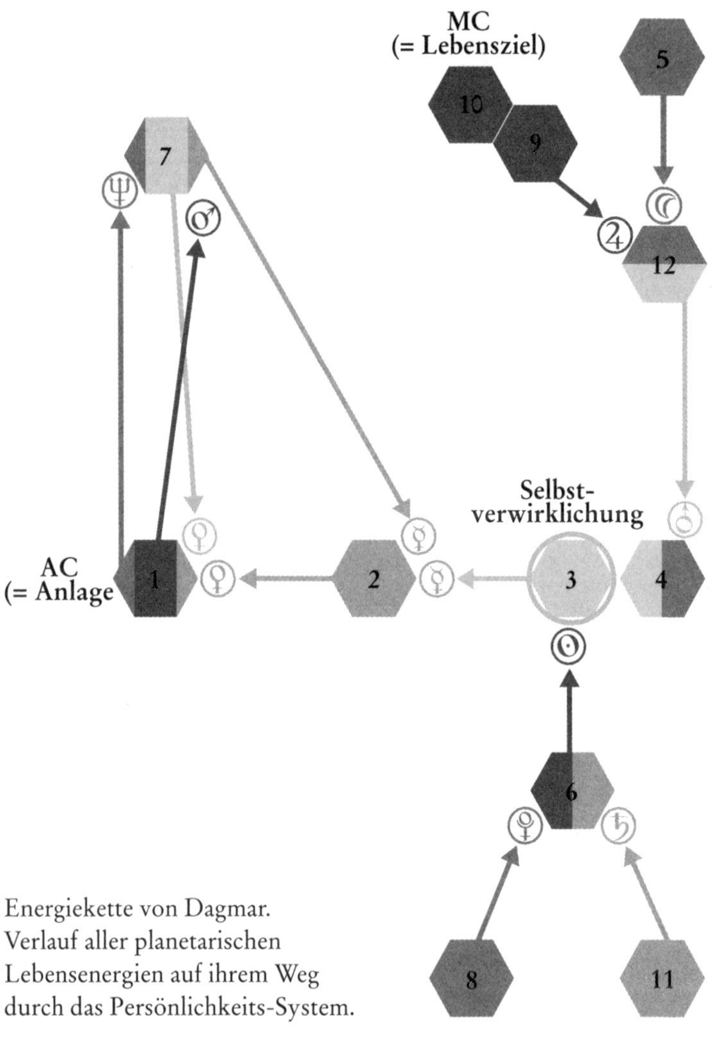

Energiekette von Dagmar. Verlauf aller planetarischen Lebensenergien auf ihrem Weg durch das Persönlichkeits-System.

andere stabilisiert und stärkt. Die schematische Aufzeichnung auf Seite 46 zeigt die Lebensenergien auf dem Weg durch Dagmars Persönlichkeitssystem.

Natürlich hätte Dagmar in dem ganzen Wirkungsgefüge auch an einer anderen Stelle ansetzen können, etwa bei Jupiter, der Herrscher von Haus 9 und Haus 10 ist, oder bei Saturn, der als Regent von Haus 11 in Haus 6 Fuß gefasst hat. Aber sehr häufig ist es am besten, bei dem Herrscher von Haus 1 den Anfang zu machen, weil damit die Grundanlage angesprochen wird und schneller positive Kettenreaktionen ausgelöst werden können.

Möglichkeiten des Herrschersystems

1. Schicksal-Simulationsspiele

Im Horoskop sind nicht nur Probleme und Konflikte symbolisch aufgezeichnet, sondern auch deren Lösungen. Indem ein Mensch sich vor Augen führt, wie die Konstellation, die ihm bisher so sehr zu schaffen gemacht hat, entwickelt und erwachsen gelebt werden könnte, ist es möglich, konkrete Schritte zu erkennen, die aus der Erleidensform herausführen. Schicksal-Simulationsspiele machen die Kettenreaktionen sichtbar, die durch den gesamten Tierkreis ablaufen, wenn eine Anlage von der Hemmung in die Kompensation geführt oder sogar in die erwachsene Form transformiert wird. Wer nur eine einzige Anlage verändert, gibt damit – da letztlich alles miteinander verbunden ist – seinem gesamten Persönlichkeitssystem eine neue Form. Leider ist jedoch die Abwehr gegen diesen Schritt in den meisten Fällen überaus groß. Sie ist deshalb so massiv,

- weil man nicht weiß, welche Anlagen in einem schlummern,
- weil es für Hans viel schwerer ist, das zu lernen, was Hänschen nicht gelernt hat,
- weil man das, was man nicht kann, im Allgemeinen entwertet,
- weil es sonst auch niemand macht (keine Vorbilder),
- weil man sich lieber an abstrakte Theorien und Therapien klammert, als konkret zu handeln,
- weil es einfacher ist, daran zu glauben, dass das Schicksal von höheren Mächten bestimmt wird oder dass alles Zufall ist,
- weil kaum jemand ein Konzept mit dem Ziel erarbeitet, eine Anlage auszubilden,
- weil man die Ausbildung einer Anlage kaum irgendwo erlernen kann,
- weil man, wenn man nichts über Astrologie weiß, sich nicht vorstellen kann, dass zum Beispiel Weltanschauung, geistiger Besitz oder Abgrenzung eine eigene Anlage im Persönlichkeitssystem darstellen,

- weil man, wenn man nichts über das Herrschersystem und über die Vernetzung der Planeten im Horoskop weiß, sich niemals vorstellen kann, dass eine gehemmte oder kompensierte Anlage möglicherweise erhebliche Auswirkungen und Wechselwirkungen nach sich zieht.

Schicksal-Simulationsspiele, welche das Herrschersystem möglich macht, tragen dazu bei, die Abwehr gegenüber der Ausbildung von Anlagen abzubauen. Sieht der Horoskopeigner erst einmal die Kettenreaktionen, die er mit der Ausbildung einer Anlage auslöst, dann nimmt seine Bereitschaft zu, die notwendigen Schritte auch in der Realität zu vollziehen. Erkennt er beispielsweise: Aha, meine mangelnde Abgrenzungsfähigkeit blockiert mich in meiner Freiheit und Unabhängigkeit (Herrscher von Haus 2 im 11. Haus), und weil ich zu wenig frei und unabhängig bin, leiden meine Selbstständigkeit und Kreativität (Herrscher von Haus 11 im 5. Haus), und weil ich zu wenig selbstständig und kreativ bin, hat das ungünstige Auswirkungen auf meine Partnerschaft (Herrscher von Haus 5 im 7. Haus), und weil es in der Partnerschaft nicht richtig klappt, deshalb fühle ich mich im Eigenwert geschmälert und wage es nicht, mich richtig abzugrenzen (Herrscher von Haus 7 im 2. Haus), dann, ja dann wird er eher zur Tat schreiten und seine Abgrenzungsfähigkeit ausbilden, um so in einen positiveren Kreislauf überwechseln zu können.

Über das Herrschersystem ist es also möglich, sich das vernetzte System der eigenen Psyche bewusst zu machen und so die individuellen Variablen in der komplexen Interaktion der einzelnen Persönlichkeitsanteile zu bestimmen. Die kontemplative Introspektion über das Herrschersystem fördert die Fähigkeit zur Selbstwahrnehmung und zur distanzierten Selbstprüfung, die es dem Einzelnen ermöglicht, sowohl die Wechselwirkungen innerhalb des eigenen Persönlichkeitssystems als auch die Wechselbeziehungen zwischen dem eigenen Ich, den Mitmenschen und der Umwelt klarer zu sehen. Wenn das eigene Persönlichkeitssystem und die Wechselwirkung seiner verschiedenen Teile über das Herrschersystem erkannt wird, wenn man sieht, welcher Persönlichkeitsanteil einen anderen wann, wie und wo beeinflusst, dann eröffnen sich dadurch ungeahnte Möglichkeiten für die Psychoanalyse, Psychotherapie und Psychosomatik.

Mehr noch: Wenn man die Vernetzung des eigenen Persönlichkeitssystems kennt, kann man direkt strategisch vorgehen, indem man genau die Energie in ihrer Frequenz verändert, die einem bisher zu schaffen gemacht hat. Auf diese Weise ist es möglich, Schicksal positiv zu beeinflussen und Krankheit gezielt zu vermeiden: Man kann etwa Strategien dafür entwickeln, wie man den richtigen Partner anzieht, ein qualitativ besseres Wohnen erreicht oder beruflich mehr Sinn und Erfüllung findet.

Plötzlich ist alles möglich, wenn man nur den Willen dazu aufbringt, wenn man sich darum bemüht. Man erfährt, dass alles, was man sich wirklich wünscht, tatsächlich erreichbar ist!

Nicht durch einseitiges positives Denken, sondern durch gezielte Beeinflussung des eigenen Persönlichkeitssystems an ganz bestimmten Schlüsselstellen – wie es in der kybernetischen Medizin angewendet wird –, durch Impulsvorgabe zur Selbstregulation, durch Antippen von Wechselwirkungen zwischen Individuum und Umwelt, durch Stabilisierung von Systemen und Organismen, durch Flexibilität, Nutzung und selbstständiges Wechselspiel vorhandener Kräfte und Energien.

In der psychosomatischen und in der kybernetischen Medizin könnte das Herrschersystem der Astrologie mithin in der Zukunft von größter Bedeutung sein.

So kann zum Beispiel mit dem Patienten zusammen ein Gesundungsplan erarbeitet werden, in dem all die Faktoren, die den Weg zur Gesundheit ebnen, gefördert werden. Dem Einzelnen wird aufgrund des vernetzten Denkens bewusst, wohin der Weg führt, wenn er entweder den derzeitigen Lebensstil beibehält oder wenn er die Weichen in seinem Leben neu stellt.

So bietet sich ihm die Chance, ein neues Zukunftsszenarium vor seinem geistigen Auge erscheinen zu lassen, und das nicht aufgrund von Hellseherei, sondern aufgrund der Erkenntnis von Gesetzmäßigkeiten und Wechselwirkungen, die in seinem Persönlichkeitssystem wirken.

2. Der Herrscher von Haus 1

Der Herrscher von Haus 1 stellt die Grundsubstanz dar, mit der ein Mensch seine Lebensreise beginnt. Ebenso, wie es für einen Baum entscheidend ist, ob er zu einer Kastanie, Eiche, Buche, einem Ahorn oder

Birnbaum heranwächst, so muss sich auch der Mensch an dieser Stelle den folgenden Fragen stellen: Was muss ich verkörpern? Mit welchem kosmischen Prinzip beginnt meine Entwicklung? Was muss ich werden? Wo muss ich hineinwachsen? Welche spezifische Aufgabe kommt mir innerhalb der Wechselwirkungen des Seins zu? Welche Rolle spiele ich in der Welt?

Der Herrscher des 1. Hauses symbolisiert das Ich: »Meine Aufgabe ist es, der Welt zu zeigen, dass ich da bin, dass man mit mir rechnen, mich beachten muss.« Ferner verkörpert er die Anlage, mit der ein Mensch sich durchzusetzen, zu behaupten und die Initiative zu ergreifen hat, und die Energie, die ihm zur Verfügung steht. Folglich stellt der Herrscher von Haus 1 die Grundlage dieses Menschen, seine besondere Begabung, sein Talent dar. Mit dieser Anlage muss der Einzelne in die Welt treten.

Wenn der Mensch in diese Anlage investiert und sie mit Inhalt füllt, dann ist er es, der über sein Leben entscheidet, und nicht die Außenwelt. Nach dem Gesetz der Affinität sucht er – abhängig von seinem Entwicklungsstand – bewusst oder unbewusst seinen Platz in der Welt. Indem er den Herrscher von Haus 1, also den Planeten, der über sein Aszendentenzeichen herrscht, der Welt anbietet, findet er sein Betätigungsfeld und leistet damit auch für das Kollektiv einen wertvollen Beitrag. Außerdem ist der Einfluss des Herrschers von Haus 1 auf die berufliche Laufbahn eines Menschen sehr groß. Allerdings ist die berufliche Richtung nicht allein von diesem Faktor abhängig. In diesem Zusammenhang sind auch die Herrscher von Haus 6 und 10, die Planeten in Haus 6 und 10 und die Sonne im Horoskop von Bedeutung. Nochmals sei betont: Ohne den Herrscher von Haus 1 zu verwirklichen, kann der Horoskopeigner nicht richtig »aufkeimen«.

Und wenn diese Keimungsphase ungünstig verläuft, sind auch die folgenden Entwicklungsphasen von »Verwurzelung«, »Blütenbildung«, »Fruchtbildung«, »Reifung« mehr als gefährdet.

Hat sich hingegen der Keim richtig durchsetzen und sich gut entwickeln können, kann in den folgenden Entwicklungsphasen darauf aufgebaut werden. Es ist ein Fundament da, die Basis stimmt.

In den nachfolgenden Horoskopbeispielen soll aufgezeigt werden, wie der einzelne Mensch unwillkürlich in der Außenwelt die Situati

Hannelore 04.03.1957 20:00:00 Mez
Ludwigshafen 008 26:00 0 49:29:00 N 19:00:00 GMT

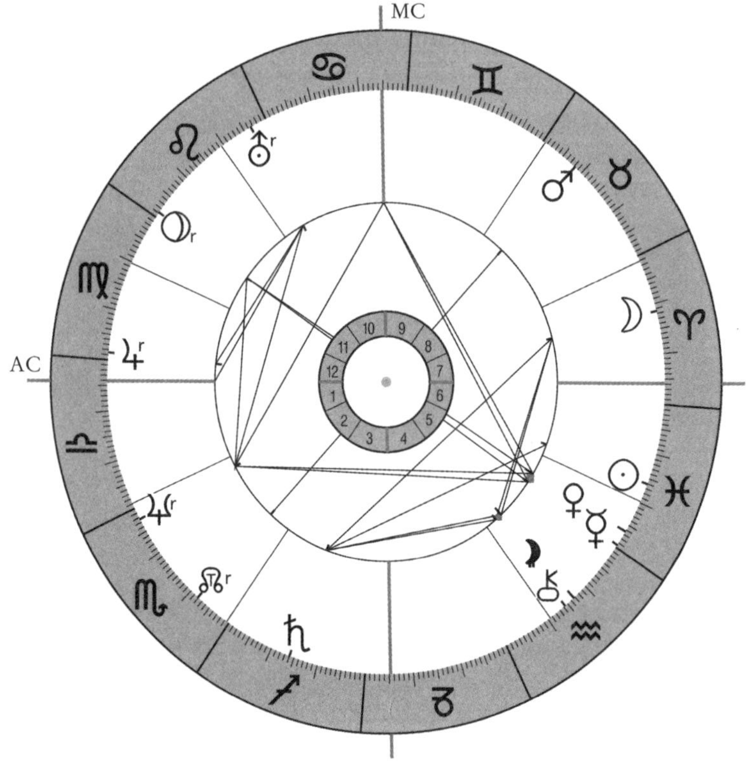

onen und Rahmenbedingungen aufsucht, die seinem Herrscher von Haus 1 entsprechen.

Wir sehen im oben stehenden Horoskop das Waageprinzip am Anfang. Infolgedessen ist die Venus Herrscherin von Haus 1. Sie ist nach Haus 5 ausgewandert und steht dort in den Fischen.

Die Grundsubstanz der Horoskopeignerin ist mithin also die Venus. Damit ist es Hannelores Aufgabe, ihre Kontakt-, Liebes- und Partnerfähigkeit, ihre Erotik, ihre Entscheidungs- und Kompromissfähigkeit, ihren Drang nach Harmonie und Frieden, ihren Sinn für Schönheit und Ästhetik und ihren Geschmack zu entwickeln und zu entfalten. Aufgrund dieses Anlagenpotenzials hat sie daher u. a. auch eine Affinität zu Kosmetik und Mode.

Tatsächlich führte Hannelores Anlage sie zu einer Firma, die Bade- (Fische) Moden (Venus) und unsichtbare (Fische) Mode (Venus), also Unterwäsche, herstellt. Sie arbeitet dort seit vielen Jahren weitgehend selbstständig (Haus 5) als Chefsekretärin. Außerdem kann sie in bestimmten Intervallen in die große weite Welt fahren, wenn sie die Mannequins und Models dieser Firma zu Modeaufnahmen zum Beispiel nach Mauritius und auf die Seychellen begleitet. Sie partizipiert dann an Glanz und Gloria (Haus 5), die damit verbunden sind.

Abschließend sei noch bemerkt, dass Hannelore ursprünglich Modedesignerin (Haus 5 = schöpferische Anlage) werden wollte, doch die Umstände damals sprachen gegen eine solche Berufslaufbahn. Über Umwege gelang es ihrem Unbewussten doch noch, sie dort zu platzieren, wo ihr Herz (Haus 5) höher schlägt und wo sie hingehört.

Birgits Horoskop zeigt ebenso die Waage als Aszendent an. Anders als bei Hannelore steht jedoch Birgits Herrscher von Haus 1, die Venus, im 4. Haus im Wassermann. Das heißt, es handelt sich zwar um dieselbe Anlage, aber die andersartige Häuserstellung und das andere Tierkreiszeichen verlangen hier eine andere Interpretation.

Auch Birgit arbeitet in der Modebranche. Da ihre Venus in Haus 4 (Familie, Wohnung, Mutterprinzip) steht, hatte sie eine Affinität zu einer Boutique, die sich auf Umstandsmode spezialisiert hat. Das Zeichen Wassermann verweist hierbei noch zusätzlich auf die Veränderung (Wassermann) der Weiblichkeit (Haus 4) bzw. macht deutlich, dass die Mode nur für eine bestimmte Zeitspanne im Leben der Frau gedacht ist.

Ursprünglich wollte Birgit Innenarchitektin werden, wurde jedoch durch eine eigene Schwangerschaft an der Ausbildung gehindert. Ihre Venus im Wassermann in Haus 4 deutet an, dass sie auch für diesen Beruf genug Talent mitgebracht hätte.

Auch in diesem dritten Horoskop (siehe Seite 57) ist die Venus die Herrscherin von Haus 1. Sie ist ausgewandert nach Haus 7 und steht dort im Zeichen Widder.

Aufgrund dieser Konstellation wählte Liz Taylor wiederum eine andere Form, um ihre Venus auszuleben, als Hannelore und Birgit. Sie bringt ihre Venus, das heißt ihre Schönheit und erotische Ausstrah

Birgit 19.03.1950 21:15:00 Mez
Mainz 008 16:00 0 50:01:00 N 20:15:00 GMT

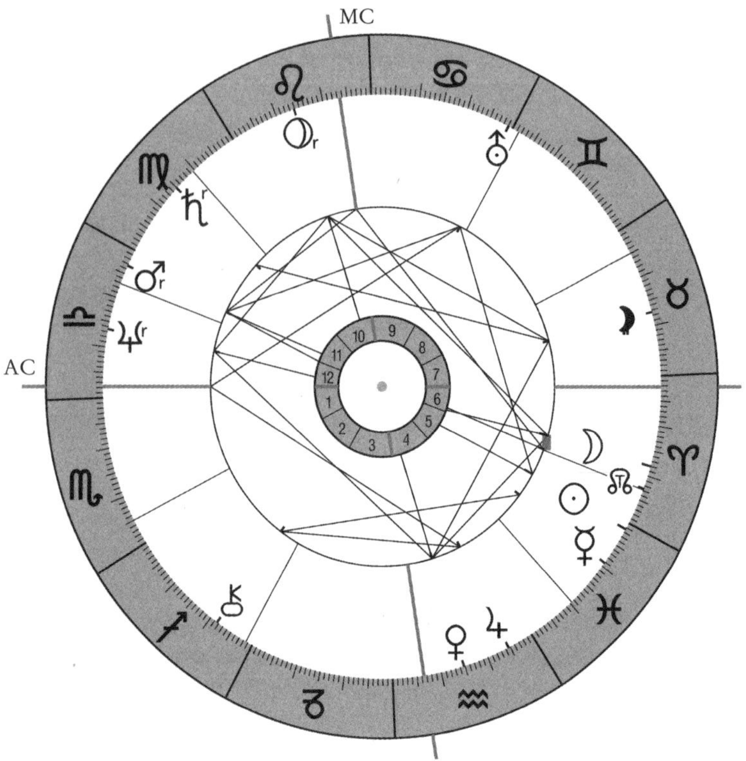

lung, in die Begegnung (Haus 7) ein und übt dort einen besonderen Reiz (Widder) auf das männliche Geschlecht (Widder) aus. Ihre Schönheit vermag sie durch Kosmetik (Venus), Mode (Venus) und Duftstoffe (Venus) noch zu unterstreichen. So ist es auch kein Zufall, dass sie ein Parfüm auf den Markt gebracht hat, das ihren Namen trägt: Ein Duft (Venus) für Frauen, der ihre Anziehungskraft (Haus 7) auf Männer (Widderprinzip) verstärken soll.

Nachdem wir die Unterschiede der einzelnen Waageaszendenten beleuchtet haben, sollen nachfolgend zwei andere Herrscher von Haus 1 erläutert werden.

Elisabeth Taylor 27.02.1932 19:56:00 Mez
London 000 10:00 0 51:30:00 N 19:56:00 GMT

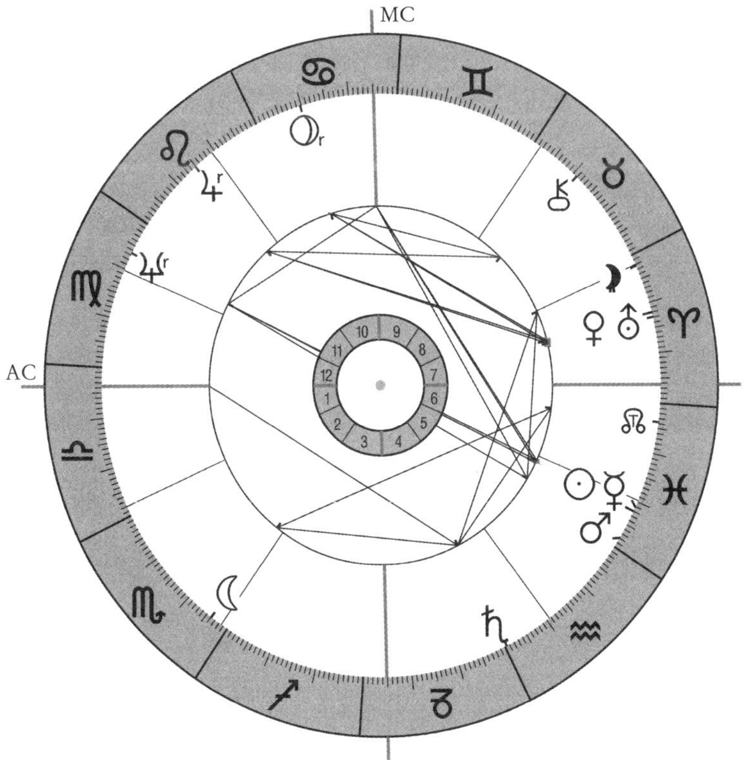

Wir sehen im Horoskop von Renate (Seite 58) den Merkur (Zwillinge) als Herrscher von Haus 1 in Haus 12.

Merkur (Zwillinge) als Grundanlage zu haben, bedeutet, dass die praktischen Fähigkeiten, Lernfähigkeit, Ausdrucksfähigkeit, intellektuelle, sprachliche, schriftliche Fähigkeiten, Kommunikationsfähigkeiten, die Fähigkeit, Informationen aufzunehmen und weiterzugeben, entwickelt und entfaltet werden müssen. Aufgrund dieses Anlagenpotenzials hat Renate daher u. a. eine Affinität zu Presse, Rundfunk und Fernsehen.

Ihre Anlage führte sie zu einer Sendeanstalt des Rundfunks, in der sie zunächst als Sekretärin Schreibarbeiten (Zwillinge) erledigte. Auf-

Renate	07.05.1942 07:00:00 Mez	
München	011 34:00 0 48:08:00 N	05:00:00 GMT

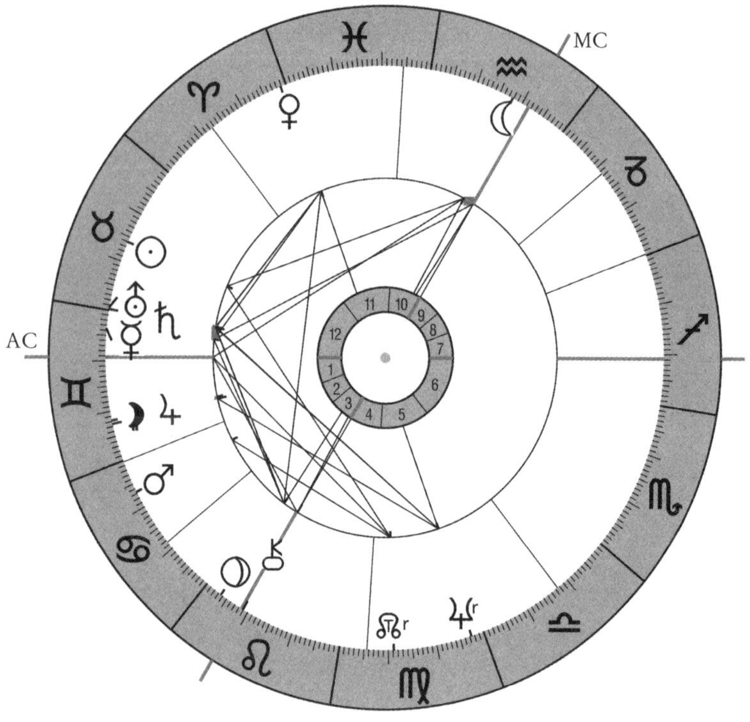

grund der Haus-12-Stellung des Merkurs fühlte sie sich jedoch dabei im Vergleich zu den Redakteuren und Reportern ausgestoßen und weniger wertvoll. Aus diesem Grund kündigte sie ihre Stellung, studierte Zeitungswissenschaften und besuchte die Journalistenschule. Nach Abschluss ihrer Studien kehrte sie wieder zu der Sendeanstalt zurück, nun aber mit einer besseren Ausgangsposition. Sie ist heute im Rahmen dieses Rundfunksenders als Reporterin (Merkur) zuständig für Randgruppen. Sie berichtet über Clochards (Haus 12), Inhaftierte (Haus 12), Verarmte (Haus 12), Behinderte (Haus 12), über Aussteiger (Haus 12) und Alternativgruppen (Haus 12).

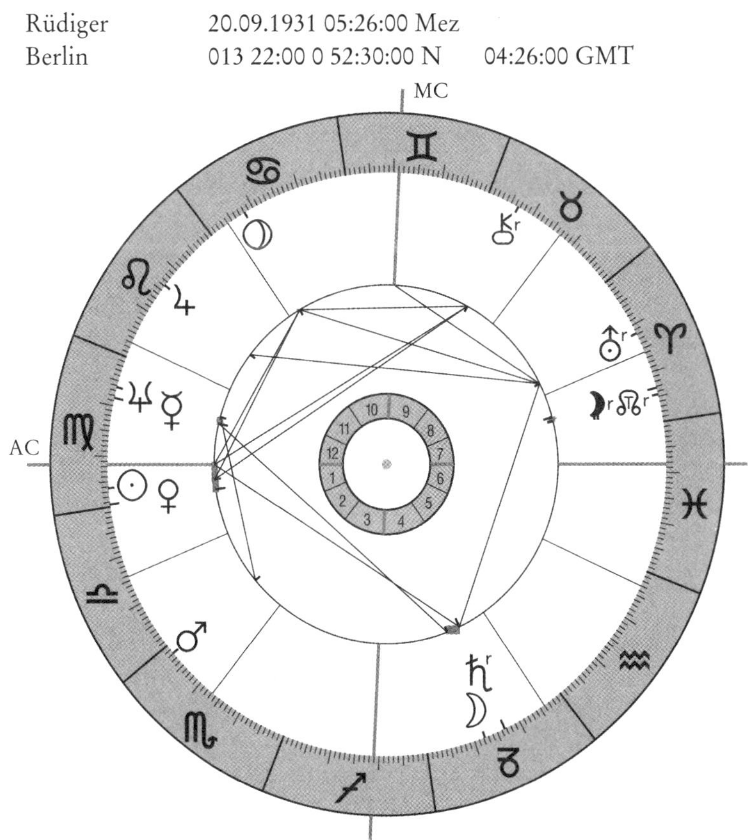

Im Gegensatz zu Merkur-Zwillinge im vorherigen Horoskop sehen wir hier (siehe Horoskop auf Seite 59) eine Merkur-Jungfrau-Anlage als Herrscher von Haus 1. Damit erhält der Merkur eine völlig andere Bedeutung. Es geht dabei um die Wahrnehmungs- und Beobachtungsfähigkeit, um das Zeigen von Gefühlen, um Hygiene und Sauberkeit, um den körperlichen und seelischen Reinigungsprozess, um analytische und diagnostische Fähigkeiten, um medizinische Fähigkeiten..

In Rüdigers Horoskop ist diese Anlage nach Haus 12 ausgewandert und steht dort in der Jungfrau. Dadurch ist eine besondere Betonung des Jungfrauprinzips gegeben. Rüdiger arbeitet als Arzt (Merkur Jungfrau) in einer psychosomatischen Klinik (Haus 12) und analysiert (Merkur-Jungfrau) dort seine Patienten (Haus 12). Er versucht, die Hintergründe (Haus 12) der Krankheiten (Merkur-Jungfrau) aufzudecken.

3. Die Planeten in Haus 1

Wie sehr das Herrschersystem für die Deutung relevant ist, lässt sich am Horoskop der Popsängerin und Filmschauspielerin Madonna leicht zeigen.

Ohne die Interpretationshilfe durch das Herrschersystem könnte man beim Anblick dieses Horoskops zu dem Schluss kommen, dass es sich bei der Horoskopeignerin um eine besonders anständige, moralische Frau, also um eine tatsächliche Madonna handelt (Mond in der Jungfrau in Haus 1, außerdem im Quadrat zu Saturn in Haus 4). Warum gibt sich diese Popsängerin dann so revolutionär und aufsehenerregend? An welcher Stelle im Horoskop kommen diese Eigenschaften zum Ausdruck?

Wenn man sich bewusst macht, dass der Mond aus dem 11. Haus, dem Haus der Revolution, der Antihaltungen und der Exzentrik kommt, dann ergibt sich auf einmal ein klares Bild. Erschwerend kommt hinzu, dass in Madonnas Haus 11 die Venus steht, der Mond also als Herrscher von Haus 11 diese Venus mit nach Haus 1 transportiert.

Tatsächlich revoltiert Madonna durch eine aufsehenerregende, Moral und Konvention sprengende Erotik gegen die Rolle der braven, keuschen, anständigen Frau. Sie versucht sich selbst immer wieder von dem herkömmlichen, biederen Frauenbild zu befreien und wird in dieser Hinsicht zum Symbol. Diese Symbolfunktion, die im Unbewussten den Madonna- und Hurenkonflikt eines jeden Mannes und einer jeden Frau in der christlich abendländischen Kultur anspricht, begründete neben der künstlerischen Leistung den kometenhaften Aufstieg Madonnas im Showbusiness.

Ein weiteres Beispiel für eine berühmte Persönlichkeit, bei der sich Planeten im 1. Haus befinden:

Im Horoskop dieses Physikers und Raketenforschers (Seite 62) befindet sich Mars als Herrscher von Haus 11 und Pluto als Herrscher von Haus 6 in Haus 1. Einerseits wird das männliche Mars-/Widder-

Madonna 16.08.1958 07:05 00 EST
Bay City 083 53:00 W 43 35 00 N 12:05:00 GMT

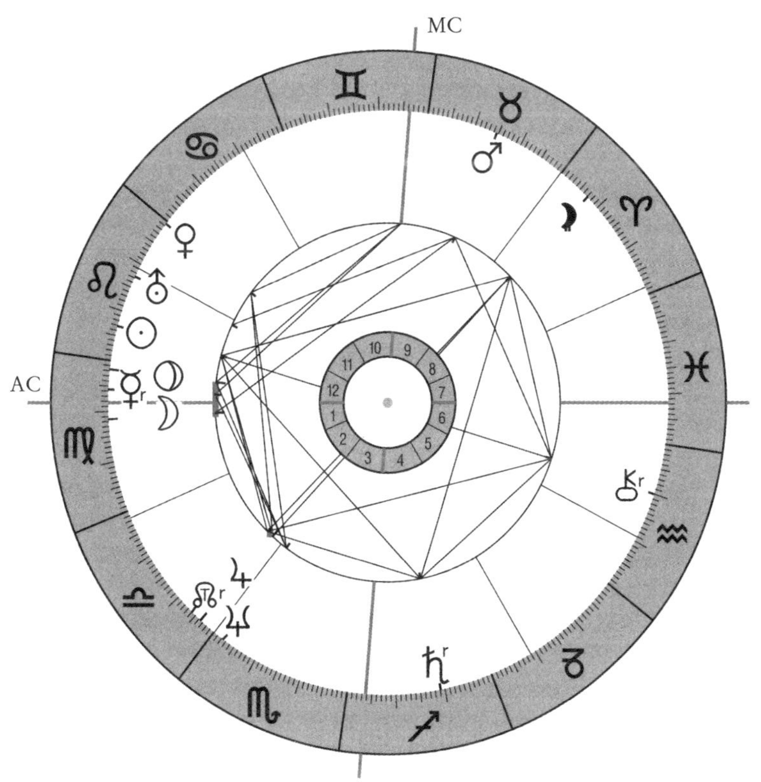

prinzip mit Phallussymbolen in Verbindung gebracht, andererseits steht Haus 11 u. a. für Luft- und Raumfahrt. Miteinander verbunden ergeben beide das Bild fliegender Phalli, also Raketen, welche die Tätigkeit des Horoskopeigners deutlich machen. Und mit Pluto als Herrscher von Haus 6 geht es um eine differenzierte (Haus 6), präzise (Haus 6) Forschungsarbeit (Pluto). Tatsächlich hat sich Wernher von Braun besonders durch sein vielschichtiges (Haus 6) Wissen (Pluto) und durch seine tief in Einzelheiten gehenden (Haus 6) Konzepte (Pluto) für die Raketen-(Mars)-technik (Zwillinge) einen Namen gemacht.

Wernher von Braun	23.03.1912 09:10:00 MEZ	
Wirsitz	017 17 00 0 53.10 00 N	08 10 00 GMT

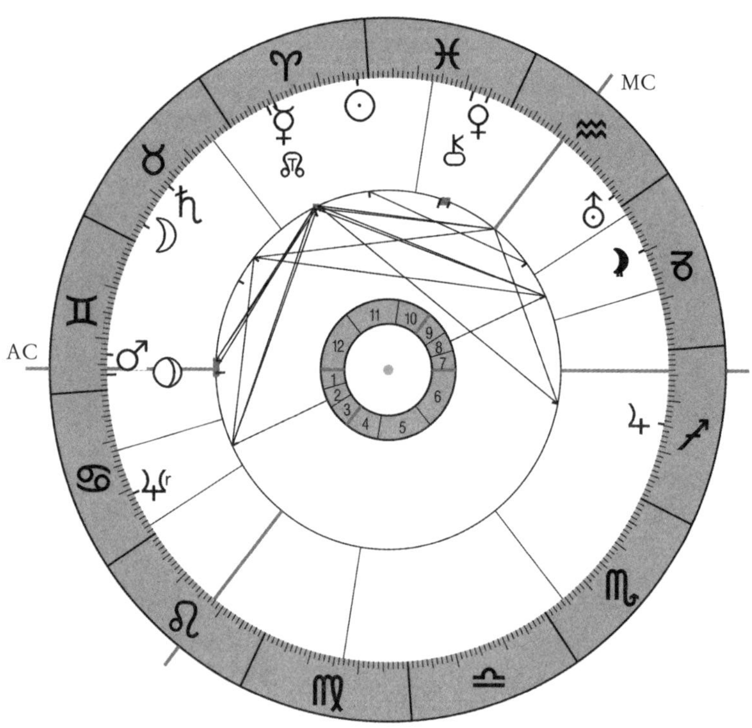

Die Planeten in Haus 1 prägen die Grundsubstanz (Herrscher von Haus 1) eines Menschen entscheidend mit. Ein Horoskopeigner mit einem oder sogar mit mehreren Planeten in Haus 1 hat die Aufgabe, diese Anlagen derart auszubilden, dass er jede dieser Anlagen quasi symbolhaft für die Umwelt verkörpert. Die Planeten in Haus 1 zu haben, stellt also eine Art Markenzeichen dar, mit dem man der Welt seinen Stempel aufdrückt. Die Anlagen, die dem Horoskopeigner in Haus 1 zur Verfügung stehen, kommen im 7. Haus seiner Mitmenschen, also in deren Begegnungshaus, wieder zum Vorschein. Vorausgesetzt, die Anlagen in Haus 1 werden ausgebildet und durchgesetzt. Geschieht dies nicht, dann sind die Mitmenschen nicht dazu in der Lage, den Horoskopeigner mit seinen Anlagen zu assoziieren. In der Folge können sie ihn entweder kaum wahrnehmen, projizieren völlig falsche Bilder auf ihn oder machen sich ein falsches Bild von seiner Person.

4. Herrschersystem und Partnersituation

In allen Kursen und Seminaren werden immer wieder die beiden folgenden Fragen gestellt: Was muss ich tun, damit ich einen Partner anziehe, der zu mir passt und mit dem eine glückliche Beziehung möglich ist? Wie kann ich meine bestehende Beziehung verbessern und weiterentwickeln?

Die Antworten auf diese Fragen sind im Horoskop zu finden und aus der konsequenten Anwendung des Herrschersystems ersichtlich. Entscheidend sind hier der Herrscher von Haus 7, der als Partnerschaftssignifikator gilt, und die Planeten, die in Haus 7 platziert sind. Das folgende Beispiel wird diese Zusammenhänge deutlich machen.
Der Herrscher von Haus 7 ist der Mond. Außerdem fungiert die Sonne als Mitherrscherin von Haus 7, da in Haus 7 das gesamte Tierkreiszeichen Löwe eingeschlossen ist. In Susannes Horoskop steht der Mond in Haus 3 im Stier und die Sonne in Haus 7 im Löwen.
Um zu einer harmonischen Partnerschaft zu gelangen, muss Susanne folgende Grundvoraussetzungen erfüllen: Sie muss lernen,

- sich ihrer Weiblichkeit (Mond) bewusst zu werden,
- sich als Frau (Mond) sicher (Stier) darzustellen (Haus 3),
- in ihren Gefühlen (Mond) nicht auszuufern, sondern sich abzugrenzen (Stier),
- ihrem Partner seelische Wärme (Mond) und Geborgenheit (Mond) zu schenken, damit auch er sich seelisch (Mond) sicher (Stier) fühlen kann,
- in der Begegnung als selbstständige (Sonne), unternehmerische (Sonne) Frau in Erscheinung zu treten,
- ihre sexuellen Fähigkeiten (Sonne) auszubilden und für die Partnerschaft einzusetzen,
- den Partner mit ihren kreativen und schöpferischen Fähigkeiten (Sonne) zu befruchten.

Susanne	12.08.1952 18:17:00 MEZ	
München	011 34 00 0 48.08 00 N	17 17 00 GMT

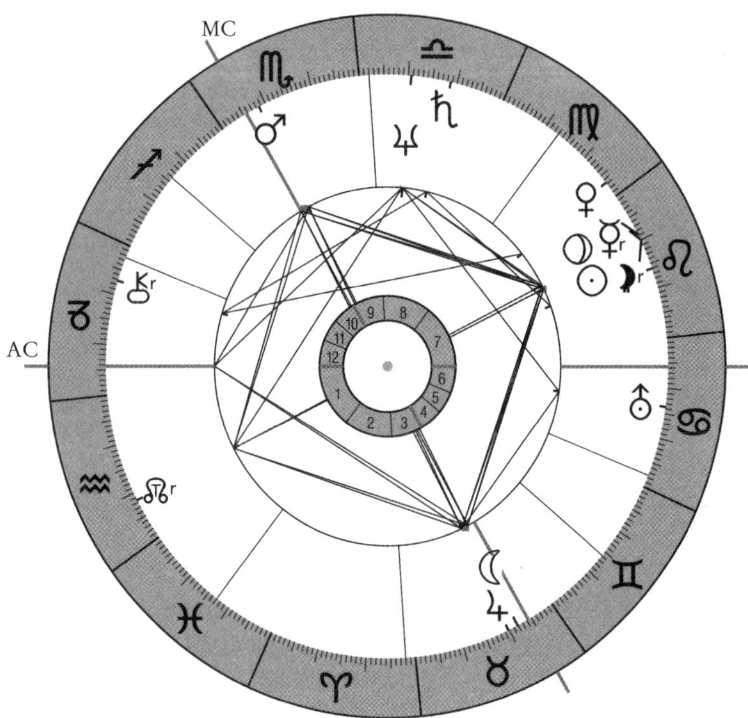

Doch damit ist es noch nicht getan. Auch die übrigen Planeten in Haus 7 geben Hinweise darauf, was für das Gelingen einer guten Partnerschaft erforderlich ist.

Der Persönlichkeitsanteil Pluto als Herrscher von Haus 10 verlangt von Susanne, dass sie sich Wissen (Pluto) über den gesellschaftlichen Normenkodex und über die Gesetze des Lebens aneignet, dass sie sich auf der beruflichen (Haus 10) Ebene ein Konzept (Pluto) erarbeitet und ihren eigenen Weg (Pluto) zu gehen imstande ist.

Merkur (Zwillinge), als Herrscher von Haus 5, verdeutlicht, wie wichtig es ist die eigene Kreativität (Haus 5) und das aus ihr Geschöpfte (Haus 5) rhetorisch geschickt (Zwillinge) und diplomatisch

(Haus 7) in Begegnungen einzubringen. Susanne berichtete, dass sich ihre Partnerschaft in dem Moment gravierend verbessert hat, als sie ihre sexuellen (Haus 5) Wünsche und Vorstellungen dem Partner gegenüber verbalisierte (Merkur) und manchmal, als besondere Würze, die Kunst des »dirty talking« (Merkur, Herrscher von Haus 5) praktizierte.

Merkur (Jungfrau) als Herrscher von Haus 8 veranlasst Susanne, Wissen (Haus 8) über Krankheit und Gesundheit (Jungfrau) zu erwerben und die Fähigkeit zu entwickeln, die eigene Partnerbeziehung (Haus 8) zu analysieren (Merkur) und selbstkritisch (Merkur) den eigenen Anteil am Gelingen und am Misserfolg zu sehen.

Hingegen gibt die Venus (Stier) als Herrscherin von Haus 4 Susanne eine ganz andere Aufgabe. Erst wenn Susanne fähig ist, sich im Wohnbereich (Haus 4) ihrem Partner gegenüber abzugrenzen (Venus), kann sie ihre Beziehung tatsächlich genießen (Venus). Dabei muss Susanne immer rechtzeitig wahrnehmen (Venus in der Jungfrau), wenn sie sich nicht mehr wohlfühlt, aber auch darauf achten, ob der Partner noch Lust und Lebensfreude (Venus) spürt. Wenn in der Partnerschaft für beide in einem ausgewogenen (Haus 7) Verhältnis Lust und Genuss möglich sind, dann sind die Anforderungen der Venus erfüllt.

Die Venus (Waage) als Herrscherin von Haus 9 hingegen drängt darauf, die erotischen Anlagen (Venus) weiterzuentwickeln und zu verbessern (Haus 9). Der Besuch von Weiterbildungsveranstaltungen zu diesem Thema (zum Beispiel Tantra etc.) ist nützlich und hilfreich.

Ferner soll in die Partnerschaft eine friedliche (Venus), analytische (Jungfrau) Lebensphilosophie (Haus 9) eingebracht werden. Für Susanne ist es wichtig, dem Partner Toleranz (Haus 9) und Wohlwollen (Haus 9) entgegenzubringen und diese Gefühle auch auszudrücken.

Susanne sollte außerdem darauf achten, immer wieder wahrzunehmen (Jungfrau) und zu beobachten (Jungfrau), ob das Gleichgewicht (Venus) in der Partnerschaft gewährleistet ist, damit sich auf beiden Seiten Friede, Wohlleben und Glück entwickeln kann.

Bevor Susanne diese wertvollen Anlagen in die Partnerschaft zu investieren vermochte, erlebte sie ihre Energien primär in der Erleidensform bzw. in der Projektion. Mit Pluto und Sonne in Haus 7 lernte sie nur dominante (Pluto) Männer kennen, die zudem alle selbstständige Unternehmer (Sonne) waren. Sie fühlte sich zu Männern hingezogen,

Sabine 15.11.1946 08:30:00 MEZ
Genf 006 09 00 0 46.12 00 N 07 30 00 GMT

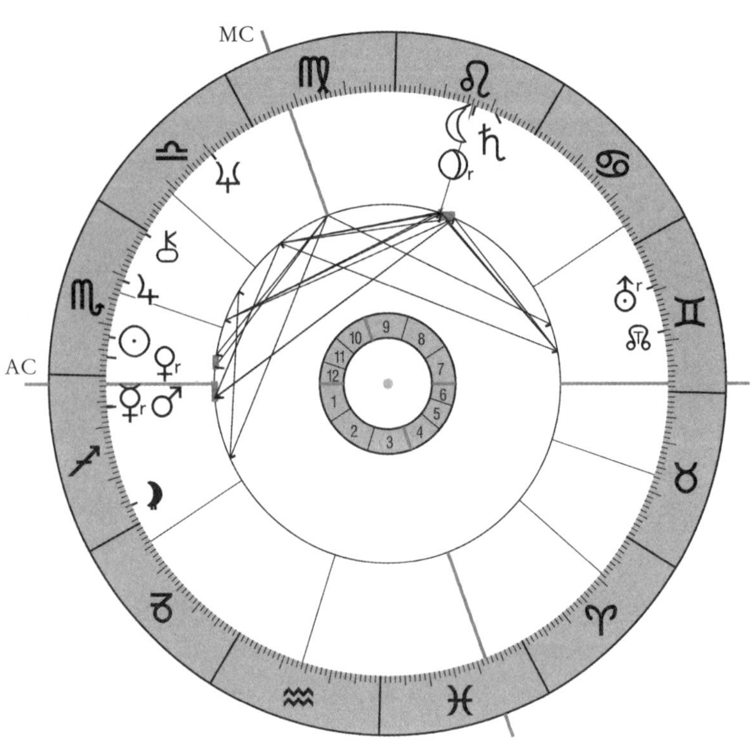

die alles totreden (Pluto, Merkur), und die erotische Atmosphäre (Venus) war durch ihre permanente Anpassung (Jungfrau) aufs Äußerste gestört.

Eine andere Problematik liegt hingegen bei Sabine vor. Sabine litt sehr darunter, dass sich entweder ihre Partnerschaften immer wieder schnell auflösten oder sie immer Männer anzog, die nur einmal oder zweimal in der Woche bei ihr aufkreuzten, aber ansonsten keine Bereitschaft zeigten, sich näher zu binden. Besonders schmerzhaft war für sie die Beziehung zu Edwin, den sie über alle Maßen liebte. Edwin war ein witziger und origineller Mann, redegewandt, gutaussehend und beruflich sehr erfolgreich. Aber seine Schattenseiten waren für Sabine seelisch kaum zu verkraften. Edwin war in ihren Augen ein Luftikus (Uranus) und notorischer Seitenspringer (Uranus). Diese »Anlage« wurde durch Edwins beruflich bedingte Flugreisen (Uranus) unterstützt. So konnte er sich jeglicher Kontrolle entziehen und seine Freiheit (Uranus) fast grenzenlos ausleben. Und wenn Sabine Edwin zur Rede stellte, warum er nicht öfter mit ihr zusammen sein sein wollte, pflegte er zu sagen: »Es ist wunderschön bei dir, aber auf die Dauer ist es ein bisschen zu langweilig.« Sabine erlebte also ihre eigene Uranusanlage in der Leidensform.

Was müsste sie tun, um diese Anlage aus ihrem verwunschenen Zustand zu erlösen? Wir sehen in ihrem Horoskop den Uranus als Herrscher von Haus 3 in Haus 7. Sabines Aufgabe wäre es, die Anlage zuerst in Haus 3 auszubilden, um sie in Haus 7 einsetzen zu können. Uranus als Herrscher von Haus 3 stellt folgende Anlage dar: Originalität und Witz in Sprache und Schrift, revolutionäre ideenreiche, spektakuläre Kommunikation, freie, unabhängige Darstellung, Aufnahme und Abgabe von sensationellen, ungewöhnlichen, neuen, progressiven Informationen.

Wenn Sabine immer für eine Überraschung gut ist, Spaß verbreitet und zu einer Kommunikation fähig ist, die den langweiligen konventionellen Rahmen sprengt, und wenn sie interessante, neue Informationen weiterzugeben imstande ist, kann sie diese Anlage in Haus 7 einsetzen.

Die Menschen, denen Sabine begegnet (Haus 7), freuen sich auf sie, weil bei ihr und mit ihr immer was los ist, immer wieder Gaudi aufkommt und immer wieder neue Dinge in Erfahrung gebracht werden können. Auf diese Weise würde sie auch für ihren Partner interessanter, und ihre Beziehung zueinander würde spannender und abenteuerlicher. Die Folge wäre, dass ihr Partner öfter ihre Nähe aufsuchen würde.

Es fragt sich nur, ob Sabine aufgrund ihrer neu erworbenen freien und unabhängigen Darstellung und ihrer vielen neuen Freunde noch daran interessiert wäre. Die Wahrscheinlichkeit spricht dafür, dass sie dann dafür plädiert, den früheren Modus der Treffen beizubehalten.

Es wäre dann alles beim Alten geblieben, nur mit dem gravierenden Unterschied, dass Sabine ihre Uranusanlage nicht mehr in der Leidensform, sondern selbst zur Verfügung hätte. Diese Lebensform ist dann nicht mehr ihr Schicksal, sondern von ihr selbst gewählt. In diesen Zusammenhang passt der Satz von Epiktet: Nicht die Dinge sind es, die die Menschen beunruhigen, sondern das, was sie über diese Dinge denken.

5. Herrschersystem und beruflicher Erfolg

Das Horoskop gibt nicht nur Auskunft über die Voraussetzungen für eine erfüllte Partnerschaft, sondern auch über jene des beruflichen Erfolges. Die entscheidenden Hinweise geben außer dem Herrscher von Haus 1, von Haus 6 und dem Sonnenstand insbesondere der Herrscher von Haus 10 (Berufssignifikator) und die Planeten, die sich in diesem Haus befinden. Wie die Aufgabenstellung im eigenen Horoskop erkannt werden kann, sollen nachfolgende Beispiele zeigen.

In Sigrids Horoskop befindet sich die Venus als Herrscherin von Haus 10 in Haus 10. Das bedeutet, dass sie in Beruf und Öffentlichkeit lernen muss, sich abzugrenzen (Venus) und wirtschaftliche Fähigkeiten zu entwickeln. Außerdem sollte sie genussfähig (Venus) sein, also eine Beziehung zu Gourmetgelüsten (Venus), zu Wohlleben (Venus) und Behaglichkeit (Venus) entwickeln, um auch anderen Menschen diese Genüsse zu erschließen. Die Venus in Haus 10 ist jedoch eine Waage-Venus in Bezug auf Haus 3, weil sie dort herrscht. Das heißt, es muss zuerst die Anlage Venus (Waage), Herrscher von Haus 3, ausgebildet werden, um sie in Haus 10 einsetzen zu können. Sigrid muss also lernen, sich selbst und ihr Umfeld schön (Venus) und ästhetisch (Venus) darzustellen (Haus 3), vornehm (Venus) und distinguiert (Venus) zu sprechen, um dies als Talent beruflich einsetzen zu können.

Der Mond als Herrscher von Haus 12 in Haus 10 fordert von ihr, Menschenkenntnis (Mond) zu erwerben, seelische (Mond) Hintergründe (Haus 12) wahrzunehmen und zu verstehen und in Beruf und Öffentlichkeit ihre soziale Ader zu verwirklichen. Die Beschäftigung mit Tiefenpsychologie (Mond, Herrscher von Haus 12) würde diesen Prozess unterstützen.

Der Jupiter als Herrscher von Haus 5 in Haus 10 weist darauf hin, dass zunächst die Fähigkeit zu selbstständigem Handeln, Managerbegabung und Kreativität weiterentwickelt und verbessert werden

Sigrid 09.06.1953 09:15:00 MEZ
Hannover 009 44 25 0 52.22 15 N 08 15 00 GMT

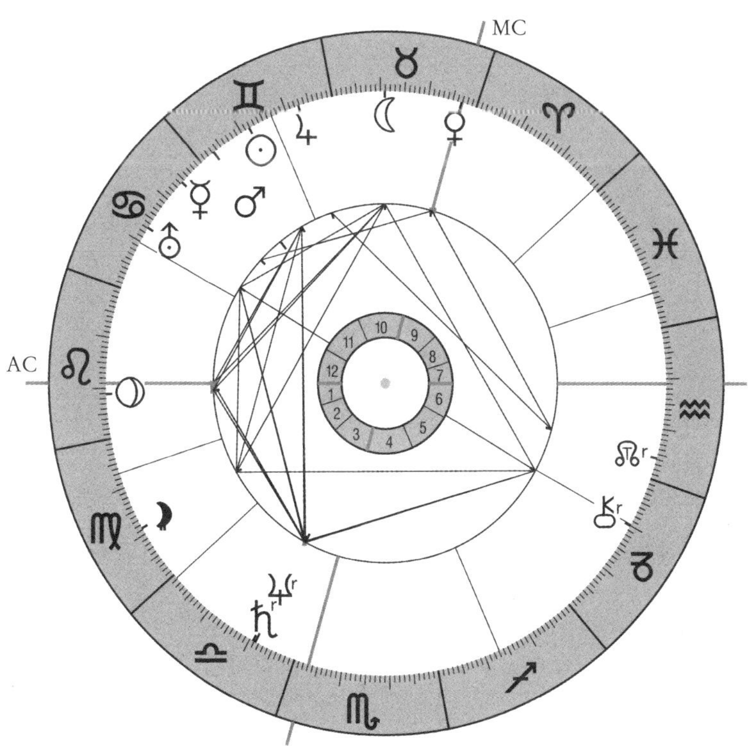

müssen, ehe sie für das Berufsfeld (Haus 10) einsetzbar werden. Hier können insbesondere Weiterbildungsseminare (Jupiter) zum Thema Management (Haus 5) und Erfolg (Jupiter) absolviert werden, um die Anlage in Haus 10 zu stärken.

Tatsächlich ist Sigrid als Managerin eines großen Hotelkomplexes tätig. Dort sind genau die Anlagen gefragt, die sie im Laufe der Zeit entwickeln konnte: Managementfähigkeiten, Sinn für Schönheit und Ästhetik, um für ein schönes Ambiente zu sorgen, das Bedürfnis, den Wunsch der Gäste nach Behaglichkeit zu stillen, die Fähigkeit, sich niveau- und stilvoll zu präsentieren, die Etikette einzuhalten und nicht

Thorwald Dethlefsen	11.12.1946 09:45:00 MEZ	
Herrsching	012 10 25 0 49.32 15 N	08 45 00 GMT

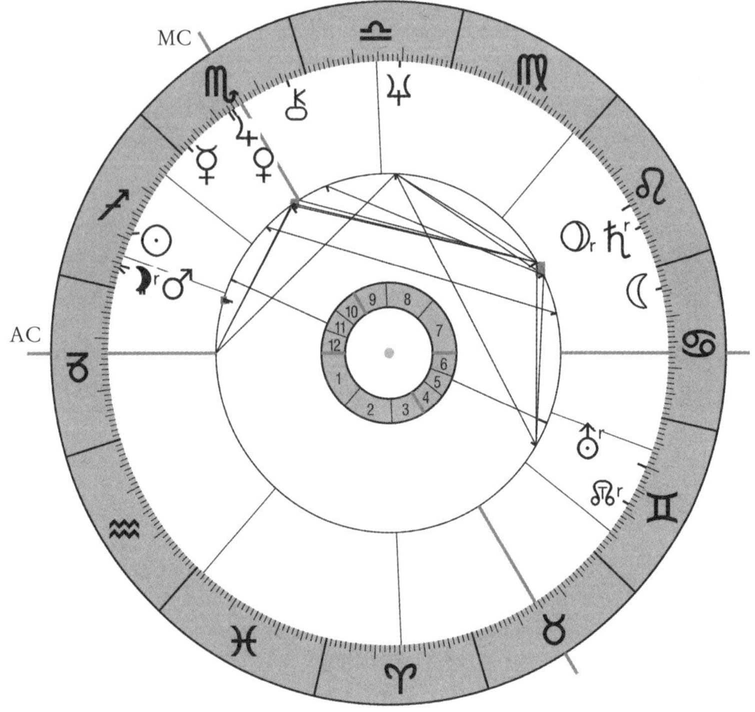

zuletzt die Menschenkenntnis, sowohl den Gästen als auch dem eigenen Personal gegenüber.

Im Horoskop von Thorwald Dethlefsen befinden sich Jupiter, Venus und Merkur im Haus 10 sowie Pluto als Herrscher von Haus 10 in Haus 7. Die für Dethlefsen entscheidende Bedeutung von Haus 10 (Beruf und Öffentlichkeit) wird durch die schematische Wiedergabe der Vernetzung seiner Anlagen evident: Die Herrscher von Haus 4, 5, 6, 8, 9, 11 und 12 münden alle in Haus 10.

Welche Anlagen musste er nach dem kosmischen Plan (Horoskop) ausbilden? Welche Lernprozesse waren von ihm zu absolvieren, ehe er auf der beruflichen Ebene zum Erfolg finden konnte?

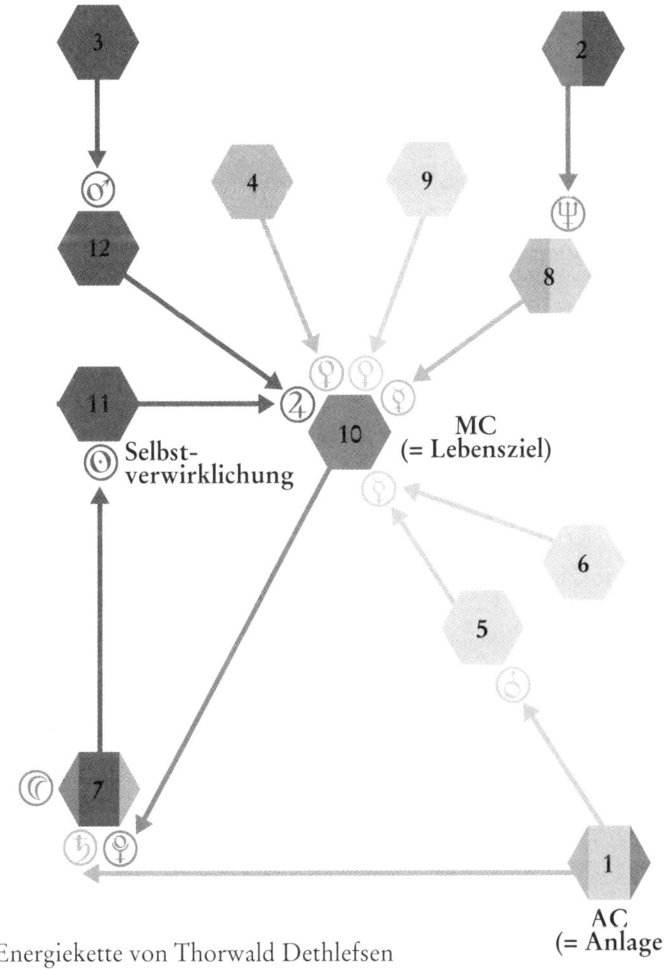

Energiekette von Thorwald Dethlefsen

Mit Venus als Herrscherin von Haus 9 in Haus 10 hat er die Aufgabe, sich zuerst mit Weltanschauung, Philosophie und Religion zu befassen, um dieses Wissen schließlich im Beruf zum Einsatz zu bringen. Da es sich bei ihm um eine Waage-Venus handelt, versucht er in der Öffentlichkeit mit seinem Wissen einen Ausgleich (bzw. Gegenpol) zur herkömmlichen Auffassung herzustellen. Die Venus ist aber als

Stier-Venus auch Herrscherin von Haus 4. Dies bedeutet, dass Dethlefsen zunächst seelisch sein Revier abstecken und Sicherheit in seiner Identität erlangen muss, ehe er damit in der Öffentlichkeit auftreten kann. Außerdem bringt er – wie es häufig vorkommt, wenn der Herrscher von Haus 4 in Haus 10 auftritt – seine Wohnung im Beruf zum Einsatz. In diesem Zusammenhang aber muss er lernen, sich in seiner Privatsphäre (Venus-Stier, Herrscher von Haus 4) zu Beruf und Öffentlichkeit abzugrenzen.

Mit Jupiter als Herrscher von Haus 11 und Haus 12 in Haus 10 heißt es zunächst, Einsicht zu nehmen in progressive Bestrebungen, in die Welt der Freidenker und geistigen Revolutionäre sowie in das Reich jenseits der sichtbaren Formen, jenseits von Gut und Böse. Dann erst können die gewonnenen Erkenntnisse im Beruf eingesetzt werden.

Merkur als Herrscher von Haus 5 und Haus 6 verlangt von Thorwald Dethlefsen, das, was er in Haus 5 geschöpft und in Haus 6 analysiert und diagnostiziert hat, in Worte zu fassen (Merkur-Zwillinge) und schriftlich (Merkur-Zwillinge) niederzulegen, um all dies schließlich in die Öffentlichkeit (Haus 10) zu tragen. Der Merkur ist jedoch auch Herrscher von Haus 8, jetzt in seiner Bedeutung als Herrscher des Jungfrau-Zeichens. Thema ist es hier, zuerst in Bezug auf Krankheit und Gesundheit ein Konzept zu erarbeiten und es dann zum allgemeinen Maßstab (Haus 10) zu machen.

Tatsächlich ist Thorwald Dethlefsen mit seinem Werk Krankheit als Weg der endgültige Durchbruch gelungen. Er ist mit dem Konzept »Krankheit (Jungfrau-Merkur) als Weg« (Herrscher von Haus 8 und Merkur steht im Skorpion) maßstäblich und bedeutend (Haus 10) geworden. Damit hat er die Entwicklungs- und Lernschritte absolviert, welche die Grundvoraussetzung für seinen beruflichen Erfolg darstellen. Nachdem Venus, Jupiter und Merkur als wertvolle Anlagen mit Inhalt gefüllt wurden, steht es Dethlefsen nun frei, seine Konzepte und Therapievorstellungen in die Begegnung zu tragen (Pluto, Herrscher von Haus 10 in Haus 7).

Für den beruflichen Erfolg ist eine starke Planetenkonzentration in Haus 10 keine zwingende Voraussetzung. In vielen Fällen ist es ausreichend – und dies wird durch zahlreiche Horoskope berühmter Persönlichkeiten unter Beweis gestellt –, die Verwirklichung des Herrschers von Haus 1 und des Herrschers von Haus 10 zu verfolgen. Wem also

Planeten in Haus 10 fehlen, der kann auch durch Ausbildung der Anlage, die dieses Haus beherrscht, viel erreichen.

6. Besonderheiten im Herrschersystem

Das Herrschersystem, so komplex es auch sein mag, ist gar nicht so schwer zu entschlüsseln, wenn man es einmal durchschaut hat. Dennoch hat es einige Eigenheiten, die auf den ersten Blick nicht so leicht zugänglich sind. Namentlich sind dies der Enddispositor (Endherrscher), der Mieter eines Hauses, die reziproke Situation und das sogenannte eingeschlossene Tierkreiszeichen, die im Folgenden näher erläutert werden sollen.

Der Enddispositor

Antons Horoskop (Seite 74) zeigt Pluto als Herrscher von Haus 1 im 9. Haus, den Mond als Herrscher von Haus 9 im 7. Haus, die Venus als Herrscherin von Haus 7 im 3. Haus und Saturn als Herrscher von Haus 3 im 3. Haus. Mit Saturn endet die Energiekette des 1. Hauses, und er wird in einem solchen Falle als Enddispositor bezeichnet.

Wenn so viele Energien an einem Punkt auslaufen, dann ist es für den Horoskopeigner natürlich besonders wichtig, diesen Enddispositor auszubilden, denn alle Mühe, die man vorher unternommen hat, ist umsonst gewesen, wenn die Energien hier stocken oder sich gar destruktiv entladen. Der Enddispositor kann also entweder als die Achillesferse des Horoskopeigners betrachtet oder aber als möglicher Auslöser positiver Kettenreaktionen begriffen werden.

Nachdem der Enddispositor des ersten Hauses ermittelt wurde, fährt man mit dem nächsten Häuserherrscher fort. Im obigen Horoskop ist dies der Jupiter als Herrscher von Haus 2. Jupiter steht in Haus 9, Herrscher von Haus 9 ist der Mond in Haus 7, Herrscherin von Haus 7 ist die Venus in Haus 3, und Herrscher von Haus 3 ist Saturn. Also ist auch hier Saturn wiederum der Enddispositor.

Im nächsten, dem 3. Haus herrscht Saturn, und er befindet sich in seinem angestammten Haus.

Anton 23.02.1931 23:37:00 MEZ
Fulda 009 41 00 0 50.33 00 N 22 37 00 GMT

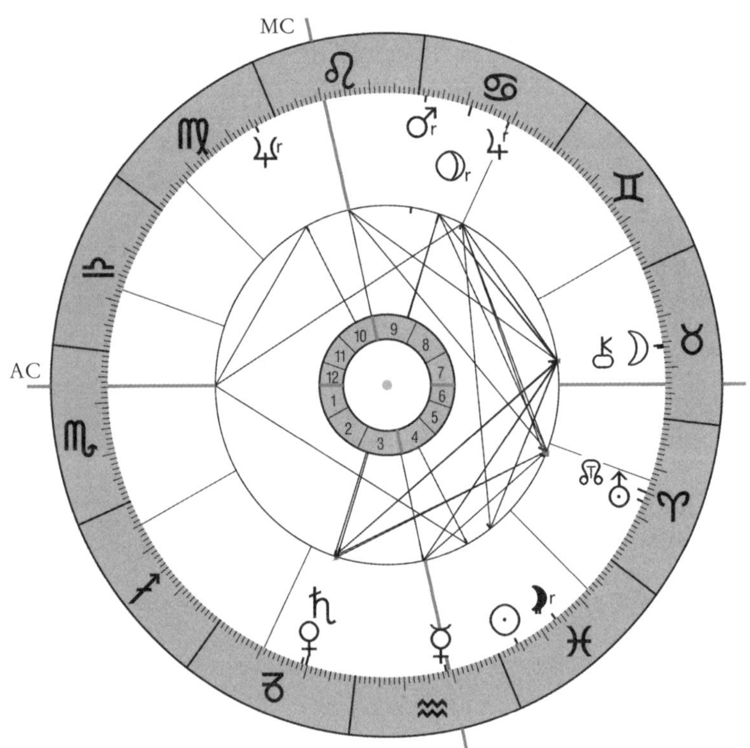

Dann folgt Uranus als Herrscher von Haus 4 im 5. Haus. Der Herrscher von Haus 5 ist Neptun und steht in Haus 10, Herrscher von Haus 10 ist die Sonne in Haus 4, und der Herrscher von Haus 4 wiederum ist Uranus in Haus 5. Folglich steht Uranus hier am Anfang und am Ende des Energiekreislaufs. Auch er hat daher eine besondere Bedeutung. Ihn zu erlösen würde einen gewaltigen Energieschub verursachen und gravierende Frequenzveränderungen bei den anderen Planeten auslösen.

Die Reihe setzt sich fort mit Mars, dem Herrscher von Haus 6, der im 9. Haus steht. Diese Energiefolge endet, wie eingangs bereits ersichtlich wurde, wieder bei Saturn. Ebenso ergeht es mit der Venus

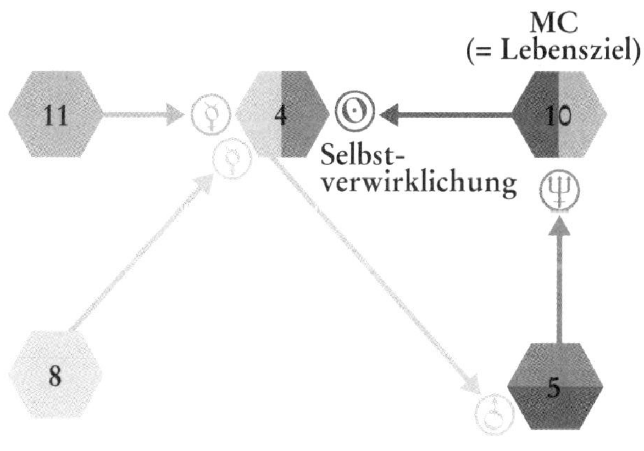

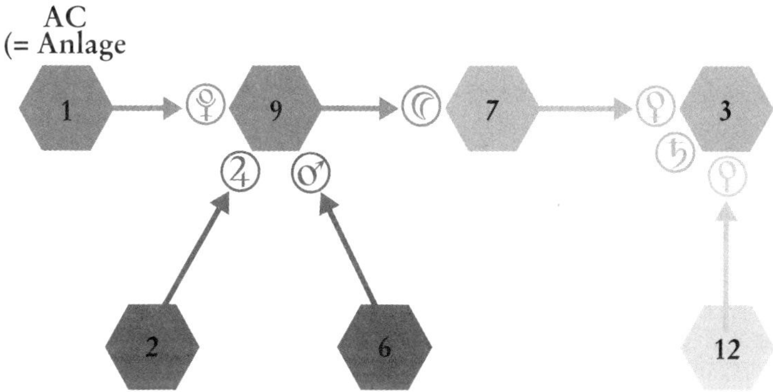

Energiekette von Anton/Fulda

(Stier) als Herrscherin von Haus 7, während der Herrscher von Haus 8 in Haus 4 in den Kreislauf mündet, bei dem Uranus am Anfang und am Ende steht.

Die Energie des Herrschers von Haus 9 mündet in den Saturn, die Energie des Herrschers von Haus 10 und Haus 11, also von Sonne und Merkur (Jungfrau), endet bei Uranus, und die Energie der Venus als Herrscherin von Haus 12 in Haus 3 fließt wieder in den Saturn, der Herrscher von Haus 3 in Haus 3 ist.

Mieter eines Hauses

Zwar wurde der Mieter eines Hauses in der Einleitung bereits kurz erwähnt, doch ist es wegen seiner großen Bedeutung wichtig, noch etwas differenzierter auf ihn einzugehen.

Im Horoskop besitzt jeder Planet oder Persönlichkeitsanteil ein eigenes Haus. Dieser wohnt selbst aber meist nicht in seinem Haus, sondern mietet ein anderes Haus an, welches einem weiteren Planeten gehört.

Jeder Vermieter weiß, wie belastend es sein kann, wenn man Mieter im eigenen Haus hat, die renitent und aggressiv sind, die ihre Miete nicht bezahlen wollen oder dort ihre Destruktivität ausleben. Ähnlich verhält es sich auch im Horoskop: Der Mieter nimmt entscheidend Einfluss auf das von ihm bewohnte Haus. Er bringt seine Inhalte ein und prägt damit das Haus entsprechend. Außerdem ist er für die Stimmungslage, die dort herrscht, verantwortlich. Anders ausgedrückt, der Hauseigentümer, der Herrscher, trägt seinen Charakter in das Haus, in welches er ausgewandert ist bzw. dessen Mieter er ist. Er führt die Anlage quasi in seinem Reisegepäck mit.

In dem vorherigen Horoskopbeispiel befindet sich Uranus als Herrscher von Haus 4 in Haus 5. Neptun, als Herrscher von Haus 5, transportiert diese uranischen Inhalte nach Haus 10. Folglich ist es Antons Aufgabe, in Bezug auf Familie, Ernährung, Biologie, Bauen und Wohnen (Haus 4) Erneuerungen (Uranus) und Erfindungen (Uranus) zu kreieren (Haus 5) und all dies dann als Alternative (Neptun) beruflich (Haus 10) zu verwenden und der Öffentlichkeit (Haus 10) darzubieten. Prof. Anton Schneider, denn um diesen handelt es sich hier, der als großer Pionier mit der Baubiologie das Bauen und Wohnen revolutionierte, hat diese Aufgabe bravourös gelöst.

Reziproke Situation

In Geralds Horoskop befindet sich Neptun als Herrscher von Haus 2 in Haus 8 und umgekehrt Merkur (Jungfrau) als Herrscher von Haus 8 in Haus 2. In der Hemmung kann dies bedeuten: Die schwachen (Neptun) Finanzen (Haus 2) schwächen die Finanzen des Partners (Haus

Gerald 28.02.1946 04:45:00 MEZ
Stuttgart 009 10 30 0 48.46 30 N 03 45 00 GMT

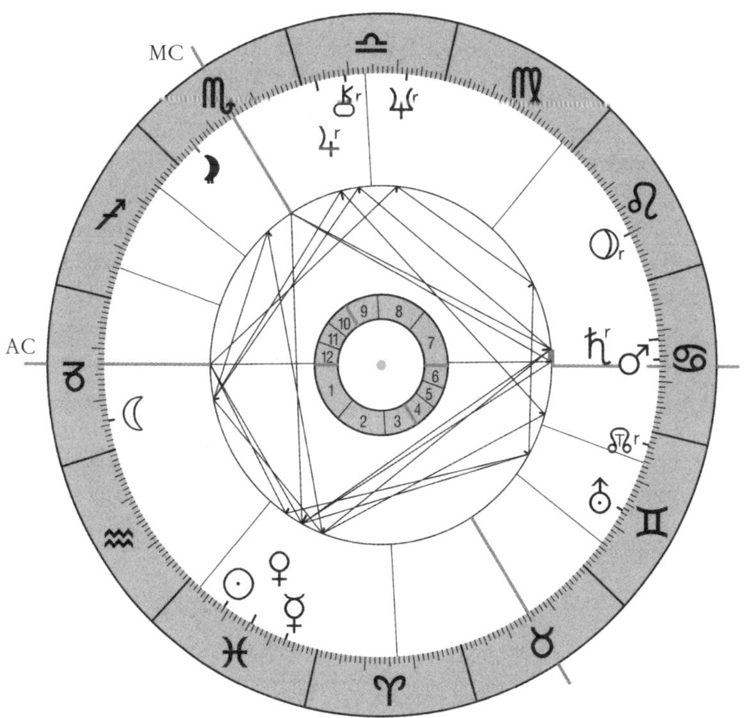

8) oder treiben den Partner in Bezug auf geldliche Angelegenheiten in eine Helferrolle (Neptun-Kompensation). Die Nutzung (Merkur-Jungfrau) der Finanzen des anderen bzw. die Abhängigkeit (Merkur-Jungfrau) vom Helfer (Neptun) belasten jedoch wieder das 2. Haus des Horoskopeigners. Es ist mit einer Verstärkung der Problematik zu rechnen.

Die Achse Haus 2/Haus 8 hat also für den Betreffenden eine besondere Bedeutung. Es ist wichtig, dass er beide Anlagen mit Inhalt füllt, damit er die Problematik in den Griff bekommen kann. Fazit: Immer wenn der Herrscher eines Hauses in ein Haus ausgewandert ist, dessen Herrscher den umgekehrten Weg nimmt, nennt man das eine reziproke Situation.

Eingeschlossenes Tierkreiszeichen

In Dagmars Horoskop (siehe Seite 44) ist Merkur Jungfrau) Herrscher von Haus 7 und Venus (Waage) Mitherrscherin von Haus 7, weil das gesamte Tierkreiszeichen Waage im 7. Haus eingeschlossen ist.

Mitherrscher bedeutet nicht, dass dieser Planet gegenüber dem Herrscher nur die zweite Geige spielt oder deswegen weniger zum Zuge kommt. Der Mitherrscher trägt das Thema des jeweiligen Hauses mit einer anderen Symbolik in ein neues Lebensfeld. Seine Energie ist gewöhnlich nicht schwächer als die des Herrschers, sondern nur aufgrund der Folgerichtigkeit des Tierkreises in seiner Frequenz vom vorhergehenden Tierkreiszeichen abhängig.

Der Herrscher in den Häusern 1 bis 12

Alle Interpretationen der einzelnen Hausherrscher gelten in ähnlicher Weise auch für die Planeten in den Häusern. Wenn also zum Beispiel nachfolgend Uranus als Herrscher von Haus 12 oder Venus als Herrscherin von Haus 10 beschrieben wird, dann können sich Horoskopeigner, die den Uranus in Haus 12 oder die Venus in Haus 10 stehen haben, auch darin wiederfinden. Der Unterschied liegt nur darin, dass der Hausherrscher die Ursache und der in ein Haus ausgewanderte Planet die Wirkung symbolisiert (siehe Seite 32).

Selbstverständlich können aber auch daraus Deutungshinweise für die Planeten in den Tierkreiszeichen abgeleitet werden. Uranus als Herrscher von Haus 12 entspricht demnach Uranus in den Fischen oder Venus als Herrscher von Haus 10 hat Ähnlichkeiten mit Venus im Steinbock.

Mars herrscht über Haus 1

Hemmung

Deutung: *Die Durchsetzungsschwäche des eigenen Egos und der körperlichen Eigenart, die schwache Selbstbehauptung und mangelnde Initiative, all dies hemmt Haus...*

Der Gehemmte leidet sehr an seiner Durchsetzungsschwäche, an seinem Mangel an Mut und Initiative. Er muss sich ständig über die Frechheiten seiner Mitmenschen ärgern, die rigoros ihre Interessen durchsetzen. Jeder eigene Ansatz von Initiative und Selbstbehauptung wird von anderen sofort bekämpft. Die sportliche Veranlagung des Gehemmten kann nicht richtig zum Ausdruck gebracht werden, er traut sich nichts zu. Dafür bewundert er die Sportasse im Fernsehen. Um Streit zu vermeiden, dem er sich nicht gewachsen fühlt, vermeidet er es, seine körperliche Eigenart durchzusetzen bzw. für sie einzustehen. Da die eigene Triebentwicklung schwach ist, begegnet der Gehemmte ständig triebstarken Menschen. Auf der körperlichen Ebene reagiert er mit Kopfschmerzen, Entzündungen, Gallenleiden oder ist anfällig für Verletzungen.

Kompensation

Deutung: *Das rigorose Durchsetzen des eigenen Egos und der körperlichen Eigenart, die rücksichtslose Selbstbehauptung und kämpferische*

Initiative, all dies beeinflusst Haus ... oder attackiert die Gehemmten in Haus 7 und in Haus...

Um die vorhandene Hemmung zu übertünchen, wird der Gehemmte zum Kompensator und als solcher selbst zum Angreifer und Kämpfer. Wenn etwas nicht nach seinem Willen geht, dann reagiert er mit Aggressionen, Wutanfällen oder Zorn. Er sucht die Herausforderung im Streit oder indem er seine Mitmenschen vor den Kopf stößt und provoziert. Der Kompensator übertreibt es mit dem Sport, da er mit diesem auf das Siegertreppchen gelangen kann. Gelingt es nicht, dann verliert der Kompensator schnell die Lust oder sucht sich eine neue Sportart. Indem er sich für andere stark macht, glaubt er, sich durchsetzen zu können.

Lösungsmöglichkeit, erwachsene Form

Deutung: *Die eigene Vitalität und Kraft, die Durchsetzung der eigenen Interessen ohne Kampf und Streit, die sportlichen Fähigkeiten, der Energieeinsatz und das Samenlegen, all dies wird verwendet für Haus... oder stärkt Haus...*

Der Erwachsene hat die Lernaufgabe, die hier gestellt wird, erkannt. Es gilt, sich aus der komplementären Verflochtenheit zwischen Angreifer und Angegriffenem zu befreien und das Mars-Widder-Prinzip in realer Form zu leben. Wenn der Horoskopeigner seine Energie nicht mehr vergeudet, sondern konstruktiv damit umgeht, spürt er nicht mehr seine alten Gefühlsraster, bestehend aus Arger, Wut, Zorn und Aggression, sondern fühlt sich kraftvoll, vital und energetisch aufgeladen. Horoskopeigner, bei denen das Tierkreiszeichen Widder am Anfang steht, haben jedoch auch noch andere Aufgaben. Sie müssen für alle anderen Tierkreiszeichen beispielhaft zeigen, wie wichtig es ist, sich durchzusetzen, zu behaupten, seine Energien zu investieren und Mut an den Tag zu legen. Sie müssen lernen, immer wieder die Initiative zu ergreifen und neue Versuche zu starten, um ihre Mitmenschen zu einer Reaktion zu bewegen, also um Zustimmung oder Ablehnung in ihnen auszulösen. Wenn ein Mann, in dessen Horoskop Mars das 1. Haus beherrscht, bei fünf verschiedenen Frauen seine Aufwartung macht, um ein Rendezvous bittet und abgelehnt wird, dann muss er es eben bei 50 Frauen versuchen, bis schließlich drei oder vier ihm ihre Telefonnummer geben. Der Widder-Aszendent macht deutlich: Nur der kann im Leben etwas erreichen, der etwas wagt. Der Horoskopeigner mit einem Widder-Aszendenten muss das Prinzip der Natur verkörpern, die zum Beispiel bei einer Pflanze viele hundert oder gar tausend Samen entstehen lässt, damit sichergestellt ist, dass einige wenige aufkeimen und damit die Erhaltung der Art gewährleisten.

Venus (Stier) herrscht in Haus 1

Hemmung

Deutung: *Die Trägheit, etwas anzufangen, die Unbeweglichkeit in der Durchsetzung der eigenen Interessen, die mangelnde Selbstbehauptung wegen der eigenen Bequemlichkeit, all dies hemmt Haus... Die fehlenden wirtschaftlichen Fähigkeiten und die mangelnde Abgrenzungs- und Genussfähigkeit hemmen Haus...*

Beim Gehemmten ist der Drang, aktiv zu werden und die Initiative zu ergreifen, durch Trägheit und Bequemlichkeit geschwächt. Er geht Streit und Kampf aus dem Weg, denn sie könnten seine Ruhe und Behäbigkeit stören. Dennoch geschieht gerade dies immer wieder. Der Gehemmte ist übermäßig geduldig und unflexibel und kann daher seine eigenen Interessen nicht durchsetzen. Zur Selbstbehauptung ist er zu schwerfällig und vermag sich deshalb auch nicht abzugrenzen. Seine körperliche Unbeweglichkeit macht ihn im Sport eher zum Zuschauer. Die Konstellation legt nahe, dass der Gehemmte sich zu wenig mit Wirtschaft und Finanzen beschäftigt hat. Der Mangel an Sicherheit und an Eigenwert macht ihm zu schaffen. Auf der körperlichen Ebene reagiert der Gehemmte mit Nackenverspannungen, Halsschmerzen, Angina, Heiserkeit und Gewichtsproblemen.

Kompensation

Deutung: *Sturheit im Durchsetzen der eigenen Interessen, die Dickköpfigkeit in der Selbstbehauptung und die übertriebene Absicherung, wenn es darum geht, etwas in Angriff zu nehmen, all dies beeinflusst...*

oder stärkt Haus... Das Studium der Wirtschaftslehre, politisches Engagement, finanzieller Reichtum, der Immobilienbesitz, die Rolle als Kenner der Gourmetszene, all dies stärkt Haus...

Hier setzt der Kompensator dickköpfig und stur seine Interessen durch. Wuchtig und hartnäckig betreibt er seine Selbstbehauptung, weil er die zugrunde liegende Hemmung kennt. Wenn es darum geht, etwas anzufangen oder Initiative zu zeigen, dann geht er seinen sicheren, festgefahrenen Weg, denn Veränderungen sind ihm ein Gräuel. Mit starrsinniger Abgrenzung stärkt der Kompensator das eigene Ego. Als Kompensator hat man es mit dieser Konstellation schon etwas besser denn als Gehemmter. Man befasst sich mit Wirtschaft, Finanzen, Versicherungen, Immobilien und anderen Besitztümern und setzt sich damit durch.

Lösungsmöglichkeit, erwachsene Form

Deutung: *Die Fähigkeit, eigene Interessen beharrlich durchzusetzen, etwas mit Ruhe in Angriff zu nehmen und sich geduldig zu behaupten, all dies stärkt... Die Durchsetzung mittels wirtschaftlicher Fähigkeiten, Vorratshaltung, Besitz und Finanzen, Abgrenzung und Genuss, all dies stärkt...*

Wenn das Tierkreiszeichen Stier am Anfang steht, dann geht es um die Frage, ob der Horoskopeigner dieses Prinzip verwunschen oder verzaubert erlebt oder bereits in einer erwachsenen Form. Der Erwachsene hat die Aufgabe, sich von der komplementären Verflochtenheit zwischen dem Armen und dem Reichen, zwischen dem Asketen und dem Schlemmer zu lösen. Ferner wäre es günstig für ihn, sich von den alten Auslebensformen wie Trägheit, Bequemlichkeit und Sturheit und von dem Zwang zu befreien, immer noch mehr besitzen zu wollen, und stattdessen das Venus-Stier-Prinzip mit Inhalt zu füllen. Er kommt in seinem Leben besser zurecht, wenn er seine wirtschaftlichen Fähigkeiten ausbildet, Geldseminare besucht, seinen Sammeltrieb aktiviert und fähig wird, sich materielle Sicherheit zu schaffen. Und wenn es ihm außerdem auch noch gelingt, sein Revier zu behaupten, sich abzugrenzen und einen genussvollen Lebensstil zu pflegen, dann findet der Stier-Aszendent schon fast paradiesische Verhältnisse vor.

Merkur (Zwillinge) herrscht über Haus 1

Hemmung

Deutung: *Die mangelnde sprachliche Fähigkeit beim Durchsetzen der eigenen Interessen und in der Selbstbehauptung, die Unbegabtheit im Ausbilden des eigenen Egos und im Einsetzen des eigenen Willens, all dies hemmt...*

Aufgrund mangelnder sprachlicher Fähigkeiten ist dem Gehemmten die Durchsetzung und die Selbstbehauptung nicht möglich. Sein Auftreten ist gehemmt, da er den geschickten Wortsticheleien seiner Mitmenschen ausgeliefert ist. An der Ausbildung eines eigenen Egos hat der Gehemmte kein Interesse. Er ist zu flatterhaft, um einen eigenen festen Willen zu zeigen. Wenn es darum geht, Initiative zu zeigen oder aktiv zu werden, dann gibt er sich ungeschickt und ungelehrig. Impulse sind höchstens in Gedanken vorhanden, werden aber nicht umgesetzt. Auf der körperlichen Ebene reagiert der Gehemmte mit Erkrankung der Atemwege, Lungenkrankheiten, Sprachschwierigkeiten und mit Problemen in der Feinmotorik.

Kompensation

Deutung: *Die betont intellektuelle Art im Durchsetzen der eigenen Interessen und das listige Einsetzen des eigenen Willens in der Selbstbehauptung stärken ...*

Der Kompensator setzt sich betont intellektuell durch. Er verwendet den verbalen Kampf für die Selbstbehauptung. Durch verstandesbetontes Auftreten stärkt er sein Ego. Geschäftig nutzt der Kompensator jede Gelegenheit, um Initiative ergreifen zu können und aktiv zu sein. Er setzt seine körperliche Wendigkeit und schnelle Auffassungsgabe übertrieben ein, so dass er ständig Unruhe und Hast verbreitet. Der starke Wille wird listig und taktisch klug vor die eigenen Ziele gespannt.

Lösungsmöglichkeit, erwachsene Form

Deutung: *Lernfähigkeit, großes verbales Repertoire, Sprachbegabung, Ausdrucksfähigkeit, Kommunikationsfähigkeit, Rede und Schrift, in-*

tellektuelle, mathematische und naturwissenschaftliche Fähigkeiten, all dies kann eingesetzt werden für Haus... Die Fähigkeit, Informationen aufzunehmen und weiterzugeben, wird verwendet für Haus... bzw. stärkt Haus...

Ein Mensch, bei dem das Tierkreiszeichen Zwillinge am Aufgang seines Horoskops steht, wacht erst dann aus seinem Dornröschenschlaf auf und beginnt richtig zu leben, wenn er mit der Sprache virtuos umzugehen versteht und seine Redegewandtheit so effektvoll einsetzen kann, dass seine Mitmenschen begeistert sind ob seines Talents. Er muss alles versuchen, um diese Anlage zu entwickeln, kein Weg darf ihm zu weit, keine Mühe zu groß sein. Es gilt Rhetorikkurse zu besuchen, Informationen aufzunehmen, zu verarbeiten und abzugeben, um den eigenen Wortschatz zu erweitern und die eigene Darstellungs- und Ausdrucksfähigkeit zu verbessern. Es ist für diesen Mensch wichtig, dass er als Diskussionspartner gesucht und begehrt ist, dass seine praktischen und technischen Fähigkeiten gebraucht werden und dass sein Intellekt, seine Wendigkeit und Beweglichkeit bewundert und gerühmt werden. Wenn der Horoskopeigner das Merkur-Zwillinge-Prinzip auf diese Weise als Herrscher von Haus 1 einsetzt, dann kann er auch die folgenden Herrscher, also jene von Haus 2,3,4,5 usw., auf einer günstigeren Frequenz erleben.

Mond herrscht über Haus 1

Hemmung

Deutung: *Die durch die leichte seelische Verletzbarkeit oder durch die labile Seelenlage verursachte Durchsetzungsschwäche, die durch mangelndes Wissen in Psychologie, Ernährung, Naturheilkunde, Biologie, Botanik, Bauen und Wohnen verursachte Durchsetzungsschwäche, die Passivität und Labilität im Durchsetzen der eigenen Interessen, das ständige Kreisen um die eigenen Gefühle, all dies beeinflusst ungünstig Haus...*

Der Gehemmte hat seine Fähigkeit, auf verschiedene Art und Weise Zärtlichkeit zu schenken, nicht ausgebildet. Doch er erwartet ständig, dass ihm seine Mitmenschen Zärtlichkeit, seelische Liebe und Wärme entgegenbringen, dass sie ihn bekochen, bemuttern und versorgen.

Außerdem hat er sich mit Psychologie, Ernährung, Naturheilkunde, Biologie, Botanik, Bauen und Wohnen kaum befasst und muss daher auf dem beschwerlichen Weg von Versuch und Irrtum alle Erfahrungen selbst machen. Als Folge dieses gravierenden Mangels erreicht er in all den Jahren nie die Geborgenheit und Wärme, nach der er sich so sehr sehnt. Der Gehemmte ist durch seine labile Seelenlage zu schwach, um die eigenen Interessen durchzusetzen oder um sich zu behaupten. Er wird durch die Unvorsichtigkeit seiner Mitmenschen ständig seelisch verletzt. Die schnell aufsteigenden Tränen machen andere aggressiv. Die Ausbildung des eigenen Egos ist gehemmt, weil sich der Gehemmte ständig in sein Schneckenhaus zurückzieht und am liebsten Kind bleiben möchte. Sein übergroßes Anlehnungsbedürfnis verhindert die Ausbildung seines eigenen Willens. In seinem Auftreten scheint er zwei Schritte vor und einen zurück zu gehen. Stimmungsabhängigkeit und leichte Beeindruckbarkeit hindern ihn daran, die Initiative zu ergreifen. Auf der körperlichen Ebene reagiert er mit Magenleiden und mit Reizungen der Schleimhäute. Bei Frauen sind Gebärmuttererkrankungen und Erkrankungen der Brust und bei Männern Prostataleiden typisch.

Kompensation

Deutung: *Das Aufkochen ohne ausreichende Kenntnisse über Ernährung, das Bauen und Wohnen ohne baubiologisches Wissen und ohne Feng-Shui-Kenntnisse, die Durchsetzung als Gefühlstyrann, die Durchsetzung der eigenen Person mittels gluckenhaftem Bemuttern oder mittels Fürsorge, all dies beeinflusst Haus...*

Der Kompensator kocht bei dieser Konstellation auf, ohne sich je mit dem Fach Ernährung oder gar mit biologischer Vollwertkost und Trennkost auseinandergesetzt zu haben – ein Phänomen, das bei vielen Hausfrauen, aber auch bei Starköchen zu beobachten ist. Andere Kompensatoren arbeiten als Architekten und Wohndesigner, ohne sich je mit Baubiologie oder mit Feng-Shui beschäftigt zu haben. Auf diese Weise wird weder der gesundheitliche Aspekt noch das seelische Wohlbefinden ihrer Auftraggeber berücksichtigt. Der Kompensator hat erkannt, dass er mit geschicktem Einsatz von Gefühlen seine Interessen durchsetzen und sich behaupten kann. Deshalb neigt er zur Gefühlstyrannei. Egoistisch interessiert er sich nur für sein eigenes Gefühlsleben und für die eigenen Stimmungen. Aber er kann sich auch als Person in Szene setzen, indem er bemutternd und fürsorglich auftritt.

Lösungsmöglichkeit, erwachsene Form

Deutung: *Einfühlungsvermögen, seelische Eigenart, eigene Identität, die Fähigkeit, Zärtlichkeit anzunehmen und zu schenken, die Beschäftigung mit Psychologie, Ernährung, Naturheilkunde, Biologie, Botanik, Bauen und Wohnen, Baubiologie und Feng-Shui, all dies wird verwendet für Haus ... oder stärkt Haus...*

Ein Mensch, dessen Horoskop mit dem Tierkreiszeichen Krebs beginnt, wacht erst dann aus seinem Dornröschenschlaf auf und beginnt zu leben, wenn er die dem Krebs entsprechenden Anlagen und Fähigkeiten entwickelt hat. Der Erwachsene lässt die unerlösten Formen dieses Prinzips (Passivität, Labilität, Launenhaftigkeit und Stimmungsabhängigkeit) hinter sich und versucht stattdessen, die Anlage mit Inhalt zu füllen. Er bemüht sich, einen Zugang zu seinen Gefühlen und zu seiner inneren Stimme zu bekommen und entwickelt seinen Mitmenschen gegenüber Einfühlungsvermögen. Er meldet sich zu Workshops zum Thema Zärtlichkeit an, um sämtliche Varianten kennenzulernen. Und nicht zuletzt befasst er sich mit Psychologie, Ernährung, Biologie, Botanik, Bauen und Wohnen, um auf einem dieser Gebiete vielleicht sogar beruflich tätig werden zu können. Für die weibliche Erwachsene wartet bei dieser Konstellation noch eine besondere Aufgabe: Sie muss die wirkliche Natur der Frau entdecken, die jenseits aller Rollenklischees liegt. Es geht darum, ihr wahres Frausein zu erkennen und ihre wahre Identität als Frau zu entfalten.

Sonne herrscht über Haus 1

Hemmung

Deutung: *Die durch den Mangel an Handlungsbereitschaft, unternehmerischen und Managementfähigkeiten bedingte Durchsetzungsschwäche, die fehlende Selbstständigkeit und Selbstsicherheit, die Voraussetzung sind, um das Ego zu behaupten und den eigenen Willen durchzusetzen, all dies beeinflusst ungünstig Haus...*

Der Gehemmte hat seine kreativen und schöpferischen Anlagen, seine pädagogischen und unternehmerischen Fähigkeiten, Handlungsbereitschaft, Organisationstalent und seine Managementbegabung zu wenig ausgebildet. Aus diesem Grund fehlt ihm die »Power«, um sich durchzusetzen und zu behaupten, aber auch um Initiative zu ergreifen oder gar eine Pionierarbeit durchzuziehen. Da der Gehemmte sein Licht unter den Scheffel stellt, begegnen ihm nach dem Gesetz des Ausgleichs viele Menschen, die ihr Licht überdimensional erstrahlen lassen (sogenannte Blender oder Prahler).

Die fehlende Selbstsicherheit, um sein Ego zu behaupten und seinen Willen durchzusetzen, kann auch die psychische Ursache für Herz- und Kreislaufprobleme sein, die sich bei dieser Konstellation häufig bemerkbar machen.

Kompensation

Deutung: *Die durch Desorganisation langfristig geschwächte Durchsetzung und Selbstbehauptung, die Durchsetzung mit ineffizienten Unternehmungen, die Durchsetzung als Macher und Manager (ohne die entsprechenden Inhalte aufzuweisen), all dies beeinflusst Haus...*

Der Kompensator leidet an maßloser Selbstüberschätzung. Er fühlt sich als der große Macher und Manager, ohne aber wirklich die dazu erforderlichen Anlagen ausgebildet und das nötige Wissen erworben zu haben. So kann es sein, dass der Kompensator handelt und handelt und handelt..., ohne je etwas Konstruktives zu schaffen. Entweder ist das, was er tut, von vornherein unsinnig, oder er macht im Prozess der Handlung so viele Fehler, dass Letztere wiederum neue Handlungen erforderlich machen. Manche Kompensatoren sind der Überzeugung, dass nur sie wirklich aktiv und lebendig sind, während sie ihre Mitmenschen für passiv und antriebslos halten. Entscheidend jedoch ist, wofür ein Mensch in Aktionismus ausbricht! Ein Kompensator, der ständig ausgeht, Lokale und Restaurants aufsucht oder immer wieder nur Fahrten ins Blaue unternimmt, sorgt dafür, dass seine unternehmerische Anlage auf diesem Niveau stecken bleibt.

Lösungsmöglichkeit, erwachsene Form

Deutung: *Die Durchsetzung mittels Spontaneität, Selbstvertrauen, Handlungs- und Managementfähigkeiten, unternehmerische Fähig-*

keiten, Selbstständigkeit sowie auch die kreativen und schöpferischen, sexuellen und pädagogischen Fähigkeiten, all dies stärkt Haus...

Solange ein Mensch mit Aszendent Löwe seine Handlungsfähigkeiten, sein Organisationstalent, seine Managementbegabung, seinen unternehmerischen Geist und seine Macherqualitäten nicht verwirklicht hat, kann sein Ego nicht richtig aufkeimen. Ihm ist zu raten, so bald wie möglich ein eigenes Unternehmen, ein Geschäft oder eine eigene Praxis zu gründen, damit er in selbstständiger Position schalten und walten, Aufgaben delegieren und das Konzept selbst in der Hand halten kann. Auch seine kreativen und schöpferischen Anlagen muss er dort einsetzen, wo die Sonne im Horoskop steht.

Merkur (Jungfrau) herrscht über Haus 1

Hemmung

Deutung: *Unterordnung im Durchsetzen der eigenen Interessen, überaus bescheidenes Auftreten, mangelnde Selbstbehauptung durch anspruchslose Haltung, all dies schwächt...*

Im Durchsetzen der eigenen Interessen und in der Selbstbehauptung ist der Gehemmte zu schwach und zu schnell bereit, sich unterzuordnen und eine anspruchslose Haltung einzunehmen. Er gibt sich zimperlich, wenn es an ihm ist, die Initiative zu ergreifen. Der eigene Wille wird überaus bescheiden zurückgestellt. Selbstbehauptung durfte nie gezeigt werden. Vom Gehemmten wurde immer erwartet, dass er im Sinne anderer Personen funktioniert, und daran hält er sich auch. Das eigene Auftreten ist daher demütig. Eigenes Ego darf nicht ausgebildet werden, der Gehemmte hat zu gehorchen. Auf der körperlichen Ebene reagiert der Gehemmte mit Darmkrankheiten und Krankheiten an den Sinnesorganen.

Kompensation

Deutung: *Die Durchsetzung der eigenen Interessen mittels Nörgelei und Kritiksucht, pedantischem Auftreten, Selbstbehauptung über Verweigerung jeder Anpassung, all dies beeinflusst...*

Durch Nörgelei und Kritiksucht setzt der Kompensator seine Interessen durch. Indem er jegliche Anpassung verweigert, kann er sich behaupten. Nach vorsichtiger und spitzfindiger Analyse ergreift er die Initiative oder wird aktiv. Der eigene Wille wird nüchtern und rationell eingesetzt. Im Auftreten zeigt der Kompensator Perfektionismus und vornehme Zurückhaltung. Kleinkrämerisch wird das eigene Ego zum Vorschein kommen.

Lösungsmöglichkeit, erwachsene Form

Deutung: *Wahrnehmungs- und Beobachtungsfähigkeit, Zeigen der Gefühle, Hygiene und Sauberkeit, Kritikfähigkeit, Fähigkeit zu genauer Arbeit, buchhalterische und haushälterische Fertigkeiten, (psycho-)analytische, diagnostische und medizinische Fähigkeiten, die Begabung, etwas zu nutzen und zu verwerten, all dies wird verwendet für Haus...*

Wenn das Tierkreiszeichen Jungfrau am Anfang steht, geht es um die Frage, ob man dieses Prinzip noch verwunschen oder verzaubert erlebt oder bereits in einer erwachsenen Form. Der angehende Erwachsene hat die Aufgabe, sich von den alten Auslebensformen wie Anpassung, Unterordnung, Gehorsam, Dienen, entfremdete Arbeit, Jammerei und Nörgelei zu befreien und stattdessen das Merkur-Jungfrau-Prinzip mit Inhalt zu füllen. Dies soll geschehen, indem er seine Wahrnehmungs- und Beobachtungsfähigkeit verbessert, seine Kritikfähigkeit stärkt, (psycho-)analytische, diagnostische und medizinische Fähigkeiten ausbildet oder sich mit Ernährung beschäftigt. Außerdem geht er nur noch der Arbeit nach, die seinem Wesen entspricht und setzt sich damit durch.

Venus (Waage) herrscht über Haus 1

Hemmung

Deutung: *Die falsche Dosierung der Energie, Disharmonie, mangelnde Ausgewogenheit, das ständige Beliebt- und Begehrt-sein-Wollen, der Mangel an Entscheidungs- und Entschlusskraft und der fehlende Mut zum eigenen Geschmack, all dies hemmt...*

Gerade in den Situationen, in denen sich der Gehemmte durchsetzen müsste, ist er stattdessen freundlich und nett. Er möchte es sich mit den anderen nicht verderben und bei ihnen beliebt bleiben. Er zögert zu lange mit der Durchsetzung und hält zu lange an vermeintlichen Gemeinsamkeiten fest, auch wenn die Waage längst nicht mehr im Gleichgewicht ist. Der faule Friede und alle inhaltsleere Freundlichkeit dienen nur der Durchsetzung und dem Egoismus der anderen. Diese Haltung lädt förmlich zum Angriff auf das eigene Ego und seine Selbstbehauptung ein.

Kompensation

Deutung: *Gesellschaftliche Begegnungskompetenz, gefälliges Verhalten, welches Selbstbehauptung und Durchsetzung mittels aufgesetzter Liebenswürdigkeit und übernommener, weil gerade vorherrschender Mode- und Ästhetikattribute möglich macht, all dies beeinflusst...*

Der Waage-Kompensator hat das (meist unbewusste) Bedürfnis, zu entsprechen, zu gefallen und von möglichst vielen geliebt zu werden. Befindet sich der Horoskopeigner mit einer Waage-Venus als Herrscher von Haus 1 in der Kompensation, dann findet die Durchsetzung der Person über ein besonders gefälliges Auftreten in der äußeren Erscheinung wie im Verhalten statt. Dabei prägen gängige und übernommene Modeattribute und -ideale das äußere Erscheinungsbild. Der Kompensator weiß instinktiv, wie er wo am besten ankommt. Sein Wesen ist geprägt von Liebenswürdigkeit und der Hoffnung, durch »seine Art« zu gefallen und vom anderen angenommen zu werden. Dabei ist jedoch das Vertrauen in die eigene Persönlichkeit, die nur in ihrer Authentizität wahrhaft liebenswürdig sein kann, noch nicht erarbeitet. Da der Kompensator wie auch der Gehemmte mit Waage-Aszendent sich seiner inneren Schönheit kaum bewusst ist, wird die Begegnung mit anderen Menschen stets zum Prüfstein für Zugehörigkeit und Angenommen-Sein. Gesellschaftliche Begegnungskompetenz, die den Kompensator dazu bewegt, sich so zu geben, wie es anderen gefallen könnte, führt garantiert in die Krise und forciert zunehmend die erwachsene Form des Horoskopeigners.

Lösungsmöglichkeit, erwachsene Form

Deutung: *Strategische und taktische Fähigkeiten, Kontakt- und Liebesfähigkeit, Partnerfähigkeit, erotische Fähigkeiten, Sinn für Schönheit* *und Ästhetik, Entscheidungsfähigkeit, Kompromissbereitschaft und eigener Geschmack, all dies wird verwendet oder kann eingesetzt werden für Haus... oder stärkt Haus...*

Eine konstruktive Lösung sollte bei dieser Konstellation bewusst vom Bild der Waage und des Ausgleichs ausgehen. Der Horoskopeigner sollte fair kämpfen lernen und Formen der Durchsetzung entwickeln, die freundlich und kommunikativ sind. Dabei kann er dem Gegner klarmachen, dass die eigene Selbstbehauptung nicht gegen ihn gerichtet ist und dass er selbst im Streit den Kontakt nicht abbricht. Um aus der Hemmung zu kommen, ist es für den Horoskopeigner zunächst wichtig, ständig darauf zu achten, ob das Verhältnis zwischen Ego und Du ausgeglichen ist. Er sollte die Initiative aufbringen, jedes auftretende Ungleichgewicht rasch auszugleichen. Der Erwachsene beherrscht den Umgang mit Konflikten und kann fair für den Ausgleich streiten. Kampf oder Auseinandersetzung werden als Begegnung und Kommunikation verstanden. Die eigene Selbstbehauptung steht im Gleichgewicht mit der Selbstbehauptung des anderen. Einen besonders günstigen Einfluss auf das Schicksal gewinnt der Horoskopeigner, wenn er sich mit dem Gesetz von Inhalt und Form, welches dem Waageprinzip zugeordnet ist, auseinandersetzt. Indem er sukzessive versucht, all seine seelischen und geistigen Inhalte in die entsprechenden Formen zu bringen, kann er seine Anziehungskraft entscheidend erhöhen. Ansonsten gilt es bei dieser Konstellation, die eigene Schönheit, sein Ästhetikgefühl, seine Liebesfähigkeit und seine erotischen Fähigkeiten einzusetzen, um Freude und Glück zu erwirken.

Pluto herrscht über Haus 1

Hemmung

Deutung: *Die Unterdrückung der eigenen Durchsetzung und Selbstbehauptung, die Unterdrückung von Initiative und Wagemut, des eigenen Egos und des eigenen Trieblebens, all dies hemmt Haus...*

Der Gehemmte wächst meist in einer Familie auf, in der ein ganz bestimmtes Thema vorherrschend ist, andere Lebensgebiete werden oft mehr oder weniger ausgespart. Es kann aber auch sein, dass von vornherein bestimmte Erwartungen an das Kind gestellt werden, sei es, dass es eine Ideologie oder Weltanschauung zu übernehmen hat oder dass die Eltern es in ihre Vorstellungen, Muster und Lebensrituale zu pressen versuchen. Außerhalb dieser Muster ist für das Kind und für dessen Lebendigkeit kein Platz. Bei dieser Konstellation kann das Kind auch als Druckmittel benutzt worden sein, etwa um eine Bindung oder Heirat zu erzwingen. Später, im Erwachsenenalter, kommen diese Themen wieder zum Vorschein. Der Horoskopeigner sucht sich wieder einen Partner, in dessen Sinne er funktionieren kann, lässt sich von Ideologien und fremden Mächten knechten und opfert hierfür sein Leben.

Kompensation

Deutung: *Die Durchsetzung als Machthaber, Meinungsmacher, Chefideologe, Manipulator, Hundehalter, Prinzipienreiter und Dogmatiker, all dies beeinflusst Haus… oder unterdrückt den Gehemmten in Haus 7 und in Haus…*

Der Kompensator setzt sich mithilfe einer Ideologie oder eines Konzepts durch, mit der bzw. mit dem er sich identifiziert. Die ihm begegnenden Menschen werden entsprechend seinem Leitbild bewertet. Wertvoll ist für ihn nur derjenige, der fühlt und denkt wie er oder von dem er hofft, dass er ihn noch von seiner Ideologie überzeugen kann. Der Kompensator setzt seinen Willen zum Trotz durch, provoziert manchmal durch dramatische Akzente in seinem Äußeren. Sein Gesichtsausdruck ist finster und konzentriert brütend. Der Kompensator liegt auf der Lauer, häufig umhüllt von einer selbst geschaffenen Atmosphäre der Aggression und Ablehnung, die seine Mitmenschen instinktiv spüren. Blickt man tief in seine leidenschaftlichen Augen, liest man: »Sieh, was man mir angetan hat!« (Was leider zu oft wahr ist.) Pluto in der Kompensation ist zwar häufig getarnt und verhalten, jedoch immer unangenehm spürbar, vor allem in Verbindung mit dem 1. Haus. Die Durchsetzung erfolgt subtil manipulativ. Pluto-Kompensatoren sind extrem reaktionsfähig und instinktiv bereit, sich jederzeit zu verteidigen. Dabei liegt ihre Reizschwelle auf einem sehr niedrigen Niveau. Lang gehegte Ressentiments, viel aufgestaute Wutenergie kann sich bei ihm äußerst unangenehm und selten im richtigen Verhältnis zum Anlass entladen. (»Ich beiße, bevor du beißt.«) Die eigene Vorstellung wird rücksichtslos durchgesetzt. Positiv ist bei der Kompensation zu erwähnen: Durch starke innere Bilder gebunden, kann dieser Mensch in extremen Situationen oder in solchen, die er dafür hält, gewaltige Energien freisetzen.

Lösungsmöglichkeit, erwachsene Form

Deutung: *Die Durchsetzung des eigenen Lebensprogramms und des eigenen Lebenswegs, die sexuelle Leidenschaft, die Durchsetzung der eigenen Vorstellungen und die Durchsetzung als Wissensautorität, all dies stärkt Haus...*

Dem Horoskopeigner wird bewusst, dass das Leben viel zu schön ist, um es einer Ideologie oder einer bloßen Vorstellung in den Rachen zu werfen. Er bedauert die Jahre, die er als Gehemmter im engen Korsett einer Ideologie verbracht hat und in denen er als Kompensator glaubte, er müsse dieses Gedankengut allen anderen Menschen nahebringen. Er weiß aber auch, dass diese Zeit notwendig war, um zu reifen und erwachsen zu werden. Endlich ist es ihm gelungen, ein eigenes Lebensprogramm zu entwerfen, nach dem es sich zu leben lohnt, und den eigenen Lebensweg zu finden, der fernab von allen Ideologien, Weltanschauungen, Systemen, fremden Programmen und Erwartungshaltungen liegt.

Jupiter herrscht über Haus 1

Hemmung

Deutung: *Die mangelnde Bildung, die mangelnde Weiterbildung, das Fehlen einer eigenen Sinnfindung, die durch Edelmut und höhere Werte geschwächte Durchsetzung, all dies hemmt Haus...*

Wenn Jupiter als Herrscher von Haus 1 in der Hemmung erlebt wird, wagt es der Horoskopeigner nicht, sich durchzusetzen, weil er sich für zu ungebildet hält. Oft fühlen sich bei dieser Konstellation auch hoch gebildete Menschen gehemmt, weil Durchsetzung, Selbstbehauptung oder gar Aggression nicht mit ihren edlen Maßstäben vereinbar sind. Irgendwie empfindet der Gehemmte es als zu profan, wenn er sich in Szene setzen oder nach dem Motto verfahren soll: »Hoppla, jetzt komme ich.« Am häufigsten jedoch wird diese Konstellation so erlebt, dass andere stellvertretend die eigene Jupiter-Anlage ausagieren müssen, etwa wenn sie dem Gehemmten ständig ihre Weltanschauung, Lebensphilosophie oder Religion servieren wollen. So mancher Gehemmte empfindet auch einen seelischen Schmerz, wenn Verwandte und Bekannte von der großen weiten Welt erzählen, denn eigentlich will er selbst in die Ferne ziehen, ist aber bisher durch innere und äußere Gründe daran gehindert worden.

Kompensation

Deutung: *Die eigene Überheblichkeit als Durchsetzungsinstrument sowie das unglaubliche Talent, sich jeder Auseinandersetzung durch Nichtkonfrontation und hochgezogene Augenbrauen zu entziehen, aber auch die eigenen Sinninhalte über die der Mitmenschen zu stellen, beeinflussen... Die Durchsetzung mit Edelmut, gespielter Toleranz, arrogantem Wohlwollen und geistiger Erhabenheit beeinflusst Haus... oder hemmt jene, die in Haus 7 die Kindrolle spielen, und in Haus...*

Der Jupiter-Kompensator ist einem Kreuzritter gleich. Wer derart ausgestattet in den Krieg zieht, um die gute Sache zu behaupten, wird seinen Enthusiasmus erst zügeln, wenn er bemerkt, dass gar kein Krieg stattgefunden hat. Jupiter hat vorwiegend edle Inhalte, aber der überhöhte Anspruch in der Kompensation und die Unfähigkeit, dass rechte Maß zu finden, zerstreuen die beste Absicht. Stehen keine gewachsenen Inhalte zur Verfügung, ist der Kompensator zumindest im Hinblick auf seine Selbstdurchsetzung generös begabt. Aber auch hier wird Jupiter selten bösartig sein. Kompensiert über das 1. Haus ist er vergleichbar mit einem riesigen Luftballon, der von niemandem übersehen werden kann. Jupiter lächelt sich über alle banalen Belange des Lebens einfach hinweg und ist in dieser Konstellation gerne bequem und eitel. In der Konfrontation mit anderen werden diese aus der Vogelperspektive erst gar nicht wahrgenommen, Überlegenheit, vor allem in weltanschaulichen Disputen, kann so am besten demonstriert werden.

Lösungsmöglichkeit, erwachsene Form

Deutung: *Die Durchsetzung mittels Bildung, Weiterbildung, eigener Weltanschauung, Lebensphilosophie und Sinnfindung und mittels der*

Fähigkeit, etwas optimaler zu gestalten und als Glücksbringer für sich selbst und für andere zu fungieren, all dies stärkt Haus...

Als Lernaufgabe ist hier verlangt, sich Bildung anzueignen, Weiterbildungsveranstaltungen zu besuchen, Bücher zu lesen und eine eigene Weltanschauung und Lebensphilosophie auszubilden. Dies ist notwendig, damit der Horoskopeigner sich durchsetzen und behaupten kann und damit alle Welt weiß: Da kommt ein geistig versierter Schütze-Aszendent, der sich kein X für ein U vormachen lässt. Der Erwachsene hat seine Fähigkeit ausgebaut, Dinge und Situationen weiterzuentwickeln, zu verbessern und optimaler zu gestalten, und setzt diese Begabung dort ein, wo Jupiter steht. Außerdem geht es bei dieser Konstellation darum, Einsicht in die Inhalte des 1. Hauses zu nehmen, also einen Zugang zu finden zur Lebensenergie, zu den Investitionsgesetzen, zur Pionierarbeit, zum männlichen Prinzip und zum Triebleben und damit das Haus zu bereichern, in welches Jupiter ausgewandert ist.

Saturn herrscht über Haus 1

Hemmung

Deutung: *Die Hemmung in der Durchsetzung und Selbstbehauptung, in Initiative, Wagemut und Aktivitäten, im Pioniergeist und im Triebleben, all dies blockiert... oder wird ausgeglichen durch...*

Der Horoskopeigner ist in Durchsetzung, in Selbstbehauptung, im Drang, aktiv zu werden, den Anfang zu machen oder Pionierarbeit zu leisten, gehemmt. Er hat Angst davor, die Initiative zu ergreifen, sich einzubringen, etwas zu investieren oder zu wagen, der Erste zu sein oder auch ganz einfach zur Tat zu schreiten. Möglicherweise ist daher auch sein Triebleben eingeschränkt. Der Gehemmte ist sich meist der eigenen Ziele nicht bewusst, geschweige denn, dass er eigene Ziele verwirklichen könnte. Er nimmt sich zurück, nimmt das Verbot, egoistisch zu sein, ernst. Diese Hemmung und Zurückhaltung hat jedoch zur Folge, dass ständig andere über ihn bestimmen. Andere Menschen maßregeln, reglementieren, kontrollieren und strafen ihn. Er erlebt seine Saturn-Anlage in der Erleidensform. Ferner hindern Normen und Ideale den Gehemmten an der Ausbildung seiner körperlichen Eigenart. Er würde sich nur dann durchzusetzen wagen, wenn er eines Tages den allgemeinen Normen und Idealen entsprechen könnte. Doch das liegt für ihn kaum im Bereich des Möglichen.

Kompensation

Deutung: *Die eigene Maßstäblichkeit, Wichtigkeit und Kompetenz, die Verkörperung von Recht, Gesetz, Ordnung, Moral und Konvention, die Identifikation mit dem Allgemeingültigen und mit dem Ideal, all dies beeinflusst Haus... oder hemmt jene, welche die Kindrolle spielen, in Haus 7 und in Haus...*

In der Kompensation lebt der Horoskopeigner auf. Endlich kann er aufgrund seiner Identifikation mit der Norm als Richter, Maßregler, Kontrolleur oder als Strafender auftreten. Norm, Ideal und Gesetz verleihen ihm die Berechtigung, sich durchzusetzen. Endlich kann er es der Umwelt heimzahlen, was er als Kind, Jugendlicher oder in der Zeit als Gehemmter erleiden musste. Die beste Gelegenheit ergibt sich für ihn, indem er die frühere Hemmung durch Streben nach Karriere bzw. nach Anerkennung kompensiert. Er möchte unbedingt Vorgesetzter werden, womöglich in den Vorstand eines Vereins oder einer Firma aufsteigen oder gar eine »Very Important Person« werden. Tag und Nacht hämmert es im Kopf des Kompensators: »Sei ehrgeizig! Sei fleißig! Lass dich nicht unterkriegen! Harre aus! Ausdauer führt zum Erfolg! Steter Tropfen höhlt den Stein! Beiß dich fest und lass nie mehr los! Ziehe es durch bis zum Ende!« Im Gegensatz zum Gehemmten hat der Kompensator Ziele, aber es sind überpersönliche Ziele und nicht seine eigenen. Die beste Möglichkeit, den Saturn als Herrscher von Haus 1 in der Kompensation zu erleben, besteht darin, dass der Horoskopeigner seinen Mangel in Stärke umwandelt, also gerade in den Bereichen, in denen er früher gehemmt war, besonders kompetent wird und dort als Lehrer, Trainer oder Berater fungiert.

Lösungsmöglichkeit, erwachsene Form

Deutung: *Die eigene Kompetenz, das Recht auf Durchsetzung, auf Selbstbehauptung, auf sportliche Betätigung, auf ein eigenes Triebleben und das Recht, eigene Ziele zu verwirklichen, all dies stärkt...*

Der Erwachsene hat erkannt, dass Norm und Ideal sehr wenig mit ihm selbst zu tun haben. Er empfindet ein Recht auf Durchsetzung, Selbstbehauptung, Initiative und sportliche Betätigung. Zu beachten sind hier insbesondere die Investitionsgesetze (zum Beispiel: Wer nichts wagt, der nichts gewinnt) und die Gesetze des Trieblebens. Der Erwachsene übernimmt die Verantwortung für seine Taten und geht nur kalkulierte Risiken ein. Er spricht sich selbst das Recht zu, sein Ego zu entfalten, ohne aber damit das Ego seiner Mitmenschen zu beschneiden.

Ein Mensch mit dem Tierkreiszeichen Steinbock am Aszendenten kann erst richtig zu leben beginnen, wenn er sich mehr und mehr seiner Lebensrechte bewusst wird und wenn er Verantwortung für sein Leben übernommen hat.

Uranus herrscht über Haus 1

Hemmung

Deutung: *Der Mangel an Emanzipation und Individuation, an Freiheit, Unabhängigkeit und Abwechslung, das fehlende Zulassen von progressiven Ideen, die mangelnde Fähigkeit zur Mitbestimmung und Antizipation, all dies beeinflusst Haus...*

Sehr oft sind es abgehobene Theorien von Humanität, die eine konkrete Durchsetzung des Egos verhindern. Vielleicht hat der Gehemmte ein Ideal, das Aggression nicht zulässt, sodass sich Wut und Ärger anstauen und irgendwann eruptiv entladen. Immer wieder zieht er, wenn er sich nicht auf seine individuelle Art behaupten kann, plötzliche Angriffe oder den Jähzorn seiner Mitmenschen auf sich. In der Hemmung wird der Horoskopeigner sehr oft im Beginnen gestört, häufig kommt etwas Neues dazwischen, sodass er im Stress die ersten Schritte mehr stolpert als läuft. Oder es fällt ihm gerade dann noch etwas ein, wenn es konkret werden soll. Zu Störungen kann es auch in der Sexualität kommen. Nicht selten hat der Uranus-Gehemmte unter vorzeitigem Samenerguss zu leiden. Vielleicht verlagert er aber auch die eigene Anlage zur freien Sexualität auf den Partner und erleidet dann in Form seiner Seitensprünge das eigene Potenzial. Eine für den Uranus typische Form der Hemmung besteht darin, die Sexualität so zu idealisieren, dass sie zur reinen Theorie wird, die mit Körperlichkeit und dem Akt nichts mehr zu tun hat. Wenn der Gehemmte dann mit anderen stundenlang über Sexualität theoretisiert und sie zur Emanzipation ermuntert, dann glaubt er, bereits eine Form der Kompensation erreicht zu haben. Gelegentlich wird er jedoch vielleicht durch einen Exhibitionisten, der ihn in Schrecken versetzt, auf seine Hemmung aufmerksam gemacht...

Kompensation

Deutung: *Rebellion und Auflehnung um der Rebellion willen, affektbetontes Ausagieren der eigenen Energien, Grenzübertritte als Durchsetzungsfaktor, all dies schockt oder provoziert oder beeinflusst Haus... oder irritiert die Gehemmten in Haus 7 und in Haus...*

Der Kompensator rebelliert gegen alles und jeden, um auf diesem Weg sein Selbst zu behaupten. Er wird sich in immer wiederkehrenden Intervallen zur falschen Zeit und am falschen Ort intensiv durchsetzen wollen, wobei die Heftigkeit seiner Ausbrüche in keinem Verhältnis zum Anlass stehen. Die Wütenden unter den Uranus-Kompensatoren suchen häufig unbewusst nach einem Grund, um aus der Haut fahren zu dürfen. Sie können ihre Energien nur sehr schlecht in gesunde Bahnen leiten und schockieren immer wieder einmal ihre Umwelt mit ihren Eskapaden, vor allem um zu zeigen, dass sie etwas Besonderes sind. Männliche wie weibliche Vertreter lieben schnelle Autos, übersehen gerne rote Ampeln und werden auch einmal straffällig. Jähzorn und Affekthandlungen sind nur schwer in den Griff zu bekommen. Uranus-Kompensatoren brennen lichterloh, wenn sie in Rage sind, und fühlen sich nach einem »Anfall« wunderbar frei. Ihre Mitmenschen sind unterdessen zu Salzsäulen erstarrt. Dies ist die Konstellation der Rennfahrer, Revolverhelden und Exhibitionisten.

Lösungsmöglichkeit, erwachsene Form

Deutung: *Die Durchsetzung mittels Originalität, neuer Ideen, revolutionärem Gedankengut, Intuition, Antizipation, Erkennen von Trends, Mitbestimmung, Reform, Emanzipation, Individuation, all dies stärkt Haus...*

Die Aufgabe eines Menschen mit Wassermann-Aszendent ist gar nicht so leicht zu lösen, muss er doch mit all den Eigenschaften beginnen, die man sich gewöhnlich erst im Laufe von vielen Jahren und Jahrzehnten erarbeiten kann: Fähigkeit zur Mitbestimmung, Selbstbefreiung von Anpassungszwängen, Fähigkeit zur Freiheit und Unabhängigkeit, Fähigkeit, Trends zu erkennen und etwas zu erfinden usw. Leider halten sich die meisten hier in den Vorstufen Trotz, Widerstand, Stress (Hemmung) oder fanatische Emanzipation, Demonstration und Rebellion (Kompensation) auf. Der Erwachsene hingegen transzendiert diese beiden Pole und setzt seine wertvolle Uranus-Anlage konstruktiv als Reformer, Erfinder oder auch als Freizeitkünstler ein.

Neptun herrscht über Haus 1

Hemmung

Deutung: *Die durch mangelnden Mut zur Unangepasstheit und durch Angst erzeugte Durchsetzungsschwäche, die Hilflosigkeit bei Aktivitäten, die durch Isolation und Ausgestoßen-Sein verursachte Unsicherheit, all dies entkräftet und verunsichert Haus... oder verursacht beim Horoskopeigner Flucht- und Suchttendenzen in Haus... oder gibt den Kompensatoren in Haus... die Gelegenheit, verunsichernd oder als Helfer zu fungieren.*

Solange sich der Horoskopeigner nicht zu seinem Fische-Aszendenten und damit zu Neptun bekennt, erlebt er das Fische-Prinzip als Ausgestoßen-Sein, Isolation, Suchtgefahr, Hilflosigkeit, Leiden, Spinnerei, Krankheit und Lüge, also als Mensch, der ein Scheinleben führen muss. Er fühlt sich seinen Mitmenschen gegenüber nicht zugehörig, wird in Extremfällen ignoriert, verlacht oder verspottet. Außerdem erfährt der Gehemmte so lange wenig Anerkennung in der Umwelt, wie er so verzweifelt gerne zu einer Gruppe gehören und unbedingt einen Platz in der Herde ergattern möchte und sich zu diesem Zweck scheinbar der Verhaltensmuster und Denkweisen der anderen bedient.

Kompensation

Deutung: *Die Durchsetzung mittels Heimlichkeiten und Lüge bzw. Konfliktlösung für andere im Helferkostüm als Instrument der Selbst-*

behauptung und Unterdrückung von aufkommenden Konfrontationen (wer tut dem Guten schon weh?), all dies beeinflusst... Das schwache Ego wird kompensiert, indem man die Gehemmten in Haus... verunsichert, schwächt oder entwertet.

Das Fehlen des Egos und die Unfähigkeit, für sich selbst einzustehen, führt beim Kompensator im gesündesten Fall zu einem Helfersyndrom – wer dem »noch Schwächeren« hilft, gibt dem verletzten Ego einen Sinninhalt. So kann der Kompensator beinahe grenzenlose Kraft aufbringen, wenn er sich »für andere« einsetzen darf, womit er selbstverständlich sein eigenes Ichgefühl stärkt. Damit offene Konflikte nicht ausgetragen werden müssen, setzt Neptun enorme Fantasie frei, um den noch so großen Problemberg äußerst begabt zu umschleichen und seinen Willen, für andere nicht sichtbar, dennoch heimlich durchzusetzen. Lügen und Heimlichkeiten nutzt der Neptun-Kompensator als häufigste Krücke, und erzeugt auf diesem Weg ein Lustgefühl, welches stark an Rumpelstilzchen erinnert. (»Ach wie gut, dass niemand weiß, dass ich Rumpelstilzchen heiß!«) Gerade heimliches Ausagieren vorhandener Triebe führt in eine Art »Sucht«, immer wieder möchte der Kompensator das kleine Glück des »Nicht-erwischt-worden-Seins« neu erleben.

Lösungsmöglichkeit, erwachsene Form

Deutung: *Die Durchsetzung mit Fantasie, mit der Fähigkeit, Hintergründe aufzudecken und sein Bewusstsein zu erweitern, mittels einer persönlichen Alternative, Esoterik, Tiefenpsychologie, Astrologie, Handlesekunst etc., all dies stärkt Haus...*

Wenn der Horoskopeigner mit dem Fische-Aszendenten es aufgibt, allen gefallen zu wollen und sich auf seine Qualitäten besinnt, dann manövriert er sich aus der bisherigen Erleidensform heraus. Er kann Neptun mit Inhalt füllen, indem er sich mit Hintergründigem, mit dem Unbewussten und dem Verdrängten beschäftigt, indem er Esoterik, Tiefenpsychologie, Astrologie, Handlesekunst usw. erlernt und indem er seine Fantasie einsetzt und alternative Projekte verwirklicht. Und noch etwas ist für den Erwachsenen wichtig: Er muss die Fähigkeit ausbilden, Moral und Konvention zu hinterfragen, Normen und Ideale anzuzweifeln und die bisherige Bewusstseinshaltung aufzulösen. Nur so kann er in dem ganzen Wirrwarr des Lebens seine persönliche Alternative finden.

Mars herrscht über Haus 2

Hemmung

Deutung: *Die schwache Durchsetzung der eigenen Interessen in finanziellen Angelegenheiten, die Mutlosigkeit zur Abgrenzung, der verletzte Eigenwert, all dies beeinflusst ungünstig Haus...*

Dem Gehemmten werden die eigenen Mittel von anderen auf aggressive Weise streitig gemacht. Dies verletzt seine Sicherheit. Seine Angst vor der Abgrenzung reizt seine Mitmenschen, diese Grenzen immer frecher zu überschreiten. Der Gehemmte wagt es nicht, einen Eigenraum zu beanspruchen, weil er den Zorn und den Ärger der anderen fürchtet. Aufgrund der eigenen Hemmung trifft er immer auf Menschen, die in Gelddingen unverschämt und rücksichtslos die eigenen Interessen durchsetzen. Auch erleidet er ständig Angriffe auf den eigenen Körper. Weil er die Frechheiten der Mitmenschen ertragen muss und von ihnen ständig überfahren wird, ist sein Eigenwert sehr verletzt. Der eigene Wille ist zu schwach ausgebildet, um für die Dinge einzutreten, die dem Gehemmten Genuss bereiten würden.

Kompensation

Deutung: *Risikoreicher, gewagter Umgang mit Finanzen, rigorose Abgrenzung und der Kampf für den Eigenwert, all dies beeinflusst Haus... oder attackiert die Gehemmten in Haus 8 und in Haus...*

In der Kompensation kämpft der Horoskopeigner durch übertriebene Risikobereitschaft, Frechheit, Eigenwilligkeit oder mittels Mutproben um seinen Eigenwert. Den eroberten Eigenraum weitet er ständig aus, und es reizt ihn, die Grenzen und damit den Eigenraum seiner Mitmenschen zu verletzen. Auf der materiellen Ebene neigt er zu kopflosen Risiken und zu impulsiven Geldausgaben. Anderen wird der Besitz streitig gemacht, wobei das Interesse daran schnell verloren ist, wenn der Sieg erst einmal davongetragen wurde. Zu gerne ist der Kompensator bereit, in Gelddingen einen Streit anzuzetteln, weil er mit unverschämten Forderungen seine Durchsetzungskraft auf diesem Gebiet beweisen will.

Lösungsmöglichkeit, erwachsene Form

Deutung: *Mutiger, aber besonnener Umgang mit Finanzen, durchsetzungsstarke Abgrenzung und der dynamische Eigenwert, all dies stärkt Haus...*

Mutig steht der Erwachsene zu seinem Wertesystem, aus dem sich sein Eigenwert entwickelt. Auch bekämpft er seine Mitmenschen nicht mehr wegen ihrer Wertvorstellungen, sondern erkennt diese an. Ohne Streit und Ärger vermag er bestimmt für seinen Eigenraum und das Einhalten seiner Grenzen einzutreten. In Gelddingen geht der Erwachsene nur kalkulierbare Risiken ein und lernt seine Ausgaben geduldig abzuwägen. Er setzt seine Energie für die Schaffung von eigenem Besitz ein und hat es nicht mehr nötig, anderen etwas streitig zu machen.

Venus (Stier) herrscht über Haus 2

Hemmung

Deutung: *Die mangelnde Abgrenzungsfähigkeit, der schwache Eigenwert und die Bequemlichkeit in finanziellen Angelegenheiten, all dies schwächt...*

Im gehemmten Zustand ist der Eigenwert des Horoskopeigners besonders niedrig angesiedelt. Er kann sich nicht abgrenzen. Dies bewirkt, dass andere ständig seine Grenzen überschreiten. Auch hat er nicht die Kraft, einen Eigenraum zu beanspruchen. Der Gehemmte ist zu bequem, um selbst für seine Sicherheit zu sorgen, zu träge, um ausreichende finanzielle Mittel zu beschaffen und reagiert neidisch auf das, was andere haben. Übergroße Sparsamkeit oder auch Geiz hemmen die eigene Genussfähigkeit und schränken den Eigenwert ein. Der Mangel an wirtschaftlichen Fähigkeiten und das fehlende Wissen um das Finanzsystem der Gesellschaft machen sich beim Gehemmten an allen Ecken und Enden ungünstig bemerkbar.

Kompensation

Deutung: *Wertorientiertheit, Sicherheitsfanatismus, Besitzergreifung und Habgier in materiellen Dingen, all dies beeinflusst Haus...*

Der Kompensator ist ein Sicherheitsfanatiker, übertreibt es mit der eigenen Abgrenzung, dringt zugleich aber rücksichtslos in den Eigenraum seiner Mitmenschen ein. Aus Sicherheitsgründen versucht er ständig sein Revier zu vergrößern und materielle Güter anzuhäufen. Er merkt nicht, dass er bereits von seinem Besitz geknechtet wird. Wertorientiert bemisst er seinen Eigenwert nach dem, was er besitzt. Genusssüchtig pflegt der Kompensator einen selbstgefälligen Lebensstil. Habgierig schielt er nach dem, was andere haben, und möchte alles besitzen, was er sich einbildet – oft sogar auch Partner und Mitmenschen.

Lösungsmöglichkeit, erwachsene Form

Deutung: *Abgrenzungsfähigkeit, gesunder Eigenwert, Genussfähigkeit und Fähigkeit zur Absicherung, all dies stärkt...*

Der Erwachsene geht mit Finanzen und materiellen Werten bedächtig und besonnen um und will seinen vorhandenen Besitz bewahren. Dies ist möglich, weil er seine wirtschaftlichen Fähigkeiten ausgebildet hat. Seinen Eigenwert bezieht er aus dem, was er ist, und nicht mehr aus dem, was er hat. Er benützt materielle Dinge nicht mehr, um seine Defizite auszugleichen. Ein gewisser Vorrat und sein eigenes Revier geben ihm Sicherheit, aber darüber hinaus gönnt er auch seinen Mitmenschen ihren Besitz. Durch die ausgebildete Abgrenzungsfähigkeit kann er anderen ihren Raum lassen und beansprucht seinen Eigenraum auf sachliche Weise. Zwar zählt für ihn immer noch das Greifbare und Fassbare, aber darüber hinaus kann er auch Dinge zulassen, die zwar unsichtbar, aber doch vorhanden sind. Ausgebildete Genussfähigkeit und Sinnlichkeit sorgen für einen zufriedenen Lebensstil.

Merkur (Zwillinge) herrscht über Haus 2

Hemmung

Deutung: *Mangelnde sprachliche Fähigkeiten für die Abgrenzung, mangelnde Information über Finanzen und ungeschickte Absicherung, all dies schwächt...*

Durch fehlende sprachliche Fähigkeiten ist der Gehemmte in seiner Abgrenzung blockiert und geschwächt. Sein Eigenwert leidet, weil die Lern- und die Kommunikationsfähigkeit nicht ausgebildet sind. Aufgrund von Interesselosigkeit und mangelndem Wissen sind seine wirtschaftlichen Fähigkeiten nicht ausgebildet, und darum steht es um seine Sicherheit schlecht. Der Gehemmte kann über das Bedürfnis nach Eigenraum nicht sprechen und muss daher Revierverletzungen durch andere in Kauf nehmen. Über einen eigenen Lebensstil hat er sich noch keine Gedanken gemacht und ist diesbezüglich sehr oberflächlich.

Kompensation

Deutung: *Abgrenzungen auf betont intellektuelle Weise, Raffinesse in den Finanzen und in der eigenen Absicherung und Lerneifer für den Eigenwert, all dies stärkt...*

In der Kompensation wird der Horoskopeigner betont oft von Abgrenzung sprechen oder die sprachlichen Fähigkeiten raffiniert zur Abgrenzung einsetzen. Er baut seinen Eigenwert durch übertriebenes Lernen oder betonte Intellektualität auf. Mit List und Schläue versucht er sich finanzielle Vorteile zu verschaffen. Mittels neuester Informationen glaubt er, in Geldangelegenheiten geschickter zu sein als die anderen. Unbekümmert und betont locker nimmt der Kompensator seinen Eigenraum in Anspruch und interessiert sich dabei nicht für seine Mitmenschen.

Lösungsmöglichkeit, erwachsene Form

Deutung: *Verbal kluge Abgrenzung, finanzielle Geschicklichkeit, Gewandtheit in der Absicherung und flexibler Eigenwert, all dies stärkt...*

Der Erwachsene ist dazu in der Lage, sich in sprachlicher Form gut abzugrenzen. Durch umfangreiche Informationen, guten verbalen Ausdruck und vielseitiges Wissen ist sein Eigenwert gestärkt. Der geschickte Umgang mit dem Geld gewährt ihm wirtschaftliche Sicherheit. Im Gespräch kann er das Bedürfnis nach Eigenraum vermitteln, sodass andere nicht übervorteilt werden.

Mond herrscht über Haus 2

Hemmung

Deutung: *Die labile Abgrenzungsfähigkeit, der verletzliche Eigenwert, der von Stimmungen abhängige Umgang mit Geld und Finanzen, all dies beeinflusst ungünstig Haus...*

Der Gehemmte ist zu labil, um sich abgrenzen zu können. Da er jedoch immer mit anderen Menschen zusammen sein möchte, verzichtet er lieber auf den Eigenraum und einen eigenen Lebensstil. Im Eigenwert ist er sehr verletzbar; sobald die anderen den hohen Anspruch an Zuwendung verweigern, ist er gekränkt. Seine Genussfähigkeit ist von seiner Stimmungslage abhängig, Frust wird er mit übermäßigem Essen oder vielen Süßigkeiten ausgleichen. Die finanzielle Lage gestaltet sich wie Ebbe und Flut, er lässt sich in Gelddingen allzusehr von Gefühlen verführen. In der eigenen Absicherung und Sicherheit ist der Gehemmte kindlich naiv. Er erwartet, dass seine Mitmenschen ihn versorgen.

Kompensation

Deutung: *Die betont launische Abgrenzung, der gestärkte Eigenwert aufgrund von Bemuttern und Umsorgen und das gefühlsmäßige Klammern an Besitz, all dies beeinflusst Haus...*

Der Kompensator grenzt sich mit seinen Launen ab. Durch gefühlsmäßiges Klammern verhindert er zudem die Abgrenzung der anderen und dringt in ihren Eigenraum ein. Indem er andere umsorgt und bemuttert, stärkt er seinen Eigen- und Selbstwert. Genuss ist eng mit Wohlfühlen verbunden und hebt die Stimmungslage. Über materielle Dinge will der Kompensator von anderen Zuwendung erkaufen; indem er selbst gibt, möchte er die anderen damit innerlich abhängig machen. Für die Befriedigung seiner seelischen Bedürfnisse ist die Absicherung durch Besitz notwendig. Am besten gelingt dies durch eine Eigentumswohnung oder durch ein eigenes Haus.

Lösungsmöglichkeit, erwachsene Form

Deutung: *Die gefühlvolle Abgrenzung, der durch das Wissen um Psychologie, Ernährung, Naturheilkunde, Biologie, Bauen und Wohnen* *erwirkte Eigenwert, das richtige Gespür im Umgang mit Geld und Finanzen, all dies stärkt Haus...*

Der Horoskopeigner ist fähig, sich gefühlvoll abzugrenzen. Auch ist er dazu in der Lage, zwischen eigenen und fremden Gefühlen eine Grenze zu ziehen. Er erkennt, dass für Wohlgefühl ein gewisser Eigenraum notwendig ist, den er auch anderen zugesteht. Der Erwachsene muss seine Krebs-Mond-Anlage mit Inhalt füllen und sich mithin Gedanken darüber machen, auf welche Weise er Zärtlichkeit und seelische Liebe schenken kann. Die Beschäftigung mit Psychologie, damit er sein Gefühlsleben auf die Reihe bekommt, mit Ernährung, Naturheilkunde, Biologie, Bauen und Wohnen steht ebenfalls in seinem Lernprogramm. Indem er so seine Anlage ausbildet, nimmt auch sein Eigenwert an Stabilität zu. Zärtlichkeit und Zuwendung kann er jetzt im Nehmen wie im Geben genießen. Besitz ist dem Erwachsenen nur wichtig, wenn damit das eigene Wohlgefühl gesteigert wird. Dies gibt ihm innere Sicherheit.

Sonne herrscht über Haus 2

Hemmung

Deutung: *Die Unselbstständigkeit in finanziellen Angelegenheiten, das mangelnde Selbstbewusstsein, die Unfähigkeit, sich abzugrenzen und ohne Skrupel auch einmal nein zu sagen und der durch Mangel an Managementfähigkeiten und Organisationstalent nicht verwirklichte eigene Lebensstil, all dies beeinflusst ungünstig Haus...*

Der Gehemmte verfügt über zu wenig Selbstbewusstsein und wagt es nicht, sich gegen die Übergriffe anderer zur Wehr zu setzen oder sich abzugrenzen. Er beherrscht nicht die Kunst, ohne Skrupel nein zu sagen. Er hat Angst, sonst von den anderen nicht mehr angenommen, aus der Herde ausgestoßen zu werden. Da er sein Licht unter den Scheffel stellt, zieht er viele Menschen an, die ihr Licht überdimensioniert leuchten lassen (Prahler). Wenn er seine Handlungsfähigkeit, sein Organisationstalent und seine Managementfähigkeiten nicht ausgebildet hat, kann er auch kaum neue Geldquellen erschließen. Doch wer Geld verdienen will, muss handeln, muss etwas unternehmen, muss eine Firma, ein Geschäft oder ein Unternehmen aufziehen. Der Gehemmte muss bei solchen Sonne-Kompensatoren arbeiten, die nicht lange gefackelt, sondern eine Idee sofort umgesetzt und sich selbstständig gemacht haben.

Kompensation

Deutung: *Das übergroße Revier, die Überschätzung der finanziellen Potenz, die überdimensionierten Ausgaben, der aufgeplusterte Eigenwert und der genusssüchtige, glanzvolle Lebensstil, all dies beeinflusst Haus...*

Beim Kompensator besteht die Gefahr, dass er sich und seine finanzielle Potenz überschätzt. Wegen seines aufwendigen Lebensstils übersteigen möglicherweise die Ausgaben die Einnahmen bei Weitem. Der männliche Kompensator tut alles für sein Vergnügen, bei Schweinshax'n, Bier, Weib und Gesang fühlt er sich pudelwohl. Weibliche Kompensatoren hingegen geben zu viel für die Glanzverstärker Schmuck, Mode und Kosmetik aus. Für mehr Einnahmen kann der Kompensator sorgen, wenn er als Bauträger auftritt, eine Immobilienfirma gründet oder mit Luxuslimousinen handelt. Besonders geeignet ist diese Konstellation jedoch für weitgehend selbstständige Geschäftsführer von Firmenvertretungen und -filialen.

Lösungsmöglichkeit, erwachsene Form

Deutung: *Der durch Kreativität, Handlungs- und Managementfähigkeiten erworbene Eigenwert, die Selbstständigkeit in finanziellen Angelegenheiten, der selbstständige, selbstbewusste Lebensstil und die Verwirklichung von Genuss, all dies stärkt Haus...*

Der Erwachsene erwirbt mittels Handlungsfähigkeit, Organisationstalent, Managementfähigkeiten, Unternehmerleistung, Kreativität und sexuellen Fähigkeiten einen Eigenwert und finanzielle Sicherheit. Ihm ist ein eigenes Bankkonto und Selbstständigkeit in finanziellen Angelegenheiten wichtig. Er steckt selbstbewusst sein Revier ab und praktiziert einen selbstständigen Lebensstil. Dies bedeutet für ihn, dass er das zu delegieren weiß, was ihm keinen Spaß macht und wozu er keine Zeit oder kein Talent hat.

Merkur (Jungfrau) herrscht über Haus 2

Hemmung

Deutung: *Unterordnung im Beanspruchen von Eigenraum, Zimperlichkeiten in der Abgrenzung, bescheidener Eigenwert und Pingeligkeit in finanziellen Angelegenheiten, all dies beeinflusst ungünstig Haus...*

In der gehemmten Form kann der Horoskopeigner keinen Eigenraum beanspruchen. Er ordnet sich zu sehr unter und tritt zugunsten seiner Mitmenschen zurück. Die Abgrenzungsfähigkeit ist aufgrund der eigenen Zimperlichkeit und zu großer Zurückhaltung geschwächt. Der Gehemmte gibt sich sehr selbstkritisch, und sein Eigenwert ist entsprechend gering ausgebildet. Außerdem muss er sich von anderen in seinem Wertesystem kritisieren lassen, sodass eine negative Verstärkung zum Tragen kommt. Der eigene Lebensstil ist überaus bescheiden. Er wagt es nicht, in dieser Hinsicht etwas zu beanspruchen. Mit materiellen Mitteln geht er überaus kleinkrämerisch um und verkneift sich wegen der übertriebenen Sparsamkeit jeden Genuss. Die ständige Sorge um seine Sicherheit bestimmt seinen Tag.

Kompensation

Deutung: *Pedantisches Beanspruchen von eigenem Raum, Kleinlichkeit in der Abgrenzung, nüchterner Eigenwert und Perfektionismus in den Finanzen, all dies stärkt Haus...*

Der Kompensator achtet pedantisch auf seinen Eigenraum. In der Abgrenzung ist er übergenau und spitzfindig. Indem er andere durch Nörgelei und Kritiksucht in ihrem Eigenwert schmälert, kann er seinen eigenen Wert herausstellen. Der eigene Lebensstil ist schubladengerecht geordnet, sodass der Kompensator für alle Fälle vorbereitet ist. In finanzieller und materieller Hinsicht ist er pingelig und zweckorientiert. Er will sein Geld nur nach nüchterner Überlegung ausgeben, denn schließlich musste er dafür hart arbeiten. Mancher Kompensator gibt anfangs zu viel Geld aus und ist dann gegen Ende des Monats zu einem Merkur-Jungfrau-Verhalten in Haus 2 gezwungen: Er muss dann kleinlich jede Mark umdrehen. Sicherheitsfanatismus kann ebenfalls zu den Eigenschaften des Kompensators gehören. Er ist übervorsichtig und achtet selbst im unmittelbaren Umfeld auf die kleinsten Details. Seine Wohnung schließt er häufig drei- oder vierfach ab.

Lösungsmöglichkeit, erwachsene Form

Deutung: *Der durch Kritikfähigkeit, analytische und medizinische Fähigkeiten erworbene Eigenwert, die vernünftige Nutzung des Eigenraums und der sorgfältige Umgang mit den Finanzen, all dies stärkt Haus...*

Der Erwachsene hat die Aufgabe, seine Wahrnehmungs-, Beobachtungs- und Kritikfähigkeit, seine analytischen und medizinischen Begabungen auszubilden, um damit seinen Eigenwert zu stabilisieren. Außerdem muss er seinen Eigenraum vernünftig beanspruchen und nutzen. Er legt großen Wert auf Hygiene und Sauberkeit, ohne dabei jedoch in einen Putzfimmel zu verfallen. Der Erwachsene pflegt die materiellen Dinge, die er sich angeschafft hat und geht mit seinen finanziellen Mitteln sorgfältig um. Er analysiert Einnahmen und Ausgaben und führt ein Haushaltsbuch.

Venus (Waage) herrscht über Haus 2

Hemmung

Deutung: *Die Hemmung, im eigenen Bereich Schönheit und Ästhetik zu verwirklichen, Inhalt und Form in Einklang zu bringen und ein niveauvolles Ambiente zu schaffen, der durch Mangel an strategischen Fähigkeiten, Verführungskunst und Wissen um richtiges Benehmen geschmälerte Eigenwert, all dies beeinflusst ungünstig Haus...*

Der Gehemmte nimmt sich nicht so an, wie er ist, sondern steht sich selbst abwertend gegenüber. Irgendwie fühlt er sich auch körperlich nicht schön und fein genug und stellt Ansprüche und Erwartungen an sich selbst, denen er nicht genügen kann. Dies lässt den Gehemmten an seinem Wert zweifeln. In materieller Hinsicht legt er großen Wert auf Gerechtigkeit, übersieht sich jedoch bei der Verteilung häufig selbst und lässt anderen den Vortritt. Er selbst erfährt auf der materiellen Ebene durch andere allerdings keine Gerechtigkeit, vielmehr enthalten sie ihm seinen Anteil oft vor. Geld erscheint dem Gehemmten unfein. Es gibt aber auch noch andere Gründe für seine finanziellen Schwierigkeiten. Da er keine taktischen und strategischen Fähigkeiten ausgebildet hat und auch im Werbeverhalten Defizite aufweist, können die Finanzen nur spärlich fließen. Hinzu kommt, dass der Gehemmte sich keine schönen Dinge gönnt und sich dadurch entwertet. In der Gruppe vermisst er Harmonie und Feinheit. Häufig zögert er, wenn es darum geht, sich einen Platz zu erobern. Er möchte anderen nichts wegnehmen und die Harmonie nicht stören. Der Gehemmte ist zu freundlich, um anderen Grenzen zu setzen, und möchte sich nicht unbeliebt machen.

Kompensation

Deutung: *Kulturgüter anzuhäufen, die den eigenen »guten Geschmack« beweisen sollen, damit man sich wertvoller fühlt bzw. sein Prestige und seinen Wert durch sich ständig verändernde Ästhetik- und Lebensstildiktate einer Gesellschaft dokumentieren zu müssen, all dies beeinflusst Haus...*

Der eigene Wert ist stark abhängig von der Fähigkeit, das persönliche Ambiente sowie den persönlichen Lebensstil durch übernommene ästhetische Wertvorstellungen zu dokumentieren. Der Kompensator besitzt möglicherweise einen echten Van Gogh oder Renoir, einen Jugendstilschreibtisch mit zugehöriger Jugendstillampe. Weniger, weil es seinem Lebensstil entspricht, sondern weil es seinen Ruf als wahrer Kunstkenner fördert und ihm Prestige einbringt. So könnte er zu seinem eigenen Kunstmäzen werden und die auf diese Weise angehäuften Reichtümer einer ähnlich geprägten Gesellschaftsschicht vorführen. Der Gourmet ißt Kaviar, weil es schicklich ist, nicht weil es ihm schmeckt. Die Begegnung mit anderen wird zu einer gesellschaftlichen Demonstration, bei der er zeigt, was er hat. Dies lässt den Kompensator wertvoller erscheinen. Er dokumentiert seine Bedeutung auch gerne über den Partner, der ihn, weil er Prestige und/oder Geld besitzt, »wertvoll macht«. Die Schönheit des Partners und sein Besitz werden zum Instrument der eigenen Wertbegriffe. Auch weibliche Horoskopeigner setzen ihren Wert gleich mit äußerer Schönheit. Um diese zu bewahren, wird mit allen Mitteln der kosmetischen Kunst nachgeholfen. Der eigene Wert sowie ein adäquater Lebensstil sind sich ständig verändernden Modediktaten unterworfen; wertvoll ist nur, was anderen gefällt.

Lösungsmöglichkeit, erwachsene Form

Deutung: *Der feinfühlige, ästhetische, seelisch vornehme und niveauvolle Lebensstil stärkt Haus... Der Genuss von Erotik und Partnerschaft und der durch erotische Künste, durch Begegnungs- und Kontaktfähigkeit, durch strategische und taktische Begabungen erworbene Eigenwert, all dies stärkt Haus...*

Der Erwachsene nimmt sich so an, wie er ist, und verfeinert sich. Seinen Körper verschönert und schmückt er, um seine Attraktivität zu steigern. Er hält sich für ebenso wertvoll wie die anderen. Im Materiellen verlangt der Erwachsene seinen gerechten Anteil, nicht mehr und nicht weniger. Er gönnt sich schöne Sachen nach dem Motto: Lieber weniger, aber das Wenige soll qualitativ hochwertig sein. Schönheit und Verfeinerung, Harmonie und Gerechtigkeit bringt er in die Gruppe ein. Seinen Eigenraum prägt der Erwachsene durch Ästhetik, erlesene Dinge und feine Düfte oder Blumen. Er grenzt sich freundlich und sehr auf Gerechtigkeit achtend ab. Gerecht und im Austausch mit anderen legt er seine Grenzen fest und hält so Frieden mit seinen Mitmenschen. Außerdem versucht er, all die Venus-Waage-Fähigkeiten wie partnerschaftliche, strategische und nicht zuletzt künstlerische Fähigkeiten zu entwickeln, um damit den Eigenwert zusätzlich zu festigen.

Pluto herrscht über Haus 2

Hemmung

Deutung: *Die Unterdrückung und Fremdbestimmung im eigenen Revier, das Erdulden einer fremden Besatzungsmacht, die Unterdrückung von Eigenwert und Genuss und die Fremdbestimmung des eigenen Lebensstils, all dies unterdrückt Haus...*

Der Pluto-Gehemmte wurde meist in eine Familiensituation hineingeboren, in der er zunächst über kein eigenes Zimmer verfügte.

Vielleicht musste er ein Zimmer mit einem Bruder oder einer Schwester teilen oder war gezwungen, im Wohnzimmer auf der Couch zu schlafen. Oder aber er hat schon früh erfahren müssen, dass andere in seinem Bereich das Sagen haben. Die Vorstellung eines dominanten Elternteils oder Familienmitglieds, wie der Eigenraum auszusehen hat, was als wertvoll gilt und wann man etwas wert ist, welcher Lebensstil wünschenswert ist, musste erfüllt werden. Auch später im Erwachsenenalter gelingt es dem Gehemmten kaum, sein Revier abzustecken und seinen Eigenraum zu beanspruchen. Magisch zieht er immer wieder solche Menschen an, die sich im Wert höher stellen und sich ohne Skrupel über seine Grenzen hinwegsetzen. Bei dieser Konstellation kommt es auch oft zu finanziellen Schwierigkeiten. Da der Eigenwert unterdrückt ist, wagt der Gehemmte nicht, für seine Leistung das zu verlangen, was ihm zusteht. Manchmal verschuldet er sich auch dadurch, dass er sich zu viele Versicherungen oder zu teure Immobilien aufschwatzen lässt. Da der Gehemmte ständig unter Druck steht, ist es ihm auch nicht möglich, zu einem echten Lebensgenuss zu finden.

Kompensation

Deutung: *Fixierung auf Geld und Gut sowie omnipotentes Darstellen des eigenen Werts und das Manipulieren anderer mithilfe eigener Ressourcen, all dies unterdrückt und beeinflusst Haus... Die Dominanz des eigenen Lebensstils beeinflusst Haus... oder unterdrückt den Gehemmten in Haus 8 und in Haus... oder löst ungünstige Reaktionen aus in Haus...*

Keine Macht der Welt ist in dieser Gesellschaft so anziehend wie die des Geldes. Das Geben von Geld war in den Augen des Kindes untrennbar mit hintergründiger Absicht verbunden, daher ist für den Kompensator Geld gleichbedeutend mit Kontrolle. Er wird zum genialen Strategen, wenn er mit Geldzuweisungen bzw. durch das Schaffen von Abhängigkeitsverhältnissen seine Macht dokumentieren kann. Im eigenen Revier werden Grenzen oft rücksichtslos gezogen; man hüte sich davor, diese bei einem Kompensator zu überschreiten. Am liebsten würde er Wachposten vor den Türen aufstellen. Wenn das Stier-Prinzip bedeutet: »Ich bin, was ich habe«, dann ist jenes des Pluto: »Ich bin machtvoll, weil ich habe.« Die Fixierung auf materielle Sicherheit lässt vielfach jene Entwicklungen und Freiräume nicht zu, die in ganz andere Bereiche führen würde. Zum Beispiel kann ein Kompensator seine kreative oder spirituelle Weiterentwicklung unterdrücken, da sie in der Konsequenz das Hergeben und Loslassen ganz banaler materieller Situationen verlangen könnte. Probleme mit dem Selbstwert werden dem Kompensator bei dieser Allmacht gar nicht erst bewusst. Kaum jemand mit dieser Konstellation geht freiwillig in die Reflexion, solange sich nicht höhere Mächte ankündigen.

Lösungsmöglichkeit, erwachsene Form

Deutung: *Der eigene Finanzplan, das Sicherungskonzept, die Vorstellung vom eigenen Lebensstil, das angesammelte Wissen über Wirtschaft und Finanzen, Politik und Soziologie und die Macht im eigenen Revier, all dies stärkt Haus...*

Der Horoskopeigner hat erkannt, dass Pluto-Probleme sich in Luft auflösen, wenn man sich in dem Haus, in dem Pluto Herrscher oder Mieter ist, Wissen aneignet. In diesem Fall sind die Wissensgebiete Wirtschaft und Finanzen, Besitzangelegenheiten und Immobilien, politische Wissenschaften und Soziologie angesprochen. Insbesondere durch die Soziologie wird dem Horoskopeigner bewusst, wie sehr er sich früher durch die Wertmaßstäbe der Gesellschaft hat gängeln lassen. Als Erwachsener macht er seinen Eigenwert nicht mehr von der herkömmlichen Denkhaltung abhängig, in welcher der Wert einer Person durch deren Besitz, Finanzen, berufliche Stellung, Herkunft und Bildung bestimmt wird. Er entfaltet seinen Lebensstil nach seinen eigenen Vorstellungen und hat für seine Finanzen und seine Sicherheit (auch Altersversorgung) ein Konzept.

Jupiter herrscht über Haus 2

Hemmung

Deutung: *Die mangelnde Bildung und Weiterbildung auf den Gebieten Wirtschaft und Finanzen, Politik und Soziologie, der fehlende Durchblick bei der Erschließung von Einkommensquellen, bei Immobilien und Börsenangelegenheiten, all dies beeinflusst ungünstig Haus...*

Beim Gehemmten wird der Eigenwert durch gebildete Menschen in seinem Umfeld ständig geschmälert. Immer wieder werden ihm Fragen wie die folgenden gestellt: »Welche Schulbildung haben Sie aufzuweisen? Haben Sie Abitur? Waren Sie auf der Universität oder einer anderen Hochschule? Haben Sie promoviert?« Da für den Gehemmten diese konventionelle Bildung für die Bildung schlechthin steht, hält er sich – auch wenn es gar nicht zutrifft – für ungebildet und lässt sich von Kompensatoren in die Defensive treiben. Aufgrund des Mangels an eigenem Wertbewusstsein glaubt er fälschlicherweise auch, dass er so komplexe Gebiete wie Wirtschaft und Finanzen nicht verstehen würde und hat daher wenig Möglichkeit, sein Vermögen zu vermehren.

Kompensation

Deutung: *Der enorm erweiterte Eigenwert, weil man sich besser, reicher und weiser fühlt als andere, weil man es sich leisten kann, gönnerhaft die anderen am großen Kuchen teilhaben zu lassen, das aufgeblähte Prestigegefühl, das durch maßloses Anhäufen materieller Güter ständig neu genährt werden muss, all dies beeinflusst Haus...*

Ein äußerst günstiger Aspekt für alle Mäzene, deren joviale Großzügigkeit selbst dem engherzigsten Neider Respekt abverlangt. Materielle Ressourcen werden gern bei Weitem überzogen, aber was ist ein ansehnliches Minuskonto im Vergleich zum erworbenen Selbstgefühl und Prestigegewinn? Diese Menschen brauchen viel Platz und setzen ihre Grenzen äußerst großzügig an, wo immer sie sich befinden. Auch die körperlichen Grenzen weiten sich enorm, sollte Jupiter hier nicht seinem Wesen entsprechende Inhalte aufweisen. Es ist noch gar nicht so lange her, da konnte man mit Leibesfülle tatsächlich seinen Wert dokumentieren. Raumgreifende Persönlichkeiten mit hohem Bildungsniveau werden in jedem Revier zugelassen und erhöhen dessen Wert. Wer nicht genießen kann, wird ungenießbar, was einem Jupiter-Kompensator des 2. Hauses niemals passieren wird. Das Beste von allem und davon mindestens das Doppelte steigert jedermanns Wertgefühl.

Lösungsmöglichkeit, erwachsene Form

Deutung: *Die Bildung und Weiterbildung auf den Gebieten Wirtschaft und Finanzen, Chemie, Politik und Soziologie sowie der eigene opti-*

male Lebensstil, das Optimum an Genuss und Lebensfreude, all dies stärkt Haus...

Der Erwachsene weiß, wenn er im Leben Glück haben will, muss er dort Einsicht nehmen, wo Jupiter Herrscher ist und die Anlage dort einsetzen, wo sie im Horoskop platziert ist. Hier heißt die Aufgabe, Einblick zu gewinnen in wirtschaftliche Zusammenhänge, auf dem Finanzsektor (etwa über entsprechende Weiterbildungsseminare) oder in die politische Szenerie (zum Beispiel über ein Studium der politischen Wissenschaften). Weiter geht es für den Horoskopeigner darum, den eigenen optimalen Lebensstil zu finden und mit ihm auch das persönliche Optimum an Genuss und Lebensfreude. Dies kann er jedoch nur dann erreichen, wenn er erkannt hat, wie groß sein Revier im Idealfall sein sollte und welche Form der Abgrenzung für ihn am besten ist.

Saturn herrscht über Haus 2

Hemmung

Deutung: *Die Hemmung im Eigenwert, im Genuss, in finanzieller Hinsicht, in wirtschaftlichen Fragen und in der Abgrenzung, all dies hemmt Haus... oder wird ausgeglichen durch Haus...*

Der Gehemmte lässt sich von den Normen, Idealen, Geboten und Verboten der Kultur und Zeitepoche in seinem Eigenwert einschränken. Ständig glaubt er, wenig wert zu sein. Er wagt nicht, ohne Skrupel nein zu sagen, sondern lässt es unkontrolliert zu, dass seine Mitmenschen in sein materielles und seelisches Revier eindringen. Immer wieder tauchen Menschen auf, die ihm die Zeit stehlen. Da sich der Gehemmte schlecht abgrenzen kann, fällt es ihm schwer, einen wirklich eigenen Lebensstil zu pflegen. Außerdem ist er auch in seiner Genussfähigkeit eingeschränkt und neigt zur Askese. Im finanziellen Bereich macht sich Saturn als Herrscher von Haus 2 besonders unangenehm bemerkbar. Entweder neigt der Gehemmte zu Geiz, und/oder er hat ständig Geldsorgen, weil er die Gesetze des Geldes nicht zu integrieren vermochte.

Kompensation

Deutung: *Der genormte oder moralisch saubere Lebensstil, die Verkörperung von Status und Prestige in Form eines maßstäblichen Besitzes oder eines idealen Genusses, all dies beeinflusst Haus... oder hemmt jene, welche noch die Kindrolle spielen, in Haus 8 und in Haus...*

Der Kompensator identifiziert sich mit den Normen und Idealen der Kultur und will damit »oben«, also mehr sein als andere. Er tut so, als ob er diesen Normen und Idealen entsprechen könnte und leitet daraus seinen Eigenwert ab. Er pflegt einen normgerechten Lebensstil – anständig, rechtschaffen und gut. In Bezug auf Status und Prestige hat der Kompensator die Norm durch Diplom, Promotion oder Meisterbrief erreicht. Außerdem kann es sein, dass er Besitztümer (Grundstücke, Häuser, Wohnungen oder wertvolle Gegenstände) anhäuft, um sich damit Wert zu verschaffen oder um damit an regelmäßige Einkünfte (zum Beispiel durch Vermietung oder Verpachtung) heranzukommen. Durch Besitz und Finanzen befindet sich der Horoskopeigner seinen Mitmenschen gegenüber in einer maßstäblichen, übergeordneten Position (wie zum Beispiel im Verhältnis vom Vermieter zum Mieter).

Lösungsmöglichkeit, erwachsene Form

Deutung: *Das Wissen um wirtschaftliche Gesetzmäßigkeiten, um die Gesetze des Reichtums, die Verantwortung für Armut und Reichtum ebenso wie das Recht auf Genuss, auf einen eigenen Lebensstil, auf ein eigenes Revier (zum Beispiel ein eigenes Zimmer) und auf Abgrenzung, all dies stärkt...*

Der Horoskopeigner befasst sich mit wirtschaftlichen Fragen, erlernt die Gesetze von Wirtschaft und Finanzen und ist imstande, diese Gesetze anzuwenden. Daher kann er, wenn er will, unermesslich reich werden. Seinen Eigenwert leitet der Erwachsene nicht mehr von den Wertmaßstäben der Gesellschaft ab, sondern von dem, was er an Anlagen ausgebildet hat. Er übernimmt die Verantwortung für Armut oder Reichtum und versucht die Antworten des Schicksals in Bezug auf Haus 2 zu ergründen.

Uranus herrscht über Haus 2

Hemmung

Deutung: *Das schnelle »Verfliegen« von Geld, der Mangel an freiem und unabhängigem Lebensstil, die Irritation in Bezug auf den Eigenwert, all dies beeinflusst ungünstig Haus...*

Der Gehemmte ist in seinem eigenen Revier, in seiner eigenen Sicherheit und in seinem Eigenwert irritiert. Auch im Finanziellen sieht es hier oft nicht so rosig aus. Statt möglichst schnell zu Geld zu kommen, rinnt dem Gehemmten das Geld durch die Finger. Immer wieder erlebt er unliebsame Überraschungen, etwa wenn ihm wieder eine neue Rechnung ins Haus flattert oder irgendwelche Ausgaben anstehen, mit denen er nicht gerechnet hat. Nur hier und da – bei günstigem Transit – kann es sein, dass der Horoskopeigner sich freuen darf, weil er ein Sonderangebot im Warenhaus, ein echtes Schnäppchen ergattern konnte. Bei vielen Gehemmten wird jedoch das Wassermann-Prinzip so verdrängt, dass es nur in der Projektion erlebt wird. Insofern müssen andere stellvertretend für den Gehemmten dieses Prinzip ausleben. Die Eskapaden und Seitensprünge von Politikern und Filmstars, aber auch Widerstandskämpfer und Revolutionäre geben hier eine willkommene Projektionsfläche ab. Vielleicht würde der Gehemmte gerne einen außergewöhnlichen Lebensstil pflegen, aber es gelingt ihm meist nicht, die Konvention zu sprengen. Auch hier übernehmen dies Nachbarn und Freunde für ihn.

Kompensation

Deutung: *Die Vorliebe für einen außergewöhnlichen Lebensstil und die demonstrativ unkonventionelle Art, Geld zu verdienen und auszugeben, vor allem aber der eigene Wert, der durch ein erlesenes Ambiente bei allen materiellen Anschaffungen immer wieder neu bewiesen werden muss, all dies beeinflusst Haus... oder irritiert die Gehemmten in Haus 8 und in Haus...*

Der Kompensator weiß mit Sicherheit, wie besonders wertvoll er ist, und das möchte er einfach alle wissen lassen. Er hat den erlesensten Geschmack von allen, ist ein großer Kenner bester Weine, demonstriert seinen extravaganten Lebensstil, wo immer er kann. Nichts macht ihm mehr Angst als das gewöhnliche Leben der kleinen Leute. Was immer sich mit Geld erwerben lässt, kein Zweiter auf diesem Erdenball wird hoffentlich dasselbe gute Stück besitzen. Er hasst es, eingeordnet zu werden, und wird alles tun, um selbst seiner Art, Geld zu verdienen, einen unkonventionellen Stempel aufzuprägen. Da er ungeduldig und erfinderisch ist, außerdem jede Art von Einschränkung zutiefst verachtet, sucht er sich womöglich »freie Berufe«, wo er in vergleichsweise kurzer Zeit viel Geld verdienen kann, meist, um es so schnell wie möglich wieder loszuwerden. Sparen und Geld horten sind für ihn Fremdworte. Außerdem liebt er den Nervenkitzel. Diese besondere Vorliebe, in materieller Hinsicht seine Narrenfreiheit zu genießen, führt ihn im Geschäftsleben mitunter an die Grenze der Legalität. Und sollte er je als Clochard in der Gosse landen, schafft er es sogar hier noch, seinem Lebensstil einen besonderen Touch zu verleihen, weil er zu zerrissenen Jeans eine 50-jährige Designerjacke trägt und bei jedem Trinkgelage seinen eigenen Weinbecher mitbringt.

Lösungsmöglichkeit, erwachsene Form

Deutung: *Die Freiheit und Unabhängigkeit im finanziellen Bereich, das freie, unabhängige Revier, der freie, unabhängige Lebensstil, all dies stärkt Haus...*

Der Horoskopeigner ist hier nicht mehr auf ein einziges Einkommen angewiesen, sondern hat sich mehrere Geldquellen erschlossen. Dies ist nur möglich, weil er die übliche Weise des Geldverdienens durchbricht und ungewöhnliche Wege beschreitet. Vor diesem Hintergrund gelingt es ihm auch leichter, einen freien und unabhängigen Lebensstil auszubilden und sich in seinem Wert als Person nicht mehr nach den Maßstäben der Gesellschaft richten zu müssen.

Neptun herrscht über Haus 2

Hemmung

Deutung: *Die Schwäche und Verunsicherung, einen eigenen Lebensstil auszubilden, die eigene Abgrenzungsunfähigkeit, der unsichere Eigen-*

wert, die Schwäche und Unsicherheit in wirtschaftlichen und finanziellen Angelegenheiten, die finanziellen Ängste, die wenig ausgebildete Genussfähigkeit, die Verunsicherung des eigenen Reviers bzw. des Eigenraums, all dies schwächt und verunsichert Haus... oder verursacht beim Horoskopeigner Flucht- oder Suchttendenzen in Haus... oder gibt den Kompensatoren Gelegenheit, als Helfer oder verunsichernd zu wirken in Haus...

Der Gehemmte fühlt sich nicht angenommen und ist daher häufig in seinem Eigenwert verunsichert. Oft glaubt er dann, eher geduldet zu werden, wenn er sich nicht bemerkbar macht und nicht stört. Den Körper verleugnet er oder lässt ihn im Extremfall verwahrlosen. Durch Leiden oder Gefühle der Schwäche macht er dann auf sich aufmerksam. Einige Menschen mit dieser Anlage sind asketisch oder hegen diffuse Schuldgefühle, wenn sie etwas genossen haben oder wenn sie etwas besitzen. Dies macht es für andere leicht, sie in materieller Hinsicht zu betrügen, oder sie sorgen selbst dafür, alles zu verlieren und hilfsbedürftig zu werden. Der Gruppe gegenüber verhält sich der Gehemmte wie ein Chamäleon, daher kann er leicht als Lückenbüßer oder Sündenbock missbraucht werden. Seinen Eigenraum hat er im Nirgendwo, denn er traut sich nicht, Raum zu beanspruchen und sich abzugrenzen. Die eigenen Grenzen sind unklar und oft weicht er zurück. Der Gehemmte zieht magisch Menschen an, die ihn verunsichern und sein Revier verletzen, damit er sich im Eigenwert und im eigenen Revier unsicher fühlen kann.

Kompensation

Deutung: *Kauf- und Genusssucht als Ausgleich für einen schwachen Eigenwert, wobei eigene wie fremde Ressourcen bei Weitem überzogen werden, wie auch krankhaftes Sicherheits- und Abgrenzungsbedürfnis, all dies beeinträchtigt Haus... Die Schwäche im Eigenwert wird kompensiert, indem man die Gehemmten in Haus... verunsichert, schwächt oder entwertet.*

Wird der eigene Körper in der gehemmten Form erst gar nicht wahr-genommen, entfaltet Neptun in der Kompensation eine außerordentliche Genusslust, wobei die materiellen Ressourcen bei Weitem nicht ausreichen, um das Fass ohne Boden ständig neu aufzufüllen. Der so geartete Horoskopeigner darf sich auf die geniale Fantasie Neptuns verlassen, ihm stets interessante Bezugsquellen zu eröffnen, um der Lust an der Kaufsucht weiterhin frönen zu können. Neptuns Natur überschreitet alle Grenzen. Und wenn die Ansammlung verschiedener Häuser, Wohnungen, Grundstücke oder anderer wertvoller Gegenstände den Eigenwert immer noch nicht zu stabilisieren vermag, greift der Kompensator zu Schwindel, Täuschung und Betrug. Er spielt dann seinen Mitmenschen einen höheren sozialen Rang vor und wird zum Hochstapler. In einigen Fällen kommen starke Verlustängste zum Tragen, aber auch die Befürchtung zu verarmen oder eines Tages vor dem Nichts zu stehen.

Lösungsmöglichkeit, erwachsene Form

Deutung: *Der unangepasste Lebensstil, der Eigenwert, der sich jenseits des herkömmlichen Wertesystems entwickelt hat, das Aufdecken der Hintergründe im Finanz- und Wirtschaftssystem, die alternativen Geld- und Erwerbsquellen, all dies stärkt Haus...*

Der Erwachsene sagt nicht mehr: »Ich habe einfach keine Beziehung zum Geld« oder wie der esoterisch Kompensierende: »Geld und Materie bedeuten mir nichts. Ich habe damit nichts mehr zu tun, weil ich mich schon auf einer höheren Entwicklungsstufe befinde.« Er weiß, gerade mit Neptun als Herrscher von Haus 2 muss er sich besonders mit dem Finanzsystem, mit Immobilien und materiellen Werten auseinandersetzen, um sie überwinden (und transzendieren) und um Alternativen finden zu können. Er muss also sogar besser Bescheid wissen als die im herkömmlichen System verhafteten Fachleute. Erst wenn er das derzeitige Finanzsystem und deren Gesetzmäßigkeiten und Mechanismen verstanden hat, kann er weiter vorankommen, Hintergründe aufdecken, seine Fantasie spielen lassen und sein Bewusstsein erweitern. Neptun als Herrscher von Haus 2 zu haben, bedeutet auch, ein Ahnungsvermögen zu entwickeln, wie neue Geld- und Erwerbsquellen erschlossen werden können. Dieses Ahnungsvermögen kann zum Beispiel durch die Beschäftigung mit Astrologie und Esoterik noch untermauert und verstärkt werden. Der Erwachsene darf sich auf keinen Fall mehr mit der herkömmlichen Wertehierarchie identifizieren, sonst rutscht er unwillkürlich wieder in die Hemmung oder in die

Kompensation zurück. Er hat die Botschaft des Neptun-Prinzips verstanden: Der Wert eines Menschen wird nur in der Kollektivneurose von dessen beruflicher Stellung, Herkunft oder Besitz abgeleitet. Kosmisch gesehen trägt jeder Menschen alle zwölf kosmischen Prinzipien in sich. Keiner ist daher wertvoller oder weniger wert als ein anderer. Und noch ein Punkt ist wichtig: Der Erwachsene hat sich vom herkömmlichen Lebensstil, vom Lebensstil des Otto Normalverbrauchers gelöst. Er hat eine Fülle persönlicher Alternativen gefunden und führt ein unangepasstes Leben.

Mars herrscht über Haus 3

Hemmung

Deutung: *Der mangelnde Energieeinsatz in Bezug auf Informationsaufnahme und -abgabe, auf Darstellung der eigenen Person und auf Kommunikation, all dies hemmt Haus...*

Der Gehemmte möchte mit dem Alltag so wenig wie möglich konfrontiert werden, wird aber durch äußere Umstände immer wieder dazu gezwungen, sich mit ihm auseinanderzusetzen. Es kostet ihn große Kraft, diesen zu bewältigen, und er leidet unter dem Mangel an Personal. Der Gehemmte lässt sehr viel Arbeit zusammenkommen, ehe er durch eisernen Willen oder gar durch einen aggressiven Akt darangeht, die Dinge zu erledigen, die unumwunden notwendig sind. Auch auf einer weiteren Ebene von Haus 3 hat der Gehemmte große Schwierigkeiten: Da er im Gespräch keine Initiative ergreift und nicht den Anfang machen will, muss er den Egoismus seiner Mitmenschen ertragen. Diese aber reden nur über sich selbst oder über Triviales und fallen dem Horoskopeigner damit auf die Nerven. Dennoch wagt er es nicht, das Wort zu ergreifen. Und wenn er doch einmal etwas zu sagen hat, dann wird er sofort angegriffen, oder man fährt ihm über den Mund. Manche Männer haben bei dieser Konstellation Schwierigkeiten, sich geschlechtsspezifisch, also maskulin darzustellen. Manchmal besteht auch ein Mangel an technischen und praktischen Fähigkeiten.

Kompensation

Deutung: *Die »spitze Zunge«, die aggressive Wortwahl, die derbe, rustikale Sprache, die aggressive Kommunikation und das Überfahren des anderen im Gespräch, all dies stärkt die Durchsetzung in Haus... oder attackiert die Gehemmten in Haus 9 und in Haus...*

Der Kompensator bewegt sich impulsiv und mit Kraft und strebt danach, seine Mitmenschen zu besiegen. Daher sucht er den sportlichen Wettkampf, und wenn er der Schnellste war, dann lässt er andere dies deutlich spüren. Mit Geschwistern und Nachbarn trägt er Rivalitäten aus. Er stellt sich offensiv dar, übertönt dabei andere und tritt in Konkurrenz zu ihnen oder greift sie mit der eigenen Darstellung an.

Die Sprache ist direkt und scheut keine Kraftausdrücke. Beim Lernen will der Kompensator der Erste sein und versucht, Mitschüler aus dem Feld zu schlagen. Er jagt Informationen hinterher, um als Erster damit prahlen zu können. Vielleicht wird der Kompensator sogar Journalist und macht seine Neugier zum Beruf. Ebenso mutig und ohne Bedenken gibt er seine Informationen weiter, ohne Rücksicht zu nehmen. Mit seiner Geschicklichkeit und Cleverness setzt er sich auf den Märkten rücksichtslos als der Stärkere durch.

Lösungsmöglichkeit, erwachsene Form

Deutung: *Die spontane Kommunikation, die Initiative im Gespräch, die schnelle Auffassungsgabe und Lernfähigkeit, die Initiative und der Energieeinsatz auf technischen und praktischen Gebieten, all dies stärkt die Durchsetzung in Haus...*

Der Horoskopeigner entdeckt die körperliche Bewegung und bewegt sich lustvoll und spontan, treibt Sport. Er stellt sich offen und mutig dar und nennt die Dinge beim Namen, wagt es, Fragen zu stellen und zu widersprechen. Er wird konfliktfähig. Spontan folgt der Erwachsene seinem jeweiligen Interesse. Ohne Umstände stürzt er sich lustvoll auf ein Thema und entdeckt bald wieder ein neues, das ihn wie ein Abenteuer reizt. Doch solange er sich mit einem Thema beschäftigt, ist er ganz bei der Sache. So nimmt er Neues oft schneller auf als andere und ist auch bereit, ganz auf eigene Faust zu lernen und sich auf Neuland vorzuwagen. Handwerkliches packt er an und erledigt mit Entschlossenheit seinen Alltag, ohne sich in Details zu verlieren.

Venus (Stier) herrscht über Haus 3

Hemmung

Deutung: *Die mangelnde Sicherheit in der Darstellung und in der Kommunikation hemmt Haus... Die Abgrenzungsschwierigkeiten in der Kommunikation und die Verhinderung eines freien Aktionsradius beeinflussen Haus...*

Der Gehemmte ist zu bequem und langsam, um Bewegung und einen freien Aktionsradius genießen zu können, und bleibt lieber sitzen.

Seiner Selbstdarstellung misst er keinen Wert bei, daher kann er sich gegen die Entwertung durch andere auch nicht abgrenzen. Er versucht, sich in die Gruppe einzufügen und sich anzupassen, doch Wertschätzung für seine Äußerungen wird ihm auf diese Weise nicht zuteil. Beim Lernen gelingt es nicht, bei der Sache zu bleiben, er schweift ab und kann sich nicht abgrenzen. Häufiger bleibt der Gehemmte mit seinem Interesse an einem Punkt hängen, ist zu langsam und verliert so den Anschluss. Wenn er allein lernen soll, kann er sich häufig nicht dazu aufraffen. Seine Mitmenschen behaupten von ihm, dass er faul ist und werten ihn ab, sich selbst stellen sie jedoch umso wertvoller dar. Im Handwerklichen und bei der Bewältigung des Alltags macht sich die Langsamkeit störend bemerkbar.

Kompensation

***Deutung:** Die Darstellung von Status, Prestige und materiellen Werten stärkt Haus... Die übertriebene Absicherung und Abgrenzung in der Kommunikation beeinflussen Haus...*

Der Venus-Kompensator stellt sich als wertvoll dar, wertvoller als seine Mitmenschen. Er kann stundenlang reden, bedächtig und sich in Wiederholungen ergehend. Er spricht die Dinge so aus, wie er es gewohnt ist, und folgt dabei gern dem Herdentrieb. Die Sprache ist wertend, häufig auch abwertend. Das Interesse ist eingegrenzt, bewegt sich aber auf sicherem Boden. Beharrlichkeit und ein häufiges Wiederkäuen im Lernen führen zu guten Bewertungen. Die Sicherheit im Lernstoff erkauft der Kompensator freilich mit Langsamkeit und Scheuklappen. Im Handwerklichen ist er zuverlässig und achtet auf Wertbeständigkeit. Im Alltag zeigt er sich als Gewohnheitstier und macht alles so wie die anderen auch.

Lösungsmöglichkeit, erwachsene Form

***Deutung:** Die Sicherheit in Darstellung und Kommunikation und der gesunde Eigenwert, der aus den sprachlichen, technischen oder handwerklichen Fähigkeiten resultiert, all dies stärkt Haus...*

Der Horoskopeigner hat die gestellte Aufgabe gelöst: Er hat gelernt, sich sicher zu bewegen und darzustellen. Auch in der Rhetorik hat er an Sicherheit gewonnen und lässt sich nicht mehr beirren. Der Erwachsene grenzt sich im Gespräch gegenüber anderen ab, ohne jedoch dabei deren Revier zu verletzen. Er interessiert sich beharrlich für eine Sache und bleibt dabei, ohne sich jedoch mit Scheuklappen einzuengen. Das, was er sagt, hat Wert, sodass andere auf diese Informationen bauen können. In Handwerk und Technik legt er Wert auf Sicherheit, Qualität und Beständigkeit.

Merkur (Zwillinge) herrscht über Haus 3

Hemmung

Deutung: *Mangelnde Sicherheit in der Bewegung, im Sprechen und Lernen, zögerndes Interesse und ungeschickte Selbstdarstellung, all dies hemmt Haus...*

Der Gehemmte stellt sich weder verbal noch mit Gesten gut dar und gibt sich so anderen Menschen gegenüber unvorteilhaft, weil er mehr oder weniger stumm bleibt. Und wenn er sich äußert, findet er nicht die passenden Worte. Andere sprechen dann jedoch um so mehr und wissen sich um so vorteilhafter darzustellen. Sein Interesse signalisiert er nicht, er stellt keine Fragen und informiert sich nicht. So kommen ihm zum Beispiel in der Schule oder unter Geschwistern andere clever zuvor. Auch beim Kaufen oder Verkaufen hat er Schwierigkeiten; er kauft zum Beispiel uninformiert oder lässt sich aus der Werbung nur die Vorzüge einer Ware erklären. Der Gehemmte hält sich für technisch unbegabt und glaubt, zwei linke Hände zu haben, wenn es um Handwerkliches geht oder darum, den Alltag zu bewältigen. Andere ziehen ihren Vorteil daraus.

Kompensation

Deutung: *Vorteilhafte und clevere Selbstdarstellung, schnelles und oberflächliches Interesse, technokratisches oder intellektuelles Erfassen der Welt, all dies stärkt Haus...*

Der Kompensator bewegt sich schnell und geschickt, zeigt sich gern sportlich und stellt sich vorteilhaft dar. Gewissermaßen betreibt er ständig Werbung für sich selbst und »verkauft« sich entsprechend gut. Was der Kompensator sagt, äußert er clever und auf die Situation bezogen, sodass er bei anderen ankommt. Er signalisiert, dass er sich in allem auskennt, auch wenn er sich nur kurz mit einer Materie beschäftigt hat; er spricht ganz »easy« über alles, geht dabei jedoch über Fakten hinweg. Er lernt das, was Vorteile verspricht, formuliert nach, was der Lehrer vordenkt und bleibt innerhalb des vorgegebenen Lehrstoffs. So erfasst er schnell und viel, jedoch ohne dabei in die Tiefe zu gehen. Dass Klappern zum Handwerk gehört, ist für ihn Programm, und er demonstriert unübersehbar seine Geschicklichkeit. Alltägliches wird mit dem Einsatz von Technik und entsprechenden Geräten schnell erledigt.

Lösungsmöglichkeit, erwachsene Form

Deutung: *Körperliche Schnelligkeit und Sportlichkeit, leichtes Lernen und ein offenes, weit gefächertes Interesse und geschickte Selbstdarstellung, all dies stärkt...*

Der Horoskopeigner bewegt sich schnell und koordiniert und ist ein guter Sportler. Er versteht es, sich darzustellen, und kann seine Interessen in Worten und Gesten geschickt und situationsbezogen ausdrücken. Situationen erfasst er rasch und kann sich gut auf sie einstellen. Der Erwachsene lernt aus Interesse und ist dabei für vieles offen. So nimmt er Informationen rasch und leicht auf, ohne dabei jedoch den Überblick zu verlieren. Daher ist er fähig, rasch von einem Thema zum nächsten zu wechseln und zwei Dinge gleichzeitig zu verfolgen. Der Erwachsene signalisiert seine Interessen und wird so über vieles informiert. Er entwickelt handwerkliches Geschick und erlernt schnell vielfältige Techniken, die auch den Alltag leichter machen.

Mond herrscht über Haus 3

Hemmung

Deutung: *Die durch mangelndes Wissen um Psychologie, Naturheilkunde, Ernährung, Biologie, Bauen und Wohnen bedingte Darstellungsschwäche, der durch Mundart eingeschrankte Kontaktradius, die leichte Verletzbarkeit in der Kommunikation und die labile, stimmungsabhängige Darstellung der eigenen Person, all dies beeinflusst ungünstig Haus...*

Aufgrund des mangelnden Wissens um Psychologie, Naturheilkunde, Ernährung, Biologie, Bauen und Wohnen redet der Gehemmte nur über den häuslichen Alltag oder über familiäre Trivialitäten. Seine Sprache ist mundartlich, was eine Einschränkung des Kontaktradius zur Folge hat. Er möchte gerne, dass sich seine Mitmenschen fürsorglich nach ihm erkundigen oder dass sie ihn ins Gespräch bringen. Beim Lernen hängt er am schon Vertrauten und wünscht sich Zuneigung und Zuwendung vonseiten der Lehrer. Ansonsten ist der Gehemmte in der Kommunikation leicht verletzbar und dabei oft vollständig von seiner Stimmung und Gefühlslage abhängig.

Kompensation

Deutung: *Die übertrieben gefühlvolle Darstellung der eigenen Person, die launenhafte Darstellung, die Versorgung der Mitmenschen mit Informationen, die Identifikation mit Technik und Naturwissenschaften, all dies beeinflusst Haus...*

Der Kompensator stellt sich besonders sensibel und warmherzig dar, doch er spielt dabei nur eine Rolle. Wie es wirklich in ihm aussieht, weiß nicht einmal er selbst. Manchmal fällt er durch übertriebene Gefühlsäußerungen auf oder zeigt sich stolz über seine mundartlichen Ausdrucksformen. Er zeigt seine Launen und treibt damit seine Mitmenschen in eine ungute Gefühlslage. Andere Kompensatoren versorgen ihre Mitmenschen rührend mit Lernstoff, mit Informationen und mit Wissen und erhoffen sich dabei Dankbarkeit von jenen, die noch die Kindrolle spielen. Weibliche Kompensatoren stellen sich bei dieser Konstellation besonders mütterlich dar, sprechen ständig nur über ihre Kinder und ihre Familie und klammern andere Interessen aus. Ihre Sprache ist dabei häufig infantil, verniedlichend und verkleinernd. Berufliche Möglichkeiten: unter anderem Sozialarbeiter, Musiker.

Lösungsmöglichkeit, erwachsene Form

Deutung: *Die durch das Wissen um Psychologie, Naturheilkunde, Ernährung, Biologie, Bauen und Wohnen verbesserte Darstellung und Kommunikation, das Einfühlungsvermögen in der Kommunikation,* *die durch Informationen verbesserte Identitätsfindung und das Lernen im eigenen Rhythmus, all dies stärkt Haus...*

Der Erwachsene hat die Aufgabe, sich mit Psychologie, Naturheilkunde, Ernährung, Biologie, Bauen und Wohnen zu befassen, um sein sprachliches Repertoire zu erweitern und um sich besser darstellen zu können. Besonders wichtig ist für ihn, dass er auch das nötige Einfühlungsvermögen im Gespräch mit anderen Menschen entwickelt und seine Gefühle verbalisieren kann. Seine Identitätsfindung wird durch die Aufnahme, Verarbeitung und Abgabe von Informationen gestärkt. Der Erwachsene lernt in seinem eigenen Rhythmus und schafft sich dabei die geborgene und warme Atmosphäre, die er benötigt. Außerdem lernt er nur das, womit er sich identifiziert, sodass das Gelernte leicht abrufbar ist.

Sonne herrscht über Haus 3

Hemmung

Deutung: *Mangelnde Handlungs- und Managementfähigkeiten zur Bewältigung des Alltags, Unselbstständigkeit beim Lernen, zu große Bescheidenheit in der Darstellung, die nicht verwirklichten Talente für Sprachen, Naturwissenschaften, Mathematik, Technik und Handwerk und eine glanzlose, emotionslose Kommunikation, all dies beeinflusst ungünstig Haus...*

Der Gehemmte hat seine Handlungsfähigkeit, sein Organisationstalent, seine unternehmerischen Fähigkeiten und seine Managementfähigkeiten zu wenig ausgebildet, um den Alltag bewältigen zu können. Da es ihm an Lebendigkeit in der Kommunikation mangelt und er sich zu bescheiden darstellt, gibt er seinen Mitmenschen die Gelegenheit, ihr Licht überdimensioniert leuchten zu lassen. Daher können diese rhetorisch groß auftrumpfen, während der Horoskopeigner in fast jedem Gespräch nur ein armseliges Schattendasein führt. Außerdem traut es sich der Gehemmte nicht zu, selbstständig zu lernen oder seine Talente in Naturwissenschaft, Technik und Handwerk zu verwirklichen. Auch in der Bewegung fehlt es ihm an Selbstsicherheit. Folglich benimmt er sich unbeholfen und linkisch.

Kompensation

Deutung: *Die glanzvolle Darstellung der eigenen Person, die Selbstsicherheit im Alltag, ohne zu wissen, dass es noch andere Welten gibt, das Imponiergehabe in praktischen und technischen Angelegenheiten, das Glänzen-Wollen mit dem eigenen Intelligenzquotienten, all dies beeinflusst Haus...*

Der Kompensator stellt sich emotional und theatralisch dar. Er will mit den Informationen, die er einholt und aufnimmt, sofort glänzen und erwartet dafür Bewunderung. Da er Selbstsicherheit in Alltagsangelegenheiten erworben hat, begeht er den Fehler der Übertragung und glaubt, auf allen Gebieten wissend und kompetent zu sein. Die Folge ist, dass er immer und überall mitredet, selbst in Bereichen, in denen er nicht kompetent ist. Andere Kompensatoren glänzen bei dieser Konstellation mit mathematischen, physikalischen, technischen und handwerklichen Fähigkeiten. In ihrer Begeisterung über ihr eigenes Wissen lassen sie ihren Mitmenschen oft keinen Platz mehr.

Lösungsmöglichkeit, erwachsene Form

Deutung: *Die durch Organisationstalent und Handlungsfähigkeit verwirklichte Alltagsbewältigung, die Selbstständigkeit bei der Alltagsbewältigung, die Darstellung der eigenen Person mittels kreativer, gestalterischer, schöpferischer und künstlerischer Fähigkeiten, die beeindruckende lebendige Rhetorik und die durch Lernen, Informationen und Kommunikation verbesserte Selbstverwirklichung, all dies stärkt Haus...*

Der Horoskopeigner hat die Lernaufgabe, Informationen selbstständig einzuholen und den Alltag selbstständig zu meistern. Es ist erforderlich, dass er seinen Tag organisiert und plant, dass auch noch Zeit ist für Sport, Spiel, Vergnügen und zur Selbstverwirklichung. Der Erwachsene stellt sich selbst durch kreative und künstlerische Fähigkeiten dar und gewinnt damit an Selbstbewusstsein und Selbstvertrauen. Er besucht einen Rhetorikkurs, um zu lernen, wie man seine Sprache effektvoll und andere geistig befruchtend einsetzen kann. Manche Horoskopeigner mit dieser Konstellation verwirklichen sich aber auch über Technik und Naturwissenschaften.

Merkur (Jungfrau) herrscht über Haus 3

Hemmung

***Deutung:** Die Darstellung als Kranker und Leidender, die subalterne Darstellung und Ausdrucksweise, das ständige Kritisiert-Werden im sprachlichen Ausdruck und in der Darstellung und Bewegung, der unkritische Umgang mit Informationen und die Zurückhaltung im Sprechen, all dies beeinflusst ungünstig Haus...*

Da der Gehemmte seine Kritikfähigkeit, seine analytischen, diagnostischen und medizinischen Fähigkeiten nicht ausgebildet und sich mit Krankheit, Gesundheit und Ernährung nur wenig beschäftigt hat, muss er das Merkur-Jungfrau-Prinzip in seiner verwunschenen Form erfahren. So wird er immer wieder von anderen ob seiner Darstellung oder seiner Ausdrucksweise und Sprache kritisiert. Oder aber er hält sich selbst zurück, geht nur spartanisch mit Worten um, ordnet sich unter, katzbuckelt und funktioniert im Sinne von anderen. Sein Aktionsradius ist daher sehr eingeschränkt. Der Gehemmte geht mit Informationen, die er erhält, unkritisch um und ordnet sich auch beim Lernen unter. Er passt sich an das Vorgegebene an.

Kompensation

***Deutung:** Die Darstellung als Kritiker, Nörgler oder Sauberkeitsfanatiker, die negative Einstellung, die spitzfindigen Fragen, das übergenaue Ordnen von Informationen, der starke Drang, die Krankheiten der Mitmenschen zu analysieren und zu deuten, all dies beeinflusst Haus...*

Der Kompensator bewegt sich, weil es vernünftig und gesund ist. Er gibt sich wachsam, penibel und nörgelnd. Er ordnet die Informationen sorgfältig und ist in seiner Sprache übergenau. Wenn andere sich nicht präzise ausdrücken oder nicht genau die richtigen Worte finden, er kritisiert dies sofort. Der Kompensator lernt fleißig, mit System und überdimensioniertem Arbeitsdrang. Er interessiert sich für viele Details und stellt spitzfindige Fragen. Er beobachtet und kritisiert seine Mitschüler, Geschwister und Nachbarn. Er sieht ihre Fehler und zieht daraus seinen Nutzen. Manche Kompensatoren empfinden bei dieser

Konstellation einen starken Drang, die körperlichen und seelischen Krankheiten ihrer Mitmenschen zu analysieren und zu deuten.

Lösungsmöglichkeit, erwachsene Form

Deutung: *Der durch Medizin, Ernährungskunde und Psychoanalyse erweiterte Wortschatz, die situationsgerechte Anpassung in der Kommunikation, der klare und genaue sprachliche Ausdruck, die saubere und präzise Ausführung von handwerklichen Tätigkeiten, all dies stärkt Haus...*

Der Horoskopeigner befasst sich mit Krankheit und Gesundheit, mit Ernährung, mit Psychoanalyse und Medizin, um seinen Wortschatz zu erweitern und um sich besser darstellen zu können. Er versucht, sich im Gespräch an die jeweilige Situation anzupassen, jedoch ohne sich dabei seinen Gesprächspartnern unterzuordnen. Der Erwachsene ist fähig, auch komplizierte Sachverhalte klar und genau auszudrücken. Und er ist dazu in der Lage, sich gründlich bis ins Detail zu informieren und zum Beispiel auch nach dem Kleingedruckten zu fragen, wenn er einen Vertrag abschließt oder wenn er etwas kauft. Handwerkliche Arbeiten führt er sauber und präzise aus und bewältigt den Alltag ohne viel Aufwand.

Venus (Waage) herrscht über Haus 3

Hemmung

Deutung: *Undiplomatische Wortwahl, die Darstellung der Diskrepanz zwischen Inhalt und Form, die Schwierigkeiten, sich einer vornehmeren Sprache und Ausdrucksweise zu bedienen, der Mangel an Eleganz in der Bewegung und die unmodische Darstellung, all dies hemmt Haus...*

Der Gehemmte bewegt sich verspannt und eckig, ohne Harmonie und Gleichgewicht, sodass seine Bewegungen weder schön noch ausgewogen sind. Statt sich selbst darzustellen, lässt er anderen den Vortritt, hört und schaut ihnen zu. Er äußert nur seine feinen Interessen und richtet sich darin nach seinem Gegenüber, denn der Gehemmte möchte beliebt sein und »ankommen«. In der Sprache, häufig ist sie mundartlich, gelingt es ihm noch nicht, seinen Inhalten eine angemessene Form zu verleihen. Beim Lernen richtet sich der Gehemmte nach den anderen, stellt eigene Interessen zugunsten der Gemeinsamkeit zurück oder lernt für den Lehrer. Fragen hält er zurück und wartet oft zu lange, weil er nicht unliebenswürdig erscheinen möchte. Fehlt es an Sympathie seitens des Lehrers, fällt der Gehemmte im Lernen zurück. Im Alltag möchte er es allen recht machen und kann so seine hohen Ansprüche nicht erfüllen.

Kompensation

Deutung: *Die am Oberflächlichen orientierte, vordergründige Kommunikation und Darstellung, welche wenig tiefe Inhalte aufzuweisen hat, die hochmodische Darstellung, die natürliche Begabung zum eleganten Sprach-Stylisten, der nie wirklich Stellung bezieht, all dies beeinflusst Haus...*

Kommunikation und Darstellung der intellektuellen Inhalte fallen dem Kompensator gewöhnlich leicht, ist er doch zumeist gut informiert und weiß, was er sagen muss, um gut anzukommen. Geübte »Jawohl-Sager« und Schönsprecher kommen immer an. Der Kompensator fühlt sich gut in sein Gegenüber ein und weiß genau, wann er ihm wie auf welche Art und Weise entgegnen kann oder entsprechen muss. Sprachstylisten kokettieren fasziniert mit dem eigenen Vokabular. Sie hassen nichts so sehr wie derbe und unflätige Sprüche von weniger begabten Rhetorikern. Sie lieben den Tanz und den verbalen Flirt und stellen auch körperlich gerne ihr Ästhetikgefühl unter Beweis. Technik und Sprache haben nicht immer Funktion und Inhalt zur Basis. (Das Auto soll vor allem schön aussehen.) Zum Kompensator passt gut eine Ausbildung im Bereich des Schönheitswesens und im Ballett. Eine natürliche Begabung besitzt er auch als Autor für Frauenzeitschriften und von Liebesromanen. Kommunikation und Selbstdarstellung sowie eigene Interessen sind stark orientiert an dem, was letztendlich fast allen gefällt. Manche Kompensatoren fühlen sich jedoch bei dieser Konstellation mehr von der Mode angezogen. Sie versuchen, sich zu jeder Tages- und Nachtzeit modisch und farblich genau abgestimmt darzustellen. Ihre größte Angst besteht darin, dass andere ihnen Geschmack, Niveau oder Stil absprechen könnten.

Lösungsmöglichkeit, erwachsene Form

Deutung: *Die Darstellung von Schönheit, Ästhetik und Erotik, die modische geschmackvolle Darstellung, die Darstellung der eigenen künstlerischen Fähigkeiten und Designerqualitäten und die schöne, vornehme Sprache, all dies wird verwendet für Haus... oder stärkt Haus...*

Die Bewegung ist leicht und harmonisch, ästhetisch und im Gleichgewicht. Sie bereitet Freude und gleicht aus. Die eigene Darstellung ist harmonisch abgestimmt auf die der Mitmenschen, sodass ein ausgewogener Austausch möglich ist. In der Selbstdarstellung hat der Erwachsene die anspruchsvolle Form mit seinen Inhalten in Übereinstimmung gebracht. Die Sprache ist schön und ästhetisch, die Gesten sind fein. Die Worte wählt der Horoskopeigner so, dass sie dem Gegenstand gerecht werden. Er lernt leicht und mit Freude im dialogischen Austausch. Er interessiert sich für das »Andere«, welches ihn ergänzt, äußert seine Interessen freundlich und regt damit den anderen an. Handwerkliches erledigt er leicht und mit Geschmack. Handel betreibt er ausgewogen und gerecht. Der Erwachsene drückt sich schön und gewählt in Wort und Schrift aus. Er wählt Informationen sorgsam aus, geht taktisch klug vor und achtet im Gespräch vor allem auf Ausgewogenheit. Was er sagt und tut, befindet sich in Übereinstimmung (Beachtung des Gesetzes von Inhalt und Form in Haus 3).

Pluto herrscht über Haus 3

Hemmung

Deutung: *Die Unterdrückung der eigenen Darstellung, handwerklicher und technischer Fähigkeiten, die unterdrückte oder fremdbestimmte Kommunikation und Information, die Unterdrückung des eigenen freien Aktionsradius und das fremdbestimmte Lernen, all dies hemmt Haus...*

Als Kind musste sich der Gehemmte so darstellen, wie andere es von ihm erwartet haben. Ständig stand er unter dem Druck, lernen zu müssen, wobei die Lerninhalte fremdbestimmt waren. Nicht zuletzt dadurch war auch der eigene Bewegungsspielraum eingeschränkt. So wie früher die Eltern und Lehrer das Lernpensum für ihn auswählten, so geben später die Chefs in den Firmen und Institutionen vor, welche Fachliteratur er zu studieren hat. Der Gehemmte lässt sich mittels Information und Sprache an allen Ecken und Enden manipulieren. Die Massenkommunikationsmittel Presse, Rundfunk und Fernsehen füttern ihn mit Berichten über die Funktionalität der Welt, lassen aber all die Informationen weg, die für ein echtes Mündig-Werden relevant sind. Insofern ist auch klar, dass der Gehemmte hier nur im Rahmen eines bestimmten Musters zu kommunizieren vermag. Andere Welten bleiben ihm verschlossen. Der Alltag setzt ihn so unter Druck, dass für die wesentlichen Dinge im Leben keine Zeit mehr bleibt.

Kompensation

Deutung: *Verbale Machtspiele, die ritualisierte und laute wie absolute Aufmerksamkeit beanspruchende Darstellung der eigenen Wissensinhalte und suggestive wie manipulative Kommunikationsbegabung, all dies beeinflusst Haus... oder unterdrückt den Gehemmten in Haus 9 und in Haus...*

Niemand kann seine Mitmenschen besser totreden als dieser Horoskopeigner. Instinktiv weiß er um die Macht der Worte und setzt sie daher subtil, ätzend oder erst gar nicht ein, falls dieser Sprachakrobat zusätzlich über ausgeklügelte Mimik verfügt, die sein Gegenüber ebenso in verbale Ohnmacht versetzen kann. Für Propagandisten aller Richtungen ist dieser Aspekt außerordentlich gewinnbringend, sie haben zu allen Dingen bestimmte Ansichten, die sie sehr dominant vertreten. Allein schon die Gestik und Mimik des Kompensators beeinflusst nachhaltig seine nähere Umgebung, beeindruckt und verschreckt weniger Begabte. Wer seine Rhetorik nicht gut beherrscht, sollte mit einem Pluto-Kompensator gar nicht erst einen Disput anstreben, da es ihm bald die Sprache verschlagen wird. Lao Tse sagt: Schöne Worte sind nicht wahr und wahre Worte selten schön. Auch das weiß der Kompensator gut, aber Pluto liebt die ungeschönte Wahrheit. Sprache und Gestik als dramatischer Selbstausdruck werden in vielen Berufen gebraucht, daher findet der Kompensator seine berufliche Erfüllung vielleicht als Satiriker, Schauspieler oder »wahrhaft« überzeugender Lehrer und Guru.

Lösungsmöglichkeit, erwachsene Form

Deutung: *Selbstbestimmung in der Bewältigung des Alltags, die Selbstbestimmung des eigenen Bewegungsspielraumes, das eigene Konzept in der Kommunikation, das eigene Informationsprogramm und die Selbstbestimmung im Lernen, all dies stärkt Haus...*

Der Horoskopeigner muss die Manipulationen, die durch Wort und Schrift erfolgen, durchschauen lernen. Er braucht ein eigenes Konzept für seine Darstellung und Kommunikation, ein Konzept mit Einleitung, Hauptteil und Schluss, ein Konzept, das viele Informationen zum Inhalt hat und für die Mitmenschen eine Bereicherung darstellt. Der Erwachsene lässt sich seinen freien Aktionsradius nicht rauben, sondern bestimmt ihn selbst.

Jupiter herrscht über Haus 3

Hemmung

Deutung: *Die mangelnde Einsicht in die Gebiete Technik, Kommunikation, Sprachen, die Verhinderung eines weltmännischen und gebildeten Auftretens, die mangelnde Erweiterung des eigenen Wortschatzes und des eigenen Aktionsradius und die mangelnde Erweiterung der eigenen Informationen, all dies hemmt Haus...*

Der Jupiter-Gehemmte bewundert all diejenigen, die sich gebildet ausdrücken und die großartig auftreten. Was er nicht weiß, ist, dass er damit seine eigene, noch unentwickelte Anlage bei seinen Mitmenschen verehrt. Er würde sich beim Lernen gerne fördern lassen, doch ist er auch in diesem Zusammenhang zu keiner Motivation fähig. Außerdem vermag er größere Zusammenhänge nicht zu verstehen, sodass ihm beim Lernen der Überblick fehlt. Auch weiß er nicht, warum er gerade das lernen sollte und nicht jenes. Und wenn sich der Gehemmte äußert, dann wissen andere es doch immer besser. Gerne würde er den Alltag gemeinsam mit anderen Menschen bewältigen, doch stattdessen begegnet er nur Besserwissern.

Kompensation

Deutung: *Das viele Wissen, das nicht weiser macht, eine erhabene Kommunikationsbegabung, aber auch die Orientierungslosigkeit im Alltag, die sich in großer Zerstreutheit bzw. in einer »Null-Bock-Haltung« in Bezug auf Alltagsbewältigung äußert, die weltmännische Darstellung, das Zelebrieren von Schöngeistigem, all dies beeinflusst Haus...*

Hier zeigt sich ein übersteigerter Wissensdurst und ein Anhäufen von Informationen, die ob ihrer Fülle nur wenig differenziert umgesetzt werden können. Auch Bildung kann süchtig machen und Lerngier in die Irre führen, weil sich der Kompensator verzettelt und die Essenz nicht begreift. Zwischenmenschliche Kommunikation gestaltet sich schwierig, weil er seine Mitmenschen kaum zu Wort kommen lässt bzw. sich an den eigenen geistigen Ergüssen berauscht und andere damit verbal lahmlegt. Oft hegen Jupiter-Kompensatoren eine große Liebe zur Polemik, wobei Vernunft und Glaube stets im Widerspruch stehen. Vielfach werden Indiskretionen begangen, jedoch kaum mit bösen Absichten. Ein schöpferischer und ruheloser Geist lässt wahr und unwahr nicht unterscheiden, so kann der Kompensator ungewollt zum »Münchhausen« werden. Andererseits sucht und findet er die Möglichkeit, sich weltmännisch zu geben. Manchmal lässt er so ganz nebenbei im Gespräch einfließen, dass er neben seiner Muttersprache auch noch zwei oder drei Fremdsprachen beherrscht. Oder aber er demonstriert seine kulturellen Interessen zum Beispiel an Oper, Kunst, Musik und Weltliteratur.

Lösungsmöglichkeit, erwachsene Form

Deutung: *Das eigene dynamische Auftreten, die gebildete Sprache, das weiterentwickelte Rednertalent, der große Wortschatz, die Allroundbegabung in Handwerk und Technik und die umfassende Information, all dies stärkt Haus...*

Der Horoskopeigner hat die Aufgabe, die eigene Kommunikationsfähigkeit ständig weiterzuentwickeln und zu verbessern und eine Fülle an Informationen auf dem Jupiter zugehörigen Lebenssektor einzusetzen und umzusetzen. Der Erwachsene ist sich dessen bewusst, dass es mehr Dinge zwischen Himmel und Erde gibt, als die Schulweisheit sich träumen lässt . Deshalb versucht er, sein Schulwissen zu erweitern, um eine echte, gewachsene Bildung zu erlangen. Da er in die verschiedensten Lebensgebiete Einsicht nimmt, erweitert er seinen Horizont. Seine Darstellung nach außen ist geistig differenziert. Andere lassen sich gern mit ihm in ein Gespräch ein, da sie auf Verständnis und Toleranz stoßen und zudem eine Fülle an Informationen erhalten können.

Saturn herrscht über Haus 3

Hemmung

Deutung: *Die Hemmung im eigenen Aktionsradius, in der Darstellung, im Sprechen, im technischen Verständnis, all dies hemmt... oder wird ausgeglichen durch...*

Der Gehemmte lässt sich im eigenen Aktionsradius einschränken. Immer wieder tauchen Personen auf, die seinen Ausdruck hemmen und blockieren, ihn maßregeln, berichtigen, verbessern oder kontrollieren. Häufig ist er auch im Reden gehemmt, weil er sich einem zu hohen Perfektionsanspruch unterwirft. Es ist dem Gehemmten nicht gelungen, die Gesetze der Kommunikation zu integrieren. Er begegnet ständig Menschen, mit denen eine fruchtbare Kommunikation nicht möglich ist. Es kommt vor, dass der Gehemmte technisch oder handwerklich ungeschickt ist. Ferner kann es sein, dass er sich zu sehr vom herkömmlichen Wissensideal einschränken lässt und daher glaubt, er wisse zu wenig oder könne das alles nicht erlernen.

Kompensation

Deutung: *Die normgemäße, lehrerhafte Darstellung, die Maßstäblichkeit in Bezug auf Sprache, Schrift, Kommunikation und Technik, all dies beeinflusst Haus... und hemmt jene, welche noch die Kindrolle spielen, in Haus 9 und in Haus...*

Der Kompensator stellt sich rechthaberisch, maßregelnd, richtend oder oberlehrerhaft dar. Er tut so, als ob er alles besser wisse. Manchmal spricht der Kompensator auch mehrere Sprachen, um damit Anerkennung zu ernten und um sich anderen überlegen fühlen zu können.

Oft hat er auch mathematisch-naturwissenschaftliche Fächer studiert und erfüllt damit die gesellschaftliche Norm. Viele Ingenieure weisen in ihrem Horoskop diese Konstellation auf (Kompetenz in Bezug auf Technik). Darüber hinaus begünstigt der Saturn als Herrscher von Haus 3 auch den Beruf des Lektors, Lehrers, Journalisten, Redakteurs, Rechtsanwalts oder Richters.

Lösungsmöglichkeit, erwachsene Form

Deutung: *Die Integration in die Gesetze der Kommunikation (zum Beispiel rhetorische Gesetzmäßigkeiten), das Recht auf Darstellung der eigenen Person und das Recht auf einen freien Aktionsradius, all dies stärkt...*

Der Horoskopeigner lernt die Gesetze der Kommunikation oder der Technik kennen und versucht, sie im täglichen Leben anzuwenden. Er empfindet ein Recht auf Darstellung der eigenen Person und lässt sich den eigenen Aktionsradius nicht mehr einschränken. Für all das, was aufgrund der eigenen Darstellung und Kommunikation erwirkt wird, übernimmt der Erwachsene die Verantwortung.

Uranus herrscht über Haus 3

Hemmung

Deutung: *Die mangelnde Originalität und der mangelnde Esprit im Auftreten und in der Kommunikation, der Mangel an Freiheit und Unabhängigkeit in der Darstellung, die fehlende Aufnahme- und Abgabebereitschaft von sensationellen, ungewöhnlichen, neuen Informationen, all dies hemmt Haus...*

Der Gehemmte hat die Lernaufgabe, die bei dieser Konstellation offensichtlich ist, aufgrund seines Festhaltens an Moral und Konvention nicht verstanden. Er erlebt seine eigene Anlage nur in der Projektion und so meist nur in verzerrter oder pervertierter Form. Da tauchen exzentrische Menschen auf, die Leben in die Bude bringen, die Sensationen verbreiten und Skandale verursachen, aber auch Abenteurer, Rebellen und Personen, die zum Seitensprung neigen.

Der Gehemmte hat einen Partner, der nur sporadisch erscheint, der sich im Distanzhalten übt oder die eigenen Nerven strapaziert. Außerdem sucht und findet der Gehemmte Stresssituationen im Alltag oder im Straßenverkehr.

Kompensation

Deutung: *Die außergewöhnliche Begabung, sich mittels spritziger, witziger und häufig zynischer Verbalisierung im alltäglichen Kommunikationsprozess über weniger talentierte Geister einfach hinwegzusetzen, die eigene »unverwechselbare Intellektualität« auch als Flucht vor der Alltagsbewältigung zu benutzen, die Darstellung als Emanze, Reformer oder als Rebell, all dies beeinflusst Haus... oder irritiert die Gehemmten in Haus 9 und in Haus...*

Die Alltagsbewältigung ist hier kaum die Stärke des Horoskopeigners, der sich kompensierend immer über die Normalität hinauskatapultiert. Also wird der Kompensierende den Versuch machen, sich von möglichst allen trivialen Dingen zu befreien. Bei besonderer intellektueller Begabung reicht es schon, sich den ganzen Tag hinter seinem Computer oder dem Schreibtisch zu verschanzen, um zum Beispiel als Sensationsjournalist die normale Welt mit bizarren Einfällen zu bereichern. Geistig sind diese Menschen gerne »weit weg«, suchen ständig nach Abenteuern im eigenen Kopf und gebären Ideen, die selten praktisch durchführbar sind. Mitunter haben sie wirklich außergewöhnliche Einsichten, die aber so schnell, wie sie gekommen sind, auch wieder »verfliegen«. Gleichzeitig hundert Gedanken zu denken und ausdrücken zu wollen, schafft den Begabtesten unter ihnen Kopfzerbrechen im eigentlichen Sinne des Wortes. Dies ist die Konstellation der Technikfreaks, revolutionären Propagandisten, emanzipierten Schriftstellerinnen, Erfinder und Kabarettisten.

Lösungsmöglichkeit, erwachsene Form

Deutung: *Originalität und Witz in Sprache und Schrift, revolutionäre, ideenreiche, spektakuläre Kommunikation, freie, unabhängige Darstellung, Aufnahme und Abgabe von sensationellen, ungewöhnlichen, neuen, progressiven Informationen, all dies stärkt Haus...*

Wenn der Horoskopeigner zu einer Kommunikation fähig wird, die den langweiligen, konventionellen Rahmen sprengt, dann hat er die Aufgabe, die ihm durch diese Konstellation gestellt wird, weitgehend erfüllt. Dazu ist es allerdings erforderlich, dass er Originalität und Witz in Sprache und Schrift entwickelt, neue Ideen und Intuitionen zulässt und an Informationen herankommt, die außerhalb der Norm sind. Wo auch immer der Erwachsene auftaucht, er wird freundlich und mit großem Hallo aufgenommen, denn immer sind Ideenreichtum, angenehme Überraschungen und Spaß in seinem Windschatten mit dabei.

Neptun herrscht über Haus 3

Hemmung

Deutung: *Der unsichere, ängstliche Ausdruck, die unsichere Kommunikation, die Darstellung als Hilfloser, die nicht anerkannte Art der mündlichen oder schriftlichen Darstellung, der Mangel an alternativen Informationen, all dies schwächt und verunsichert Haus... oder verursacht beim Horoskopeigner Flucht- und Suchttendenzen in Haus... oder gibt den Kompensatoren in Haus... die Gelegenheit, zu verunsichern oder als Helfer zu fungieren.*

Aufgrund von schwacher Lernbereitschaft oder schwacher Informationsaufnahme und -verarbeitung bzw. aufgrund von Flucht vor konzentriertem Lernen und konzentrierter Informationsaufnahme bestehen für den Gehemmten nur wenig Entwicklungsmöglichkeiten. Er hat, wenn er spricht, kein Konzept und keine klare Linie. Er achtet meist nicht darauf, ob der Gesprächspartner noch aufmerksam zuhört, ob er noch Interesse zeigt, sondern plappert einfach ohne Punkt und Komma. Deshalb gilt sein Wort beim Partner oder bei den Mitmenschen wenig. Es ist, als spreche er nur in den Wind.

Kompensation

Deutung: *Das ausufernde Reden, die Darstellung als Süchtiger oder als Lügner (Münchhausen-Konstellation!), die Darstellung als Helfer (im*

Sinne des Helfersyndroms), all dies beeinflusst Haus... oder verunsichert den Gehemmten in Haus...

In dieser Konstellation besitzt der Horoskopeigner die Flügel der Fantasie, um die Welt des Visionären zu erkunden, sich kompensierend jeder Rationalität zu entziehen und nicht den Anforderungen der eigenen Entscheidungen in einer banalen Alltagswelt stellen zu müssen. Die Darstellung erfolgt mithilfe von Metaphern und Symbolen, wobei der Kompensierende sich dazu ausersehen fühlt, den »Normaldenkenden« alle Bereiche des Unfassbaren weihevoll zu erschließen. Das wird wohl jene am meisten beeindrucken, die sich gerne Unterstützung von Medialen und Wahrsagern holen, um dem Leben gegenüber gewappnet zu sein. Andere Kompensatoren lassen sich verunsichern und sinnieren bedrückt über ihren eigenen Mangel an Begabung und Fantasie. Vielfach verstricken sie sich in ein Lügengebäude, welches, seltsamerweise durch permanente Neukreationen wohlgenährt, nicht immer in sich zusammenbrechen muss. Vielleicht macht sich der solcherart begnadete Horoskopeigner auch Notizen, wem er was wo gesagt hat, damit er nicht als Lügner entlarvt werden kann. Die Konstellation ist eine gute berufliche Voraussetzung für Technikgenies, Politiker oder Reporter der Regenbogenpresse. Hier kann eine ausgeprägte Telefonsucht sogar segensreich sein.

Lösungsmöglichkeit, erwachsene Form

Deutung: *Das Vorstoßen in unbekannte Bereiche der Technik und der Naturwissenschaften, die Darstellung der eigenen Person mittels Tiefenpsychologie, Astrologie und Esoterik, der fantasievolle Selbstausdruck, die alternativen Informationen, all dies stärkt Haus...*

Der Horoskopeigner muss nicht nur Zeitungen und Zeitschriften lesen, um über das Tagesgeschehen und über das, was vordergründig in der Welt passiert, informiert zu sein, sondern auch die Hintergründe und die wahren Motive aufdecken und damit sein Bewusstsein erweitern. Wer sich bisher nur mit Fachliteratur beschäftigt hat, sollte sich als Erwachsener nun fächerübergreifend informieren bzw. auch alternative Wissensquellen zulassen und nutzen. Ziel ist es, sich weder unsicher und ängstlich (Hemmung), noch süchtig, ausufernd oder lügnerisch (Kompensation) darzustellen, sondern die Neptun-Anlage mit

Inhalt zu füllen. Der Erwachsene ist zu mehr Tiefgang in der Kommunikation fähig, er bezieht Hintergründe, Unbewusstes oder Verdrängtes mit ein. Besonders günstig würde sich die Situation gestalten, wenn der Erwachsene sich Inhalte über Tiefenpsychologie, Astrologie und Esoterik aneignen und sich damit darstellen würde.

Mars herrscht über Haus 4

Hemmung

Deutung: *Die mangelnde Durchsetzung der seelischen Eigenart bzw. der eigenen Identität hemmt Haus...*

Der Gehemmte wird an der Durchsetzung der seelischen Eigenart von Familienmitgliedern oder Verwandten gehindert. Oft beherrscht ein Aggressor (oder ein Mensch mit Sonne-Widder oder mit Aszendent Widder) die familiäre Szenerie. Es wird Streit vom Zaun gebrochen, welcher die Seele des Horoskopeigners belastet. Die ständigen Auseinandersetzungen behindern ihn im Prozess seiner Identitätsfindung. Im Zuhause kann sich diese Konstellation in Form von Ecken und Kanten, von Pistolen, Gewehren und kriegerischen Gegenständen (die im Heim platziert wurden), von Autolärm, von unbewusst als Bedrohung empfundenen Dachspitzen der Nachbarhäuser oder in Form von streitenden Nachbarn bemerkbar machen.

Kompensation

Deutung: *Die aggressiven Gefühle, die Tendenz zu streiten, die überdimensionierte Durchsetzung der eigenen Identität, all dies belastet Haus... oder attackiert die Gehemmten in Haus 10 und in Haus...*

Der Kompensator hat die Tendenz, seine Aggressionen daheim bzw. gegenüber Familienmitgliedern oder Nachbarn auszuleben. Auch übertriebener Tatendrang kommt vor. Der Horoskopeigner verbreitet dabei Unruhe und trägt somit nicht zu einer entspannten Atmosphäre bei. Die eigenen Gefühle bringt der Kompensator sofort und auf der Stelle zum Ausdruck, wodurch sich einige Mitmenschen verletzt fühlen. Ansonsten setzt er seine Energien in der Hoffnung, Anerkennung zu finden, für den Hausbau oder die Gartenpflege ein. Männliche Kompensatoren verbringen oft beim Basteln und Werken viele Stunden im Hobbykeller. Auch Fitness- und Sporträume im Keller sind bei dieser Konstellation nicht selten. Oder der Horoskopeigner findet im Fitness- oder Sportstudio die gesuchte Geborgenheit.

Lösungsmöglichkeit, erwachsene Form

Deutung: *Der Energieeinsatz in Haus, Wohnung, Garten und Familie und die Durchsetzung der eigenen Identität, all dies stärkt Haus...*

Der Horoskopeigner versucht, seine seelische Eigenart und Identität durchzusetzen, ohne dabei andere zu gefährden. Er bringt neue Impulse in die Familie und reißt seine Mitmenschen aus ihrer Lethargie. Er geht Wohnprobleme aktiv an. Außerdem zögert er nicht lange, sondern schreitet sofort zur Tat. Auch in seinem Garten startet der Erwachsene immer wieder neue Initiativen, probiert neue Samen aus und versucht, neue Pflanzen einzusetzen, um so die eigenen Interessen zu verwirklichen.

Venus (Stier) herrscht über Haus 4

Hemmung

Deutung: *Die Revierverletzung im eigenen Wohnbereich, die Abgrenzungsschwierigkeiten gegenüber dem Partner und gegenüber anderen Familienmitgliedern oder Nachbarn, die Verhinderung des Genusses und der Sicherheit der eigenen Wohnung, all dies beeinträchtigt oder schwächt Haus...*

Der Horoskopeigner leidet darunter, dass er über kein Wohneigentum verfügt. Er fühlt sich daher unsicher und fürchtet, eines Tages mit seinen Möbeln auf der Straße zu stehen. Immer wieder zieht er Situationen an, in denen andere in sein Revier eindringen, sei es, dass der Nachbar den Grenzstein versetzt oder dass die Tiere der Nachbarn oder aus dem Wald sich in seinem Revier aufhalten. Er verfügt in der Wohnung nicht über ein eigenes Zimmer, und selbst wenn er sich ein solches eingerichtet hat, wagt er aufgrund von Abgrenzungsschwierigkeiten nicht, es abzuschließen. Mancher Gehemmte fühlt sich bei dieser Konstellation aufgrund seiner jeweiligen Wohnsituation (Wohngegend, Wohnungsgröße etc.) in seinem Eigenwert geschmälert.

Kompensation

Deutung: *Wohneigentum, Haus- und Grundbesitz, gute Wohngegend, wertvolle Möbel bzw. Designer-Inneneinrichtung, all dies stärkt Haus...*

Der Kompensator kauft sich in dem Moment, in dem es seine Finanzlage einigermaßen erlaubt, sofort eine Eigentumswohnung oder ein Haus. Er hat es satt, einem Vermieter jeden Monat Miete zahlen zu müssen. Bei jeder Gelegenheit berichtet er stolz von seinem Wohneigentum oder von seinem Haus- und Grundbesitz. Auch eine tolle Inneneinrichtung kann seinen Eigenwert stärken. Manche Menschen mit dieser Konstellation tendieren dazu, sich einen Bauernhof zu kaufen, um noch mehr Sicherheit zu erlangen. Die eigene Scholle ist ihnen wichtig, schenkt ihnen Geborgenheit.

Lösungsmöglichkeit, erwachsene Form

Deutung: *Die gefühlsmäßige Sicherheit, die Sicherheit, die aus der eigenen Identität wächst, die Fähigkeit, sich seelisch abzugrenzen, die Sicherheit des Wohneigentums und des eigenen Reviers, all dies stärkt Haus...*

Der Horoskopeigner erlangt Geborgenheit, indem er sich materiell und gefühlsmäßig abgrenzt. Er genießt Heim und Wohnung. Selbstverständlich verfügt der Erwachsene dort über ein eigenes Zimmer, das einen Ort der Kraft für ihn darstellt. Er steht zu seinen Gefühlen. Er bezieht Sicherheit aus der Stimme des Lebens bzw. aus seiner eigenen Natur.

Merkur (Zwillinge) herrscht über Haus 4

Hemmung

Deutung: *Die Einschränkung des freien Aktionsradius und des freien Telefonierens in der Familie, die familiären Alltagsangelegenheiten, die mangelnden Informationen über Bauen und Wohnen, Ernährung und Psychologie, der mangelnde Ausdruck der eigenen Empfindungen und Bedürfnisse, all dies beeinflusst ungünstig Haus...*

Der Gehemmte ist in seinem freien Aktionsradius in der Familie eingeschränkt. So ist ihm die Möglichkeit, frei zu telefonieren, kaum gegeben. Fast immer hören auch andere Familienmitglieder, was gesprochen wird. Er nimmt seine wahren Bedürfnisse und Gefühle noch nicht zur Kenntnis und informiert sich viel zu wenig über Psychologie, Botanik, Bauen und Wohnen, Biologie und Ernährung. Diese mangelnde Informationsaufnahme hat meist unangenehme Folgen: Eine ungesunde Ernährung, die krank macht, ungute Familiensituation, Intrigen in der Familie, Wohnung an einer lauten Straße, beengte Wohnverhältnisse, »falsche« Wohnung, die nicht den eigenen Bedürfnissen entspricht usw. Der Gehemmte muss hier den langwierigen, dornenreichen Holzweg des Schicksals gehen. Er lernt – wenn überhaupt – nur durch die negativen Erfahrungen, die er aufgrund seiner mangelnden Informationsbereitschaft machen musste.

Kompensation

Deutung: *Das Gerede über den Alltag, das ausufernde Sprechen über die eigenen Gefühle, der Klatsch und Tratsch in der Familie, die Demonstration der eigenen technischen und praktischen Fähigkeiten in Heim und Garten, all dies beeinflusst Haus...*

Die Gespräche des Kompensators gehen meist nicht über das Alltagsgeschehen hinaus. Er redet über funktionale Dinge, den Haushalt, die Wohnung, das Haus, den Garten oder das Essen betreffend. Da er sich bei diesen Themen auskennt, hat er das Gefühl, intelligent zu sein. Manchmal klatscht und tratscht er über seine Verwandtschaft, holt die neuesten Informationen ein, um sie gleich wieder weiterzugeben. Andere Kompensatoren liegen ihren Mitmenschen in den Ohren, weil sie ständig über ihre jeweilige Stimmungslage oder ihre auftauchenden Gefühlsregungen reden, ohne darauf zu achten, ob das die anderen interessiert. Sie stellen sich als warm, sensibel und naturverbunden dar, aber es wird mehr geredet als gefühlt. Andere Kompensatoren wiederum klammern den seelischen Aspekt des 4. Hauses fast völlig aus. Sie fühlen sich in Bezug auf Intelligenz anderen überlegen, weil sie technische Probleme aller Art im Heim zu lösen verstehen.

Lösungsmöglichkeit, erwachsene Form

Deutung: *Kleinere Reisen ins Grüne, die Verbalisierung der eigenen Bedürfnisse und Empfindungen, die Informationen über die Psyche (Psychologie), über die Natur, über Bauen und Wohnen (Architektur;*

Bauzeichnen, Feng-Shui, Baubiologie etc.) über Ernährung oder über Schwangerschaft und Mutterschaft, all dies stärkt Haus...

Der Horoskopeigner verbalisiert die eigenen Bedürfnisse und das, was er empfindet. Er erfasst intellektuell die Seele, das Familienleben, das Bauen und Wohnen und die Ernährung. Er tätigt kleinere Reisen ins Grüne, informiert sich über die Natur (Botanik, Biologie etc.), über das Frausein, die Frauenrolle, über Schwangerschaft und Mutterschaft. Er fühlt sich in andere Familienmitglieder ein und spricht darüber. Der Erwachsene nimmt innerhalb der Familie einen freien Aktionsradius in Anspruch. Er achtet darauf, dass niemand seine Kreise stört und dass er sich ohne Schuldgefühle dorthin bewegen kann, wo es für ihn interessant und informativ ist. Aufgrund seiner ausgebildeten praktischen Fähigkeiten ist er imstande, technische Probleme in Haus und Garten zu lösen.

Mond herrscht über Haus 4

Hemmung

Deutung: *Der durch den Mangel an Wissen in Psychologie, Naturheilkunde, Ernährung, Biologie, Bauen und Wohnen blockierte Prozess der Identitätsfindung, das Verschließen vor den eigenen Gefühlen, die Sorglosigkeit im Umgang mit sich selbst, die Erwartung von Fürsorge, die Einvernahme durch die Familie, all dies beeinflusst ungünstig Haus...*

Der Gehemmte ist für seine wahre Natur nicht empfänglich und hört nicht auf seine innere Stimme. Er kümmert sich nicht um sein Wohlergehen, sondern lässt sich lieber von anderen versorgen und bemuttern, obwohl er damit seine eigene Identität verleugnet. Er ist gefühlsmäßig zu offen und daher besonders verletzlich. Der Gehemmte läuft Gefahr, sich von seiner Familie vereinnahmen und klein halten zu lassen, ohne dass er jedoch die Wärme und Geborgenheit, die Fürsorge und Zärtlichkeit erhält, die er braucht. Die mangelnde Geborgenheit kann sich auch in einer kalten Wohnung, in einer Küche, die nicht zum Kochen einlädt, in einer ungünstigen Position des Bettes oder in Heizungsproblemen zeigen.

Kompensation

Deutung: *Fürsorge für andere, um Dankbarkeit zu ernten, Identifikation mit den eigenen Gefühlen, die noch in den Maschen von Moral und Konvention gefangen sind, die Identifikation mit Tracht, Bauerntum, Brauchtum, Heimatpflege und Tradition, all dies beeinflusst Haus...*

Der Horoskopeigner sorgt für seine Bedürfnisse und befriedigt sie, obwohl es in der Kompensation nicht die wahren Bedürfnisse sind. Er umsorgt und verzärtelt gerne sich und andere, er kocht und verpflegt. Der Kompensator gibt anderen Wärme und Geborgenheit und hängt an den Empfängern dieser Fürsorge, hält sie bei sich. Seine Sensibilität und Empfänglichkeit hegt und pflegt er und identifiziert sich häufig auch mit seinen Gefühlen, obwohl sie kompensierend sind. Die Wohnung richtet er sich sehr gemütlich ein mit Rüschen und Deckchen, Erinnerungsstücken und Familienbildern. Manche Kompensatoren identifizieren sich auch mit Tracht, Bauerntum, Brauchtum, Heimatpflege und Tradition. Das Verhältnis zur Natur ist sentimental.

Lösungsmöglichkeit, erwachsene Form

Deutung: *Der durch das Wissen um Psychologie, Naturheilkunde, Ernährung, Biologie, Bauen und Wohnen forcierte Prozess der Identitätsfindung, das Einfühlungsvermögen in die eigene Natur, aber auch in die seelischen Eigenarten der Familienmitglieder, das Sorgen für sich selbst, um sich wohlfühlen zu können, all dies stärkt Haus...*

Der Erwachsene befasst sich mit Psychologie, Naturheilkunde, Ernährung, Biologie, Bauen und Wohnen und kann dadurch den Prozess seiner Identitätsfindung forcieren. Er weiß, dass nur der in sich geborgen sein kann, der seine Identität in all ihren Bezügen zu leben versteht. Er horcht auf die Stimme des Lebens, die ihm in den verschiedenen Lebensphasen als Orientierung dient. Der Erwachsene sorgt für seine Bedürfnisse nach Nähe und Geborgenheit, um sich wohlfühlen zu können. Er spürt, wann es Zeit ist, sich zu öffnen, und wann es Zeit ist, sich zurückzuziehen. In der Familie findet er Wärme und versteht es bei aller Anhänglichkeit doch auch loszulassen.

Sonne herrscht über Haus 4

Hemmung

Deutung: *Das durch den Mangel an kreativen, gestalterischen und unternehmerischen Fähigkeiten bedingte Fehlen von Geborgenheit, die Unselbstständigkeit in der Selbstversorgung, die Blockade in der Verwirklichung des Wunsches nach Familie und Geborgenheit, die im Dunkeln liegende Identitätsfindung, all dies beeinflusst ungünstig Haus...*

Der Gehemmte schafft es einfach nicht, im Wohnen die Geborgenheit zu erlangen, die er sich immer gewünscht hätte. Dazu müsste er mehr Mut haben, seine kreativen, schöpferischen, organisatorischen und unternehmerischen Fähigkeiten zu entwickeln und einzusetzen. Auch hat er meist große Schwierigkeiten, sich selbst zu versorgen. Oft ist er in dieser Hinsicht von den Mitmenschen abhängig, die dann auch prompt Macht über ihn gewinnen, Erwartungen an ihn richten oder bei ihm Schuldgefühle erzeugen. Solange er hier keine Selbstständigkeit erlangt und keine pädagogischen Fähigkeiten entwickelt, kann sich keine für ihn befriedigende Familiensituation ergeben. In der Regel gibt ein anderer in der Familie den Ton an, und der Gehemmte wird verplant und muss im Sinne eines Herrschers oder einer Herrscherin funktionieren. Durch zu wenig Licht (Sonne) in der Wohnung, falsche Beleuchtung, zu grelles Licht, zu wenig Glanz im Wohnen und die fehlende Ausstrahlung von Lebensfreude zeigen sich die Auswirkungen des Gesetzes der Wiederkehr des Verdrängten.

Kompensation

Deutung: *Die Machermentalität in Haus und Garten, die emotionalen Entladungen im Privatbereich, die glanzvolle Gestaltung des Wohnbereichs, der überdimensionierte Unternehmensdrang in der freien Natur, all dies beeinflusst Haus...*

Der Kompensator sorgt für andere wie eine Glucke für ihre Küken, ohne jedoch von den übrigen Familienmitgliedern hierfür besondere Dankbarkeit zu ernten. Es muss in Familie, Heim und Haushalt so viel organisiert und geplant werden, dass für die Selbstverwirklichung und für den eigenen Prozess der Identitätsfindung keine Zeit mehr übrig bleibt.

In bestimmten Intervallen muss deshalb die gestaute Sonne-Energie emotional zum Ausdruck gebracht werden. Der Kompensator neigt dann zu hysterischen Ausbrüchen oder inszeniert einen theatralischen Auftritt. Ansonsten versucht er, die Wohnung oder das Haus großzügig zu gestalten und ihr bzw. ihm Glanz zu verleihen. Er ist stolz darauf und will damit auch repräsentieren. In der Natur entfaltet er einen so großen Unternehmungsdrang, dass sich andere manchmal weigern mitzumachen.

Lösungsmöglichkeit, erwachsene Form

Deutung: *Das durch Kreativität, Handlungs- und Managementfähigkeiten geschaffene Heim, die Selbstverwirklichung im Bereich Nahrung, Kleidung, Wohnung, Familie und Natur, die Fähigkeit, selbstständig für sich zu sorgen, all dies stärkt Haus...*

Der Horoskopeigner hat hier die Aufgabe, seine Kreativität, seine gestalterischen und unternehmerischen Fähigkeiten, seine Handlungs- und Managementfähigkeiten zur Schaffung eines Heimes oder eines Hauses zu verwenden. Außerdem muss er lernen, selbstständig für sich zu sorgen, das heißt, er darf in Bezug auf Nahrung, Wäsche und Wohnung nicht in Abhängigkeit geraten. Wenn er für diese Dinge selbst nicht sorgen will, dann muss er die Fähigkeit entwickeln, alles so zu organisieren, dass ihm nichts zu seiner Geborgenheit fehlt. Der Erwachsene ist fähig, auch innerhalb der Familie weitgehend ein selbstständiges Individuum zu bleiben. Ferner setzt er seine pädagogische Begabung so ein, dass für jedes Familienmitglied ein Optimum an Selbstverwirklichung möglich ist.

Merkur (Jungfrau) herrscht über Haus 4

Hemmung

Deutung: *Die Abhängigkeit vom Elternhaus, die Unterordnung in der Familie, das Funktionieren im Sinne der anderen Familienmitglieder, die Kritik vonseiten anderer Familienmitglieder, die ständige Arbeit in Wohnung, Haus und Garten, das unablässige Putzen und Saubermachen im Heim, all dies beeinflusst ungünstig Haus...*

Da der Horoskopeigner seine Wahrnehmungs- und Beobachtungsfähigkeit nicht geschult und seine analytischen Fähigkeiten nicht ausgebildet hat, bleibt ihm weitgehend verschlossen, wer er ist und wer er sein könnte. Statt selbst zu versuchen, die eigene Seele zu analysieren, lässt er sich von anderen, insbesondere von Familienmitgliedern, kritisieren. Weil er seine wahren Gefühle nicht zu zeigen wagt, fühlt er sich seelisch verschmutzt und muss daher ständig in Haus und Wohnung putzen und sauber machen. Manche sind bei dieser Konstellation auch gezwungen, fortwährend für die Familie oder für Wohnung, Haus und Garten zu arbeiten. Wenn solche Horoskopeigner dann mit 80 oder 85 Jahren das Zeitliche segnen, können sie meist nichts anderes vorweisen, als dass sie Zeit ihres Lebens alles in Ordnung und sauber gehalten haben. Der Gehemmte ist meist in einer abhängigen Wohnsituation, wohnt zur Miete oder in einer spießigen Wohngegend. In seinem Zuhause sind mitunter Toilette oder Bad ohne Fenster. Entweder seine Wohnverhältnisse sind unsauber oder aber (im anderen Extrem) von pedantischer Sauberkeit.

Kompensation

Deutung: *Die übertriebene Sauberkeit und Ordnung im Heim, die ständige Kritik anderen Familienangehörigen gegenüber, die Nörgelei in der Familie, die durch eine Diätform bedingte Tyrannei, all dies beeinflusst Haus...*

Der Kompensator hat in Wohnung und Garten eine so hohe Messlatte in Bezug auf Sauberkeit, dass andere Familienmitglieder dadurch geknechtet sind. Penibel wird darauf geachtet, dass die Kissen auf der Couch nicht verrückt oder verbeult werden, dass die Pflanzentröge genau an einer bestimmten Stelle stehen, dass die Rollos zu einem ganz bestimmten Zeitpunkt heruntergelassen werden usw. Andere Kompensatoren kritisieren ständig die anderen Familienmitglieder oder nörgeln und jammern grundlos und verbreiten dadurch eine ungute Stimmung im Heim. Manche verschreiben sich auch einer besonderen Diätform, nach der sich dann auch die ganze Familie richten muss.

Lösungsmöglichkeit, erwachsene Form

Deutung: *Die Analyse des eigenen Seelenlebens, das Wissen um Naturmedizin und natürliche Ernährung, die Fähigkeit, in der Familie seine*

Gefühle zu zeigen und konstruktive Kritik anzubringen, all dies stärkt Haus...

Der Horoskopeigner hat die Aufgabe, seine Seele, sein Wesen, seine eigene Natur zu analysieren und sich mit Naturmedizin und natürlicher Ernährung zu befassen. Auch gilt es, die eigene Herkunftsfamilie und die daraus entstandenen seelischen Probleme zu analysieren. Ferner ist es wichtig für ihn, in der Familie seine Gefühle zu zeigen und auch konstruktive Kritik anzubringen. Da er seine eigene Identität auch in Details analysiert hat, weiß er auch, welche Wohnung und welche Wohnform für ihn am günstigsten sind.

Venus (Waage) herrscht über Haus 4

Hemmung

Deutung: *Die Diskrepanz zwischen Inhalt und Form im Gefühlsleben, im Familienleben und im Wohnbereich beeinflusst ungünstig Haus... Die falsche Wahl der Familienform oder Wohnung hat ungünstige Auswirkungen in Haus...*

Der Gehemmte versucht alles, um den Maßstäben, was schön und geschmackvoll im Wohnen ist, zu entsprechen, und schafft es letztendlich doch nie, weil er hierfür nur beschränkt Zeit hat und weil die Mode sich immer wieder ändert. Dem Gehemmten gelingt es nicht, eine erotische Stimmung im Heim herzustellen, stimmige Proportionen herzustellen oder die Einrichtung harmonisch zu gestalten. Er verliert bei all den Fehlversuchen und Mühen im Kampf um eine harmonische Familie oder Wohnsituation seinen eigenen notwendigen Prozess der Identitätsfindung.

Kompensation

Deutung: *Das Glätten eines Innenlebens bzw. die Harmoniesucht in der Privatsphäre, wo letztlich keinerlei echte Auseinandersetzung innerhalb der Familie stattfinden kann, aber auch die gesellschaftlich orientierte Wohnkultur beeinflussen...*

Identitätsfindung und Familiensinn sind stark geprägt von Harmoniesucht. Streit und Auseinandersetzung innerhalb des eigenen Wohnbereichs belasten und werden nach Möglichkeit umgangen. Fehlende innere Harmonie wird durch zahlreiche Kontakte ausgeglichen. Der Kompensator liebt es, Menschen um sich zu haben, sie stilvoll zu unterhalten und ebenso zu bewirten. Es herrscht ein Kommen und Gehen, die Privatsphäre könnte mit einem Bahnhof verwechselt werden. Der eigene Haushalt ist vom derzeit bekanntesten Designer gestylt und eingerichtet worden. Die Inneneinrichtung ist in jeder Hinsicht perfekt. Selbst die Farbe der Blumenarrangements passt farblich zur Wohnzimmergarnitur. Nur psychologisch begabte Besucher spüren im derart gestalteten Wohnimage den Mangel an Eigengeschmack und das nicht vorhandene Vertrauen des Horoskopeigners in seine persönliche Wohnkreativität. Innere Unausgeglichenheit und seelische Disharmonie werden gar nicht erst zugelassen, der Kompensator bügelt selbst sein Innenleben glatt. Für sich selbst mag er häusliche Kultur nicht pflegen, er braucht die anderen, für die er das gerne tut. Hinter der Kompensation kann sich jedoch auch eine große Begabung für Innenraumgestaltung verbergen.

Lösungsmöglichkeit, erwachsene Form

Deutung: *Die Schönheit und Ästhetik der eigenen Wohnung stärken Haus... Die richtige Wahl der Familienform, das Achten auf die Prozesse von Aktion und Reaktion in der Familie, die richtige Wahl der Wohnform und der Wohngegend, all dies beeinflusst günstig Haus...*

Der Horoskopeigner muss in der Familie auf die Ausgewogenheit im Prozess von Aktion und Reaktion mit allen Familienmitgliedern achten, für die Familie nicht zu viel, aber auch nicht zu wenig Energie aufbringen, also die richtige Dosierung der Energie vornehmen. Der Erwachsene hat den eigenen Geschmack in der Wohnung verwirklicht, in die Wohnung eine ästhetisch-erotische Stimmung gezaubert, mit Duftstoffen die Wohnsituation bereichert und die Wohnung so gestaltet, dass Besucher gerne kommen, sich willkommen fühlen und verweilen wollen. Im Sinne der Gastfreundschaft hat der Erwachsene zum Beispiel ein Gästezimmer eingerichtet, stellt den Gästen eigene

Handtücher zur Verfügung und hält für sie immer Kleiderhaken an der Garderobe frei.

Pluto herrscht über Haus 4

Hemmung

Deutung: *Die Unterdrückung der eigenen Gefühle und der seelischen Eigenart, des eigenen Wesens, des Prozesses der Identitätsfindung, die Unterdrückung von Geborgenheit, seelischer Wärme und Zärtlichkeit, die Fremdbestimmung im Wohnbereich, all dies unterdrückt Haus...*

Wahrscheinlich hat sich der Gehemmte im Elternhaus nicht geborgen gefühlt, weil dort die seelische Eigenart bzw. das eigene Wesen zu wenig Beachtung fand. Stattdessen wurde in der Familie von einer dominanten Person ein Muster vorgegeben, nach dem sich alle anderen zu richten hatten. Das derart vorgeschriebene Familienprogramm hat möglicherweise sogar einen rituellen Charakter angenommen. Hierzu gehörten unter Umständen das samstägliche Vollbad, der Kirchenbesuch am Sonntagvormittag, der Spaziergang am Sonntagnachmittag, der Gutenachtkuss etc. Da jede Unterdrückung geistig mit einem Leitbild oder einer Fixierung beantwortet wird, jagt der Gehemmte oft zeit seines Lebens diesem Vorstellungsbild von Familie und Geborgenheit hinterher, obwohl es sich nie erfüllen kann. Weil ein Mensch, der den Prozess seiner Identitätsfindung nicht absolviert hat, immer in sich selbst ungeborgen bleiben muss und nach dem Gesetz der Affinität zwangsläufig auch in der Außenwelt keine Geborgenheit finden kann. Der Gehemmte hat zudem meist unter seiner Wohnsituation besonders zu leiden: Wohnort, Wohngegend oder Wohnungseinrichtung entsprechen nicht seinen Vorstellungen, er fühlt sich durch seinen Vermieter fremdbestimmt, Machtkämpfe mit Vermietern oder Nachbarn und Probleme mit Hunden in der Nachbarschaft sind an der Tagesordnung. Häufig lebt er zwischen ererbten Möbeln oder in einem Haus, das durch radioaktive Baustoffe belastet ist. Oder er wohnt in einem Haus mit vielen Mietparteien. Es kommt auch vor, dass sich in der Nähe der Wohnung ein Friedhof, ein Bestattungsinstitut, ein Militärstützpunkt, ein Atomkraftwerk oder irgendein anderes Gebäude, das Macht ausstrahlt, befindet.

Kompensation

Deutung: *Psychische Dominanz und Seelenprogramme, die jedes Heim in ein emotionales Schlachtfeld verwandeln, das kontrollierende Spinnenverhalten in der Privatsphäre, die eigenen Vorstellungen vom Wohnen und Vorstellungen, wie das Familienleben auszusehen hat, all dies beeinflusst Haus... oder unterdrückt den Gehemmten in Haus 10 und in Haus...*

Lieblingsgefühle werden wie ein Radioprogramm immer wieder eingeschaltet und neu aktiviert. Das eigene Erleben ist auch in banalsten Situationen intensiv und schicksalhaft. Da die reale seelische Eigenart nicht ausgebildet wurde und die nicht wahrgenommenen eigenen Gefühle durch ein Gefühlskorsett ersetzt werden bzw. durch die »Vorstellung von Gefühlen«, können diese Menschen vorzugsweise das eigene Heim in eine Arena der Machtkämpfe und in ein Schlachtfeld der Emotionen verwandeln. Oder sie verzichten aufgrund schmerzhafter kindlicher Erfahrungen ganz auf eine eigene Familie. Häufig sind Pluto-Kompensatoren Einzelgänger, die bei emotionaler Berührung mit anderen oft eine bedrohliche, psychische Atmosphäre verbreiten. Innerhalb der Familie übernimmt der weibliche Kompensator die Rolle der Mutter, die Macht durch Zärtlichkeiten ausdrückt, gegebenenfalls mit Liebesentzug bestraft oder in einem symbiotischen Klammereffekt Zuflucht sucht. Mitunter kontrolliert sie mit diesem Aspekt rein psychisch die ganze Familie (allein durch ihre Anwesenheit). Andere Kompensatoren haben eine ganz genaue Vorstellung davon, wie die Familie zu sein hat, doch gelingt es ihnen natürlich nie, dieses Idealbild annähernd zu verwirklichen. Kompensatoren tun sich beruflich oft als Familientherapeuten, Hebammen oder Krankenschwestern hervor.

Lösungsmöglichkeit, erwachsene Form

Deutung: *Die realen Vorstellungen über das Familienleben, die eigene Identität, das Wissen um Natur, Naturheilkunde, Psychologie, Bauen und Wohnen, all dies stärkt Haus...*

Die Lernaufgabe ist für den Horoskopeigner nicht leicht zu bewältigen: Er ist aufgefordert, die bisherige Identität sterben zu lassen und eine Neuprogrammierung der Seele vorzunehmen, bei der die alten

Gefühle der Vergangenheit nicht mehr ständig reproduziert werden. Endlich hat der Erwachsene eine Vorstellung davon, was die eigene Natur und das eigene Wesen ausmachen. Ferner gilt es, sich Wissen anzueignen über Natur, Naturheilkunde, Psychologie, Baubiologie und Feng-Shui.

Jupiter herrscht über Haus 4

Hemmung

Deutung: *Die mangelnde Einsicht in die eigene Identität und Gefühlswelt, in das eigene Wesen und in die Psychologie sowie die mangelnde Einsicht in die eigene Herkunft und die damit verbundenen Familienkonstellationen, die fehlende Bildung und Weiterbildung in Ernährung, Naturheilkunde, Botanik, Gartenbau, Innenarchitektur, Baubiologie und Feng-Shui, all dies beeinflusst ungünstig Haus...*

Der Gehemmte ist in seinem Elternhaus im Fühlen durch eine Weltanschauung, Philosophie oder Religion ungünstig beeinflusst worden. Unausgesprochen stand im Raum: Du darfst nur erlaubte Gefühle entwickeln: edle Gefühle, Gefühle, die von Bildung zeugen oder solche, die religiös sind. In manchen Familien wirkt sich diese Konstellation jedoch ganz anders aus. Hier stellt man kaum die Sinnfrage und spricht daheim weder über das Schöngeistige (Oper, Operette, Konzerte, Theater etc.) noch über Weltanschauung und Religion. Dafür kocht man in großen Mengen oder baut viel zu viel im Garten an. Im Wohnbereich kann sich diese Konstellation folgendermaßen auswirken: Wenig Bücher in der Wohnung, Belästigung durch Kirchenglocken, Wohnung ist gefüllt mit religiösen Dingen, Reiseandenken oder Gegenständen aus fremden Kulturen, klassische Musik oder Opern- und Operettenklänge erklingen aus der Nachbarschaft.

Kompensation

Deutung: *Von Natur aus gut und edel zu sein, sich mit Sinn- und Seinsinhalten zu identifizieren und dadurch ohne Verständnis für die ureigensten Bedürfnisse zu bleiben bzw. die außerordentliche Gutgläubig* *keit und Rührseligkeit, der Dünkel aufgrund großer Wohnfläche oder einer besseren Wohngegend, all dies beeinflusst Haus...*

Jupiter-Kompensatoren sind äußerst emotionale Menschen, die sich von wohlwollenden Impulsen überwältigen lassen, wobei sie rührselig und von Natur aus enthusiastisch sind. Die eigenen Erkenntnisse werden am veränderlichen Gefühlsniveau gemessen und bieten wenig inneren Halt. Generell besteht die Neigung zu starken, überhöhten Identifikationen mit edel bekleideten Inhalten. Der Kompensator kann sich auf diese Weise als etwas Besseres fühlen. Er liebt es, in einer selbst geschaffenen, heilen Welt zu leben, ähnlich einer Prinzessin im Märchenschloss, die mit dem Bösen im dunklen Wald gar nicht erst konfrontiert wird. Mangelnde Disziplin im Wohnbereich führt in häusliches Chaos und erschwert das Zusammenleben im Familienkreis. Starke Kompensatoren leisten sich ein Eigenheim, welches ihre Verhältnisse weit übersteigt, denn palastartiges Wohnen erhöht das eigene Identitätsgefühl und ernährt viele Gerichtsvollzieher. Der Horoskopeigner identifiziert sich mit dem Guten und Gerechten und ist im Wesen oft naiv und gutgläubig und damit ausnutzbar. Seine Ernährungsgewohnheiten sind zügellos und meist ungesund. Als günstig kann es sich erweisen, dass sich der Kompensator praktisch überall auf der Welt zu Hause fühlen kann, denn sein Heimatgefühl ist selten lokal begrenzt und besteht vorwiegend aus Sinn- und Seinsinhalten. Dies macht ihn anfällig für religiöse Wohngemeinschaften. Ein edler Stammbaum, eine bessere Wohngegend, eine große Wohnung oder eine Wohnung im Ausland geben dem Kompensator das Gefühl, über seinen Mitmenschen zu stehen. Beruflich ist er ideal in einem Hotelbetrieb mit internationalen Gästen aufgehoben.

Lösungsmöglichkeit, erwachsene Form

Deutung: *Die Herzensbildung, die Gefühle von Toleranz und Verständnis, die Weiterbildung auf den Gebieten Ernährung, Bauen und Wohnen, Naturheilkunde, Gartenbau und Botanik, all dies stärkt Haus...*

Aufgrund seines Einblicks in die Welt der Psyche, der Gefühle, des eigenen Wesens, der eigenen menschlichen Natur und der äußeren Natur kristallisieren sich beim Horoskopeigner Verständnis und Toleranz heraus. Er legt den Dünkel der geistigen Arroganz und der edlen Überlegenheit ab, weil er Licht und Schatten der eigenen Identität entdeckt hat. Wenn der Horoskopeigner die daraus resultierende Herzensbildung auch nach außen strahlt, können andere Menschen echtes Vertrauen zu ihm aufbauen. Selbstverständlich entwickelt der Erwachsene auch Interesse an Ernährung, Bauen und Wohnen, Naturheilkunde, Gartenbau und Botanik. Die Weiterbildung auf diesen Gebieten gehört auch zu den Aufgaben, die ihm bei dieser Konstellation gestellt sind.

Saturn herrscht über Haus 4

Hemmung

Deutung: *Die Hemmungen, die eigene Identität zu finden und zu leben, Schuldgefühle, Schamgefühle, Depression sowie das Festhalten an alten Familienidealen oder an der herkömmlichen Form des Zusammenlebens in der Familie, all dies hemmt Haus... oder wird »ausgeglichen« durch Maßregler, Richter und jene, welche die Elternrolle spielen, in Haus...*

Der Gehemmte wurde als Kind häufig an der Ausbildung einer seelischen Eigenart gehindert. Das eigene Wesen konnte sich nicht entfalten, weil er sich zu sehr nach den Normen im Elternhaus und in der Schule ausrichten musste. Aufgrund dessen konnte sich keine Geborgenheit (in sich selbst) entwickeln. Doch wer in sich selbst ungeborgen ist, zieht in der Außenwelt Situationen an, die diesen Mangel noch verstärken: einen Partner, der nicht passt oder wenig Zärtlichkeit und seelische Wärme schenkt, oder eine Wohnung, in der man sich nie richtig zu Hause fühlen kann. Rechtsstreitigkeiten mit dem Vermieter oder Nachbarn, normgemäßer Grundriss der Wohnung, strenge Hausordnung, dunkle Räume, zu kleine Wohnung oder eine Wohnung, derer man sich schämt, sind typisch für den Saturn-Gehemmten. Die eigenen Gefühle ersetzt er durch Schuld- oder Schamgefühle oder durch Depression.

Kompensation

Deutung: *Das genormte, überpersönliche Fühlen, das Familienideal oder die maßstäbliche, traditionelle Herkunft, all dies beeinflusst Haus... oder hemmt jene, welche die Kindrolle spielen, in Haus 10 und in Haus...*

Der Horoskopeigner identifiziert sich mit den Normen und Idealen, die in Bezug auf Gefühle, Familie und Herkunft vorherrschend sind. Mit aller Kraft versucht er das Familienideal zu verkörpern. Die Frage ist nur, wie lange er dieses Ideal aufrechterhalten kann, wie lange sein Kompensationsgebäude hält. Dass der Kompensator häufig keine wirklich eigenen Gefühle entwickelt, sondern nur so fühlt, wie es die Norm vorschreibt oder wie man idealerweise in dieser oder jener Situation zu fühlen hat, stellt ein weiteres Problem dar. Andererseits ist er davon überzeugt, dass allein seine Art des Fühlens die richtige ist. Daher ist in seinem Fall der Prozess der Identitätsfindung besonders erschwert, weil er meint, seine eigene Identität gar nicht mehr suchen zu müssen. Manchmal kommt es ersatzweise zu einer Identifikation mit heimatlichem Brauchtum, Heimatpflege, Heimatromanen, Heimatliedern, heimatlicher Tracht oder mit der Wohnungseinrichtung, die einer bestimmten Kultur oder Epoche (antike Möbel) entspricht.

Lösungsmöglichkeit, erwachsene Form

Deutung: *Das Recht auf eigenes Fühlen und auf seelische Eigenart und die Integration in die Gesetze der Psyche, der Natur, der Ernährung, des Bauens und Wohnens stärken Haus...*

Der Horoskopeigner lernt zwischen realen und irrealen, zwischen eigenen und genormten Gefühlen zu unterscheiden. Er spürt, dass er ein Recht hat auf eigene Gefühle, auf eine seelische Eigenart und auf eine eigene Identität, die sich grundlegend von anderen unterscheidet. Er nutzt die Gesetze der Psyche und fühlt sich in seiner eigenen Natur geborgen. Das herkömmliche Familienideal wird aufgelöst. Erst dadurch ist es dem Erwachsenen möglich, ein Familienleben zu pflegen, ohne die eigene Identität und Eigenart verleugnen oder aufgeben zu müssen. Er übernimmt Verantwortung für seine Gefühle und für seinen Anteil am Gelingen oder Scheitern des Familienlebens.

Uranus herrscht über Haus 4

Hemmung

Deutung: *Unfreiheit, Zerrissenheit und Stress im Gefühlsleben, das Wechselbad der Gefühle, der Mangel an seelischer Freiheit, der Mangel an Freiheit und Unabhängigkeit vom Elternhaus oder von der Familie,* *die Schwierigkeiten, sich als Frau (oder als Mann) zu emanzipieren, die mangelnde Geborgenheit im Wohnen aufgrund von Lärm und sonstigen Belästigungen, all dies beeinflusst ungünstig Haus...*

Der Gehemmte wurde in eine unruhige Familiensituation hineingeboren, sei es, dass die Eltern in bestimmten Intervallen immer wieder umgezogen sind oder dass ihre Ehe zerrüttet war. Jedenfalls war die Familien- oder Wohnsituation keine gute Voraussetzung, damit der Horoskopeigner Geborgenheit entwickeln konnte. Mag sein, dass er schon als Kind oder als Jugendlicher den Drang verspürt hat, sich vom Elternhaus zu befreien. Aber auch später im erwachsenen Alter sucht er unbewusst Familien- oder Wohnsituationen auf, in denen der Persönlichkeitsanteil Uranus nur einen Gedanken hat: »Nichts wie weg hier.« Doch in der Hemmung bleibt es immer beim Wollen. Irgendwelche Hindernisse sind immer da, die eine solche Befreiung vereiteln. Sehr häufig ist der Gehemmte seelisch so zersplittert oder so gestresst, dass er den roten Faden verliert. In seiner Wohnsituation ist der Gehemmte häufig Fluglärm ausgesetzt, die Dachgeschosswohnung drückt durch Schrägen und Balken auf seine Psyche, oder er wird ständig durch Lärm aller Art (Umbauarbeiten, Straße wird aufgerissen, Renovierungen) belästigt. Typisch sind auch ständiges Umräumen in der Wohnung, häufige Umzüge, eine Wohnung, die Unruhe ausstrahlt und dem Elektrosmog ausgesetzt ist, oder Probleme mit Treppen.

Kompensation

Deutung: *Seelisch auf Distanz zu gehen, jede Form von Intimität durch die Abstraktion seiner Gefühle zu entzaubern und damit Vertrautheit gar nicht erst zuzulassen und sich folglich nirgendwo jemals zu Hause zu fühlen, all dies beeinflusst... Die Befreiung aus familiären Banden, die Emanzipation als Frau um den Preis der eigenen Geborgenheit, die Sprunghaftigkeit der eigenen Gefühle, all dies beeinflusst Haus... oder irritieren die Gehemmten in Haus 10 und in Haus...*

Der Kompensator hat für Gefühlsduseleien wenig Verständnis. Er ist über Gefühle und Intimität erhaben und steht damit seinem eigenen Inneren stets dissoziiert gegenüber. Nicht nur, dass er sich vom anderen seelisch nicht berühren lassen will, er ist sich auch selbst ganz und gar fremd, steht »neben sich« und klinkt sich aus, wenn es intim werden könnte. Den weiblichen Kompensatoren fallen Mutterpflichten besonders schwer, da sie sich in dieser Rolle zu sehr verpflichtet und eingeengt fühlen. So verachten sie möglicherweise die »normale« Hausfrau oder versuchen, ihr zur Emanzipation zu verhelfen. Diese Überlegenheit kostet einen hohen Preis, da sie irgendwann von ihrer eigenen Kälte eingeholt werden und frieren. Selbstverständlich ist auch der Wohnbereich im besten Falle avantgardistisch oder sonst gar nicht eingerichtet, denn zu Hause sind diese Menschen überall und nirgendwo, da sie nie in sich selbst ruhen. Wohnungswechsel sind ein Mittel, auf das sie gerne zurückgreifen, wenn die Vertrautheit zu groß geworden ist. Das Leben in der Kommune oder aber die Verfügbarkeit von mindestens zwei Wohnsitzen, zwischen denen sie hin- und herpendeln, entsprechen ebenfalls ihren Bedürfnissen. Außerdem glauben sie, auf diese Weise ihre emotionale Ungebundenheit zu demonstrieren und dafür sogar bewundert zu werden.

Lösungsmöglichkeit, erwachsene Form

Deutung: *Die freien, unabhängigen Gefühle, die eigene Freiheit und Unabhängigkeit innerhalb der Familie, die Befreiung aus der traditionellen Elternrolle, die unabhängige Wohnsituation, all dies stärkt Haus...*

Der Erwachsene hat sich aus den herkömmlichen Familienprogrammen und -ritualen befreit. Er ist mündig und flügge geworden. Er hat es geschafft, innerhalb der Familie frei und unabhängig zu sein, aber auch Abwechslung ins Familienleben zu bringen. Er hört auf die Stimme des Lebens (des natürlichen Instinktes) in sich, auch wenn sie etwas sagt, was mit den derzeitigen Konventionen inkompatibel ist.

Neptun herrscht über Haus 4

Hemmung

Deutung: *Die Verunsicherung im Prozess der Identitätsfindung, die gefühlsmäßige Unsicherheit, die fehlende innere Geborgenheit, die schwach ausgebildete seelische Eigenart, die Angst, eigene Gefühle aufkeimen zu lassen, Angstgefühle, die mangelnde Kraft, die erwartete*

Rolle als Mann oder als Frau bewältigen zu können, die mangelnde Geborgenheit im Wohnen, all dies schwächt und verunsichert Haus... oder verursacht beim Horoskopeigner Flucht oder Suchttendenzen in Haus ... oder gibt den Kompensatoren in Haus... die Gelegenheit, verunsichernd oder als Helfer in Aktion zu treten.

Der Gehemmte hat Angst, seine seelische Eigenart zu zeigen. Er spürt, wenn er sich so geben würde, wie er ist, er würde in der Herkunftsfamilie und später in der eigenen Familie nicht mehr anerkannt werden. Er befürchtet, als Außenseiter zu gelten oder von den anderen nicht mehr geliebt zu werden. Deshalb tarnt er sich lieber, tut so, als sei er so, wie man es von ihm erwartet. Im Laufe der Zeit geht bei ihm diese Selbstlüge und dieser Selbstbetrug so in Fleisch und Blut über, dass seine wirkliche seelische Eigenart nicht mehr aufkeimen kann, dass er gar nicht mehr spürt, wer er in Wirklichkeit ist oder sein könnte. Diese Verunsicherungen betreffen jedoch nicht nur die Gefühlswelt, sondern können sich auch auf unterschiedliche Weise auf das Wohnen auswirken: Pilzbefall der Wohnung, Ungeziefer, Wasseradern, Hausschwamm, feuchte Wände, Wasserrohrbrüche, fehlende Geborgenheit, Wohnen in einer Gegend, die nicht anerkannt ist, das Gefühl, die falsche Wohnung gewählt zu haben, oder eine Wohnung, die durch Giftstoffe verschiedenster Art (Asbest, Formaldehyd etc.) verseucht ist.

Kompensation

Deutung: *Extremes Einfühlungsvermögen und tränenreiches Mitgefühl als Prinzip der Identitätsfindung, Verschmelzung mit fremden Seelen und deren Inhalten, um eigener Heimatlosigkeit zu entgehen, all dies beeinflusst Haus... Die eigene mangelnde Geborgenheit wird kompensiert, indem man die Gehemmten in Haus 10 und in Haus... verunsichert, schwächt und entwertet.*

In allen Identitäten zu Hause, nur die eigene nicht wahrnehmend, werden diese Menschen von grenzenlosem Mitgefühl getragen und schwimmen auf ihren Tränen den Leidenden dieser Welt entgegen. Selber heimatlos, gründen sie Heime für Obdachlose und versorgen die Bedürftigen mit übermütterlicher Hingabe. Die außergewöhnliche Begabung, sich in jede noch so fremde Seele einzufühlen, führt weg von eigenen Bedürfnissen und Wünschen und sichert bereits zu Lebzeiten die Heiligsprechung. Manchmal zeigt sich bei solchen Kompensatoren eine große schauspielerische Begabung, da sie sich mühelos immer wieder neu identifizieren können. Vorübergehende Phasen, in denen sie bei sich sind, überbrücken sie oft mit Drogen. Im Wohnen kann es dem Kompensator gelingen, sein Traumhaus zu bauen oder zu finden, welches sich aber nach einiger Zeit als Alptraumhaus entpuppt.

Lösungsmöglichkeit, erwachsene Form

Deutung: *Die Aufdeckung der Hintergründe der eigenen Identität, der Prozess der Identitätsfindung mittels Tiefenpsychologie, Astrologie und Esoterik, die Wahrnehmung der Gefühle jenseits von Moral und Konvention, die Auflösung der alten Familienideale und das Finden einer alternativen Form von Familie, all dies stärkt Haus...*

Der Erwachsene hat gemerkt, warum sich all seine Sehnsüchte und Träume in Bezug auf Geborgenheit, seelische Wärme, Familie und Wohnen nicht erfüllt haben. In sich geborgen kann nur der sein, der seine Identität entdeckt hat, der weiß, wer er ist, und der deshalb auch erkennt, wer und was zu ihm passt. Deshalb muss der Erwachsene zuerst in das tiefe Wasser seiner Seele vordringen, sein Unbewusstes erschließen und seine Verdrängungen aufdecken. Dies kann zum Beispiel mittels Tiefenpsychologie, Astrologie oder Esoterik geschehen. Erst, wenn er seine Gefühle jenseits von Moral und Konvention wahrnimmt, wenn er seine Andersartigkeit erkennt und zu ihr steht, können sich seine Träume von Geborgenheit erfüllen. Auch in Bezug auf das Familienleben hat er seine Illusionen überwunden. Die Aufgabe besteht darin, alte Familienideale und Leitbilder aufzulösen und stattdessen nach einer lebbaren Alternative zu suchen, welche die Einzigartigkeit aller Familienmitglieder berücksichtigt.

Mars herrscht über Haus 5

Hemmung

Deutung: *Die mangelnde Initiative in Bezug auf Kreativität und unternehmerische Fähigkeiten und die schwache Triebkraft in der Sexualität beeinflussen ungünstig Haus...*

Der Horoskopeigner wagt nicht, kreativ, schöpferisch und selbstständig zu sein. Jeder Versuch dazu wird von anderen sofort bekämpft oder endet im Streit. Der Gehemmte ärgert sich auch ständig über das Selbstbewusstsein und die forsche Art der anderen, weil ihn dies an die eigene Hemmung erinnert. Immer wieder begegnet er Menschen, die ungewöhnlich häufig die Initiative ergreifen, sodass er selbst nie dazu kommt, etwas anzufangen. Unter der mangelnden Initiative und Triebkraft leidet auch die Sexualität des Gehemmten. Durch Kinder fühlt er sich behindert in der Durchsetzung der eigenen Interessen und reagiert hierauf in der Regel übertrieben ärgerlich.

Kompensation

Deutung: *Risikoreiche und gewagte Unternehmungen, draufgängerische Kreativität und Erobern in der Sexualität, all dies beeinflusst Haus... oder attackiert die Gehemmten in Haus 11 und in Haus...*

Durch überaktive und provozierende Handlungsweisen versucht der Kompensator, die zugrundeliegende Hemmung zu überspielen und somit das schwache Selbstbewusstsein aufzumöbeln. Dabei lässt er sich auch zu riskanten und gewagten Unternehmungen hinreißen, um damit von anderen bewundert zu werden. Gerne fordert er andere zu Kampfspielen heraus, denn das Siegen ist ihm besonders wichtig. Der Kompensator ist im Spiel ein schlechter Verlierer und bricht deshalb stets einen Streit vom Zaun. Gibt es etwas zu tun, dann rennt er gleich mit dem Kopf durch die Wand, um dabei den eigenen Willen durchzusetzen. In der Sexualität hat für ihn nur das stürmische Erobern seinen Reiz. Da man im Umgang mit Kindern keine Geduld hat, gibt es mit ihnen ständig Reibereien.

Lösungsmöglichkeiten, erwachsene Form

Deutung: *Mut in den eigenen Unternehmungen, spontane Kreativität und ein dynamisches Sexualleben stärken Haus...*

Jetzt hat der Horoskopeigner gelernt, mutig für seine eigenen Belange einzutreten, dabei übernimmt er oft die Vorreiterrolle. Das vorhandene Energiepotenzial kann ohne Kampf und Streit für die eigene Kreativität und für eigene Unternehmungen eingesetzt werden. Im Spiel ist der Erwachsene zwar wagemutig, geht aber nur überschaubare Risiken ein, denn es überwiegt die Freude am Spiel, und den Sieg kann er auch den anderen gönnen. Seine eigene Selbstständigkeit kann er nach dem persönlichen Willen durchsetzen, ohne dass es dabei Arger gibt. Er führt ein dynamisches Sexualleben, ist ein rassiger Liebhaber oder eine rassige Liebhaberin. Die eigene Spontaneität lebt im Umgang mit Kindern wieder auf.

Venus (Stier) herrscht über Haus 5

Hemmung

Deutung: *Die Unsicherheit oder Trägheit im Handeln und im Management (auch des eigenen Lebens) beeinflusst ungünstig Haus... Die mangelnde sexuelle Genussfähigkeit hemmt Haus...*

Der Gehemmte hat zu wenig Eigenwert entwickelt oder ist zu bequem, um sich selbstständig zu machen, eine eigene Firma oder ein eigenes Geschäft zu gründen. Auch können mangelnde Finanzen den Prozess des Selbstständig-Werdens verhindern. In manchen Fällen ist er jedoch auch im Handeln und im Managen noch zu unsicher, um größere Projekte durchzuziehen. Eine andere Möglichkeit, diese Konstellation zu erleben, besteht darin, dass der Horoskopeigner ständig ausgeht, sich auf Parties und Feten vergnügt, ohne jedoch wirkliche Erfüllung zu finden. Auch die sexuelle Erfüllung kann aufgrund von mangelnder Genussfähigkeit auf der Strecke bleiben. Kinder verletzen bei dieser Konstellation häufig die Grenzen des Horoskopeigners. Er oder sie wird manchmal Vater oder Mutter ausgerechnet von einem Kind, das starrköpfig, bequem und genusssüchtig ist oder das einen ausgeprägten Hamster- und Sammeltrieb aufweist, damit er oder sie sich des eigenen Stier-Prinzips bewusst wird.

Kompensation

Deutung: *Die satten Finanzen, die aus eigenen Unternehmungen und Geschäften, aus Sexualität oder Spiel stammen, beeinflussen Haus... Die Dickköpfigkeit im eigenen Handeln und das starke Sicherheitsstreben in den eigenen Unternehmungen beeinflussen Haus...*

Der Kompensator hat hier genügend Eigenwert, um ein Unternehmen oder ein Geschäft zu gründen. Vielleicht kann er sich aufgrund eines finanziellen Polsters selbstständig machen oder materielle Gegenstände oder Immobilien erwerben, um mit ihnen zu glänzen. Er schlemmt auf Festen, Feiern und Feten und genießt Speis und Trank. Beim Ausgehen bevorzugt er immer wieder dieselben Lokale, da nur jene ihm Sicherheit verleihen. Kinder betrachtet er als Besitz und verletzt damit deren Grenzen.

Lösungsmöglichkeit, erwachsene Form

Deutung: *Die Sicherheit im Handeln und im Management, die finanzielle Selbstständigkeit, der gesunde Eigenwert, der aus einer erfüllenden Sexualität und aus einer großen Schöpferkraft resultiert, der Platz, den man mit seinem Unternehmen, seinem Geschäft oder mit seiner Kreativität gefunden hat, all dies stärkt und festigt Haus...*

Der Horoskopeigner festigt durch Kinder und mittels seiner pädagogischen Fähigkeiten seinen Eigenwert und lernt durch Kinder sich abzugrenzen und abzusichern. Er ist im Umgang mit Kindern ruhig und geduldig, achtet deren Grenzen und schätzt ihren Wert als Persönlichkeit. Abgrenzung, Absicherung und Wertschätzung sind auch bei eigenen Unternehmungen und Geschäften gefragt, insbesondere muss er dabei lernen, sein Revier abzustecken, das heißt, seinen Platz zu behaupten und sich gegenüber der Konkurrenz abzugrenzen. Die Selbstständigkeit wird durch materielle Mittel ermöglicht, mit denen er sich eine solide Grundlage schafft. Spiel und Spaß werden zur Entspannung genutzt und nicht mehr wertorientiert betrachtet. Wenn zudem der Erwachsene noch im Handeln sicher geworden ist und gelernt hat, den Sex zu genießen, dann hat er die Aufgabe, die ihm durch diese

Konstellation gestellt ist, erfüllt. Er kann dann diese wertvolle Anlage auf einem anderen Lebensgebiet einsetzen.

Merkur (Zwillinge) herrscht über Haus 5

Hemmung

Deutung: *Die mangelnden Informationen über Management, Organisation und Erfolg, das Verhandeln, Telefonieren und Schreiben für Firmen und Geschäftsinhaber, die mangelnde sexuelle Technik, der Mangel an sexuellen Gesprächen, all dies beeinflusst Haus...*

Der Gehemmte muss für einen Firmeninhaber oder Unternehmer den Kontakt mit Kunden pflegen, verhandeln, telefonieren, den Schriftverkehr tätigen. Auf diese Weise kann er im Laufe der Zeit intellektuell erfassen, was er alles beachten muss, wenn er selbst einmal ein eigenes Unternehmen oder ein eigenes Geschäft gründen möchte. Da er von vornherein nichts über Management, Organisation und Erfolg lernen will, muss er den langen Umweg über das Schicksal gehen und all die negativen Erfahrungen neu machen, die Millionen Menschen bereits vor ihm durchlitten haben. Der Gehemmte wagt es nicht, über Sexualität zu sprechen. Und mit seinen Kindern spricht er nur über den Alltag und über das tägliche Weltgeschehen, was weder ihn selbst noch seine Kinder weiterbringt.

Kompensation

Deutung: *Die Rolle als intelligenter Manager, das Sprechen und Schreiben aus der Emotion, die niveauvollen Informationen, die sexuellen Kabinettstückchen, all dies beeinflusst Haus...*

Der Kompensator spricht und schreibt aus dem Gefühl heraus. Er legt eine übertriebene Geschäftigkeit an den Tag. Ständig ist er mit seinem Handy unterwegs. Oder er befindet sich in Konferenzen oder auf Kongressen, wo er seinen Intellekt und sein Rednertalent glänzen lassen kann. Im ICE oder im Flugzeug liest er nur anspruchsvolle Magazine und Zeitungen, um damit seine Intellektualität zu dokumentieren. Auf der sexuellen Ebene beherrscht er in der Theorie sämtliche

Stellungen und kennt alle technischen Finessen. Wenn der Kompensator Kinder hat, legt er besonderen Wert darauf, dass sie hochdeutsch sprechen und sich einer vornehmen Ausdrucksweise befleißigen.

Lösungsmöglichkeit, erwachsene Form

Deutung: *Die eigene Schöpferkraft, die in Wort und Schrift zum Ausdruck kommt, die Informationen über Management, Erfolg, selbstständiges Unternehmertum, Sexualität und Pädagogik, die praktische Begabung in Gestaltung und Design, all dies stärkt Haus...*

Der Erwachsene hat die Aufgabe, all das, was er schöpferisch entwickelt hat, in Worte zu fassen und unter Umständen auch schriftlich niederzulegen, um den Merkur schließlich dort einsetzen zu können, wo er im Horoskop platziert ist. Weiter ist es wichtig für ihn, Informationen über Management, Erfolg, Unternehmensgründung und -führung, Geschäftsführung, Selbstverwirklichung, Sexualität und Pädagogik einzuholen, um sie schließlich auch an andere Menschen weitergeben zu können. Außerdem gilt es die Fähigkeit zu entwickeln, ohne die Berücksichtigung von Tabus über Sexualität zu sprechen, um unter Umständen auf diesem Wege beim Partner Reaktionen und Reize hervorzurufen. Andere Erwachsene sind eher praktisch veranlagt und können mit dieser Begabung in Gestaltung und Design einiges bewirken. In der Pädagogik fördert der Erwachsene die Sprachbegabung des Kindes und lässt ihm einen freien Bewegungsspielraum.

Mond herrscht über Haus 5

Hemmung

Deutung: *Ängstlichkeit im Handeln, Passivität in der Kreativität, Labilität in den eigenen Unternehmungen, kindliches Verhalten in der Sexualität, all dies beeinflusst ungünstig Haus...*

Der Gehemmte ist im Handeln durch Ängstlichkeit, Zaghaftigkeit und Schüchternheit blockiert. Er erwartet, dass die anderen sich um ihn kümmern. Für Kreativität ist er zu passiv. Außerdem ist er sehr stimmungsabhängig. Die Selbstständigkeit ist ebenfalls noch nicht entwickelt, er neigt dazu, in die Kindrolle zu regredieren. Er wagt es nicht, eigene Unternehmungen zu tätigen, er möchte nur überall mitmachen. In der Sexualität erwartet er Zuwendung vom Partner, hier ist er noch kindlich verträumt.

Kompensation

Deutung: *Bemutterndes Handeln in Bezug auf andere, sentimentale, gefühlsbetonte Kreativität, Zusammensein bei Unternehmungen mit anderen, all dies beeinflusst Haus...*

Der Kompensator handelt, indem er bemuttert und umsorgt. Er achtet nicht darauf, ob er den anderen damit eventuell seelisch erstickt. Über seine Kreativität lebt er seine sentimentale Gefühlsbetontheit und Romantik aus. Die eigenen Unternehmungen dienen in erster Linie dazu, sich um seine Lieben zu kümmern, nur bemerkt er nicht, wenn es diesen zu viel wird. In der Sexualität sind Zärtlichkeit und Schmusen das Wichtigste, während der Akt als solcher nur eine sekundäre Rolle spielt. Es gibt jedoch bei dieser Konstellation noch eine völlig andere Auslebensform. Der Kompensator geht hier häufig zum Essen aus, oder er zeigt voller Stolz seine Wohnung, die er eingerichtet, oder sein Haus, das er gebaut hat.

Lösungsmöglichkeit, erwachsene Form

Deutung: *Der durch das Wissen um Psychologie, Naturheilkunde, Ernährung, Biologie, Bauen und Wohnen forcierte Prozess der Verselbstständigung, die vielen zur Verfügung stehenden Zärtlichkeitsvarianten in der Sexualität, das Einfühlungsvermögen gegenüber Kindern, die durch Gefühle befruchtete Kreativität, all dies stärkt Haus...*

Aufgabe des Horoskopeigners ist es, sich mit Psychologie, Ernährung, Naturheilkunde, Biologie, Bauen und Wohnen auseinanderzusetzen, um schließlich mithilfe dieser Wissensgebiete selbstständiger zu werden, mehr Mut zu eigenen Unternehmungen zu bekommen und mehr Selbstvertrauen zu erwirken. Ferner lernt der Erwachsene, indem er selbstständig kocht und den Haushalt führen kann oder indem er den Hausbau in Angriff nimmt, zu handeln und zu managen. Einfühlungsvermögen in die Bedürfnisse anderer, seien es Angestellte, Kunden oder Klienten, ist bei allen selbstständigen Unternehmungen und Geschäften wichtig. Der Erwachsene fühlt sich auch in der Sexualität in den Partner ein und versucht, ihm die Zärtlichkeit, die seelische Wärme und Liebe zu schenken, die jener sich erträumt. Er kann sich dem Partner öffnen und sich voll hingeben, ohne Angst zu haben, dass er sich dabei verliert. Auch ist der Erwachsene bereit, über seine Kinder wieder Kontakt mit seinem eigenen inneren Kind aufzunehmen.

Sonne herrscht über Haus 5

Hemmung

Deutung: *Unselbstständiges Handeln, schwacher Unternehmungsgeist, mangelnde Kreativität, Lustlosigkeit in der Sexualität, all dies beeinflusst...*

Der Gehemmte ist nicht dazu in der Lage, selbstständig zu handeln und etwas in die Tat umzusetzen. Sein Unternehmungsgeist ist so schwach, dass er meistens faul herumhängt. Sein Sexualleben läuft wegen seiner Lustlosigkeit auf Sparflamme. Zu Kindern hat er ein gestörtes Verhältnis und findet keinen Zugang zu ihnen. Für die eigene Selbstverwirklichung fehlt ihm jede Kraft und Vitalität. Die vorhandene Kreativität kommt nicht zur Entfaltung. Dafür muss er sich immerfort mit Menschen auseinandersetzen, die sich großartig und überheblich darstellen.

Kompensation

Deutung: *Selbstherrliches Handeln, Überheblichkeit in der Sexualität, vergnügungssüchtige Unternehmungen, protzige Kreativität, all dies beeinflusst Haus...*

Als Kompensator handelt er großspurig und dominant. Er zeigt viel Unternehmungsgeist, besonders wenn es um die eigenen Vergnügungen geht. Die Sexualität wird zur prahlerischen Selbstdarstellung verwendet, er ist hier von der Bewunderung des Partners abhängig. Schöpferische Fähigkeiten und die eigene Kreativität werden prunkvoll zur Schau gestellt. Die eigene Selbstständigkeit wird durch übertriebenen Aktionismus bewiesen. Bei Kindern will er gerne im Mittelpunkt sein und stellt sich bei ihnen großartig zur Schau.

Lösungsmöglichkeit, erwachsene Form

Deutung: *Selbstständiges Handeln, gesundes Selbstvertrauen in der Sexualität, Spaß an den eigenen Unternehmungen, lebendige Kreativität, all dies stärkt Haus...*

Es geht hier für den Horoskopeigner darum, die Handlungsfähigkeit, die unternehmerischen und die Managementfähigkeiten zu entwickeln, um ein Geschäft oder eine Firma zu führen, sich selbst zu verwirklichen und mit Kindern besser umgehen zu lernen. Der Erwachsene kann selbstsicher handeln. Er entwickelt einen dynamischen Unternehmungsgeist für alle Bereiche des Lebens. Er verfügt über das nötige Selbstvertrauen in der Sexualität und kann somit dem Partner viel Freude bereiten. Unter solchen Voraussetzungen ist man ein begehrter Liebhaber bzw. eine begehrte Liebhaberin. Mit Kindern hat der Erwachsene Spaß und spielt gerne mit ihnen. Die eigene Selbstständigkeit wird souverän eingesetzt. Das Selbstbewusstsein wird durch die eigene Kreativität und die schöpferischen Fähigkeiten stabilisiert. Er hat seine innere Mitte gefunden und strahlt Herzenswärme aus.

Merkur (Jungfrau) herrscht über Haus 5

Hemmung

Deutung: *Übergroße Vorsicht im Handeln, Verklemmtheit in der Sexualität, mangelnde Selbstständigkeit durch Unterordnung, bescheidener Unternehmungsgeist, all dies schwächt...*

Durch übergroße Vorsicht ist das eigene Handeln eingeschränkt. In der Sexualität ist der Horoskopeigner verklemmt und wird zudem auch vom Partner ständig kritisiert. Da er sich zu sehr unterordnet, ist die Selbstständigkeit nicht ausgebildet. Die Kreativität und die schöpferischen Fähigkeiten bleiben wegen zu großer Selbstkritik auf der Strecke. Der Gehemmte traut sich nicht, Selbstverwirklichung zu beanspruchen, dafür ist er zu bescheiden. Anderen wird er bei ihren Unternehmungen dienen und sich nützlich machen, doch für sich selbst schreitet er nicht zur Tat. Im Umgang mit Kindern ist er sehr besorgt und zu sehr auf Sauberkeit bedacht.

Kompensation

Deutung: *Betonte Rationalität im Handeln, Perfektionsanspruch in der Sexualität, Selbstständigkeit durch Verweigerung der Anpassung, zweckorientierte Unternehmungen, all dies beeinflusst ...*

Im Handeln des Kompensators herrscht überzogener Perfektionismus. In der Sexualität wird er pedantisch und kleinlich einen hohen Anspruch an Reinlichkeit und Hygiene in den Vordergrund stellen. Kreativität und schöpferische Fähigkeiten kommen nüchtern und rationell zum Ausdruck. Die Selbstverwirklichung sieht er in Fleiß und Arbeit. Die unternehmerischen Fähigkeiten setzt er zweckorientiert und nutzbringend ein. Mit Kindern ist der Kompensator nörglerisch und kritisierend.

Lösungsmöglichkeit, erwachsene Form

Deutung: *Die Wahrnehmungs- und Beobachtungsfähigkeit in der Sexualität und in der Kindererziehung, die sorgfältige Analyse, bevor man zu handeln beginnt, der Blick fürs Detail in der Kreativität, all dies stärkt Haus...*

Der Horoskopeigner muss seine Wahrnehmungs- und Beobachtungsfähigkeiten, seinen Blick fürs Detail und seine analytische Begabung ausbilden, um sie für die Kreativität, für das Handeln, für die eigenen Unternehmungen, aber auch für die Sexualität und für die Kindererziehung einsetzen zu können. Er muss an Kindern lernen zu beobachten und wahrzunehmen, muss lernen, seine Gefühle in der Sexualität zu zeigen und die eigenen Unternehmungen sorgfältig zu planen. Er wird vorher recherchieren und genau überlegen, ehe er zur Tat schreitet. Auf ihn ist Verlass. Das, was er tut, hat Hand und Fuß.

Venus (Waage) herrscht über Haus 5

Hemmung

Deutung: *Die Entscheidungsschwierigkeiten in den eigenen Handlungen und Unternehmungen, die Harmonieempfindlichkeit und der*

Drang nach Harmonie in der Kindererziehung, im Spiel und in der Sexualität, all dies hemmt Haus...

In der Hemmung hat der Horoskopeigner Schwierigkeiten, sich für eine Handlung oder Unternehmung zu entscheiden – sei es, dass er nicht weiß, in welches Lokal oder Restaurant er gehen oder mit wem und wohin er ins Wochenende fahren soll. Auch die Entscheidung, ob oder wann er ein Kind will, fällt dem Gehemmten schwer. Hat er hingegen ein Kind, dann ist er ständig bemüht, alles richtig zu machen und achtet nicht mehr auf ein Gleichgewicht zwischen den eigenen Interessen und jenen des Kindes. Im Namen einer fragwürdigen Harmonie will er in der Kindererziehung alles unter den Teppich kehren, was nach einer Gefährdung riecht. In der eigenen Kreativität lässt er sich von der Mode leiten oder richtet sich nach dem Geschmack der anderen. Die eigene Sexualität kann sich nicht richtig entfalten, weil er nur darauf achtet, beim Partner gut anzukommen und beliebt zu sein – ohne dabei die eigene Libido zu berücksichtigen.

Kompensation

Deutung: *Die natürliche Fähigkeit, als Seifenopernprinz oder -prinzessin überall dort aufzutauchen, wo man gesehen werden sollte bzw. wo Kreativität und selbstständiges Handeln sich vorwiegend an Äußerlichkeiten orientieren, auch möglichst allen gefallen sollte und Selbstverwirklichung lauwarm gemütlich ausfüllt oder oberflächliches Libidoverhalten niemals Nähe aufkommen lässt, all dies beeinflusst...*

Der Strahlemann und die Strahlefrau begegnen einander auf jeder denkbaren Party. Wer sich ins rechte Licht rücken will, der ist hier genau richtig. Dies ist eine Beliebtheitskonstellation, und wer sie hat, sollte sie nutzen. Gesellschaftliche Aktivitäten und Kontakte fallen besonders leicht. Schönheit, Talent für guten Geschmack und beste Umgangsformen sind die Eintrittskarten.

Eine gute Voraussetzung für die berufliche Selbstständigkeit. Im Showgeschäft fordert die Selbstdarstellung viel Kreativität und Knowhow. Der Vorteil: Fast allen gefällt es. Das amerikanische Film- und Showgenre kann als Vorbild dienlich sein. Eine gelungene Kompensation mit diesem astrologischen Aspekt: Alle künstlerischen und vor allem selbstständigen Berufe, welche die Darstellung von Geschmack und Schönheit zum Inhalt haben. Eros hat hier übrigens alle Hände voll zu tun.

Lösungsmöglichkeit, erwachsene Form

Deutung: *Die erotische Stimmung in der Sexualität, die Ausgewogenheit an Lust, das Gleichgewicht im Handeln, die schöne, ästhetische Kreation, die Verwirklichung des eigenen Geschmacks durch Unternehmungsgeist und Managementfähigkeiten, all dies stärkt Haus...*

Der Horoskopeigner hat die Aufgabe, eine erotische Stimmung zu erzeugen, Verführungskunst und -taktik einzusetzen, in der Sexualität Aktion und Reaktion fein abzustimmen, die richtige Dosis an Energie einzusetzen und auf die Ausgewogenheit zwischen seiner sexuellen Lust und der des Partners zu achten. Es geht darum, dass jeder auf seine Kosten kommt. Auch im Handeln und in den Unternehmungen gilt es, die richtigen Entscheidungen zu treffen, Strategie und Taktik an den Tag zu legen, das richtige Maß zu finden und gegebenenfalls sich mit dem Partner abzustimmen sowie Fairness zu praktizieren. Auch hier sollte insofern ein Gleichgewicht hergestellt werden, als dass keiner der beiden Partner recht viel mehr zum Handeln gezwungen ist oder mehr Energie einsetzen muss als der andere. In seiner Kreativität ist der Erwachsene bedacht auf Schönheit, Ästhetik und Proportion. Er lässt sich zwar von anderen befruchten, aber nicht mehr deren Geschmack aufzwingen.

Pluto herrscht über Haus 5

Hemmung

Deutung: *Die Unterdrückung und Fremdbestimmung im eigenen Handeln, die Unterdrückung oder Fremdbestimmung in der Sexualität, die Unterdrückung der Selbstständigkeit und der Kreativität, der Zwang, das herkömmliche Erziehungsmuster durchzuführen, all dies unterdrückt Haus...*

Wer kein eigenes Programm hat, dem wird ein fremdes aufgezwungen. Diese Gesetzmäßigkeit bekommt der Gehemmte immer wieder in der Erleidensform zu spüren. Daher ist sein Handeln fremdbestimmt oder erfolgt nach starren Programmen. Sein Leben richtet sich nach festen Mustern, die lebensfeindlich sind. Die Selbstständigkeit ist unterdrückt oder wird mit Manipulationen unterbunden. In der Kindheit wird er oft vereinnahmt oder steht unter einem Erwartungsdruck, der eigene Unternehmungen einschränkt oder sogar ganz abwürgen kann. Oft sind es auch die eigenen Vorstellungen, die mit der Realität wenig zu tun haben, die ihn daran hindern, etwas zu unternehmen. Spielen und Kreativität sind unterdrückt, oder andere zwingen einem dabei ihren Stil auf. Sexualität kann ein Tabu sein, vielleicht ist sie fremdbestimmt oder von zu festen Vorstellungen belastet, sodass sich der Horoskopeigner bei so viel Erwartung gehemmt fühlt. In Extremfällen kann man sexuelle Übergriffe erleiden.

Kompensation

Deutung: *Die Macht, die durch eine eigene Firma, ein eigenes Geschäft, durch eine eigene Unternehmung begründet wurde, beeinflusst Haus... oder unterdrückt den Gehemmten in Haus 11 und in Haus...*

Der Absolutheits- und Perfektionsanspruch des potenten Egos, wie orgastisches Top-Dog-Gebaren und Kontrolle statt Hingabe im Libidoverhalten, aber auch zwanghaftes Handeln und machtorientierte Selbstdarstellung, all dies beeinflusst und/oder blockiert Haus...

Niemand möchte fehlerloser, perfekter und potenter sein als dieser Pluto-Typ. Das eigene Handlungsprogramm, die Vorstellung von sich selbst und seinem Tun zwingen den Kompensator in fast allen Lebensbereichen immer wieder in eine Art Grenzüberschreitung, wo chronisch gewaltige Lebenskraft investiert und mitunter auch überzogen wird. Bis zur bitteren Neige und weit über das normale Maß hinaus kann dieser Mensch schaffen und erschafft sich somit zu Lebzeiten einen Homunculus seiner eigenen Person. Solche Menschen werden ihr orgastisches Gebaren höchstens dann unterbrechen, wenn ein noch größerer Top-Dog, das Unbewusste zum Beispiel, mit einer Herzattacke winkt. Im Libidoverhalten ist der Kompensator ebenfalls oft zwanghaft, fordert sexuelle Hörigkeit oder drängt dem Geliebten seine sexuellen Vorstellungen auf. Auch Schwangerschaft wird manchmal als Mittel benutzt, um die Kontrolle in einer Beziehung zu gewinnen (indem man den Partner an der Trennung hindert). Dass Elternteile über das eigene Kind auf den Partner Macht ausüben, ist leider eine beinahe legitimierte Selbstverständlichkeit. Positiv ist das enorme Leistungspotenzial des Kompensierenden, dies und seine Vorstellungsbegabung führen in fast allen Berufen – typisch sind Regisseur, Kinderpsychiater, Schauspieler – zu großem Erfolg.

Lösungsmöglichkeit, erwachsene Form

***Deutung:** Das eigene Sexualprogramm, das Konzept im Handeln und Umsetzen, das selbstbestimmte Handeln, das Konzept in Organisation und Management, das eigene Selbstverwirklichungsprogramm, die neuen pädagogischen Konzepte, all dies stärkt...*

Der Horoskopeigner entwickelt in seinem Handeln und in seiner Sexualität ein eigenes Programm. Auf diese Weise ist er resistent gegenüber den Kompensatoren, die jedem überall ihr Konzept aufzwingen wollen. Außerdem hat er ein Konzept sowohl für alle seine Unternehmungen und Geschäfte als auch für seine Kreativität. Je mehr Wissen er über Management, Organisation, Umsetzung von Ideen und Erfolg ansammelt, desto schneller und effizienter vollzieht sich der Verselbstständigungs- und Selbstverwirklichungsprozess. Wenn der Erwachsene Kinder hat, befasst er sich außerdem mit Pädagogik und erzieht seine Kinder nach neuen, am Leben orientierten Konzepten.

Jupiter herrscht über Haus 5

Hemmung

***Deutung:** Der Mangel an Bildung und Weiterbildung auf den Gebieten Management, Organisation, Handlungsfähigkeit, Erfolg, Sexualität und Pädagogik hat ungünstige Auswirkungen in Haus... Die durch Edelmut oder zu starke Religiosität verursachte Handlungslähmung und Libidoblockade hat ungünstige Auswirkungen in Haus...*

Bei dieser Konstellation kann es sein, dass sich der Gehemmte für die Sexualität zu edel fühlt oder dass religiöse Gefühle mit Sexualität und Lustbarkeit unvereinbar sind. Manchmal wagt der Horoskopeigner nicht, andere als religiöse Feste zu feiern. Partys und ähnliche Vergnügungen sind ihm verboten. Auch für die eigene Kreativität und Schöpferkraft sind Edelmut und zu starke Religiosität eher hinderlich, da diese Fähigkeiten ausgerechnet durch »unedle« Gefühle und Emotionen stimuliert werden. Da der Gehemmte aus den verschiedensten Gründen am erfolgreichen Handeln gehindert ist, bewundert er die Erfolgreichen dieser Welt, also diejenigen, die es geschafft haben. Vielleicht kommt er mit dem einen oder anderen erfolgreichen Prominenten sogar in Kontakt, aber er kommt nie auf den Gedanken, etwa zu fragen: »Warum bist du erfolgreich? Was ist das Geheimnis deines Erfolges?« Statt die Gesetze des Erfolges auch bei sich und auf sein Leben anzuwenden, will er nur ein paar Lichtstrahlen vom Glanz des Erfolgreichen erhaschen und hofft auf ein bisschen Wohlwollen und Förderung des gnädigen Herrn oder der gnädigen Dame.

Kompensation

Deutung: *Zu viel auf einmal erreichen zu wollen bei gleichzeitigem Mangel an Realitätssinn und daraus resultierenden Fehleinschätzungen der eigenen Handlungsfähigkeit oder nur große hehre Handlungen setzen, die alle anderen überstrahlen sollen, Eitelkeit und Prahlerei, all dies beeinflusst Haus...*

Der Horoskopeigner tut alles, was er tut, in großem Maßstab. Geniale Selbstdarstellung mit allem Pomp und Prunk sind ihm sicher. Da er oft seine Fähigkeiten überschätzt, neigt er zum Größenkomplex. Auch liebt er das Glücksspiel und verspielt dabei manchmal sein Glück. Dieser Abenteurer befindet sich meist auf der Gewinnerseite des Lebens, ist immer bereit, etwas zu riskieren, und sollte er einmal verlieren, dann baut er neu wieder auf. Lebenslust und Freiheitsdrang können ungeahnte Höhenflüge zulassen. Sollte der Ballon platzen, dann begreift der Kompensator die Welt nicht mehr. Doch als begabter Eigenregisseur meistert er auch den Niedergang mit Würde und plant bereits das nächste Meisterstück. Er ist ein ewig Junggebliebener und der beste Freund des Gottes Eros, der ihn aktiv unterstützt. Kaum jemand kann diesem großen Kind auf Dauer böse sein, es sei denn, Prahlerei und Eitelkeit überstrahlen andere Narzisse. Der Horoskopeigner kann sein eigenes Handeln nur schlecht beurteilen und besitzt wenig Realitätsbezug, was auch den begabtesten Imperialisten irgendwann auf den Boden zurückholen wird (zum Beispiel durch Konkurs des Unternehmens). Das berufliche Spektrum des Jupiter-Kompensators reicht vom Unternehmer über den Casino-Inhaber und Monarchen bis hin zum Don Juan.

Lösungsmöglichkeit, erwachsene Form

Deutung: *Die Weiterbildung in Bezug auf unternehmerische Fähigkeiten, Selbstständigkeit, Handlungsfähigkeit, Organisation und Managementfähigkeiten stärkt Haus... Die Weiterbildung und ständige Erweiterung der kreativen, schöpferischen und sexuellen Anlagen stärken Haus... Die erfolgreiche Unternehmung bzw. das erfolgreiche Geschäft stärkt Haus... Die Möglichkeit, aufgrund von erfolgreichem Handeln aus der Fülle zu schöpfen und als Förderer und Glücksbringer zu fungieren, hat günstige Auswirkungen in Haus...*

Der Horoskopeigner muss Einsicht nehmen in Organisation, Management, Unternehmertum, in die Möglichkeiten, ein eigenes Geschäft oder eine eigene Firma zu führen, in die eigene Kreativität und Schöpferkraft, in die eigene Sexualität und Orgasmusfähigkeit. Einsicht, Verständnis und Toleranz werden jedoch insbesondere durch Bildung, Weiterbildung, Lesen von Büchern, Besuch von Seminaren und durch den Kontakt mit weisen Menschen gefördert. Diese Eigenschaften wirken sich besonders günstig in der Kindererziehung aus, da die Kinder mit ihrer individuellen Persönlichkeit besser angenommen werden können.

Saturn herrscht über Haus 5

Hemmung

Deutung: *Die Hemmung in der Selbstständigkeit, im Handeln, in Managementfähigkeiten, in organisatorischen Fähigkeiten, in der Kreativität, in der Sexualität und die alte Form der Verantwortung in Bezug auf Kindererziehung, all dies hemmt...*

Ein Mensch mit dieser Konstellation ist gehemmt im Handeln, in seinem Unternehmungsgeist, in seiner Kreativität oder in seinen Ma nagementfähigkeiten. Er hat ständig Angst, etwas falsch zu machen – entweder aufgrund eines Perfektionsbildes oder aufgrund von Maßregelung und negativen Bewertungen durch andere in der Vergangenheit. Sexualität und Spiel sind eingeschränkt. Bei Frauen bestehen häufig Orgasmusschwierigkeiten. Aufgrund der eigenen inneren Blockaden werden nach dem Gesetz der Affinität auch äußere Blockaden aufgesucht. Es hat den Anschein, als ob nur die anderen den Horoskopeigner an der Selbstverwirklichung oder an einer erfüllenden Sexualität hinderten. Auch kann es sein, dass er glaubt, in Bezug auf Kinder die Norm erfüllen zu müssen, sodass die Geburt von mindestens zwei Kindern eingeplant wird. Die Verantwortung, die er dann jedoch den Kindern gegenüber empfindet, hindert ihn schließlich an der eigenen Selbstverwirklichung und Sexualität. Der Gehemmte glaubt an pädagogische Normen und Ideale und lässt sich davon knechten. Er ist der Ansicht, dass er Tag und Nacht für seine Kinder da sein muss und sie niemals in die Obhut von anderen Menschen geben darf.

Kompensation

Deutung: *Das Aufbürden von zu viel Verantwortung im Geschäftsleben, in der Firma oder im Unternehmen, die Normen und Ideale in Bezug auf Kindererziehung, Handlungsideale, Ideale in der Sexualität, all dies beeinflusst Haus... oder hemmt jenen, der die Kindrolle spielt in Haus 11 und in Haus...*

Als Kompensator will es der Horoskopeigner allen zeigen und legt besonderen Wert darauf, selbstständig zu sein oder gar ein eigenes Geschäft, eine eigene Praxis, eine eigene Firma oder ein eigenes Unternehmen zu gründen. Für einen Selbstständigen nimmt die Zeit ständig an Kostbarkeit zu. Daher ist er gezwungen, einen Terminplan anzulegen und ein strenges Zeitmanagement einzuführen. Für Sport, Spiel und Spaß oder für Kinder bleibt immer weniger Zeit zur Verfügung. Besonderes Augenmerk legt der Horoskopeigner bei dieser Konstellation auf die Konkurrenz. Deshalb versucht er noch besser, noch effizienter, noch perfekter zu sein, um die anderen in ihre Schranken zu verweisen. Auch hat sich der Kompensator oft zu viel Verantwortung aufgebürdet, die ihn unter Umständen so belasten kann, dass auf der körperlichen Ebene die Bandscheiben in Mitleidenschaft gezogen werden. Auch im Bett versucht der Kompensator Bestleistung zu bringen. Ehrgeizig strebt er danach, den Partner Erfüllung erleben zu lassen. Männer mit dieser Konstellation geraten häufig an hingabegestörte Frauen – und da lässt sich mit Leistungsehrgeiz meist wenig bewirken. Viele leben die Konstellation als Lehrer oder Berater aus. Kommt es zu einer Überkompensation in Haus 5, besteht die Gefahr von Herz- und Kreislauferkrankungen.

Lösungsmöglichkeit, erwachsene Form

Deutung: *Das Recht auf Selbstständigkeit, eigenes Handeln, auf eigene Unternehmungen, auf Lebensfreude und Spiel, auf eine eigene Art der Sexualität, das Recht auf Selbstverwirklichung, die Verwirklichung von eigenen Zielen, all dies stärkt Haus...*

Der Horoskopeigner nimmt sich das Recht auf Selbstständigkeit und auf eigenes, selbstverantwortliches Handeln. Von dieser Position aus fällt es ihm leichter, das Recht auf Selbstverwirklichung durchzusetzen und schließlich auf den verschiedensten Lebensgebieten umzusetzen. Der Erwachsene stellt sein Licht nicht mehr – wie der Gehemmte – unter den Scheffel, muss aber auch nicht – wie der Kompensator – zwanghaft glänzen und sich wichtig machen, sondern lässt sein Licht souverän nach außen strahlen. Auch in der Sexualität kristallisiert sich ein Recht auf eine sexuelle Eigenart heraus, Normen und Ideale treten in den Hintergrund. Es werden in allen Belangen eigene Ziele angepeilt, welche die eigene Lebensfreude steigern. Der Drang, andere zu übertrumpfen, besser, höher und gescheiter zu sein, lässt nach.

Uranus herrscht über Haus 5

Hemmung

Deutung: *Die Irritation oder Nervosität im Handeln und in der Sexualität, die mangelnde Unabhängigkeit im Handeln und in der Sexualität, der Mangel an Geschäftsideen, all dies beeinflusst ungünstig Haus...*

Der Gehemmte möchte gerne frei und unabhängig handeln, kann es jedoch nicht. Es nervt ihn, mit dem Partner zusammen etwas unternehmen zu müssen, weil dabei nur die Interessen und Vorstellungen des Partners zum Tragen kommen. Er kann sich zwar widersetzen oder seinen Trotz zum Ausdruck bringen, aber dadurch vergeht beiden die Freude und der Spaß. Also schaut er – wie der Partner – in das Schaufenster des Schuhladens oder des Autohauses, geht mit ihm ins Café oder Restaurant, obwohl er eigentlich etwas anderes machen möchte. Playboys und Playgirls, Menschen ohne Hemmungen vor Seitensprüngen und sexuelle Lüstlinge machen großen Eindruck auf den Gehemmten. Aber er wagt nicht, diese Ausdrucksformen des Uranus selbst zu leben. Bei ihm wirkt sich dieser Aspekt höchstens in der Form aus, dass er in der Sexualität irritiert ist oder leicht nervös wird, wenn es nicht auf Anhieb klappt. Auch Kindern gegenüber kann der Horoskopeigner schnell genervt reagieren, oder es werden von vornherein gar keine Kinder gewünscht.

Kompensation

Deutung: *Ständig auf Hochfrequenzebene zu balancieren, sein Genie durch exaltiertes Handeln unter Beweis stellen zu müssen und immer nur das Besondere tun wollen, die spektakuläre Sexualität, die in Intervallen durchgeführten Seitensprünge, all dies beeinflusst Haus... oder irritiert die Gehemmten in Haus 11 und in Haus...*

Der Uranus-Kompensator ist der wahre Abenteurer, der garantiert dann etwas Außergewöhnliches tut, wenn gerade alle hinsehen. Niemand liebt zugleich das Spektakel und das Risiko so sehr wie er. Vielleicht möchte er damit in das Guinness-Buch der Rekorde kommen, und wahrscheinlich gelingt es ihm sogar, denn Einfallsreichtum und exaltierte Selbstdarstellung erregen immer Aufsehen und fallweise Anerkennung. Das Gefühl, etwas ganz Besonderes zu sein und nur Außergewöhnliches tun zu wollen, lässt diese Menschen zum Überlebenskünstler werden, zum Troubadour auf der Bühne des Lebens, immer unterwegs, um sich dort zu zeigen, wo lebendige Hochspannungsleitungen gefragt sind. Solche Horoskopeigner handeln unvermittelt, exzentrisch und vor allem auch für sich selbst unberechenbar, was manchmal jahrelange Arbeit total zunichte machen kann. Doch ihr Stolz und das sichere Wissen um das eigene Genie lassen sie nicht Kinder von Traurigkeit sein. Als Gruppenleiter oder Organisatoren sind sie großartig, jedoch setzen sie zu oft auf Menschen, die glühende Verehrer der eigenen Person sind. Damit verliert der Kompensator bald das heroische Ziel aus den Augen, oder es wird durch die Missgunst anderer zunichte gemacht. Auch fehlt es dieser eruptiven Persönlichkeit an Ausdauer und Disziplin; aber das sind die Tugenden der Normalsterblichen, die sich hoffentlich um das Genie scharen, um es in seiner Einmaligkeit demutsvoll zu unterstützen. Beruflich geben sich diese Horoskopeigner oft als exzentrische Künstler und Showtalente, die durch chronische Eskapaden zum Liebling der Boulevardpresse avancieren, als Erfinder, Weltverbesserer, Callboys und Callgirls.

Lösungsmöglichkeit, erwachsene Form

Deutung: *Unabhängiges, freies Handeln, unabhängige, freie Sexualität, spektakuläre neue Ideen in Bezug auf Kreativität, Handeln, Geschäfte, Unternehmungen und Firmengründungen, die freie Erziehung der Kinder, all dies stärkt Haus...*

Frei werden durch Selbstständigkeit, durch ein eigenes Unternehmen oder durch ein eigenes Geschäft, heißt das Motto für den Erwachsenen. Dies ist für ihn möglich durch Geschäftsideen oder Ideen in Bezug auf Gestaltung und Kreativität und vor allem über das Delegieren von damit verbundenen Arbeiten. Der Erwachsene handelt frei und unabhängig und lässt sich dabei nicht mehr in fremde Muster zwängen. Im Schöpferischen ist er originell und bringt etwas Neues, Unkonventionelles ans Licht. Erfinderkonstellation!

Neptun herrscht über Haus 5

Hemmung

Deutung: *Der verunsicherte Verselbstständigungsprozess, die Passivität, Unsicherheit und Schwäche im Handeln, in Unternehmungen oder in der Sexualität, die schwach ausgebildeten Managementfähigkeiten, die Ängste in der Sexualität, die Orgasmusschwäche, die Verunsicherung der eigenen Kreativität und Schöpferkraft, all dies schwächt und verunsichert Haus... oder verursacht beim Horoskopeigner Flucht- und Suchttendenzen in Haus... oder gibt den Kompensatoren in Haus... Gelegenheit, verunsichernd oder als Helfer zu fungieren.*

Der Gehemmte hat meist seine unternehmerischen Fähigkeiten, seine Managementfähigkeiten und sein Organisationstalent nur schwach ausgebildet. Er ist ständig verunsichert und im Zweifel, sodass er kaum zum Handeln kommt. Er hat große Ängste, sich festzulegen, Termine zu vereinbaren, Nägel mit Köpfen zu machen. Die größte Angst für ihn besteht aber darin, dass er etwas falsch machen könnte. In der Kindererziehung geht er ohne Konzept vor. Daher ist es für seine Kinder schwierig, eine Orientierung zu finden. Manchmal kann diese Konstellation auch in einem unehelichen Kind zum Ausdruck kommen.

Kompensation

Deutung: *Größenkomplex und das chronische Liebesspiel mit dem Trugbild des eigenen Egos bzw. Scheinkreativität durch ständige Neuinszenierung der jeweiligen Rollenspiele, »unsichtbares« Handeln im sicheren Hintergrund, das Handeln als Helfer, all dies beeinflusst... Das schwache Selbstbewusstsein wird kompensiert, indem man die Gehemmten in Haus... verunsichert, schwächt oder entwertet.*

Die Unsterblichkeit zu erreichen, mögen nur jene schaffen, die durch glanzvolle schauspielerische Leistungen auf der Leinwand zur Kultfigur werden. Der Normalsterbliche wird sich maximal der Alltagswelt entrücken und seine Größe und den Ruhm in der Vision erleben. Der Wunsch nach Ansehen und Bedeutung macht den Kompensator zum Gefangenen seiner Fantasien. Jeder noch so kleine Handlungsschritt birgt die Gefahr in sich, das Trugbild von sich selbst zu zerstören, also wird er erst gar nicht umgesetzt. Mancher Kompensator gibt sich der Spielsucht hin oder wird Repräsentant einer Hilfsorganisation, wo er eine Scheinrolle verkörpert, ohne eigenes Handeln einbringen zu müssen. Im kritischen Moment geht er auf Tauchstation, um sich zu günstigeren Zeiten wieder neu zu inszenieren. Hat er eine Führungsrolle im Rotlichtmilieu, ermöglicht dies Handeln in der Tarnung (zum Beispiel Rauschgifthandel). Eine Neigung zum Detektivspielen ist ebenfalls zu beobachten.

Lösungsmöglichkeit, erwachsene Form

Deutung: *Das unangepasste, unorthodoxe Handeln, die alternativen Unternehmungen, die Sexualität jenseits der Moral, die fantasievolle*

Sexualität, die persönliche Alternative in der Kindererziehung, all dies stärkt Haus...

Während Neptun sowohl in der Hemmung als auch in der Kompensation den Verselbstständigungsprozess unterhöhlt, zeigt er sich im erwachsenen Stadium von seiner angenehmen Seite. Neptun stärkt den Verselbstständigungsprozess, wenn er mit Inhalt gefüllt wird. Die Aufgabe für den Erwachsenen lautet daher, sich mit den Themen Management, Unternehmungsführung, Geschäftgründung und -führung besonders stark auseinanderzusetzen. Dort kann er die eigene Fantasie spielen lassen, die Hintergründe aufspüren und das Bewusstsein erweitern, um durch die vielen Möglichkeiten, die sich dadurch auftun, eine persönliche Alternative zu finden. Der Erwachsene handelt unorthodox und setzt dabei seine Fantasie ein. Er gründet ein alternatives Unternehmen oder macht sich mit Astrologie, Tiefenpsychologie oder Esoterik selbstständig. In der Sexualität wagt er Grenzen zu überschreiten, befasst sich mit Tantra und ist fähig, sich in der Orgasmusphase voll hinzugeben und loszulassen. Der Erwachsene erzieht seine Kinder nicht nach pauschalen Normen und Idealen, sondern findet auch hier die Alternative, die sein Leben und jenes seiner Kinder verbessert.

Mars herrscht über Haus 6

Hemmung

Deutung: *Die gehemmte Durchsetzung in der Arbeitswelt, der mangelnde Mut, seine Gefühle zum Ausdruck zu bringen, die willenlose Unterordnung, dies beeinflusst ungünstig Haus...*

Der Gehemmte wagt es nicht, seine wahren Gefühle zu zeigen, weil er Ärger und Streit aus dem Weg gehen will. Dies bewirkt, dass er immer auf Menschen trifft, die ihre Gefühle aggressiv, gereizt und provozierend zur Schau stellen. In der Arbeitswelt ist der Horoskopeigner ständig der rigorosen Durchsetzung der anderen ausgesetzt. Er wird auch dauernd von anderen kritisiert, was ihn sehr verletzt. Dies bewirkt, dass er sich immer noch mehr unterordnet und überzogen anpasst. Durch das Leiden in diesem gehemmten Zustand bleibt der Seele oft als letzte Möglichkeit, sich über eine Krankheit auszudrücken.

Kompensation

Deutung: *Die kämpferische Durchsetzung in der Arbeit, der aggressive Ausdruck der eigenen Gefühle, der Kampf gegen jede Anpassung, dies beeinflusst Haus...*

Der Horoskopeigner erlaubt sich, seine Gefühle überzogen aggressiv, gereizt und provokativ zu zeigen und auszudrücken. In der Arbeitswelt verfolgt er egoistisch nur die eigenen Interessen und setzt ungehemmt seinen Willen durch. Gegen jede Anpassung wird eigensinnig und zornig gekämpft. Mit den Kollegen befindet sich der Kompensator in ständiger rivalisierender Auseinandersetzung. Seine messerscharfe Kritik macht sich der Kompensator ungeniert zunutze.

Lösungsmöglichkeit, erwachsene Form

Deutung: *Die Durchsetzung am Arbeitsplatz ohne Kampf, der spontane Ausdruck der Gefühle, der Energieeinsatz für die Arbeit, die Durchsetzung mittels konstruktiver Kritik, all dies stärkt Haus...*

Der Horoskopeigner kann spontan und auf ruhige, aber bestimmte Art die eigenen Gefühle ausdrücken und zeigen. In der Arbeitswelt setzt er ohne Kampf und Streit seine Interessen durch. Da ihm die natürliche Form der Selbstbehauptung zur Verfügung steht, kann er sich zu gegebenem Anlass freiwillig anpassen. Seine Energie verwendet er für die Arbeit und nicht mehr für das Konkurrieren mit den Kollegen. Er hat Mut zur Kritik an der eigenen Person und kann bei anderen Kritik in angemessener Form anbringen.

Venus (Stier) herrscht über Haus 6

Hemmung

Deutung: *Das aufgrund des Mangels an wirtschaftlichen Fähigkeiten notwendige Dienen und Unterordnen, die Abgrenzungs-Schwierigkeiten am Arbeitsplatz, die Probleme mit dem Eigenwert in der Arbeit, die Anpassung aus Bequemlichkeit, all dies beeinflusst ungünstig Haus...*

Da der Gehemmte sich zu wenig mit Besitz und Finanzen beschäftigt und seine wirtschaftlichen Fähigkeiten kaum ausgebildet hat, muss er im Sinne seiner Mitmenschen funktionieren, muss dienen und arbeiten. Das Schicksal meint es gut mit ihm, wenn ihm eine Arbeitsstelle im Finanzamt, in einer Versicherungsagentur, in einer Bank oder in einem Immobilienbüro angeboten wird. Hier ist er dann aus beruflichen Gründen gezwungen, sich mit dieser Materie auseinanderzusetzen. Ob er die Situation aber wirklich für sich nutzen kann, um etwas zu lernen, das steht auf einem anderen Blatt. Andere Gehemmte haben bei dieser Konstellation Schwierigkeiten, sich im Arbeitsprozess abzugrenzen. Entweder haben sie dort keinen eigenen Arbeitsplatz, kein eigenes Zimmer bzw. Büro, oder sie werden ständig in ihrem Revier zum Beispiel durch andere Kollegen, Vorgesetzte oder durch Kunden gestört. Hinzu kommt, dass der Wert der Arbeit meist nicht anerkannt wird und dadurch Probleme mit dem Eigenwert entstehen. Oft ist es auch so, dass der Gehemmte sich aus Bequemlichkeit und damit er seine Ruhe hat, anpasst und unterordnet, denn die Sicherheit am Arbeitsplatz geht ihm über alles. Manche Horoskopeigner erleben ihren Herdentrieb am Arbeitsplatz besonders intensiv und neigen zur Grüppchenbildung mit Kollegen. Nur in der Gruppe fühlen sie sich stark.

Kompensation

Deutung: *Der wütende Ausdruck der eigenen Gefühle, die Dickköpfigkeit im Arbeitsleben, die bewertende Kritiksucht, all dies beeinflusst Haus...*

Der Kompensator zeigt seine Gefühle nur sehr begrenzt. Er baut eine Mauer auf, sodass seine Mitmenschen nicht wissen, wie er ihnen gegenübersteht. Er setzt im Ausdruck und Zeigen der Gefühle stets seinen eigenen Wertmaßstab, bei sich und bei den anderen. Im Arbeitsleben hat der Kompensator starre Grenzen abgesteckt und wirkt deshalb stur und dickköpfig. Der Arbeitsplatz und die Arbeitssituation werden nach dem finanziellen Erfolg bewertet und sind sehr auf Sicherheit ausgerichtet. Der Horoskopeigner kritisiert andere, indem er an ihren materiellen Werten herumnörgelt. Starrsinnig erwartet er, dass sich die anderen anpassen, weil das seinen Eigenwert stärkt. Sauberkeit und Ordnung in Bezug auf seinen Besitz haben einen hohen Stellenwert.

Lösungsmöglichkeit, erwachsene Form

Deutung: *Die durch wirtschaftliche Fähigkeiten erwirkte wesensgemäße Arbeit, die Analyse des Finanzsystems der Gesellschaft, die Sicherheit im Zeigen der eigenen Gefühle, die Abgrenzung am Arbeitsplatz, das eigene Revier in der Arbeit, der Wert der eigenen Arbeit, all dies stärkt Haus...*

Der Erwachsene hat hier folgende Aufgaben zu bewältigen:

- Ausbildung von wirtschaftlichen Fähigkeiten, um nicht subalterne Arbeiten übernehmen zu müssen, sondern Arbeiten, die dem eigenen Wesen entsprechen.
- Analyse des Finanzsystems der Gesellschaft, um nicht so sehr in die Opferrolle gedrängt zu werden.
- Sicherheit erwerben im Zeigen der eigenen Gefühle.
- Abgrenzungsfähigkeit am Arbeitsplatz einsetzen, um dort ein eigenes Revier beanspruchen zu können.
- Den eigenen Wert in der Arbeit zum Ausdruck bringen, um so für einen sicheren Arbeitsplatz zu sorgen.

Merkur (Zwillinge) herrscht über Haus 6

Hemmung

Deutung: *Der Mangel an der Fähigkeit, die eigenen Gefühle zu artikulieren, der Mangel an der Fähigkeit, das, was analysiert und kritisiert werden muss, zu verbalisieren, die subalternen Schreibarbeiten, all dies beeinflusst...*

Da der Gehemmte die Lernaufgabe, die hier gestellt wird, nicht annimmt, muss er diese Konstellation in der Erleidensform erfahren. Dies geschieht meist über Krankheit und Leid. Der Arzt stellt ihm eine entsprechende Diagnose oder überweist ihn zum Psychoanalytiker, falls er annimmt, die Krankheit sei psychosomatisch bedingt. Sein Körper wird diagnostiziert und seine Seele analysiert, weil er selbst seine diagnostischen und analytischen Fähigkeiten nicht ausgebildet hat und darüber nicht sprechen kann. Ansonsten hat der Gehemmte eine Affinität zu einem Arbeitsplatz, in dem sehr viele Telefonate anfallen, eine Menge Schreibarbeiten zu erledigen sind oder Zahlen und Statistiken eine Rolle spielen. Meist hat er bei seiner Arbeitsstelle nur einen geringen Bewegungsspielraum, da er seinen Platz – wenn überhaupt – nur für kurze Zeit verlassen darf.

Kompensation

Deutung: *Der Ausdruck der Gefühle durch dauerndes Reden, die ständigen kritischen Äußerungen, die übertriebene Geschäftigkeit am Arbeitsplatz, das ständige Sprechen über die Arbeit, ohne sie zu tun, all dies beeinflusst Haus...*

Der Kompensator glaubt, dass er seine Gefühle durch ständiges Reden gut zum Ausdruck bringt. Dabei besteht aber die Gefahr, dass er Gefühle eher zerredet oder sie nur theoretisch abhandelt. Böse Zungen sagen, dass der Merkur-Kompensator selbst Inhalte zu artikulieren versteht, die fernab seines Wissensstandes und seines Erfahrungsbereiches liegen. Wenn andere behaupten: Das lässt sich mit Worten nicht mehr ausdrücken, straft sie der Kompensator Lügen. Im Arbeitsbereich gibt sich der Kompensator übertrieben geschäftig und will bei jeder Gelegenheit sein Wissen darstellen. Er pilgert von Konferenz zu Konferenz oder auch von Lehrgang zu Lehrgang, um nur ja keine Gelegenheit zur

Informationsaufnahme zu versäumen. Mancher Horoskopeigner wandert in der Firma von Zimmer zu Zimmer, um den Informationsfluss nicht ins Stocken geraten zu lassen.

Lösungsmöglichkeit, erwachsene Form

Deutung: *Die eigene Wahrnehmung, Beobachtung und Analyse, die in Wort und Schrift zum Ausdruck kommt, die geschickte Artikulation beim Zeigen der eigenen Gefühle, die Informationen über Analysemethoden, Psychoanalyse, Ernährung, Krankheit und Gesundheit, all dies stärkt Haus...*

Wenn der Erwachsene Informationen über Analyse- und Verwertungsmethoden, Psychoanalyse, Ernährung, Krankheit und Gesundheit sowie über das Arbeitsleben eingeholt und diese Themen intellektuell verarbeitet hat, kann er all dies in Wort und Schrift ausdrücken. Das Ziel bei dieser Konstellation ist, alles das, was analysiert und diagnostiziert wird, auch zu verbalisieren und schriftlich festzuhalten. Außerdem ist es für den Horoskopeigner wichtig, über Möglichkeiten informiert zu sein, wie er seine Gefühle äußern kann. Der Erwachsene ist dazu in der Lage, auf intelligente und sprachlich gewandte Weise sowohl positive wie auch negative Gefühle dem jeweiligen Gesprächspartner zu vermitteln.

Mond herrscht über Haus 6

Hemmung

Deutung: *Selbstmitleidiger Ausdruck der eigenen Gefühle, mangelnde Identifizierung mit der eigenen Arbeit, ängstliche Anpassung, all dies beeinflusst ungünstig Haus...*

Der Gehemmte ist im Ausdrücken und Zeigen der eigenen Gefühle blockiert, weil er keine echten Gefühle, sondern nur Selbstmitleid vorzuweisen hat. Da er noch keine Arbeit gefunden hat, die seinem Wesen entspricht, kann er sich mit ihr auch nicht identifizieren. Wegen seiner Sentimentalität wird er von seinen Mitmenschen ständig kritisiert, deswegen glaubt er, sich in seinem Gefühlsleben noch mehr anpassen zu müssen. Wegen seiner Verträumtheit und Beeindruckbarkeit ist es ihm nicht möglich, seine Wahrnehmungsfähigkeit auszubilden.

Kompensation

Deutung: *Launenhafter Ausdruck der eigenen Gefühle, innerliches Klammern an die Arbeit, übertriebene emotionale Anpassung, all dies beeinflusst Haus...*

Als Kompensator kann der Horoskopeigner seine Gefühle ausdrücken und zeigen, wenn auch auf sehr launenhafte und tyrannische Weise. Zu seiner Arbeit hat der Kompensator ein überzogen emotionales Verhältnis. Er wird dort alle versorgen und bemuttern und will ständig eine familiäre Atmosphäre schaffen. Immer, wenn er seelisch angespannt ist, kritisiert er seine Mitmenschen und zwingt sie somit zur Anpassung. Die eigene Wahrnehmung wird übertrieben nach den stimmungsabhängigen Empfindungen ausgerichtet.

Lösungsmöglichkeit, erwachsene Form

Deutung: *Die Arbeit, die dem eigenen Wesen gemäß ist, das differenzierte Wissen über Naturheilkunde und Ernährung, die psychoanalytischen Fähigkeiten, die sensible Art, Kritik zu üben, all dies stärkt Haus...*

Auf den Erwachsenen warten hier folgende Aufgaben:

- Zeigen der Gefühle auf weiche und empfindsame Art,
- Ausbildung der Fähigkeit, Zärtlichkeit, seelische Wärme und Liebe in den verschiedensten Varianten zu zeigen,
- Lernen, auf sensible Art Kritik zu üben,
- Ausbildung von psychoanalytischen Fähigkeiten,
- Aneignung eines differenzierten Wissens über Naturheilkunde, Ernährungskunde und Biologie,
- Aneignung eines differenzierten Wissens über humanes Bauen und Wohnen,
- Suche nach einer Arbeit, die dem eigenen Wesen sowohl inhaltlich als auch formal entspricht, in der die eigene wahre Natur ausgedrückt werden kann und die somit gar nicht mehr als Arbeit und Mühe empfunden wird.

Sonne herrscht über Haus 6

Hemmung

Deutung: *Mangelnde Selbstständigkeit in der Arbeit, fehlendes Selbstbewusstsein im Ausdruck der eigenen Gefühle, Anpassung aufgrund von Bescheidenheit, all dies beeinflusst ungünstig Haus...*

Im Arbeitsleben ist der Gehemmte in seiner Selbstständigkeit blockiert, er muss untergeordnete Arbeiten verrichten, bei denen jeder Schritt vorgegeben ist. Dabei leidet er unter der selbstherrlichen und dominanten Art der Kollegen. Für das Zeigen und den Ausdruck der eigenen Gefühle fehlt ihm das Selbstbewusstsein. Wegen seiner falschen Bescheidenheit passt sich der Horoskopeigner zu sehr an oder ordnet sich unter, indem er im Sinne seiner Mitmenschen funktioniert. Zur Kritik ist er unfähig, weil er sich selber aufgrund von mangelnder Selbstsicherheit ständig infrage stellt. Wegen der Selbstherrlichkeit und Großspurigkeit der anderen ist er so geblendet, dass die eigene Wahrnehmungsfähigkeit untergeht.

Kompensation

Deutung: *Selbstherrlichkeit im Arbeitsleben, Taktlosigkeit im Ausdruck der eigenen Gefühle, die durch Stolz verhinderte Analyse und Selbstkritik, all dies beeinflusst Haus...*

Der Kompensator pocht im Arbeitsleben auf seine Selbstständigkeit. Er tritt großspurig auf, will delegieren und alles organisieren. Er drückt seine Gefühle aus wie ein Schauspieler auf der Bühne und verwendet sie zur Selbstdarstellung. Anpassung hat er aufgrund seiner Selbstherrlichkeit nicht nötig, erwartet sie aber von anderen. Der eigene Stolz und die eigene Subjektivität verbieten ihm die Selbstkritik, dafür fühlt er sich berufen, seine Mitmenschen taktlos zu kritisieren. Seine Wahrnehmungsfähigkeit ist darauf ausgerichtet, herauszufinden, wo er im Mittelpunkt stehen und glänzen kann.

Lösungsmöglichkeit, erwachsene Form

Deutung: *Selbstständigkeit im Arbeitsbereich, Selbstbewusstsein und Herzlichkeit im Ausdruck der eigenen Gefühle, Souveränität in der Anpassung, all dies stärkt Haus...*

Der Horoskopeigner hat die Aufgabe, seine schöpferischen, pädagogischen und unternehmerischen Fähigkeiten auszubilden und sie am Arbeitsplatz einzusetzen. Als Erwachsener wird er seine Arbeit selbstständig und kreativ erledigen. Durch das gute Organisationstalent und seine Managementfähigkeiten hat er eine anspruchsvolle Arbeit oder ist in leitender Position. Die eigenen Gefühle kann er ehrlich und souverän zum Ausdruck bringen. Durch seine Großzügigkeit ist es ihm möglich, sich aus gegebenem Anlaß freiwillig anzupassen. Die vorhandene Kritikfähigkeit kann er bei sich selbst anwenden, durch das ausgebildete Selbstbewusstsein ist der Erwachsene auch fähig, seine Schattenseiten zu betrachten. Die vorhandene Wahrnehmungsfähigkeit leistet zur Selbstverwirklichung gute Dienste. Er wird das, was er erlebt hat, analysieren und all das, was er analysiert hat, leben.

Merkur (Jungfrau) herrscht über Haus 6

Hemmung

Deutung: *Verklemmtheit im Zeigen und Ausdrücken der eigenen Gefühle, Unterordnung in der Arbeitswelt und gehorsame Anpassung, all dies beeinflusst ungünstig Haus...*

Der Gehemmte kann seine Gefühle weder zum Ausdruck bringen noch zeigen, weil er dazu zu verklemmt ist. In der Arbeitswelt ist er bereit, sich sehr schnell anzupassen, meistens verrichtet er untergeordnete Arbeiten. Kritik richtet er gegen sich selbst und stellt sich dabei ständig infrage. Zudem muss er noch die Kritteleien seiner Kollegen und Mitmenschen über sich ergehen lassen. Immer schon musste er sich gehorsam anpassen und anderen zu Diensten sein. Die eigene Wahrnehmungsfähigkeit wird von anderen kritisiert, sodass er oft total verunsichert ist.

Kompensation

Deutung: *Nörgelei als Ausdruck der eigenen Gefühle, Perfektionismus in der Arbeit, Rebellion gegen jede Anpassung, all dies beeinflusst Haus...*

Als Kompensator wird der Horoskopeigner durch Nörgeln und Kritisieren seine Gefühle verdeckt zum Ausdruck bringen. In der Arbeitswelt ist er ein Perfektionist und erwartet das auch von seinen Kollegen. Weil er so sehr auf die Details fixiert ist, kommt er oft nicht zur eigentlichen Arbeit. Möglicherweise ist der Kompensator arbeitssüchtig. Dem Drang nach Kritik lässt er freien Lauf und bemängelt alles, was nicht seinem eigenen, kleinkarierten Denken entspricht. Er rebelliert gegen jede Art von Anpassung. Spitzfindig verweigert er alle Arbeiten, die nach Anpassung und Unterordnung aussehen. Haarspalterisch analysiert der Horoskopeigner die Fakten und die Umwelt und stellt seine subjektive Wahrnehmung als übergeordnete Realität dar.

Lösungsmöglichkeit, erwachsene Form

Deutung: *Die situationsgerechte Anpassung im Arbeitsprozess, die Wahrnehmung und Beobachtung im Arbeitsleben, die Sorgfalt in der Arbeit, die Fähigkeit, die Ursachen von Krankheit und Gesundheit zu analysieren, die Fähigkeit, während der Arbeit mit seinen Kräften hauszuhalten, all dies stärkt Haus...*

Die Aufgabe des Horoskopeigners ist die Ausbildung seiner Wahrnehmungs- und Beobachtungsfähigkeit im Arbeitsprozess und seiner analytischen Fähigkeiten in Bezug auf Arbeit, Krankheit und Gesundheit. Außerdem muss er eine situationsgerechte Anpassung lernen und sich darin schulen, seine Kritik auf dem Arbeitsfeld konstruktiv anzubringen. Der Erwachsene kann mit seinen Kräften haushalten und folglich seine Gesundheit aufrechterhalten. Zusätzlich interessiert er sich auch für Ernährungskunde und Medizin, um auch zukünftig gegenüber Angriffe auf seine Gesundheit gewappnet zu sein.

Venus (Waage) herrscht über Haus 6

Hemmung

Deutung: *Der Mangel an Kritik und Analyse aufgrund eines irrealen Harmonieideals, die Harmoniesucht am Arbeitsplatz, das Gefühl, nur nette und freundliche Gefühle zeigen zu dürfen, der Mangel an Wahrnehmung von Aktions- und Reaktionsprozessen am Arbeitsplatz, all dies beeinflusst ungünstig Haus...*

In der Hemmung schaut der Horoskopeigner zu sehr auf andere, als dass er seine innere Natur wahrnehmen könnte. Auch drückt er sein Wesen und seine Gefühle nicht aus, sondern zeigt nur nette und freundliche Wesenszüge, die seinen Mitmenschen gefallen könnten. Der Gehemmte passt sich an und ist vernünftig, weil es die anderen auch sind. Seine Arbeit ist noch nicht Ausdruck seines eigenen Wesens. Er möchte dazugehören und macht sich deshalb oft klein und steckt zurück. So kommt es zu Ungerechtigkeiten. Seine Kritik setzt zu spät ein und ist zu freundlich und wird daher leicht überhört. Selbst zieht er jedoch Kritik an, der er nichts entgegenzusetzen hat. Da er das Gesetz von Ursache und Wirkung am Arbeitsplatz nicht beachtet und auch Taktgefühl und Stil vermissen lässt, kommt es dort immer wieder zu Schwierigkeiten und Problemen.

Kompensation

Deutung: *Wenn Kritikfähigkeit durch oberflächliches Geplänkel über Äußerlichkeiten demonstriert wird, die eigene Wahrnehmung durch eine alles glättende und rosa färbende Brille stattfindet bzw. die gezeigten Gefühle vielleicht auch besonders nett und damit gleichgültig und glatt vermittelt werden, dann beeinflusst all dies...*

Wer seine Arbeit liebt, ist auch am Arbeitsplatz beliebt. Allerdings nur, wenn er gleichzeitig zu vermitteln versteht (und das ist die Kunst daran), dass er niemals in ernsthafte Konkurrenz zu seinen Kollegen tritt. Kontaktbereitschaft und liebenswürdige Umgangsformen sowie ein hübsches Outfit fördern ebenfalls die Geselligkeit wie auch erotische Kontakte am Arbeitsplatz. Wer das nicht so gerne möchte, sollte besonders nach Feierabend mit einer »größeren Runde« von Kollegen zum Stammtisch gehen, um den arbeitsreichen Tag genüsslich ausklingen zu lassen. Leider lassen sich Kompensatoren nur schwer davon abbringen, sich in Kritiklust und Tratsch über die wenig attraktive Kollegin aus der Chefetage zu ergehen. Der Horoskopeigner selbst verträgt Kritik an der eigenen Person nur schlecht, vor allem dann, wenn es seinen Geschmack und seine äußere Erscheinung betrifft. Manchmal wird der Arbeitsfrust durch kurze Modevorführungen und Kaffeetratsch unterbrochen. Auch versucht der Kompensator tatsächlich, sich dem gegengeschlechtlichen Kollegen anzunähern. Warum auch sollte man nicht seinen zukünftigen Partner am Arbeitsplatz kennenlernen? Eine gesunde Kompensation kann sich auch hier in einem Arbeitsplatz in der Modebranche äußern. Geschicklichkeit im Entwerfen von Kleidungsstücken und sonstigen modischen oder ästhetischen Accessoires ist ausreichend vorhanden. Mancher Kompensator kann Schönheit und Gesundheit im Arbeitsleben gut miteinander verbinden.

Lösungsmöglichkeit, erwachsene Form

Deutung: *Die eigene Wahrnehmung, was für einen Freude und Wohlleben bedeutet, die Wahl einer Arbeit, die dem eigenen Wesen und den eigenen Anlagen entspricht, das Erlernen von Begegnungsfähigkeit am Arbeitsplatz, all dies stärkt Haus...*

Der Horoskopeigner nimmt sein Wesen liebevoll wahr und entwickelt Formen, um es freundlich und oft auch anspruchsvoll zum Ausdruck zu bringen. Auf ästhetische Weise und im Austausch mit anderen differenziert er sein Seelenleben. Er sucht eine Arbeit, die dem eigenen Wesen mehr entspricht, ist wählerisch. Gern möchte er gemeinsam mit anderen in Harmonie arbeiten. Doch bevor er das erreichen kann, muss er zunächst einmal die Unausgewogenheiten wahrnehmen und durch eine eigene höhere Gewichtung Ausgleich und Gerechtigkeit herbeiführen. Das heißt, der Erwachsene gibt sich nicht mit einem faulen Frieden zufrieden. In der Kritik an anderen ist es zunächst schwer, das richtige Maß zu finden, doch mehr und mehr lernt der Erwachsene, seine Kritik fein auszusteuern, sie freundlich auszudrücken und dabei sich und dem anderen gerecht zu werden. Weitere Entwicklungs- und Lernprozesse bestehen darin, dass der Horoskopeigner lernt, in der Arbeit Aktion und Reaktion zu beachten, taktisch und strategisch vorzugehen, Stil zu bewahren, die Etikette einzuhalten und nicht zuletzt auch effiziente Werbung zu betreiben.

Pluto herrscht über Haus 6

Hemmung

Deutung: *Die unterdrückte oder fremdbestimmte Wahrnehmung und Beobachtung, die Unterdrückung im Zeigen der Gefühle, die Unter-*

drückung der eigenen Analyse- und Kritikfähigkeit, die Sachzwänge und der Druck in der Arbeit, die Anpassungszwänge, all dies unterdrückt Haus...

Dort, wo Pluto Herrscher ist, und in dem Haus, in dem Pluto steht, braucht man ein Konzept. Solange man ein solches Konzept oder Programm nicht entwickelt hat, ist man im Arbeitsleben unterdrückt; entweder direkt durch den Chef bzw. durch einen dominanten Kollegen oder indirekt durch den Stellenplan, nach dem man sich zu richten hat. Auch Sachzwänge können den Gehemmten hier so beherrschen, dass das »Malochen« einfach kein Ende nimmt. Vor lauter Arbeit und Anpassung vergisst der Gehemmte, seine wahren Gefühle zu zeigen, und auch seine Wahrnehmung ist eingeengt. Das Motto des Gehemmten ist: »Wess' Brot ich ess', dess' Lied ich sing.« Je mehr er arbeitet, desto weiter entfernt er sich von seinem wahren Wesen. Schließlich ist er ein entfremdeter Mensch, der den Zugang zu seiner eigenen Natur verloren hat. Erschwerend kommt hinzu, dass er meist keine psychoanalytischen Fähigkeiten ausgebildet hat und daher seinem Leid nicht auf die Schliche kommen kann. Er glaubt, der Zwang zu entfremdender Arbeit, zu Unterordnung, Gehorsam und zum Dienen sei naturgegeben. Außerdem findet er es schön, in der Firma gebraucht zu werden. Körperlich ist diese Konstellation (in der Hemmung) oft mit Kurz- oder Weitsichtigkeit (Unterdrückung der Wahrnehmung), mit Schwerhörigkeit oder Tinnitus (Ohrgeräusche) verbunden.

Kompensation

Deutung: *Die Wahrnehmung und Beobachtung nach einem fremden Programm oder Leitbild (um sich damit »oben« zu fühlen), die Analyse nach einem bestimmten System, eigene Macht, Dominanz oder Leitbildfigur am Arbeitsplatz, das rituelle Zeigen der Gefühle nach einem gesellschaftlich anerkannten Programm, all dies beeinflusst Haus ... oder unterdrückt den Gehemmten in Haus 12 und in Haus... Das Machtgebaren im Arbeitsleben, Extremismus und eine versklavende Arbeitseinstellung, Kritikfixierung und Wahrnehmungsdogma, weil Sezierbrillenliebhaberei vorherrscht oder weil man andere durch eigenes Leid beherrschen will, all dies beeinflusst Haus... oder unterdrückt den Kompensator in Haus 12 und in Haus...*

Mit diesem Aspekt werden Workaholics geboren – besessen von der Arbeit, versklavt sich der Horoskopeigner selbst immer wieder neu, obwohl er es hasst, so viel tun zu »müssen«. Machtkämpfe im Kollegenkreis können das Arbeitsverhältnis empfindlich trüben, sind aber leider an der Tagesordnung. Der Kompensator lehnt sich zwar gegen jede Unterordnung auf, hat aber häufig kein eigenes Programm entwickelt, um sich gesündere und ihm entsprechende Bedingungen zu schaffen. Befindet er sich jedoch in übergeordneter Position, dann zwingt er nun seinerseits andere in die Dienerschaft. Mitunter ist er auf Kritik fixiert ohne jegliche Differenzierung und adäquate Beurteilung der Situation. Die Wahrnehmung erfolgt mithilfe einer Röntgenbrille, und das daraus resultierende Dogma (zum Beispiel: »Alle Hutträger sind doof«) wird zu einem Instrument, um Gefühle zu demonstrieren oder Kritikfähigkeit unter Beweis zu stellen. Da das 6. Haus auch dem Gesundheits- und Krankheitsprozess zugeordnet wird, will der Horoskopeigner seine Mitmenschen mitunter über seine Krankheiten beherrschen. Eine positive Kompensation erfolgt im Entwerfen von Arbeitsprogrammen, im Beruf als Arzt, Heiler oder Therapeut.

Lösungsmöglichkeit, erwachsene Form

Deutung: *Das eigene Wahrnehmungs- und Beobachtungsmuster, die differenzierte, präzise Forschungsarbeit, das Wissen um Krankheit, Gesundheit, Pflege, Psychoanalyse, Ernährung, Recyding und Computerwesen, die eigenen Programme im Zeigen der Gefühle, das eigene Konzept in der Arbeit, all dies stärkt Haus...*

Nachdem der Horoskopeigner in der Hemmung und der Kompensation das irrsinnige Karussell der Machtspielchen am Arbeitsplatz kennengelernt hat, lässt der Schicksalszwang nach. Er hat erkannt, dass diese Konstellation die Aufgabe beinhaltet, auf dem Arbeitssektor ein Konzept oder Programm auszuarbeiten oder aber differenzierte, präzise Forschungsarbeit zu leisten. Günstig ist es für den Erwachsenen, sich Wissen anzueignen über Gesundheit, Krankheit (medizinisches Wissen), Psychoanalyse, Ernährung, Recycling und Computertechnik (Programme!).

Jupiter herrscht über Haus 6

Hemmung

Deutung: *Der Mangel an Einsicht in Psychoanalyse, Krankheit und Gesundheit beeinflusst ungünstig Haus... Die Fülle an Arbeit und an Kritik, die man einstecken muss, belastet Haus...*

In der Hemmung erfährt der Horoskopeigner hier leider selbst den Glücksplaneten Jupiter als ungünstig. Er wird mit einer Fülle an Arbeit, Kritik oder Krankheitssymptomen konfrontiert. Der Gehemmte gerät in einen negativen Kreislauf: Weil er sich nicht weiterbildet, kann er in der Arbeit keinen besseren, höher bewerteten Posten bekommen, und weil er im Angestelltenverhältnis nicht aufsteigt, bekommt er auf der bisherigen Arbeitsstelle immer mehr Arbeit aufgebrummt. Zumindest aber erreicht der Gehemmte eine erfolgreiche Anpassung an die hohen Damen und Herren, die über ihm das Regiment leiten.

Kompensation

Deutung: *Überarbeitung aufgrund einer wenig effizienten und sich verzettelnden Arbeitsweise, kein Gefühl für Proportionen, stark erweiterte und vergrößerte Wahrnehmung, die aber das Naheliegende übersieht, Gebaren als Moralapostel, all dies beeinflusst...*

Die Brille der Wahrnehmung ist durch Jupiter vergrößert und erweitert. Das Jungfrau-Prinzip in Haus 6 möchte aber jedes noch so kleine Ding penibel erfassen. Daher wird aus der Maus schnell ein Elefant. Probleme sind außerdem dort angesagt, wo jungfräuliche Disziplin notwendig ist, wo Jupiter aber lästige Einzelheiten gar nicht liebt. Dies kann zu einer Überarbeitung aufgrund wenig ökonomischer und effizienter Planung bei gleichzeitig zu weit gesteckten Zielen führen. Der Horoskopeigner verzettelt sich und verliert allen Sinn für Proportionen. Andererseits ist er in einer stark moralisierenden Art auf Perfektion bis ins kleinste Detail bedacht und stößt damit seine Mitmenschen vor den Kopf. Die eigene Arbeitsmoral wird gern zum Postulat erhoben, wobei die missionarische Besserwisserei die Kollegen nicht nur beglückt. Der Kompensator möchte gerne wichtige und kreative Arbeit tun, organisiert vielleicht Spendenaktionen usw., ist dabei aber nicht immer frei von scheinheiligen Motiven und dem Wunsch, sich selbst ins edle Scheinwerferlicht zu rücken.

Lösungsmöglichkeit, erwachsene Form

Deutung: *Die Weiterbildung auf einem Arbeitsgebiet, in Psychoanalyse oder Medizin stärkt Haus... Die Erweiterung der Kritikfähigkeit und des Repertoires im Zeigen der Gefühle stärkt Haus...*

Die Aufgabe, die das Schicksal hier stellt, ist sonnenklar: Es geht um die Einsicht in das Arbeitsleben, um die Verbesserung der Arbeitsbedingungen und um die fachliche Weiterbildung, die bei dieser Art von Arbeit erforderlich ist. Wer sich jedoch von subalterner Arbeit befreien möchte, kann sich hier mit Psychoanalyse beschäftigen, um über diesen Weg zu erkennen, welche Tätigkeit dem eigenen Wesen und den eigenen Anlagen am ehesten entspricht. In dieser Arbeit könnte der Betreffende dann Sinn und Glück finden. Und es gibt bei dieser Konstellation noch eine Möglichkeit der Entwicklung und Reifung: Der Horoskopeigner kann sein Repertoire im Zeigen der Gefühle erweitern und damit viel Freude und Glück erwirken.

Saturn herrscht über Haus 6

Hemmung

Deutung: *Die Hemmung im Zeigen der eigenen Gefühle, die Hemmung in analytischen Fähigkeiten und in der Selbstkritik, die genormte Wahrnehmung und Beobachtung, die Überstunden in der Arbeit, Normen, Gebote und Verbote im Arbeitsprozess, all dies blockiert...*

Der Horoskopeigner ist in seiner Wahrnehmung und Beobachtung gehemmt oder fremdbestimmt. Er misstraut seiner eigenen Wahrnehmung und sieht alles ausschließlich durch die Brille von Anstand, Moral und Konvention. Eine solche Einschränkung hat oft auch Störungen der Sinnesorgane zur Folge. Entweder leidet das Sehvermögen (Kurzsichtigkeit, Weitsichtigkeit), oder das Hören ist erschwert (auch Tinnitus kann vorkommen). Andere Gehemmte haben keine analytischen Fähigkeiten ausgebildet und sind zu konstruktiver Selbstkritik nicht fähig. Auch kann es sein, dass sie im Zeigen ihrer Gefühle gehemmt sind oder nur die gesellschaftlich erlaubten sichtbar machen. In der Hemmung ist der Horoskopeigner ständig zur Anpassung gezwungen, harte Arbeit ist angesagt, Arbeit ohne Ende. Leider handelt es sich fast ausnahmslos um eine entfremdende Tätigkeit, die dem eigenen Wesen nicht gemäß ist. Der Gehemmte muss im Sinne fremder Ziele funktionieren. In manchen Fällen kommt es in der Hemmung auch zu Rechtsstreitigkeiten am Arbeitsplatz.

Kompensation

Deutung: *Die Leistung in der Arbeit, die Sauberkeit und Ordnung im eigenen Umfeld, die normgerechte Wahrnehmung, das Zeigen der Gefühle von Moral und Anstand, all dies hemmt den Erkenntnis- und Entwicklungsprozess in Haus... oder stärkt die Anerkennung innerhalb der Kollektivneurose in Haus... oder blockiert jenen, der noch die Kindrolle spielt, in Haus 12 und in Haus...*

Der Kompensator legt im Arbeitsprozess besonderen Ehrgeiz an den Tag. Er will vor den Kollegen mit seiner Arbeitsleistung, mit seinen Überstunden und mit seinem Durchhaltevermögen gut dastehen. Die anderen sollen ihm Anerkennung zollen für die viele, lange, harte oder gute Arbeit, die er geleistet hat. Häufig drängt der Horoskopeigner bei dieser Konstellation auch in eine Vorgesetztenposition. Wenn er wenigstens ein paar Leute »unter sich« hat, ist er schon zufrieden. Unter Umständen zeigt der Kompensator immerhin die Gefühle, welche der Norm entsprechen oder die anständig und moralisch sauber sind. Nicht selten stellt er Hygiene und Sauberkeit auf ein Podest. Kleidung, Wohnung, Garten, Haus – alles muss ordentlich und sauber sein, weil er sich sonst vor anderen Menschen schämt. Die Hemmung im Zeigen der eigenen Gefühle und der Mangel an Selbstkritik werden kompensiert durch ein überdimensionales Bedürfnis nach Sauberkeit und Hygiene. Der Kompensator kehrt, putzt und reinigt außen, weil er sich unbewusst innen (seelisch) verschmutzt fühlt. In einigen Fällen macht sich diese Konstellation aber auch durch hypochondrische Tendenzen bemerkbar, und der Horoskopeigner wird von der Angst vor Bakterien und Viren beherrscht oder macht sich dauernd Sorgen, vielleicht etwas Falsches, Verdorbenes oder Ungesundes gegessen zu haben. Günstiger ist es da, wenn er als Arzt, Heilpraktiker, Psychoanalytiker oder Therapeut diese Tendenzen auf Patienten und Klienten projizieren kann.

Lösungsmöglichkeit, erwachsene Form

Deutung: *Das Recht, die eigenen Gefühle zu zeigen, die Wahrnehmung nach den Gesetzen des Lebens, das Recht auf eine Arbeit, die dem eigenen Wesen gemäß ist, das Wissen um analytische, diagnostische und medizinische Gesetzmäßigkeiten, die Übernahme der Verantwortung für die eigene Gesundheit und Krankheit, all dies wird verwendet für Haus... oder stärkt Haus...*

Der Horoskopeigner empfindet das Recht, seine Gefühle (auch die negativen) zu zeigen und Kritik zu üben. Er nutzt die Normen und Ideale der Gesellschaft zu seinem Vorteil, das heißt, er passt sich nur dort an, wo es unbedingt erforderlich ist und wo es unklug wäre, sich aufzulehnen. Er findet in Bezug auf Sauberkeit und Hygiene die gesunde Mitte. Auch nimmt er die Umwelt nicht mehr nur durch die Brille der Norm und der Moral wahr, sondern unter dem Gesichtspunkt der Gesetze des Lebens. Ferner lernt er psychoanalytische Gesetzmäßigkeiten und die Gesetze von Krankheit und Gesundheit, medizinische Gesetzmäßigkeiten und die Gesetze der Ernährung kennen. Auf dem Sektor Arbeit verfolgt der Erwachsene das Ziel, nur noch die Arbeiten zu verrichten, die seinem Wesen entsprechen.

Uranus herrscht über Haus 6

Hemmung

Deutung: *Der Mangel an Freiheit und Unabhängigkeit am Arbeitsplatz, Irritation und Stress in der Arbeit, häufiger Arbeitsplatzwechsel, Irritationen in der Wahrnehmung und im Zeigen der Gefühle, all dies beeinflusst ungünstig Haus...*

Der Gehemmte möchte sich von Anpassungszwängen, von Unterordnung und Gehorsam, von Arbeit, Mühe und Plage befreien, schafft es aber nicht. Da er im »Haus der Arbeit« Dynamit beherbergt, sind Arbeitsplatzwechsel bei ihm keine Seltenheit. Aufgrund seiner inneren Unruhe vollzieht er unbewusste Befreiungsakte oder führt Trennungen herbei. Ferner versagt sich der Gehemmte oft so lange das Zeigen der eigenen Gefühle, bis all das Verdrängte eines Tages eruptiv nach oben kommt. In solchen Momenten lässt er zu viel auf einmal raus oder sagt die Wahrheit so unverblümt, dass der Partner oder Mitmensch sich vor den Kopf gestoßen fühlt.

Kompensation

Deutung: *Wenn sich die eigene Wahrnehmung jeder Raum-/Zeit-Realität entzieht und Kritikfähigkeit in Zynismus und Spott endet bzw. keinerlei ökonomische Einordnung mehr zugelassen wird, dann beeinträchtigt dies... Das Rausspringen aus Anpassungszwängen, der Aufstand, Widerstand oder die Rebellion am Arbeitsplatz beeinflussen Haus... oder irritieren die Gehemmten in Haus 12 und in Haus...*

Die außerordentliche Begabung für visionäre und relativierende Wahrnehmung gipfelt in einem zunehmenden Realitätsdefizit, wobei sich der Horoskopeigner mit dieser Manier am elegantesten jedem jungfräulichen Einordnungsmechanismus entzieht. Aus dieser Hochspannungsperspektive lässt er sich höchstens zum spottenden Kritisieren der Schablonendenker und Wahrnehmungskrüppel nieder, um deren Realitätsverständnis zu hinterfragen und sie letztendlich zu verunsichern. Mit multidimensionalen Erkenntnissen ausgestattet fühlen sich Kompensatoren auch am Arbeitsplatz ermutigt, ihre Kollegen aus der tristen Unterordnung herauszuholen, erfinden ständig neue Arbeitsmethoden oder fördern Aufstände und Revolten innerhalb des Mitarbeiterstabs. Diese Menschen werden nicht müde, sich verächtlich jeder Einordnung und dadurch jedem Miteinander zu verweigern und finden sich häufig als unverstandene Sonderlinge auf exponierten Arbeitsplätzen wieder (oder werden mit dem Vermerk: »Für Ihre außergewöhnlichen Begabungen findet unsere Firma leider keine Verwendung mehr. Verschwenden Sie doch nicht Ihre wertvolle Arbeitskraft, wenn Sie zu Höherem berufen sind« auf die Stellensuche geschickt).

Lösungsmöglichkeit, erwachsene Form

Deutung: *Die freie, unabhängige Wahrnehmung, die freie Analyse und Kritik, das freie, unabhängige Zeigen der eigenen Gefühle, die Freiheit und Unabhängigkeit in der Arbeit, all dies stärkt Haus...*

Der Horoskopeigner hat die Aufgabe, sich von den Wahrnehmungsmustern seiner Eltern, des Milieus, in dem er aufgewachsen ist, der Kultur und Zeitepoche zu befreien, um zu einer individuellen Wahrnehmung zu kommen. Er befreit sich von einer entfremdenden Arbeit, um zu einer Tätigkeit überzuwechseln, die ihm entspricht und in der es ihm gelingt, seine Individualität auszudrücken. Der Erwachsene lernt, Haus 6, also das Feld von Arbeit, Krankheit und Gesundheit, aus einer Vogelperspektive zu betrachten und diese Lebensgebiete frei und unabhängig zu analysieren.

Neptun herrscht über Haus 6

Hemmung

Deutung: *Die Angst, Gefühle zu zeigen, die Verunsicherung in der Wahrnehmung und Beobachtung, die Unsicherheiten und Ängste im Arbeitsleben, die Verdrängungen, die in der Arbeit zum Vorschein kommen, die unbewusst durch Krankheit erwirkte Flucht vor Arbeit und Anpassung, all dies schwächt und verunsichert Haus..., verursacht beim Horoskopeigner Flucht- und Suchttendenzen in Haus... oder gibt den Kompensatoren Gelegenheit, in Haus... verunsichernd oder als Helfer zu fungieren.*

Der Gehemmte ist in seiner Anpassung geschwächt. Diese Schwäche rührt daher, dass er die stete Selbstverleugnung im (entfremdenden) Arbeitsprozess auf Dauer nicht durchhält. Da er bewusst nicht wagt, die für ihn ungute Arbeits- oder Anpassungssituation aufzulösen, versucht sein Unbewusstes dies auf verschlungenen Wegen über Krankheit, Vermehrung der Fehlerquote bei der Arbeit, über einen chaotischen oder schlampigen Arbeitsstil, Drückebergerei oder Intrigen am Arbeitsplatz. Wenn aufgrund dieser Umstände der Betreffende entlassen wird, hat das Unbewusste sein Ziel erreicht: Arbeitslosigkeit. Endlich ist er die Arbeit los. Doch da er keine Alternative hat, ist dieser Zustand für ihn unbefriedigend und mit Leid verbunden, da er sich ausgestoßen oder nicht anerkannt fühlt. Außerdem kommt es bei Gehemmten zu verzerrter oder irrealer Wahrnehmung, Kurzsichtigkeit und zur Verunsicherung im Zeigen der eigenen Gefühle. Mangelnde Hygiene und Sauberkeit können ebenfalls ein Thema sein.

Kompensation

Deutung: *Übersinnliche oder wenigstens übersensibilisierte Wahrnehmung als Flucht vor realen Aufgaben bzw. Aufopferungssucht in der Rolle des Dieners, Helfers und »Engels«, auf der anderen Seite Kritiksucht, um der Eigenkritik zu entgehen, all dies beeinflusst... Die eigene Schwäche in der Anpassung und in der Selbstkritik wird kompensiert, indem man den Gehemmten in Haus... verunsichert, schwächt oder entwertet.*

Auch Arbeitssucht kann helfen, sich etwaigen Problemen zu entziehen. Vielleicht hat der Kompensator auch noch grenzenlose Kritikfähigkeit ausgebildet und schlägt die Mitarbeiter in die Flucht. Und wird ihm alles zu viel, dann bleibt noch die eigene Flucht in die Krankheit. Am günstigsten lebt sich die Rolle in der Helfertätigkeit, wobei dieser Aspekt den Horoskopeigner geradezu dazu prädestiniert. Außerdem erreichen Heiler und Helfer häufig den Status eines Engels, wenn sie sich genügend darum bemühen. Andere Kompensatoren vermögen ihre Wahrnehmung derart zu sensibilisieren, dass sie tatsächlich das Gras wachsen hören oder jedenfalls einmal die Woche einer Lichtgestalt begegnen, die sie liebevoll in die Arme nimmt (wenn sie diese nicht schon selbst verkörpern).

Lösungsmöglichkeit, erwachsene Form

Deutung: *Das unangepasste Zeigen der eigenen Gefühle, die Wahrnehmung von Hintergründen im Arbeitsprozess, das Finden einer persönlichen Alternative im Arbeitsprozess, das Ausbilden von analytischen Fähigkeiten und der Kritikfähigkeit via Tiefenpsychologie, Astrologie und Esoterik, das Finden einer persönlichen Alternative im Gesundwerden und Gesundbleiben, all dies stärkt Haus...*

Der Horoskopeigner löst wegen der Zweifel an der entfremdenden Arbeitswelt, die er hat, und wegen der dazugehörigen Hintergründe, die er aufdeckt, langsam aber sicher seine Anpassungszwänge auf. Während er von der alten Arbeitsform immer mehr Abstand nimmt, hält er Ausschau nach seiner persönlichen Alternative auf dem Arbeitssektor. Er sucht und findet eine Tätigkeit, die seinem eigenen Wesen gemäß ist. Auch die Hintergründe von Krankheit und Gesundheit deckt der

Erwachsene auf. Als Hilfsmittel hierfür fungieren Tiefenpsychologie, Astrologie und Esoterik. Nicht zuletzt erweitert er auch sein Wahrnehmungsmuster. Er legt seine Scheuklappen ab und kann das Leben mehr aus kosmischer Sicht betrachten.

Mars herrscht über Haus 7

Hemmung

Deutung: *Die schwache Durchsetzung in der Partnerschaft und in Begegnungen mit anderen, der fehlende Mut zu einem eigenen Geschmack und zur Ausbildung der erotischen Eigenart, all dies beeinflusst ungünstig Haus...*

Der Gehemmte kann in der Partnerschaft seine eigenen Interessen nicht durchsetzen, ärgert sich aber, wenn der Partner dies tut. In Kontakten mit der Umwelt ist er willensschwach, dafür zieht er aber Menschen an, die kämpferisch und aggressiv ihr eigenes Ego zum Ausdruck bringen. Um des lieben Friedens willen gibt der Horoskopeigner dann nach. Trotzdem kommt es immer wieder zum Streit. Häufig begegnet er Menschen, deren Sonne im Widder steht, deren Aszendent der Widder ist oder deren Mars-Prinzip besonders stark ausgebildet ist. Es fehlt der Mut zu einem eigenen Geschmack, weil der Gehemmte die Angriffe aus seiner Umgebung fürchtet.

Kompensation

Deutung: *Die ungezügelte, rigorose Durchsetzung in der Partnerschaft und im Umgang mit den Mitmenschen, der provokante eigene Geschmack und Schönheitssinn, all dies beeinflusst Haus...*

Der Kompensator ist in seiner Begegnung mit der Umwelt auf Kampf und Streit eingestellt und darauf, andere dazu zu provozieren. Als Partner setzt er seine Interessen aggressiv und rücksichtslos durch und macht damit die Partnerschaft zum Kampfplatz, in der er ständig die Reibung sucht. Um die vorhandene Hemmung zu überspielen, greift er den Geschmack und Schönheitssinn seiner Mitmenschen an und verletzt sie damit. Das Motto des Kompensators heißt: Über Geschmack lässt sich streiten.

Lösungsmöglichkeit, erwachsene Form

Deutung: *Das Einsetzen des eigenen Willens und die mutige Durchsetzung in der Partnerschaft und in den Begegnungen mit anderen, der* *pionierhafte eigene Geschmack und Schönheitssinn, die Initiative auf dem Sektor Erotik, all dies stärkt Haus...*

In der erlösten Form kann der Horoskopeigner seine Interessen mutig durchsetzen, berücksichtigt aber auch die Wünsche des Partners. Damit kann eine Partnerschaft gleichberechtigt gelebt werden, und es entsteht echte Harmonie. Seine Energie lenkt der Erwachsene in konstruktive Kanäle, indem er sich gemeinsam mit anderen für etwas einsetzt oder mit Freunden Sport treibt. In Begegnungen und Kontakten mit der Umwelt zeigt er freundlich, aber bestimmt seinen Willen, muss ihn aber nicht mehr auf Biegen und Brechen durchsetzen. Der Geschmack und Schönheitssinn der anderen darf sich genauso entfalten wie der eigene und ist kein Streitthema mehr.

Venus (Stier) herrscht über Haus 7

Hemmung

Deutung: *Die Begegnung mit wertenden oder auch mit besitzenden und finanziell gesicherten Menschen, die Abgrenzungsschwierigkeiten in Begegnung und Partnerschaft, die Schwierigkeiten im Lebensstil mit dem Partner, die Revierkämpfe in der Partnerschaft, die finanziellen Schwierigkeiten mit dem Partner, der mangelnde Eigenwert zur Verwirklichung des eigenen Geschmacks, all dies beeinflusst ungünstig Haus...*

Eine Person mit Aszendent Skorpion (Thema: geistiger Besitz) findet durch den Deszendenten Stier (Thema: materieller Besitz) ihren Ausgleich. Am Deszendenten das Tierkreiszeichen Stier stehen zu haben bedeutet, dass der Horoskopeigner – wenn er selbst dieses Prinzip nicht zur Verfügung hat – Menschen begegnet, deren Sonne sich im Stier befindet, die den Stier zum Aszendenten haben, deren Venus in Haus 1 platziert ist oder bei denen die Stier-Anlagen Besitz, Immobilien, Finanzen, Status, Prestige, Abgrenzung, Reviertrieb und Genuss besonders stark zum Ausdruck kommen. Der Gehemmte sucht in der Partnerschaft nach Sicherheit. Und wenn der mögliche Partner Status und Prestige vorzuweisen hat, dann kommt er in die engere Wahl. Meistens jedoch wird der Gehemmte von seinem Partner im Wert herabgesetzt, oder es kommt zu ständigen finanziellen Auseinandersetzungen. Auch schafft es der Gehemmte selten, sich in der Partnerschaft abzugrenzen und einen eigenen Lebensstil zu pflegen.

Kompensation

Deutung: *Die Besitzergreifung in der Partnerschaft und in der Begegnung mit anderen, die starke Wertorientierung im eigenen Geschmack, die durch Besitz und Finanzen gefestigte Partnerschaft, die Überdimensionierung des eigenen Reviers in der Partnerschaft, all dies beeinflusst Haus...*

Ist der Horoskopeigner eine Partnerschaft eingegangen, will er festhalten und den anderen besitzen. Manche Kompensatoren dehnen ihr Revier so weit aus, dass der Partner kaum mehr über einen Eigenraum verfügt. Die Konstellation wird aber auch so gelebt, dass der Horoskopeigner als vermögender Mensch versucht, seinen Partner durch wertvolle Geschenke zu halten. In Kontakten und Begegnungen mit der Umwelt werden Menschen nach ihrem materiellen Status ausgewählt und bewertet. Der eigene Geschmack und Schönheitssinn orientieren sich primär am materiellen Wert. Was teuer ist, wird als schön empfunden. Insbesondere sind hier jene Kompensatoren gemeint, die stets schauen, ob es sich um eine Marke von Rang und Namen handelt.

Lösungsmöglichkeit, erwachsene Form

Deutung: *Beständigkeit in der Partnerschaft und in Kontakten mit der Umwelt, Bedächtigkeit in der Partnerwahl, Stabilität im eigenen Geschmack, die realistische geistige Eigenart, all dies stärkt... Die wirtschaftliche Unabhängigkeit in der Partnerschaft, die beständige Partnerschaft, das Wertegleichgewicht in der Partnerschaft, der stabile eigene Geschmack, die Auswahl nach Wertbeständigkeit, das realistische, bodenständige Denken, all dies stärkt Haus...*

Der Erwachsene hat seine wirtschaftlichen Fähigkeiten ausgebildet und hält seine Finanzen in Ordnung. Daher ist er finanziell nicht mehr vom Partner abhängig. Da er einen gesunden Eigenwert entwickelt hat, wagt er auch in Begegnung und Partnerschaft, sich abzugrenzen und einen Eigenraum zu beanspruchen. Selbstverständlich respektiert er auch die Grenzen der anderen. Er weiß, es geht bei dieser Konstellation nicht um Sieger und Besiegte, sondern um ein Gleichgewicht zwischen dem eigenen Lebensstil und dem des Partners, zwischen dem eigenen Revier und dem des anderen, zwischen dem eigenen Lebensgenuss und dem der Mitmenschen. Der Geschmack des Erwachsenen ist stabil und trotzdem so flexibel, dass er das Gewohnte notfalls auch verändern kann.

Merkur (Zwillinge) herrscht über Haus 7

Hemmung

Deutung: *Das mangelnde rhetorische Geschick in Begegnung und Partnerschaft, der mangelnde freie Aktionsradius in der Partnerschaft, die mangelnden praktischen und technischen Fähigkeiten, um den eigenen Geschmack zu verwirklichen, all dies beeinflusst ungünstig Haus...*

Der Gehemmte kann sich in Begegnungen und Kontakten sprachlich nicht oder nicht differenziert genug ausdrücken. Eine solche Hemmung ist ein gefundenes Fressen für alle Merkur-Kompensatoren, das heißt der Gehemmte zieht immer wieder Menschen an, die mit Rhetorik glänzen, die über einen umfangreichen Wortschatz verfügen oder ständig auf ihn einreden. Oft hat der Gehemmte auch eine »Quasseltante« oder einen »Quasselonkel« zu Hause sitzen, die bzw. der ihn mit Trivialitäten überschüttet. Sehr häufig zieht der Horoskopeigner auch Menschen an, die im Tierkreiszeichen Zwillinge ihre Sonne stehen haben oder deren Horoskop mit dem Aszendenten Zwillinge beginnt. Da sich der Gehemmte zu wenig über Verhaltens- und Anstandsregeln informiert, gibt er oft eine schlechte Figur ab.

Kompensation

Deutung: *Das ständige Reden in jeder Begegnungssituation, die Überbetonung von Kommunikation in der Partnerschaft, die nach dem eigenen Geschmack vorgenommenen Veränderungen, die Kontakte schaffenden praktischen und technischen Fähigkeiten, all dies beeinflusst Haus...*

Der Kompensator kann seinen Merkur nur deshalb überdimensioniert ausleben, weil der Gehemmte dies zulässt. Dieser Horoskopeigner fällt durch übermäßiges Reden auf, lässt andere kaum zu Wort kommen und stellt neugierige Fragen. In der Partnerschaft wird von ihm der Lebensbereich Kommunikation überbetont, sodass es endlose Diskussionen gibt. Ärger kann es auch in der Partnerschaft geben, wenn der Kompensator – um seinen Geschmack zu verwirklichen – in der Wohnung immer wieder Veränderungen vornimmt und sich nichts mehr an seinem Platz befindet. Günstiger gestaltet sich jedoch das Bild, wenn er durch seine praktischen und technischen Fähigkeiten Kontakte schaffen kann. Doch dann ist er schon fast erwachsen.

Lösungsmöglichkeit, erwachsene Form

Deutung: *Das Gleichgewicht im Gespräch, die Beachtung von Aktion und Reaktion im Gespräch, der eigene freie Aktionsradius in der Partnerschaft, die Fähigkeit, in der Begegnung Informationen aufzunehmen und abzugeben, all dies stärkt Haus...*

Der Lernprozess verlangt vom Horoskopeigner, seine Kommunikationsfähigkeit auszubilden und sie in der Begegnung und Partnerschaft einzusetzen. Dabei gilt es insbesondere auf ein Gleichgewicht im Gespräch zu achten. Weder der andere noch man selbst darf rhetorisch ein Übergewicht bekommen. Wenn der Partner zum Beispiel zwei Stunden redet, nimmt sich der Erwachsene – wenn er will – ebenso das Recht heraus, zwei Stunden zu sprechen. Außerdem achtet der Erwachsene beim Gespräch auf Aktion und Reaktion, er kann zuhören, aber auch virtuos und geschickt reden. Der Horoskopeigner kann sich sprachlich gut ausdrücken und durch seine Offenheit und Neutralität viele interessante Kontakte knüpfen. Nicht zuletzt wird er auch, wenn er mit einem Partner zusammenwohnt, seinen freien Aktionsradius behaupten und sich kleinere Reisen ohne Partner erlauben.

Mond herrscht über Haus 7

Hemmung

Deutung: *Verletzlichkeit in Begegnungen und Kontakten, Anlehnungsbedürftigkeit in der Partnerschaft, Zaghaftigkeit im eigenen Geschmack, all dies schwächt Haus...*

Der Gehemmte ist sehr empfindlich in Begegnungen und Kontakten mit der Umwelt und wird deshalb immer wieder in seinen Gefühlen verletzt. Die Partnerwahl ist wegen der großen Schüchternheit erschwert. In der Partnerschaft verhält er sich dann sehr anlehnungsbedürftig und erwartet ununterbrochene Zuwendung. Da hier jeder Partner überfordert ist, lebt der Horoskopeigner ständig im Defizit. Manchmal bekommt er einen Partner, der nach Lust und Laune Zärtlichkeit gibt und entzieht, um bewusst oder unbewusst Macht auszuüben. Für einen eigenen Geschmack und Schönheitssinn ist der Gehemmte zu zaghaft, bewundert aber all diejenigen, die diese Fähigkeit ausgebildet haben. Besonders häufig erlebt der Gehemmte jedoch seine Krebs-Anlage in der Projektion – andere servieren ihm ständig ihre Gefühle und belasten ihn damit.

Kompensation

Deutung: *Gefühlsbetontheit im Umgang mit der begegnenden Umwelt, willkürliche Durchsetzung des eigenen Geschmacks, Zärtlichkeit geben und entziehen nach Lust und Laune, anderen Nahrung oder Wohnung anbieten und dafür Dankbarkeit erwarten, all dies beeinflusst Haus...*

Der Kompensator begegnet seiner Umwelt betont gefühlvoll bis launenhaft. Durch emotionales Klammern hat er, verhaftet in der Elternrolle, seine Mitmenschen fest im Griff. Vielleicht stellt er ihnen seine Wohnung zur Verfügung und erwartet dafür Dankbarkeit. In der Partnerwahl legt er großes Gewicht auf die Zärtlichkeit und Anschmiegsamkeit des Partners – Männer werden besonders auf die Versorgung mit Essen und seelischer Wärme durch die Frau achten. Geschmack und Schönheitssinn hängen von den jeweiligen Stimmungen ab und haben somit keine klare Richtung. Der Kompensator kann nur bei anderen und nicht bei sich selbst erkennen, dass die Erlebnisse in der Umwelt der Ausdruck der eigenen psychischen Struktur sind.

Lösungsmöglichkeit, erwachsene Form

Deutung: *Einfühlungsvermögen in Begegnungen und Kontakten, Fürsorglichkeit und Zärtlichkeit in der Partnerschaft, sensibles Gespür für* *den eigenen Geschmack, das durch Kenntnisse in Psychologie verbesserte Einfühlungsvermögen dem Partner und Mitmenschen gegenüber, all dies stärkt Haus...*

In der erlösten Form kann der Horoskopeigner seine Begegnungen und Kontakte mit der Umwelt einfühlsam und liebevoll gestalten. Die Partnerwahl richtet sich nach dem Wohlgefühl und der inneren Stimme. Der Erwachsene muss eine Wesensverwandtschaft mit dem Partner empfinden. Er kann viel Geborgenheit geben, ist liebevoll und zärtlich, was sich positiv auf das seelische Wohl des Partners auswirkt. Der eigene Geschmack wird nach den persönlichen Empfindungen ausgerichtet. Außerdem kann der Erwachsene in jeder Begegnung seine Kenntnisse in Psychologie, Naturheilkunde oder Bauen und Wohnen anbieten und damit seine Anziehungskraft zusätzlich verstärken.

Sonne herrscht über Haus 7

Hemmung

Deutung: *Die mangelnde Handlungsfähigkeit und der mangelnde Unternehmungsgeist in der Partnerschaft, der Mangel an Kreativität und Selbstbewusstsein in Bezug auf den eigenen Geschmack und in Bezug auf Erotik sowie das mangelnde Licht in Bezug auf das Werben, all dies hemmt Haus...*

Es gelingt dem Gehemmten nicht, so zu handeln, dass er in der Außenwelt Formen verwirklichen könnte, die den eigenen Inhalten entsprechen. Insofern bleibt der eigene Geschmack auf der Strecke. Der Mangel an Kreativität etwa in der Zusammenstellung der Kleidung, von modischen Accessoires oder von Wohnungsgegenständen wird schmerzlich empfunden. Ferner wagt der Horoskopeigner nicht, das eigene Licht in der Begegnung leuchten zu lassen und in seinem Werbeverhalten zu strahlen. Er kennt sich auch in Bezug auf Benimmregeln nicht oder nur wenig aus und hat daher wenig Selbstbewusstsein in der Begegnung und im Kontakt mit anderen Menschen. Er überlässt den Mitmenschen das Feld als Bühne für ihre Auftritte, spielt das Spiel der anderen mit und wird selbst zum Komparsen oder bleibt Zuschauer. Auch kann es sein, dass der Gehemmte vitale Menschen mit starker

Ausstrahlung anzieht, Menschen mit starker Löwe-Betonung im Horoskop. Doch sie überstrahlen den Horoskopeigner oder stellen ihn gar in den Schatten.

Kompensation

Deutung: *Selbstherrlichkeit in Kontakten und Begegnungen mit anderen, dominantes Handeln in der Partnerschaft, prunkvolle Darstellung des eigenen Geschmacks, all dies beeinflusst Haus...*

Der Kompensator tritt selbstherrlich im Umgang mit seiner Umwelt auf und versucht ständig, im Mittelpunkt zu stehen. Durch die betonte, großartige Handlungsfähigkeit ist er in der Partnerschaft sehr dominant. Der Partner wird im Handeln für unfähig erklärt, sodass der Kompensator alles für ihn und für die Partnerschaft tun muss. Angeberisch und stolz werden der eigene Geschmack und Schönheitssinn präsentiert, der in erster Linie darauf angelegt ist, von anderen bewundert zu werden.

Lösungsmöglichkeit, erwachsene Form

Deutung: *Die Kreativität in der Kombination von Kleidungsstücken, modischen Accessoires und Wohnungsgegenständen, im Schaffen eines hellen, strahlenden Ambientes, der souveräne Umgang mit Benimmregeln, das spielerische, humorvolle Werbeverhalten und die Kreativität in der Erotik, all dies stärkt Haus... Indem man virtuos mit den verschiedensten Begegnungssituationen umzugehen versteht, stärkt man Haus... Die Selbstständigkeit und Selbstsicherheit in der Partnerschaft stärken Haus...*

Der Erwachsene stellt sein Licht in der Begegnung nicht mehr unter den Scheffel, er lässt aber auch nicht mehr strahlen, das heißt, er projiziert nicht mehr sein Sonne-Löwe-Prinzip auf andere Menschen. Er geht souverän mit Etikette, Anstands- und Benimmregeln um und wird mit den verschiedensten Begegnungssituationen virtuos fertig. Er bringt durch Organisationstalent und durch Managementfähigkeiten seine persönlichen Kontakte zu den Mitmenschen auf die Reihe. Durch ständige Übung gelingt es dem Erwachsenen außerdem, dem Gesetz von Inhalt und Form Genüge zu leisten und somit seinen eigenen Geschmack zu verwirklichen.

Merkur (Jungfrau) herrscht über Haus 7

Hemmung

Deutung: *Die Begegnung mit nörgelnden und kritisierenden Menschen, der durch Verklemmtheit und Bescheidenheit eingeschränkte Prozess der Partnerwahl, die Unterordnung in der Partnerschaft, der anspruchslose, bescheidene Geschmack, das Zaudern in Entscheidungsprozessen, all dies beeinflusst ungünstig Haus...*

Wessen Horoskop am Aszendenten das Tierkreiszeichen Fische aufweist, der hat automatisch am Deszendenten das Merkur-Jungfrau-Prinzip. Das bedeutet, dass der Horoskopeigner, wenn er diese Anlage nicht selbst zur Verfügung hat, immer wieder auf Jungfraugeborene oder auf Menschen mit dem Aszendenten Jungfrau, mit Merkur im 1. Haus oder mit einer Merkurjungfrau-Betonung trifft. Im Gegensatz zum Horoskopeigner sind das Personen, die das Prinzip Anpassung, Kritik, Analyse und Diagnose verkörpern, also vorwiegend angepasste, moralisch besonders saubere Menschen oder Arzte und Heilpraktiker oder Partner, die ständig nörgeln und Kritik üben und denen man es nicht recht machen kann. Immer wieder finden sie etwas, was sie am Horoskopeigner auszusetzen haben. Das Gesetz der Wiederkehr des Verdrängten sagt, wer nicht gelernt hat, den Partner und Mitmenschen wirklichkeitsadäquat wahrzunehmen und sich auf ihn einzustellen, und wer nicht fähig ist, in der Begegnung seine Gefühle zu zeigen, muss dieses Prinzip in der Erleidensform erfahren. Da der Gehemmte in der Begegnung und im Kontakt mit anderen Menschen etwas verklemmt ist, fordert er damit die Kritik seiner Mitmenschen geradezu heraus. In der Partnerschaft ist er es gewohnt sich unterzuordnen und muss den Partner unter Umständen sogar bedienen. Dies ist gar nicht so verwunderlich, da der Prozess der Partnerwahl meist schon von vornherein durch Verklemmtheit und Bescheidenheit eingeschränkt ist. In der Regel hat der Gehemmte auch keinen Mut zu einem eigenen Geschmack, er ist eher bescheiden und anspruchslos.

Kompensation

Deutung: *Kritisierend und spitzfindig im Umgang mit der begegnenden Umwelt, Verweigerung jeder Anpassung in der Partnerschaft, Per* *fektionismus und Pingeligkeit im eigenen Geschmack und Schönheitssinn, all dies beeinflusst Haus...*

Der Kompensator tritt seiner Umwelt kritisierend und spitzfindig gegenüber. Alles, was ihm begegnet, wird erst einmal skeptisch betrachtet und auf Nützlichkeit geprüft. In der Partnerschaft verweigert der Kompensator jede Anpassung und erwartet, dass sich der Partner unterordnet. In der Partnerwahl ist er sehr kritisch, es muss alles bis ins Detail stimmen, bis er sich mit jemandem einlässt. Geschmack und Schönheitssinn werden der jeweiligen Mode angepasst. Auch hier sind Inhalt und Form nicht in Einklang.

Lösungsmöglichkeit, erwachsene Form

Deutung: *Die wirklichkeitsadäquate Wahrnehmung des Partners, die Einstellung auf den Partner, ohne sich dabei selbst zu verleugnen, das gegenseitige Zeigen der Gefühle in der Partnerschaft, die durch sorgfältige Auswahl getroffene Entscheidung, der distinguierte eigene Geschmack, all dies stärkt Haus...*

Der Horoskopeigner muss lernen, das wirkliche Wesen seines Partners und Mitmenschen wahrzunehmen. Er muss sich auf den anderen einstellen und in der Partnerschaft fähig sein, seine Gefühle zum Ausdruck zu bringen. Da er sich auch mit Psychoanalyse, Medizin und Ernährung beschäftigt hat, kann er den ihm begegnenden Menschen mit Rat und Tat zur Seite stehen oder auch einmal konstruktive Kritik anbringen. Mit seiner Beobachtungsgabe und seinem Blick fürs Detail wählt der Erwachsene in der Umwelt sorgfältig aus, was seinem Geschmack entspricht.

Venus (Waage) herrscht über Haus 7

Hemmung

Deutung: *Mangelnde Umgangsformen, das Nichtbeherrschen von Benimmregeln, die eigene Diskrepanz zwischen Inhalt und Form, das Beliebt-sein-Wollen und der Zwang zur Harmonisierung in Begegnung und Partnerschaft, all dies beeinflusst ungünstig Haus...*

Der Gehemmte beherrscht die Formen des Umgangs nicht. Er ist gehemmt und zurückhaltend oder unhöflich. Es kann auch sein, dass er sich in der Begegnung nur am anderen ausrichtet, so dass er vor lauter Höflichkeit seine eigenen Inhalte nicht mehr ausdrücken kann. Dann sind die Formen nur äußerlich und leer. Möglicherweise kleidet sich der Horoskopeigner »schön«, ohne jedoch seinen eigenen Typ entdeckt oder seinen eigenen Geschmack entwickelt zu haben. So folgt er nur der Mode und wird von ihren Launen mitgerissen. Der Sinn für Ästhetik ist noch nicht entwickelt und der Gehemmte wird von seinen Mitmenschen daher nicht so attraktiv eingeschätzt, wie er es sich eigentlich wünscht. Es kann aber auch sein, dass er Partner mit starker Waage-Betonung anzieht bzw. Menschen, die sehr stark mit ihrem Geschmack, mit Schönheit, Ästhetik, Designerklamotten und Modeartikeln kompensieren.

Kompensation

Deutung: *Die übergroße Kontaktfreude und die wenig differenzierende Begegnungsart verhindern geschickt, dass man sich wirklich auf den anderen einlässt, Hingabe an alle macht Hingabe an einen Menschen schwer, und wenn man es allen recht machen möchte und als Vorzeigeobjekt besondere Begabung aufweist, dann beeinflusst dies...*

Kontakte fördern weitere Kontakte. So möchte der Kompensator auch über den Partner hinaus einen großen Bekanntenkreis hinzugewinnen. Er orientiert seinen Stil, seine Ästhetik und sein Begegnungsverhalten stark an den vermeintlichen Wünschen seiner Mitmenschen, macht sich schön, gilt als begehrenswerter Gesprächspartner für Gespräche ohne Inhalt und als Frau oder Mann, die oder den man guten Gewissens vorzeigen kann. Der Horoskopeigner wird vieles versuchen, um sich der eigenen Attraktivität durch andere zu vergewissern. Dies kann Schwierigkeiten zur Folge haben, wenn man einen eifersüchtigen Partner hat. Generell fällt es dem Kompensator schwer, sich auf nur einen Menschen im Wesentlichen zu konzentrieren. Wer diesen Kompensator zum Partner hat, wird ihn niemals ganz für sich allein beanspruchen können, denn zu wichtig sind ihm Begegnungen und erotische Bestätigungen, das sogenannte »Baden in der Gesellschaft«. Immer wieder landet der Horoskopeigner in Dreiecksbeziehungen und tut sich schwer, eine endgültige Entscheidung zwischen mehreren Verehrern oder Verehrerinnen zu treffen. Auch könnte man ob der vielen Optionen Probleme mit der eigenen Kritikfähigkeit bekommen, möchte man es sich doch mit niemandem verscherzen, selbst wenn trotz vieler Bekannter nur wenig echte Freunde und am eigenen Wesen wahrhaft Interessierte die eigene Gesellschaft suchen.

Lösungsmöglichkeit, erwachsene Form

Deutung: *Das Gleichgewicht in Begegnung und Partnerschaft, die Friedens- und Kompromissfähigkeit in der Partnerschaft, die durch Verwirklichung des eigenen Geschmacks und der erotischen Künste verstärkte Anziehungskraft, all dies beeinflusst günstig Haus...*

Der Horoskopeigner verfeinert seine Umgangsformen, sodass er für jede Situation und jedes Gegenüber und jeden Inhalt die angemessene Form wählen kann. Mit Freundlichkeit und guten Umgangsformen bemüht er sich Verbindungen herzustellen, zwischen Gegensätzen auszugleichen oder diplomatisch Frieden zu schaffen. Er entdeckt seinen eigenen Typ von Schönheit, kleidet und schmückt sich nuanciert entsprechend der eigenen Ästhetik, sodass er ein attraktives Erscheinungsbild abgibt und ihm entsprechende Partner anzieht. Bei der Partnerwahl stellt er hohe Ansprüche und ist wählerisch. Der Erwachsene hält im Kontakt die Balance zwischen sich und dem anderen. Er kann jedem Inhalt seine Form geben und wählen zwischen Selbstbehauptung und Freundlichkeit, zwischen Alleingängen und Gemeinsamkeiten, sodass er tatsächlich Frieden und Harmonie findet.

Pluto herrscht über Haus 7

Hemmung

Deutung: *Die Unterdrückung in der Partnerschaft und in der Begegnungssituation unterdrückt Haus... bzw. gibt dem Kompensator Macht und Einfluss in Haus... Die Fremdbestimmung des eigenen Geschmacks, die Unterdrückung des Einklanges zwischen Inhalt und Form und die Unterdrückung oder Fremdbestimmung in der Erotik unterdrücken Haus... bzw. geben dem Kompensator Macht und Einfluss in Haus...*

Wo auch immer der Gehemmte hinkommt, in jeder Begegnungssituation wird er mit dem Phänomen der Macht konfrontiert - sei es, dass der Friseur ihm sein Muster aufzwingt, dass die Verkäuferin im Modehaus ihm ihren Geschmack überstülpen will, oder sei es, dass Hunde (Pluto) ihn angreifen, dass der Chef (Pluto) ihm sein Programm aufoktroyiert oder dass der Arzt, den er aufsucht, rigoros sein Diagnostik- und Therapieprogramm abspult. Am schlimmsten jedoch ergeht es dem Horoskopeigner in der Partnerschaft. Er zieht die verschiedensten Schattierungen und Nuancen des Pluto-Prinzips an: vom Partner, der subtil Erwartungsdruck oder Manipulation ausübt, bis hin zum brutalen Unterdrücker und Sadisten. Weil der Gehemmte bei sich selbst Inhalt und Form nicht in Einklang gebracht hat und seinen Geschmack nicht verwirklichen konnte, wird ihm ein fremder aufgezwungen. Da es ihm an einem eigenen Konzept und Programm mangelt, wird ihm ein fremdes aufoktroyiert. Und auch in der Erotik gehen seine Vorstellungen selten in Erfüllung. Der Partner gibt auch hier das Programm vor, und der Gehemmte muss wohl oder übel dabei mitmachen.

Kompensation

Deutung: *Den anderen ständig umformen wollen, ein Liebesprogramm statt Hingabefähigkeit entwickelt zu haben bzw. stark ritualisiertes Begegnungsverhalten und das Verlangen, jeden mit Haut und Haaren zu besitzen, dieser charismatische dunkle Charme beeinflusst... Eigene Dominanz und eigener Machtanspruch in Begegnung und Partnerschaft beeinflussen Haus... oder unterdrücken den Gehemmten in Haus 1 und in Haus...*

Der Kompensator will seinen Partner oder Mitmenschen mit bestem Gewissen und aus falsch verstandener Liebe nach der eigenen Vorstellung umformen und verbessern, ihn »liebend« korrigieren und damit in ein Programm zwängen. Oder aber er findet sich als Elternteil wieder, der dem Kind bestimmte Rituale aufzwingt, beispielsweise, wie es sich bei Verwandtenbesuchen zu verhalten oder auszusehen hat. Damit verhält sich der Horoskopeigner destruktiv, denn er zwingt den anderen in die Hemmung, lässt nur seine eigene Vorstellung zu und zerstört damit sein natürliches Wesen. Der Kompensator fixiert sich auf ein geliebtes Opfer, will es mit Haut und Haaren besitzen, um in einer leidenschaftlichen Symbiose mit ihm zu verschmelzen. Doch irgendwann schlägt er den anderen damit mit Sicherheit in die Flucht. Manchmal ist auf dem lust- und leidvollen Weg der Partnersuche auch kein geeignetes »Opfer« zu finden, da die zahlreichen möglichen Anwärter wegen der Scheuklappen erst gar nicht wahrgenommen werden können.

Lösungsmöglichkeit, erwachsene Form

***Deutung:** Das Gleichgewicht in der Partnerschaft in Bezug auf Macht, das Konzept bei der Verwirklichung des eigenen Geschmacks, das Wissen über Partnerschaft, Benimmregeln, Etikette, Kunst, Verschönerung, Kosmetik, Mode, Erotik, all dies beeinflusst Haus... oder gibt Haus... Kraft.*

Während bei dieser Konstellation der Kompensator und der Gehemmte sich im steten Wechselspiel zwischen Macht und Ohnmacht erschöpfen, versucht der Erwachsene ein Machtgleichgewicht herzustellen. Er klärt mit dem Partner ab, was jeder für Vorstellungen hat, was jeder in die Beziehung einzubringen vermag und was nicht. Jeder hat seinen Machtbereich und grenzt sich damit gegenüber dem anderen ab. Außerdem bringt der Erwachsene Inhalt und Form in Einklang und verwirklicht sein Konzept in Bezug auf den eigenen Geschmack. Auch in der Erotik hat er ein eigenes Programm entwickelt und stimmt sich darin mit dem Partner ab.

Jupiter herrscht über Haus 7

Hemmung

***Deutung:** Die mangelnde Einsicht in das Du, in das andere Geschlecht, in die Partnerwahl und Partnerfindung, in das Werben und in die erotischen Fähigkeiten wirkt sich ungünstig aus in Haus... Die Projektion von Bildung und Weiterbildung auf den Partner beeinflusst Haus...*

Mancher Horoskopeigner geht bei dieser Konstellation ganz naiv »optimistisch« an die Partnerwahl heran. Er macht sich zu wenig Gedanken über die geschlechtsspezifischen Unterschiede, befasst sich nicht mit dem Wesen »Mann« oder dem Wesen »Frau« mit allen typischen Vorlieben und Abneigungen, achtet nicht auf Aktion und Reaktion und wird daher immer wieder enttäuscht. Außerdem hat der Gehemmte die Tendenz, seine Jupiter-Anlage auf den Partner zu projizieren. Er wünscht sich einen gebildeten Partner, einen, der tolerant und großzügig ist und mit dem man verreisen kann.

Kompensation

Deutung: *Zu vielen Menschen gleichzeitig alles recht machen, andere auf der moralischen Ebene beeinflussen zu wollen, das Auftreten in der Begegnung als Kenner der Kulturszene, als Mäzen oder als weiser Mann bzw. weise Frau, all dies beeinflusst Haus...*

Der Kompensator ist außergewöhnlich großzügig, humanitär eingestellt, liebt es, Frieden zu stiften, und weckt bei jedermann Enthusiasmus für seine Ideen oder sozialen Programme, auch wenn es manchem peinlich wird. Er trifft gerne moralische Entscheidungen für andere, bietet sich heroisch jedem Streitenden zum Ausgleich an und sichert sich jedoch auf diese Weise nicht nur Popularität und Beliebtheit. Um die Gunst der Mitmenschen zu erlangen, vermeidet der Horoskopeigner Unstimmigkeiten oder verspricht mehr, als er halten kann, um daher trotz bester Absicht auf Missfallen zu stoßen. Auch mag sich nicht jeder moralisch bekehren lassen oder zu einem besseren Menschen gemacht werden, der eigene Partner hat damit meist am wenigsten am Hut. Gegenseitige Vereinbarungen und rechtliche Verpflichtungen können fallweise Gerichtsverfahren nach sich ziehen, weil der Kompensator zu leichtfertig damit umgeht. Er will ganz einfach von allen geliebt werden, differenziert jedoch zu wenig und wird benutzbar, was die gegenseitige Achtung auf Sicht schmälern muss. Mancher liebt den Reitsport, bei dem man viele Kontakte knüpfen kann, oder er tritt als Kenner der Kulturszene, als Mäzen oder als weiser Mann bzw. weise Frau auf. Beruflich finden Kompensatoren Erfüllung als Werbetexter, Entertainer, Diplomaten und Verkaufsgenies.

Lösungsmöglichkeit, erwachsene Form

Deutung: *Die Einsicht in das weite Feld der Partnerschaft, in die Benimmregeln, in die Zusammenhänge von Ursache und Wirkung und in das eigene Werbeverhalten stärkt... Die Weiterbildung, Verbesserung* *und Differenzierung des eigenen Geschmacks, die Verbesserung der erotischen Fähigkeiten, die Erweiterung von Wohlleben und Lebensfreude, all dies stärkt Haus...*

Will der Horoskopeigner mehr in erwachsene Gefilde vorstoßen, dann muss er sich weiterbilden in Bezug auf Begegnungs- und Partnerfähigkeit, Strategie und Taktik, Diplomatie und erotische Fähigkeiten. Der Erwachsene macht das Beste aus seinem (Schönheits-)Typ, optimiert sein Werbeverhalten und entwickelt seinen Geschmack. Wenn er es dazu noch schafft, ein Gleichgewicht herzustellen zwischen eigener Lebensphilosophie und der des anderen, ist auch die Basis für die hier zu entwickelnde Kompromiss- und Friedensfähigkeit gelegt.

Saturn herrscht über Haus 7

Hemmung

Deutung: *Die Beschränkung in der Partnerwahl und die Schwierigkeiten in der Partnerschaft, die Blockade und Verhinderung des eigenen Geschmacks, die Hemmung, Inhalt und Form in Einklang zu bringen und die Hemmung in der Erotik, all dies bewirkt in Haus... und hemmt Haus...*

Der Gehemmte stößt in der Begegnung mit anderen Menschen ständig auf Besserwisser, Personen, die maßregeln, reglementieren, kontrollieren, strafen und richten oder Normen und Ideale verkörpern. Was immer er fühlt, denkt, spricht und handelt, es ist in den Augen der anderen falsch oder gar unanständig und böse. Besonders wird er im eigenen Geschmack durch den Partner, der die Norm auf seiner Seite hat, fremdbestimmt. Auch wird er häufig von anderen Personen in seiner Partnerwahl verunsichert. Seine Mitmenschen machen seinen Partner »schlecht« oder teilen ihm mit, dass sein Partner nicht zu ihm passt oder nicht seinem Niveau entspricht. In einigen Fällen kommt es aber auch vor, dass der Gehemmte – scheinbar karmisch bedingt – einen Partner nehmen muss, weil keine anderen Bewerber zur Wahl standen. Der Horoskopeigner ist also in seiner Wahl eingeschränkt und ist gezwungen, sich resignierend der jeweiligen Partnersituation anzupassen. Häufig springt der erotische Funken nicht über. Besonders Männer berichten hier von einer Sexualität ohne Eros. Sie leiden darunter, dass ihre Partnerin keine aktive Verführungskunst und Verführungstaktik an den Tag legt. Die Fähigkeit des Gehemmten, Inhalt und Form in Einklang zu bringen, ist blockiert. Oft fehlen zur Umsetzung der Inhalte, Mut, Kraft, Ausdauer oder finanzielle Potenz.

Kompensation

Deutung: *Das Harmonieideal in der Partnerschaft, die Übernahme der Norm im Geschmack, Design und Ambiente, die Anstandsregeln in Begegnung und Partnerschaft, die Maßstäbe und Normen in der Partnerschaft, all dies stärkt die gesellschaftliche Anerkennung in Haus... oder hemmt den Erkenntnis- und Entwicklungsprozess in Haus... oder hemmt jenen, der noch die Kindrolle spielt, in Haus 1 und in Haus...*

Menschen mit dieser Konstellation identifizieren sich mit den Normen und Idealen von Partnerschaft und Ehe sowie mit den Normen und Idealen von Mode, Geschmack, Ambiente und Benehmen. Der Kompensator weiß, was sich gehört und wie man »Niveau« nach außen dokumentiert. Aufgrund dessen leitet er die Berechtigung ab, den Partner stets zu berichtigen, zu reglementieren und zu maßregeln. Er möchte aus ihm einen Partner machen, mit dem man Anerkennung ernten kann. Besonders am Herzen liegt dem Kompensator das Harmonieideal. Es wird alles verdrängt, was die Verwirklichung dieses Ideals gefährden könnte, denn vor den anderen will er sagen können: »Ich lebe in einer harmonischen Beziehung oder Ehe.« Da er die Normen oder Ideale der Kultur für bare Münze hält, ist auch er im Finden seines eigenen Geschmacks, in seiner Partnerwahl und im Finden seiner erotischen Eigenart gehemmt. Das Eigene wird durch die Norm überlagert. Durch die Verkörperung der Norm kompensiert er seine Hemmung und ist damit gesellschaftlich anerkannt. Auch kann es sein, dass er Komplementärbilder, die aufgrund von Defiziten vor dem geistigen Auge entstehen, nicht zulässt, weil sie mit seinem Normenkodex oder mit seinen Idealen nicht vereinbar sind. Drängt sein Unbewusstes etwa zu einem Partner, der über Besitz und Reichtum verfügt, weil er finanziell ungesichert ist, so lässt er diesen Wunsch nicht zu, weil es ihm moralisch nicht sauber erscheint, einen reichen Partner als Suchbild zu haben.

Lösungsmöglichkeit, erwachsene Form

Deutung: *Das Recht auf einen eigenen Geschmack, auf freie Wahl von Begegnung, Partnern, Umwelt und Partnerschaftsform, sowie die Integration in das Gesetz von Inhalt und Form, in die Gesetze der Partneranziehung und in erotische Gesetzmäßigkeiten, all dies stärkt Haus...*

Der Horoskopeigner versucht die Gesetze der Partneranziehung, der Partnerwahl sowie die Gesetze der Erotik zu integrieren und diese Gesetze für sich wirken zu lassen. Er empfindet ein Recht auf einen eigenen Geschmack und entwickelt die Kunst, seinen Inhalten auf den verschiedensten Lebensgebieten Form zu verleihen. Er achtet auf ein Gleichgewicht zwischen Rechten und Pflichten in der Partnerschaft. Er übernimmt Verantwortung sowohl für seine Partnerwahl als auch für das Gelingen oder Scheitern einer Beziehung. Der Erwachsene berücksichtigt in der Partnerschaft das Gesetz von Ursache und Wirkung und bringt daher die Reaktionen des Partners mit den eigenen Aktionen und Verhaltensweisen in Verbindung.

Uranus herrscht über Haus 7

Hemmung

Deutung: *Die Verhinderung in der Verwirklichung der eigenen progressiven, »luftig-leichten« Geschmacksrichtung, Irritation und Stress in Begegnung und Partnerschaft, Partner, die nerven, auf Distanz gehen oder es mit der Treue nicht so genau nehmen, all dies beeinflusst Haus...*

In der Hemmung erlebt der Horoskopeigner diese Konstellation vorwiegend in der Projektion. Es ist insbesondere der Partner, der stellvertretend die Uranus-Anlage auslebt. Entweder zieht der Gehemmte Partner an, die sich in Distanz üben, die schon verheiratet oder schon »vergeben« sind, aber die Norm »Treue« zu durchbrechen verstehen, oder solche, die revolutionärer oder feministischer Gesinnung sind, Abenteurer oder außergewöhnliche Typen, mit denen es nie langweilig ist, aber bei denen nicht so recht Gefühle der Geborgenheit oder seelische Wärme aufkeimen können. Manchmal kann es sein, dass der

Horoskopeigner Partnern oder Menschen begegnet, die nerven oder Stressgefühle verursachen. Er hält es dann nicht lange in der jeweiligen Begegnungssituation aus und will sich nach spätestens zwei Stunden wieder daraus befreien. Ferner hat der Gehemmte aufgrund von Stress- und Spannungsgefühlen große Schwierigkeiten, seinen eigenen extravaganten Geschmack zu verwirklichen.

Kompensation

Deutung: *Begegnungen, die nur der Bestätigung der eigenen Besonderheit dienen bzw. wenn Hingabe an andere und Nähe von vornherein verkündet werden, um die Vision von Liebe aufrechtzuerhalten, beeinflussen... Das Auftreten in der Begegnung als exzentrische Persönlichkeit, als Mensch, der Seitensprünge begeht, als Trotzkopf, Emanze oder Rebell beeinflusst Haus... oder irritiert jenen, der noch die Kindrolle spielt, in Haus 1 und in Haus...*

Der Kompensator überbrückt alle Gegensätze im zwischenmenschlichen Begegnungsverhalten und ist äußerst begabt, auf unkonventionelle Art die aufregendsten und verrücktesten Kontakte herzustellen. Dieser bunte Vogel bewegt sich in sämtlichen Gesellschaftsschichten und möchte ob seiner Originalität von allen geliebt werden. Allen Menschen der Nächste, aber dem Nächsten bitte nicht, ist seine unbewusste Devise. Uranus will sich nicht mit den Gefühlen anderer verbinden. Seine Emotionslosigkeit wird allerdings dadurch getarnt, dass er demonstrativ und verächtlich die besitzergreifende Haltung oder die Bindungsbedürfnisse anderer von sich weist. Dennoch muss er sich ständig in der eigenen Besonderheit und Attraktivität bestätigt wissen und schart Menschen um sich wie Licht die Motten. Die Grenzen konventioneller Muster werden auch im sexuellen Gebaren gesprengt. Denn der Kompensator neigt zu Ausschweifungen und benutzt seinen Sex-Appeal zur Befriedigung verschiedenster lustvoller, auch unverbindlicher Begegnungen. Frauen könnten sich zu homosexuellen Männern hingezogen fühlen; auf der einen Seite verbindet das »Anderssein«, auf der anderen Seite ist Nähe von vornherein aus dem Spiel. Oder der Kompensator liebt seinen Partner dann am meisten, wenn er sich möglichst weit von einem weg befindet, zum Beispiel im Ausland. Die Sehnsucht verringert sich proportional zur Entfernung des heimkehrenden Geliebten. Sich einen verheirateten Partner anzulachen, hilft auch, die »Vision« von der Liebe (auf die Zukunft verschoben) stets aufs Neue zu nähren. So liebt es sich besonders leidenschaftlich.

Lösungsmöglichkeit, erwachsene Form

Deutung: *Die Befreiung aus alten, genormten Partnerschaftsformen, die freie, unabhängige Partnerschaft, das Gleichgewicht und die richtige Dosierung von Freiheit und Unabhängigkeit in der Partnerschaft, die eigene progressive und individuelle Geschmacksrichtung, all dies stärkt Haus...*

Der Horoskopeigner weiß, solange er nicht fähig ist, eine freie, unabhängige Partnerschaft zu führen, wird es immer wieder dramatische Trennungen, Seitensprünge oder Stress und Unruhe geben. Ihm ist die Aufgabe gegeben, seinen progressiven Geschmack in der Begegnung zu vertreten, mit neuen Ideen in Erscheinung zu treten, seine Individualität – auch wenn sie die Norm noch so sehr durchbricht – zum Ausdruck zu bringen. Selbstverständlich muss der Erwachsene all dies auch seinem Partner und Mitmenschen zugestehen, damit ein Gleichgewicht an Freiheit und Unabhängigkeit verwirklicht werden kann.

Neptun herrscht über Haus 7

Hemmung

Deutung: *Unsicherheit und Ängste in Begegnung und Partnerschaft, der unsichere Geschmack, die Unsicherheit in Bezug auf Benehmen, Stil, Ambiente, die fehlende Beachtung von Aktion und Reaktion in Begegnung und Partnerschaft, die eigenen Verdrängungen, die in der Partnerschaft zum Vorschein kommen, die Heimlichkeiten, Sehnsüchte und Illusionen in der Partnerschaft, all dies schwächt und verunsichert Haus..., verursacht beim Horoskop eigner Flucht- und Suchttendenzen in Haus... oder gibt den Kompensatoren Gelegenheit, in Haus... verunsichernd oder als Helfer zu fungieren.*

Wenn der Horoskopeigner das Jungfrau-Prinzip am Aufgang hat, befindet sich folgerichtig an seinem Deszendenten (Haus 7) das Tierkreiszeichen Fische. Erlebt er das Jungfrau-Prinzip als Anpassung, Unterordnung und »Anstand«, also noch unerlöst, dann muss der Gehemmte mit dem Gegenpol, nämlich mit der Auflösung von Anpassung und »Anstand« konfrontiert werden. Da der Gehemmte nicht selbst wagt, Moral und Konvention aufzulösen, erfährt er dieses Prinzip meist über den Partner. Daher zieht der Horoskopeigner Partner an, die alle Neptun-Schattierungen und Nuancen verkörpern: Partner, die bereits verheiratet oder gebunden sind und eine heimliche zusätzliche Beziehung aufbauen wollen, Partner, die vor dem Horoskopeigner Heimlichkeiten haben, Partner, die lügen und betrügen, Partner, die weit entfernt wohnen, Partner, die Suchttendenzen aufweisen, Partner, die chaotisch, unordentlich oder spleenig sind, Partner, die der Alternativszene angehören usw. Intention des Unbewussten ist dabei, dass durch solche Menschen langsam aber sicher die bisherige Bewusstseinshaltung aufgeweicht wird. Die Konstellation kann sich aber auch in Form von Begegnungsängsten, Unsicherheiten in Begegnung und Partnerschaft oder aber in Form eines unsicheren Geschmacks äußern.

Kompensation

Deutung: *dass man sich nur in das Wunschbild des anderen bei gleichzeitiger Sehnsucht nach ewiger Verschmelzung verliebt, führt zu... Die Rolle als Helfer, die Lügen, Täuschungen und der Schein, den man sich selbst und anderen vormacht, all dies beeinflusst Haus... oder schwächt und verunsichert den Gehemmten in Haus...*

Anders als bei der Hemmung begegnen sich bei dieser Konstellation die Prinzessin und der Prinz tatsächlich, die hohe Verführungskunst beider lässt sie zumindest kurzfristig in den Himmel entschweben. Vielleicht wird der Kompensator aber auch süchtig nach erotischen Begegnungen und findet sich regelmäßig in Animierlokalen wieder. Grundsätzlich zeigt dieser Horoskopeigner enorme Offenheit für alle Stiefkinder dieser Welt, doch verteilt er seine »All-Liebe« wenig differenziert (und sieht sich bald von Saugnäpfen umgeben). Andere Kompensatoren möchten als die schönsten Ikonen in die Weltgeschichte eingehen, überall auf allen Plakaten zu sehen, aber nie wirklich zu kriegen. Die uralte Illusion von ewiger Schönheit aufrechtzuerhalten, ernährt weltweit die verschiedensten Profis dieser Art. Der Durchschnittskompensator, vor allem der weiblichen Spezies, mag höchstens zum Verkleidungskünstler werden, wenn er mit seinem »Exterieur« bezaubern möchte (überschminkt sich gerne oder »versteckt« sich hinter seinem Outfit).

Lösungsmöglichkeit, erwachsene Form

Deutung: *Die Fähigkeit, die unbewussten Motive des Partners und der Mitmenschen zu erspüren, die Fähigkeit, eine für beide befriedigende Alternative zu finden und nach Abstimmung mit dem Partner zu leben, die fantasievolle, feinfühlige Erotik und Partnerschaft, all dies stärkt Haus...*

Der Horoskopeigner muss lernen, das Unbewusste und Verdrängte, aber auch Lüge, Schein und Illusion in der Partnerschaft aufzudecken. Während der Gehemmte und der Kompensator kaum auf die Reaktionen des Partners geachtet haben bzw. ihnen die Reaktionen des Partners undurchsichtig oder nicht erfassbar erschienen, versucht der Erwachsene besonders dem Mechanismus von Ursache und Wirkung in der Partnerschaft auf die Spur zu kommen. Insbesondere geht es darum, das alte Klischee, wie eine Partnerschaft zu führen ist, infrage zu stellen und eine Alternative zu finden, die für beide Partner lebbar ist. Auch in Geschmacksfragen und in der Mode gilt es nach einer persönlichen Alternative Ausschau zu halten. Der Erwachsene hat seine Fantasie in Bezug auf Erotik, Partnerschaft, Werbung und Mode ausgebildet und kann bei Entscheidungsprozessen auch ungewöhnliche Möglichkeiten mit ins Kalkül ziehen.

Mars herrscht über Haus 8

Hemmung

Deutung: *Die gehemmte Durchsetzung der eigenen Meinungen und Vorstellungen, die mangelnde Initiative für den eigenen Lebensweg und für die feste Partnerbindung, all dies beeinflusst ungünstig Haus...*

Der Gehemmte ist nicht dazu in der Lage, seine eigenen Meinungen und Vorstellungen durchzusetzen, weil ihm die anderen stets stärker und mächtiger erscheinen. Wegen seiner geschwächten Selbstbehauptung kann er nicht über sich selbst bestimmen und fühlt sich daher abhängig. Der Horoskopeigner entwickelt keine Aktivitäten, um den eigenen Weg im Leben gehen zu können. Dadurch, dass er in der festen Partnerbindung immer vom anderen bekämpft oder besiegt wird, fühlt er sich ohnmächtig. Das Thema Macht kennt der Gehemmte nur als Unterlegener.

Kompensation

Deutung: *Die übertrieben forsche Durchsetzung der eigenen Meinungen und Vorstellungen, der Egoismus in Bezug auf den persönlichen Lebensweg, der Machtkampf in der festen Partnerbindung, all dies beeinflusst Haus...*

Dem Horoskopeigner geht es darum, dass seine Meinungen und Vorstellungen um jeden Preis den Sieg davontragen. Dafür setzt er all seine Energie ein, dafür ist ihm jedes Kampfmittel recht. Egoistisch und eigensinnig gestaltet er seinen Lebensweg und wehrt aggressiv jede Fremdbestimmung ab. In der festen Partnerbeziehung gibt es ständig Machtkämpfe, die er anzettelt, um seine Überlegenheit zu beweisen. Frauen haben bei dieser Konstellation häufig Probleme mit dem maskulinen Geschlecht, weil sie in ihrem Inneren ein völlig falsches Männerbild haben.

Lösungsmöglichkeit, erwachsene Form

Deutung: *Das entschlossene Durchsetzen der eigenen Meinungen und der eigenen Vorstellungen, der Energieeinsatz für den eigenen*

Lebensweg, die Selbstbehauptung in der festen Partnerbindung, das Einbringen von Initiative, Wagemut, Risikobereitschaft sowie von leidenschaftlichen Trieben in die Partnerbeziehung, all dies stärkt Haus...

Der Horoskopeigner ist dazu in der Lage, seine eigenen Meinungen und Vorstellungen durchzusetzen, hat es aber nicht mehr nötig, dafür zu kämpfen. Die vorhandenen mächtigen Energien setzt er für eine gute Sache und für andere in Situationen ein, in denen er zum Beispiel Pionierarbeit leisten kann. Damit wird die Partnerbeziehung von Machtkämpfen und Spannungen befreit, weil dieses starke Potenzial außerhalb ausgelebt wird. Der Erwachsene kann sich nun ruhig gegenüber dem Partner behaupten. Selbstbestimmt geht er seinen Weg im Leben. Besonders wichtig ist es für den Erwachsenen, dass er Initiative, Wagemut, Risikobereitschaft sowie seine leidenschaftlichen Triebe in die Partnerbeziehung einbringt und dadurch zu einer Verwurzelung und Festigung beiträgt. Und noch etwas darf er bei dieser Konstellation auf keinen Fall vergessen: Frauen haben hier die Aufgabe, ihr Männerbild einer Wandlung zu unterziehen, und auch Männer müssen ihre alte Form von Männlichkeit sterben lassen, um als neuer Mann wie Phönix aus der Asche zu steigen.

Venus (Stier) herrscht über Haus 8

Hemmung

Deutung: *Die durch den Mangel an finanzieller Sicherheit und durch den Mangel an wirtschaftlichen Fähigkeiten erwirkte Machtausübung des Partners, das Festgefahren-Sein in den eigenen Meinungen und Vorstellungen, der Trott im eigenen Lebensweg, die Trägheit in der festen Partnerbeziehung, all dies beeinflusst ungünstig Haus...*

Der Gehemmte klammert sich angstvoll an seine einmal gebildeten Meinungen und Vorstellungen, weil diese scheinbar Sicherheit vermitteln. Trotzdem wird er auf diesem Gebiet von seinen Mitmenschen ständig negativ bewertet. Der eigene Lebensweg kann nicht beschritten werden, weil der Horoskopeigner zu schwerfällig und bequem ist. Dafür beneidet er die anderen, die ihre eigenen Wege gehen. In einer festen Partnerbeziehung stellen sich schnell Festgefahrenheit und Gewohnheit ein, da der Gehemmte zu träge ist, um für Abwechslung zu sorgen. Um seine Ruhe zu haben, erfüllt er lieber die Programme des Partners und lässt diesen bestimmen. Der Mangel an eigener finanzieller Sicherheit macht ihn vom Partner abhängig.

Kompensation

Deutung: *Die Sturheit in Meinungsbildung und Vorstellungen, die Dickköpfigkeit im Einhalten des eigenen Lebenswegs, die Besitzergreifung in der festen Partnerbeziehung, all dies beeinflusst Haus...*

Der Kompensator vertritt seine Meinungen und Vorstellungen stur und halsstarrig und fühlt sich berufen, die Mitmenschen zu bewerten, und verletzt damit ihre Grenzen. Die Vorstellungen für den eigenen Lebensweg werden dickköpfig propagiert und halsstarrig durchgesetzt. Der Horoskopeigner will den anderen in einer festen Partnerbeziehung besitzen und über ihn bestimmen. Der Kompensator setzt Besitz und Finanzen, Status und Prestige ein, um den Partner an sich zu binden.

Lösungsmöglichkeit, erwachsene Form

Deutung: *Die durch die eigene Abgrenzungsfähigkeit gefestigte Beziehung, die durch die eigene Abgrenzungs- und Genussfähigkeit bewahrte sexuelle Leidenschaft, die durch die Fähigkeit, dem Partner Genuss zu verschaffen, gefestigte Beziehung, die Standfestigkeit der eigenen Meinungen, der Wandel der Werte, all dies stärkt Haus...*

Der Horoskopeigner muss lernen, sich in einer festen Partnerbeziehung abzugrenzen und sein Revier zu behaupten. Indem er sich darin schult, auf welche Weise er dem Partner Genuss verschaffen kann, festigt er die Beziehung. In der eigenen Meinungsbildung und in den geistigen Vorstellungen ist er zwar standfest, aber trotzdem so flexibel, dass er Überholtes verändern kann. Er lässt die Meinung anderer gelten, ohne sie zu bewerten, und erkennt damit deren Eigenraum an. Im 8. Haus geht es immer auch um Wandlung. Daher muss der Erwachsene seinen Lebensstil sowie seine Vorstellungen von gesellschaftlichen

Werten, Besitz und Finanzen, Armut und Reichtum und nicht zuletzt auch von der Politik verändern.

Merkur (Zwillinge) herrscht über Haus 8

Hemmung

Deutung: *Die nicht zum Ausdruck gebrachte eigene Meinung, die mangelnden Informationen über die Mechanismen der Macht, über sexuelle Fantasien, über die verschiedenen Therapiemethoden, über das Prinzip des Werdens und Sterbens, all dies wirkt sich ungünstig aus in Haus...*

Wer seine eigene Meinung nicht zum Ausdruck bringt, dem wird eine fremde Meinung aufgezwungen. Damit ist die Situation des Gehemmten schon knapp umrissen. Nach dem Gesetz der negativen Verstärkung kommt es jedoch für ihn noch schlimmer: Weil er dauernd die fremde Meinung oder Ideologie nachbetet, kommt er noch weniger zu seiner eigenen Meinung oder gar zu seinem eigenen Lebensweg. Auch in der Partnerbeziehung erreicht er kaum sein Ziel, denn auch hier ist der Partner in der Kommunikation tonangebend.

Kompensation

Deutung: *Die dominante Sprache, die intellektuelle Darstellung der eigenen Meinungen und Vorstellungen, die Fähigkeit, als Chefideologe große Reden zu schwingen, die Machtausübung mittels praktischer und technischer Fähigkeiten, all dies beeinflusst Haus...*

Der Kompensator bringt seine eigenen Meinungen und Vorstellungen auf intellektuelle und überaus kluge Weise zum Ausdruck. Auf diese Weise kann er sogar bis zum Chefideologen avancieren. Sein Lebensweg ist, wegen all der vielen Möglichkeiten, von Geschäftigkeit und Unruhe gezeichnet. Ständig gibt es noch etwas Neues, was er noch in sein Programm aufnehmen möchte. Außerdem glaubt er, durch eine interessante Darstellung seiner Intelligenz und Redegewandtheit einen Partner an sich binden zu können. Sofern der Kompensator praktisch und technisch begabt ist, kann er damit andere, die hier Defizite aufweisen, abhängig machen.

Lösungsmöglichkeit, erwachsene Form

Deutung: *Das Konzept beim Sprechen und Schreiben, die aus einer Ideen- und Stoffsammlung resultierenden sprachlichen und schriftlichen Fähigkeiten, die eigenen Vorstellungen und Meinungen, die in Wort und Schrift zum Ausdruck kommen, die in der Partnerbeziehung erlernte Kommunikationsfähigkeit, die Informationen über Ideologien, Machtstrukturen, sexuelle Leidenschaften, Therapiemethoden und über das Stirb-und-Werde-Prinzip, all dies stärkt Haus...*

Der Horoskopeigner hat die Aufgabe, einen geistigen Besitz anzusammeln, eigene Vorstellungen zu entwickeln und eine eigene Meinung zu bilden und schließlich all dies verbal und schriftlich auszudrücken. Oder anders ausgedrückt: Wenn er zuerst Ideen und geistige Inhalte ansammelt, dann können sich sein Redetalent und seine schriftlichen Fähigkeiten besser entwickeln. Auch über eine Partnerbeziehung kann er lernen, noch kommunikationsfähiger zu werden. Ferner gilt es für den Erwachsenen Informationen einzuholen über die Mechanismen, die in einer Partnerbeziehung ablaufen, über die verschiedenen Ideologien, die auf dieser Welt vorherrschen, über das Phänomen der Macht, über Computertechnik, über die Leidenschaft, über die verschiedenen Therapiemethoden, über den Tod und die Unsterblichkeitsforschung.

Mond herrscht über Haus 8

Hemmung

Deutung: *Labile Meinungen und Vorstellungen, Passivität auf dem eigenen Lebensweg, Anklammern in einer festen Bindung, all dies beeinflusst ungünstig Haus...*

Der Gehemmte ist in seinen eigenen Meinungen und Vorstellungen sehr labil. Er geht oft zwei Schritte vor und sofort wieder einen zurück, um auszuweichen. Er ist zu zaghaft, um einen eigenen Lebensweg zu wagen, lieber lehnt er sich bei einer anderen Person an. Dabei muss er natürlich auch die Programme und Konzepte dieses Menschen übernehmen. In einer festen Partnerbeziehung erwartet er ständig Zuwendung vom anderen, weil er sich sonst verlassen fühlt. Damit bewirkt er beim Partner, dass er sich zwar kümmert, aber auch sonst dominant und bestimmend auftritt. Der Gehemmte fühlt sich dann in der »eigenen« Wohnung nur als Gast. Manchmal lebt er auch mit einem Partner zusammen, der zuerst Zärtlichkeit gibt und dann auch wieder entzieht, um seelische Macht ausüben zu können. Bei dieser Konstellation liegt häufig eine ausgeprägte Mutterproblematik vor.

Kompensation

Deutung: *Launische Meinungen und Vorstellungen, Gefühlstyrannei in einer festen Partnerbeziehung, Ausrichtung des Lebenswegs nach emotionaler Versorgung, all dies beeinflusst Haus...*

Der Kompensator vertritt launisch seine Meinungen und Vorstellungen, die je nach Stimmungslage heute so und morgen anders sind. Der eigene Lebensweg ist ausgerichtet auf emotionale Versorgung und Bemutterung anderer. Damit wird das eigene Bedürfnis nach Zugehörigkeit gestillt. Der Kompensator glaubt mittels dieser Haltung selbstbestimmt zu sein, liefert sich durch die starke Fixierung auf emotionale Erfüllung aber doch auch wieder aus. Ein Bedürftiger kann nicht geben, er nimmt nur, somit ist der Kompensator nie wirklich zufrieden und muss immer weiter kompensieren. In der festen Partnerschaft ist Gefühlstyrannei ein Thema, denn damit will der Horoskopeigner, der die Elternrolle übernommen hat, den anderen fest an sich binden. Andere Kompensatoren leben die Konstellation aus, indem sie fanatisch für eine psychologische Richtung, für eine Ernährungsideologie oder eine Wohnform eintreten.

Lösungsmöglichkeit, erwachsene Form

Deutung: *Die Ansammlung von Wissen in Psychologie, Naturheilkunde, Ernährung, Biologie, Bauen und Wohnen, die eigenen Zärtlichkeitsprogramme, das Schenken von seelischer Liebe und Geborgenheit in einer festen Partnerbeziehung, die Transformatum der Vorstellungen in Bezug auf Familie, Heim und Geborgenheit, all dies stärkt Haus...*

Der Horoskopeigner hat die Aufgabe, in Psychologie, Naturheilkunde, Ernährung, Biologie, Bauen und Wohnen Wissen anzusammeln.

Er braucht verschiedene Programme, um Zärtlichkeit, Geborgenheit und seelische Wärme zu schenken, ja sogar ein eigenes Programm für den Oralsex. Er weiß, wer auf den verschiedenen Lebensgebieten kein Programm hat, dem wird ein fremdes aufgezwungen. Dieses Wissen fungiert als Anreiz, um hart an sich zu arbeiten, Konzepte zu entwerfen und in der Praxis des Lebens umzusetzen. Insbesondere weibliche Erwachsene haben die Aufgabe, ihre traditionelle Rolle abzustreifen und ein neues Programm, das spezifisch auf ihre Individualität zugeschnitten ist, zu konzipieren. Für männliche Horoskopeigner hingegen gilt es, ihr Frauenbild einem Wandlungsprozess zu unterwerfen. Für den eigenen Weg im Leben ist es wichtig, dass sich der Horoskopeigner in allen Situationen wohlfühlt. Damit hat er ein eigenes Konzept zur Verfügung und kann selbstbestimmt seine persönlichen Lebensprogramme einsetzen. In der festen Partnerbeziehung kann der Erwachsene Liebe und Geborgenheit schenken, weil er hier selbst nicht mehr bedürftig ist. Seine bisherigen (übernommenen) Vorstellungen über Familie und Geborgenheit lässt er sterben und entwickelt eine eigene Vorstellung, die wirklichkeitsadäquat ist.

Sonne herrscht über Haus 8

Hemmung

Deutung: *Mangelndes Selbstbewusstsein in den eigenen Meinungen und Vorstellungen, Unselbstständigkeit auf dem eigenen Lebensweg, mangelnde Selbstentfaltung in einer festen Beziehung, all dies schwächt Haus...*

Durch mangelndes Selbstbewusstsein ist es dem Gehemmten nicht möglich, seine eigenen Meinungen und Vorstellungen auszubilden. Er wird immer von den Menschen unterdrückt, die selbstherrlich ihre Meinungen vertreten. Da er für einen eigenen Lebensweg zu unselbstständig ist, bleibt ihm nichts anderes übrig, als die Programme der anderen zu erfüllen. In einer festen Partnerbindung kann er sich nicht verwirklichen und entfalten, da er immer dominante Partner anzieht, die über alles bestimmen. Auch im Handeln wird er immer das tun, was die anderen erwarten, oder er wird ganz einfach in den verschiedensten Situationen unter Druck gesetzt. Da er seine Handlungs- und Managementfähigkeiten, seine sexuellen und pädagogischen Fähigkeiten zu wenig ausgebildet hat, kommt es immer wieder zu Schwierigkeiten in einer festen Beziehung.

Kompensation

Deutung: *Selbstherrliche Darstellung der eigenen Meinungen und Vorstellungen, Großspurigkeit auf dem eigenen Lebensweg, Dominanz in der festen Partnerbeziehung, all dies wird verwendet für Haus...*

Der Kompensator präsentiert selbstherrlich seine eigenen Meinungen und Vorstellungen und hält sie für großartig. Großspurig und prahlerisch geht er den eigenen Weg, um damit anderen zu imponieren. In der festen Partnerbeziehung hält er dominantes Verhalten für angebracht, stellt seine Großartigkeit zur Schau und möchte dafür vom Partner bewundert werden. Im Handeln übt er seine Macht aus und bestimmt damit, was andere zu tun haben.

Lösungsmöglichkeit, erwachsene Form

DEUTUNG: *Die durch schöpferische und sexuelle Fähigkeiten, durch Handlungs- und Managementfähigkeiten erwirkte feste Beziehung, das selbstbewusste Vertreten der eigenen Meinungen und Vorstellungen, die Selbstständigkeit auf dem eigenen Lebensweg, die Selbstverwirklichung in einer bestehenden Beziehung, all dies stärkt Haus...*

Für den Horoskopeigner geht es darum, die eigene Kreativität und Sexualität, Selbstständigkeit, Handlungsfähigkeit und Managementfähigkeiten zu entwickeln, um den Partner an sich zu binden bzw. die feste Beziehung zu bereichern. Der Erwachsene findet eine selbstbewusste Form, um sich seine eigenen Meinungen und Vorstellungen zu bilden. Der eigene Lebensweg kann selbstständig gestaltet werden. Der Erwachsene lebt weder nach fremden Programmen, noch drückt er anderen sein eigenes Konzept auf. In der festen Partnerbeziehung kann er sich selbst verwirklichen und seine Selbstständigkeit bewahren. Die eigene Handlungsfähigkeit zeichnet sich dadurch aus, dass er selbst über sein Tun bestimmt und dies auch den anderen zugesteht.

Merkur (Jungfrau) herrscht über Haus 8

Hemmung

Deutung: *Bescheidenheit in der Äußerung der eigenen Meinung und in den eigenen Vorstellungen, gehorsam die Programme der anderen erfüllen, das Unterdrücken eines eigenen Lebenswegs, die Unterordnung in der festen Partnerbeziehung, all dies beeinflusst ungünstig Haus...*

Im Ausdruck der eigenen Meinungen und Vorstellungen ist der Gehemmte äußerst bescheiden und zurückhaltend, denn er möchte sich nicht der Kritik seiner Mitmenschen aussetzen. Gehorsam hat er bisher die Programme der anderen erfüllt, da er selber noch keine eigenen Konzepte hat. Auch einen eigenen Lebensweg musste er sich bisher verkneifen, da er anderen auf ihrem Weg gedient hat. In der festen Partnerbeziehung ordnet er sich unter. Er ist es gewohnt, im Sinne von anderen zu funktionieren und fremdbestimmt zu sein. Da das 8. Haus das 2. Haus des anderen ist, kann es sein, dass der Horoskopeigner von seinem Partner finanziell ausgenutzt wird.

Kompensation

Deutung: *Nörgelei und Kritik an der Meinung und Vorstellung der anderen, Verweigerung jeder Anpassung in der festen Partnerbeziehung, perfekte Planung des eigenen Lebenswegs, pingeliges Einhalten der eigenen Programme, all dies beeinflusst Haus...*

Nörgelei und Kritik des Kompensators an der Meinung und an den Vorstellungen seiner Mitmenschen übertünchen die eigene Hemmung. In der festen Partnerbeziehung verweigert er jede Anpassung, um nicht wieder in die Unterordnung abzugleiten.

Der eigene Lebensweg wird perfekt und bis ins Kleinste geplant, damit alles geordnet ist. Es werden genaue Programme aufgestellt, auf deren Einhaltung der Kompensator pingelig achtet, um nicht aus dem Konzept zu kommen. Er glaubt, selbstbestimmt zu sein, obwohl er noch von der Kritik der anderen abhängig ist. Da das 8. Haus das 2. Haus des anderen darstellt, kann es sein, dass der Horoskopeigner Besitz und Finanzen der anderen nutzt.

Lösungsmöglichkeit, erwachsene Form

Deutung: *Die Analyse der Partnerbeziehung, die Analyse der bisherigen Muster und Programme, die Analyse der verschiedenen Ideologien und Therapien, die sich im geistigen Besitz befindlichen Gebiete von Psychoanalyse, Ernährungskunde und Medizin, das Zeigen der eigenen Gefühle in der Partnerbeziehung, all dies stärkt Haus...*

Der Horoskopeigner hat hier die Aufgabe, die eigenen geistigen Einstellungen und Vorstellungen sowie die verschiedenen Ideologien unter die Lupe zu nehmen und zu analysieren. Das, was er dann analysiert hat, befindet sich in seinem geistigen Besitz. Dieser geistige Besitz beinhaltet u. a. auch Psychoanalyse, Ernährungskunde und Medizin. Sehr wichtig für ihn ist auch, dass er fähig wird, die Mechanismen, die in der Partnerbeziehung ablaufen, zu analysieren und in der Beziehung seine Gefühle zu zeigen. Besonders angezeigt ist für den Erwachsenen, dass er einen Wandlungsprozess des Merkur-Jungfrau-Prinzips von Unterordnung, Gehorsam und Dienen hin zu Wahrnehmung, Beobachtung, Analyse und Diagnose, fairer Nutzung und Verwertung vollzieht.

Venus (Waage) herrscht über Haus 8

Hemmung

Deutung: *Der durch übergroße Kompromissbereitschaft verhinderte eigene Weg beeinflusst ungünstig Haus... Die durch ständiges Harmoniestreben verhinderte Wandlung von geistigen Einstellungen und Konzepten beeinflusst ungünstig Haus...*

Der Gehemmte hat viele Vorstellungsbilder von schönen und ästhetischen Dingen, von Wohlleben und Glück, wagt das alles aber ebenso wenig zu verwirklichen wie seine erotischen Fantasien. In der Partnerbeziehung ist er zu lieb und brav und versucht alles, um die Harmonie und den Frieden aufrechtzuerhalten. Die Folge ist, dass sich der Partner im Laufe der Zeit immer mehr erlaubt. Das Gleichgewicht in der Beziehung ist daher gestört. Der Horoskopeigner lebt in einer Diskrepanz zwischen Inhalt und Form. Er sagt seinem Partner, dass er ihn liebt, doch im Unbewussten brodeln aufgrund von permanenten Verdrängungen Aggression und Wut. Wenn man es dem Partner und den anderen immer recht machen will, dann kann man seinen eigenen Lebensweg nicht finden.

Kompensation

Deutung: *Der Wunsch, sich den anderen zur Gänze einzuverleiben, ihn womöglich zu Tode zu lieben, aber auch die stets an der Oberfläche orientierte eigene Meinung, die inhaltlos, aber charmant dargebracht wird, all dies beeinflusst... Das dogmatische Verfechten von Benimmregeln, der machtvolle Einsatz der Erotik, um andere finanziell zu erleichtern, all dies beeinflusst...*

Der Kompensator strebt die Symbiose mit dem geliebten Partner an, will ihn mit Haut und Haaren besitzen. Er löst damit eine unterschwellige Kettenreaktion von Obsession, Aggression, Schuldgefühlen und Machtkämpfen aus. Hat er den geliebten Menschen endlich in die Flucht getrieben, zieht er sich grollend in die Isolation zurück, fest entschlossen, nie mehr wieder eine Beziehung einzugehen. Grübelnd und sich selbst zerfleischend sucht er sich dennoch bald das nächste »Opfer«, ohne sich dessen bewusst zu sein, welch destruktives Programm in ihm selbst wohnt. Der Horoskopeigner zwingt dem anderen gerne seine Vorstellung von Ästhetik und seine Begegnungs- und Erotikrituale auf. Für viele Menschen mit diesem Aspekt waren in ihrer Kindheit Liebe, Nähe und Berührung mit Macht und Einfluss verbunden. Eine Neigung zu schwierigen emotionalen Beziehungen, die fast immer im großen Katzenjammer und dramatisch und exzessiv enden, ist fast vorprogrammiert. Dieses Programm muss wie alle übrigen durch ein neues, konstruktiveres Konzept ersetzt werden. Das ist harte Arbeit, gerade für Venus-Waage-Menschen. Aber: Symbiosen gehen in die Hosen. Diese leidvolle Erfahrung zwingt den Kompensator förmlich in die erwachsene Form dieses Aspekts. Je nachdem, wie begabt jemand zum Leiden ist, wird die Zeit kommen, in der auch der leidenschaftlichste Venus-Plutonier sich gezwungen sieht, sein Liebesprogramm zu überprüfen. Transformationsprozesse werden in dieser Konstellation eben über die Begegnung und den Eros gefördert.

Lösungsmöglichkeit, erwachsene Form

Deutung: *Das Gleichgewicht an Macht, die geistige Einstellung, die immer beide Pole berücksichtigt, das partnerschaftliche Konzept, das ausgebildete erotische Programm, das Konzept in Bezug auf Benimmregeln, all dies stärkt Haus...*

Der Horoskopeigner lässt den faulen Frieden sterben. Er begegnet offen den Konzepten der anderen und wählt aus, welche Vorstellungen einen Einfluss auf ihn ausüben dürfen. Er ist bereit, sowohl in geistiger Hinsicht als auch in der Partnerbeziehung Wandlungsprozesse zu vollziehen. Seine Aufgabe lautet also: Alte Vorstellungen, Konzepte und Programme in Bezug auf Partnerschaft und Erotik sterben zu lassen und neue Konzepte mit dem Partner zu erproben, die der Realität eher entsprechen.

Pluto herrscht über Haus 8

Hemmung

Deutung: *Die Unterdrückung der eigenen Meinung, die Fremdbestimmung des eigenen Wegs, die Unterdrückung in der Partnerbeziehung, die Macht, die der Partner durch seinen Lebensstil, durch Status, Prestige, Besitz und seine Finanzen ausübt, all dies unterdrückt Haus... oder gibt dem Kompensator Macht in Haus...*

Der Horoskopeigner wird in seinem Meinungsbildungsprozess und in der Entwicklung eigener Vorstellungen unterdrückt oder ist fremdbestimmt. Auch das Finden des eigenen Wegs wird durch fremde Meinungen, Ideologien und Erwartungshaltungen erschwert. Der Gehemmte ist Macht und Manipulation allerdings erst dann ausgeliefert, wenn er sich an einen Menschen bindet und mit ihm eine Beziehung eingeht. Befindet sich der Gehemmte einmal in dieser »Beziehungskiste«, dann wird er mit Haut und Haaren vereinnahmt. Immer wieder ist er massiven Machtkämpfen in der Beziehung ausgesetzt. Und der Horoskopeigner braucht sich auch nicht lange zu fragen, wer hier der Unterlegene ist, wer unter Erwartungsdruck steht und wer verändert werden muss: er selbst.

Kompensation

Deutung: *Das rasputinsche Verhalten und das sichere Wissen, mindestens sieben Leben zu haben, die archaische Intensität und enorme Energiereserven sowie die fatale Liebe zu Grenzüberschreitungen und unterwerfende oder kontrollierende Beziehungsmuster, all dies blockiert und/oder beeinflusst... Die dogmatische eigene Meinung, das Machtgebaren und der (seelische) Sadismus in der Partnerbeziehung, die eigenen Fixierungen und Erwartungshaltungen, all dies unterdrückt den Gehemmten in Haus 2 und in Haus...*

Dieser Horoskopeigner hat für die Trivialitäten des Lebens nicht viel übrig, das Leben ist für ihn eine ernste Sache. Dieser Mensch ist von Natur aus begabt, sich auf die Suche nach dem inneren Hades, den ihm innewohnenden Bildern und Programmen, zu machen, ohne sich dessen bewusst zu sein. Das ungeheure Energiereservoir und die starke, weil hier potenzierte Leidenschaftlichkeit, führen häufiger als bei anderen Menschen in drastische Lebenssituationen. In der Kompensation ist der Horoskopeigner fixiert auf die eigene Macht und Meinung, erhebt sie zum Dogma und wird somit zum Ideologen. Auch könnte der Kompensator der morbiden Faszination erliegen, mit dem Tod zu spielen, und sich so in Grenzsituationen bringen, die ihm Gefühle der Todesnähe vermitteln (zum Beispiel bewusstes Auswählen von Skipisten in lawinengesperrtem Gelände). Die eigene Intensität und archaische Energie möchten auf solche Weise immer wieder neu erlebt werden. Viele Pluto-Kompensatoren fühlen sich nur durch Grenzerfahrungen lebendig. Die Neigung zu schicksalhaften, oft dramatischen Beziehungen, in denen die Sexualität ein heikles Thema ist, ist ebenfalls typisch für sie. Der Horoskopeigner »unterwirft« und kontrolliert, kann also weder bei sich selbst noch beim Partner jemals tatsächliche Hingabe erfahren. Der richtige Umgang mit der eigenen Macht in Beziehungen ist eine der größten Herausforderungen für diesen Horoskopeigner und führt mitunter zu totaler Triebkontrolle und Verzicht.

Lösungsmöglichkeit, erwachsene Form

Deutung: *Die Vorstellung und das Programm vom eigenen Lebensweg, das Konzept vom eigenen geistigen Besitz, die eigenen Vorstellungen* *über eine Partnerbeziehung, die Fähigkeit, alte Programme sterben zu lassen und neue zu installieren, all dies stärkt Haus...*

Der Horoskopeigner hat die Aufgabe, alte, überkommene, aus Moral und Konvention resultierende Vorstellungen von einer guten Partnerbeziehung sterben zu lassen und neue Vorstellungen zu entwickeln, die wirklichkeitsadäquater sind und dem Leben und seiner Entwicklung näherstehen. Er weiß, dass die alten Muster aus der Vergangenheit, die seine Eltern und Großeltern absolviert haben, heute keine Gültigkeit mehr haben. Das neue Programm ist auf seine Individualität und auf die des Partners zugeschnitten. Außerdem lebt er nicht – wie der Gehemmte und der Kompensator – nach irgendeiner Ideologie, sondern hat seinen eigenen Lebensweg gefunden. Der Erwachsene wandelt seine alten und überlebten Konzepte in einem tief greifenden inneren Stirb- und Werdeprozess. So kommt es zu einem dramatischen Ende der alten Programme und Vorstellungen und zu einem radikalen Neuanfang. Andere Menschen oder Ideologien haben ihre Macht über ihn verloren. Über seinen geistigen Besitz verfügt der Erwachsene selbstbestimmt und grenzt sich geistig gegen alle Manipulationen und Fremdbestimmungen ab. Die Partnerschaft verändert er durch ein Konzept, welches beiden Partnern Selbstbestimmung ermöglicht.

Jupiter herrscht in Haus 8

Hemmung

Deutung: *Der Mangel an Einsicht in die Mechanismen einer festen Partnerbeziehung, die durch Mangel an Bildung bedingte intolerante geistige Einstellung, die durch Edelmut verursachten mangelnden sexuellen Fantasien, all dies beeinflusst ungünstig Haus...*

Wer sich nicht bemüht, die Mechanismen einer festen Beziehung und die im Untergrund brodelnde sexuelle Leidenschaft zu verstehen, erlebt den Jupiter als Herrscher von Haus 8 entweder als edle und langweilige Beziehung oder als materielle Förderung vonseiten des Partners, der aber daran Bedingungen knüpft, etwa mit ihm eine Partnerbeziehung zu unterhalten oder ebenso begeistert von seiner Weltanschauung zu sein wie er. Manche Gehemmte sind auch Anhänger des positiven Denkens. Sie sind felsenfest davon überzeugt, dass dies der Weg ist. Doch je positiver sie denken, um so mehr stärken sie damit im Laufe der Zeit den negativen Gegenpol. Also wieder nur ein Irrweg? Aber eines kann sich beim Gehemmten mit Jupiter als Herrscher von Haus 8 positiv auswirken: Da das 8. Feld das 2. Feld der anderen darstellt, ist hier u. a. auch das Kollektivvermögen verankert. Mit Jupiter als Herrscher von Haus 8 hat er daher alle Chancen, durch einen Lotto- oder Totogewinn dieses Kollektivvermögen anzuzapfen.

Kompensation

Deutung: *Die eigene, erhöht eingestufte Meinung und starke innere Glaubenssätze wie die Kompromisslosigkeit im Zusammenhang mit Sinn- und Weltanschauungsfragen, auch die gönnerhafte, moralisierende und besserwisserische Art, die man in seinen festen Beziehungen vermittelt, all dies beeinflusst... Die Fixierung auf Reisen, Reitsport oder auf Kultur (Oper, Operette, Kunst, klassische Musik, klassische Literatur etc.) beeinflusst Haus...*

Immer wieder finden sich Eskimos, die den Bewohnern des Kongo sagen, was sie zu tun haben, sagt Stanislaw Lee. Dabei denkt er wohl an diesen Jupiter-Typ. Starke Glaubenssätze und kompromisslose, exaltierte Überzeugungen verschaffen ihm die Berechtigung, mit dem Schwert Gottes zu kämpfen, und machen sein Leben komplizierter. Nach den letzten Sinnfragen wird in größter Tiefe geschürft, und wird der Kompensator fündig, dann beglückt er seine Mitmenschen mit neuen Postulaten. Diese gnadenlosen Verkünder schreiben selbst das Tibetanische Totenbuch neu, wenn sie sich dazu berufen fühlen. Mit einem absolut Wissenden lässt sich schlecht Kirschen essen, der Meinungsaustausch endet bei erhobenen Augenbrauen. Ein Aspekt für alle wiedergeborenen Echnatons und Luthers.

Lösungsmöglichkeit, erwachsene Form

Deutung: *Die Einsicht in die Mechanismen einer festen Partnerbeziehung, die Verbesserung der eigenen Bindungs- und Beziehungsfähigkeit, die Einsicht in Stirb-und-Werde-Prozesse, die Erweiterung der eigenen geistigen Einstellung und des eigenen geistigen Besitzes, die* *durch Wandlung der Weltanschauung und der Lebensphilosophie erfolgte Sinnfindung, all dies stärkt Haus... Der Sinn im eigenen Lebensentwurf, Lebensplan und Lebensweg stärkt Haus...*

Die dem Horoskopeigner hier gestellte Aufgabe ist nicht leicht zu lösen, muss er doch hinabsteigen zu Hades und dort in der Unterwelt Einsicht nehmen. Außerdem muss er sich in die Enge einer Beziehungskiste begeben, um sich zu wandeln und seine alte Weltanschauung sterben lassen, damit eine neue entstehen kann. Nach diesen inneren und äußeren Kämpfen aber steigt er empor wie Phönix aus der Asche. Seine Bildung, sein Verständnis, seine Toleranz bereichern seine Partnerbeziehung, und dieses Glück wird dorthin getragen, wo Jupiter steht. Statt seine sexuellen Phantasien durch Edelmut zu unterdrücken, versucht der Erwachsene, sie zu erweitern, was zu einer ungeahnten Intensität der sexuellen Leidenschaft führen kann.

Saturn herrscht über Haus 8

Hemmung

Deutung: *Die Hemmung, eigene Vorstellungen zu entwickeln, die Normen und Ideale der Partnerbeziehung, die Hemmung, den eigenen Weg zu finden und zu gehen, die Hemmung in der Leidenschaft, all dies hemmt... oder wird ausgeglichen durch...*

Der Horoskopeigner ist in seinem Meinungsbildungsprozess gehemmt. Es ist schwierig für ihn, eigene Vorstellungen und Programme zu entwickeln. Insbesondere besteht keine Klarheit darüber, wie er auf den verschiedensten Lebensgebieten leben möchte. Doch nur derjenige, der eine Vorstellung davon entwickelt, kann seinen eigenen Weg finden. Außerdem lässt sich der Gehemmte einschränken durch die Norm oder das Ideal, das ihm vorschreibt, wie eine Partnerbeziehung zu führen ist. Wie alle anderen wünscht sich auch der Gehemmte eine ganz »normale« Partnerbeziehung, aber er schafft es nicht, eine solche zu verwirklichen. Und diejenigen Gehemmten, denen es doch gelungen ist, merken nach einiger Zeit, dass ihre Partnerbeziehung stagniert, dass sie plötzlich langweilig und öde ist. Dennoch wird die Beziehung meist lange aufrechterhalten, aus Angst, der Norm nicht mehr zu genügen und nicht mehr gesellschaftlich anerkannt zu sein. Ferner kann es bei dieser Konstellation sein, dass zu wenig erotische Vorstellungsbilder entwickelt werden, sodass nur wenig Leidenschaft aufkeimt. Da das 8. Feld auch das 2. Feld des anderen symbolisiert, ist eine Hemmung möglich durch den genormten Lebensstil, durch den anerkannten Status (zum Beispiel Diplom, Promotion, Meisterbrief etc.) und durch das anerkannte Prestige (zum Beispiel durch Besitz, Finanzen oder Prestigegüter) des anderen.

Kompensation

Deutung: *Die genormte Meinung, der übernommene traditionelle geistige Besitz, die Normen und Ideale der Partnerbeziehung, der genormte Lebensweg, all dies beeinflusst Haus... oder hemmt jenen, der noch die Kindrolle spielt, in Haus 2 und in Haus...*

Der Kompensator übernimmt unreflektiert die genormte Meinung, die man in dem jeweiligen politischen System oder in der jeweiligen Zeitepoche scheinbar haben muss. Er korrigiert und maßregelt jeden, der von diesen öffentlich anerkannten Auffassungen oder von Moral und Konvention abweicht. Er fühlt sich mit seiner genormten Meinung, die er fälschlicherweise für seine eigene hält, anderen überlegen. Dies entbindet ihn von der Notwendigkeit, sich wirklich mit den Dingen auseinanderzusetzen. In der Partnerbeziehung wacht der Kompensator darüber, ob auch der Partner die Norm einhält. Ist dies nicht der Fall, dann leitet er daraus seine Berechtigung ab, den Partner zu belehren oder zu maßregeln oder über ihn zu Gericht zu sitzen. Daher ist auch kein Prozess des Werdens und Sterbens bzw. kein Transformationsprozess möglich. Der Kompensator fühlt sich immer im Recht, lässt daher alte Meinungen nicht sterben und die Entwicklung neuer nicht zu. Da das 8. Haus das 2. Haus des anderen darstellt, kann es sein, dass der Kompensator den Eigenwert und den Genuss des anderen hemmt, seinen Besitz und seine Finanzen schmälert und sein Revier verletzt.

Lösungsmöglichkeit, erwachsene Form

Deutung: *Das Recht auf eine eigene Meinung, die Wissensautorität, die man verkörpert, die Verantwortung, die man für die Beziehung über-*

nimmt, die Integration in die Gesetze der Partnerbeziehung und der Leidenschaft, all dies stärkt...

Der Horoskopeigner erkennt sein Recht darauf, sein Leben nach den eigenen Vorstellungen und Konzepten zu gestalten. Er geht seinen Weg jenseits der Trends. Indem er sein Recht auf eine eigene Meinung wahrnimmt, kann er gegenüber den Auffassungen anderer Menschen toleranter sein. Der Erwachsene integriert die Gesetze der Partnerbeziehung, der Transformation und der Leidenschaft. Man übernimmt Verantwortung für seinen Anteil am Gelingen oder Scheitern einer Beziehung.

Uranus herrscht über Haus 8

Hemmung

Deutung: *Die Irritation im Finden des eigenen Wegs, die ständig wechselnden Vorstellungsbilder, die Stresssituationen und Nervenbelastungen in der Beziehung, all dies beeinflusst ungünstig Haus...*

Der Gehemmte muss immer wieder unter Nervenbelastungen und unter Trennungen in der Beziehung leiden, weil er nicht darauf achtet, dass beide Partner ihren individuellen Lebensstil beibehalten und ihr eigenes Revier beanspruchen müssen, ehe sie zusätzlich noch einen gemeinsamen Lebensstil und ein gemeinsames Revier aufbauen können. Andere Gehemmte haben zu hohe progressive, (politisch) linke oder feministische Ideale, welche die Beziehung, so wie sie hier und heute gelebt wird, irritieren. Auch haben manche Horoskopeigner große Schwierigkeiten, den eigenen Lebensweg zu finden, da ihre Vorstellungs- und Leitbilder in bestimmten Intervallen immer wieder wechseln.

Kompensation

Deutung: *Diese starke Polarisierung zweier gleich großer Kräfte und die kaum zu überwindende Ambivalenz von Bindung und Ent-Bindung, die elementare Leidenschaft im Wechsel mit kalter Distanz, bei der man sich keinem Wertesystem mehr zugehörig fühlen kann, all dies* *beeinträchtigt... Das rebellische Verhalten in der Partnerbeziehung, der zwanghafte Widerspruchsgeist, die zwanghaften Seitensprünge, das revolutionäre Gedankengut, all dies beeinflusst Haus... oder irritiert den Gehemmten in Haus 2 und in Haus...*

Ent-Bindung und Bindung stehen sich hier als gleich starke Pole gegenüber. Das 8. Haus möchte immer binden und verpflichten, Uranus jedoch möchte sprengen, ausreißen und Distanz schaffen. Dieser Widerspruch wird häufig durch das radikale, abrupte Ende von bestimmten Lebenssituationen wie Ehe, eheähnliche Gemeinschaft, Abtreibung, Erbschaftsverlust, Todesfall erlebt. Schicksalhafte Änderungen zwingen den Kompensator zu größtmöglicher Erkenntnis und schnellstmöglichem Entwicklungsprozess, sie sind harte Lehrmeister, haben für den, der es zu nützen weiß, außerordentliche Entwicklungschancen zu vergeben. Im persönlichen kompensierenden Verhalten wird sich der Horoskopeigner exzessiv binden wollen, wobei die Leidenschaft abrupt abbrechen kann, weil er plötzlich kalte Distanz vorzieht. Der Kompensator gibt sich verzehrend seinen inneren Bildern oder Visionen einer idealen Welt hin und würde lieber sterben, als sich einzugestehen, dass er seine Vorstellungen nirgendwo bestätigt finden kann. Manche Horoskopeigner sind davon besessen, immer wieder neue Wertvorstellungen und Konzepte zu entwickeln, um sie so rasch wie möglich wieder zu verwerfen. Aus intensiver, meist unbewusster Angst vor Verlust könnte er periodisch jede noch so gesunde Bindung an Werte oder Menschen wieder zerstören wollen, um damit sein Lieblingsgefühl, nirgendwo zugehörig sein zu dürfen, zu fördern.

Lösungsmöglichkeit, erwachsene Form

Deutung: *Die eigene, unabhängige Meinung, der eigene unabhängige geistige Besitz, die freie, unabhängige Beziehung, all dies stärkt Haus...*

Der Horoskopeigner hat die Aufgabe, sich aus der alten, genormten Form der Beziehung, sich von alten Vorstellungen, geistigen Einstellungen und Ideologien zu befreien. Er muss sich eine unabhängige, freie Meinung bilden, muss seine Individualität in der Partnerbeziehung bewahren und Abwechslung in die »Beziehungskiste« bringen. Aufgrund seiner progressiven, zukunftsorientierten Ideen und Vorstellungen kann der Erwachsene seinen individuellen Weg finden.

Neptun herrscht über Haus 8

Hemmung

Deutung: *Bindungsängste und Bindungsschwäche, Unklarheiten, Heimlichkeiten und Ängste in der festen Beziehung, das in der Partnerbeziehung auftretende eigene Verdrängungspotenzial, der verunsicherte Meinungsbildungsprozess, die Schwäche in der Ansammlung von Wissen, die Konzeptlosigkeit, der verunsicherte oder im Nebel liegende eigene Weg, all dies schwächt und verunsichert Haus..., verursacht beim Horoskopeigner Flucht- und Suchttendenzen in Haus... oder gibt den Kompensatoren Gelegenheit, in Haus... verunsichernd oder als Helfer zu fungieren.*

Da der Gehemmte sich seiner Bindungsängste und seiner Verdrängungen nicht bewusst ist, hofft er ständig auf eine Traumbeziehung, die sich irgendwie und irgendwann einstellen soll. Und wenn sich die Träume und Illusionen immer wieder durch die Realität auflösen, bringt er dies nie in Beziehung mit dem eigenen unerlösten Persönlichkeitsanteil, mit seinen Ängsten oder damit, dass er vielleicht in einer für ihn völlig falschen Partnerschaftsform lebt. Er strebt den Traum innerhalb der vorgegeben Norm an, kann aber – und das ist sein Dilemma – seine Traumbeziehung nur jenseits dieser Norm realisieren. Der Gehemmte ist bei dieser Konstellation auch häufig in seinem Meinungsbildungsprozess verunsichert. Er hat Ängste, seine Meinung voll zu vertreten oder hält mit ihr hinter dem Berg. Er hat zu wenig Vorstellung entwickelt, wie er auf den verschiedensten Lebensgebieten leben möchte. Er hat kein Konzept und kein klares Lebensprogramm. Sein Lebensweg liegt im Nebel.

Kompensation

Deutung: *Den anderen mit seinem Bild zu infiltrieren und in eine Abhängigkeit zu führen bzw. durch heimliche, hintergründige Machtausübung in die Ohnmacht zu zwingen, aber auch jede nicht durchschaubare Manipulation von Geldern des Partners, die Lüge um der Macht willen, all dies beeinflusst... Die Angst vor Partnerverlust und die Un-*

sicherheiten im eigenen Lebensweg werden kompensiert, indem man die Gehemmten in Haus 2 und in Haus... verunsichert, schwächt oder entwertet.

Der schwärzeste Magier wird noch verführerischer, wenn er auch unglaubliches Charisma besitzen sollte und obendrein hellsichtige Röntgenaugen. Ein Hang zur Macht und zu okkulten Kräften lässt sich mit diesem Aspekt kaum leugnen, deshalb kann der Kompensator geneigt sein, undurchsichtige Geschäfte mit den Mitteln Dritter zu betreiben oder Termingeschäfte zu tätigen, die große Gewinne versprechen oder in die Hose gehen. Darüber hinaus macht diese Kompensation beziehungssüchtig.

Sollte es tatsächlich jemand schaffen, sich der »tödlichen Umarmung« der vom Kompensator gewünschten Symbiose wieder zu entziehen, wird das Opfer schnell ersetzt (... durch schwache oder süchtige Menschen, die vom Horoskopeigner in noch größere Ohnmacht gestürzt und daher noch abhängiger werden).

Lösungsmöglichkeit, erwachsene Form

Deutung: *Die Entlarvung der Illusion in Bezug auf Beziehung, die Aufdeckung der Hintergründe und der Verdrängungen in der Partnerbeziehung, die alternative Beziehungsform, die in die Beziehung eingebrachte Fantasie, der alternative geistige Besitz, der alternative Weg, all dies stärkt Haus...*

Für den Horoskopeigner gilt es, die Verdrängungen und Hintergründe in der Partnerbeziehung aufzudecken, die herkömmliche Form, wie eine Partnerbeziehung aussehen soll, infrage zu stellen, um so zu alternativen Möglichkeiten vorzustoßen. Wenn das Zusammenleben als Paar, der gemeinsame Lebensstil und das gemeinsame Revier als Norm gilt, dann muss der Erwachsene diese auflösen und mit dem Partner eine alternative Beziehungsform finden, die zwar vielleicht gesellschaftlich nicht anerkannt, dafür aber besser lebbar ist. Auch auf geistigem Gebiet gilt es, die gewohnten und weitverbreiteten Meinungen und Einstellungen zu transzendieren, um zu einem geistigen Besitz zu kommen, der jenseits des Herkömmlichen und Konventionellen liegt. Dies kann mittels Tiefenpsychologie, Astrologie und Esoterik geschehen.

Mars herrscht über Haus 9

Hemmung

Deutung: *Mangelnder Mut, sich in seiner Weltanschauung zu behaupten und zu seiner Bildung zu stehen, fehlende Initiative, größere Reisen zu unternehmen, all dies beeinflusst ungünstig Haus...*

In der Hemmung wagt der Horoskopeigner nicht, zu seiner eigenen Weltanschauung zu stehen, weil er hier Angriffen durch seine Mitmenschen ausgesetzt ist. Dies bewirkt, dass er immer gerade solche Personen anzieht, die ihre Anschauungen als die einzig gültigen resolut vertreten. Da das 9. Haus das 3. Haus des anderen symbolisiert, kann es sein, dass der Gehemmte, weil die Anlage ihm selbst nicht zur Verfügung steht, andere herausfordert, sich rigoros und aggressiv darzustellen und frech zu argumentieren. Die Bildung ist für ihn ein Reizthema, er mag gar nicht darüber reden, weil es deswegen immer Streit gibt. Deshalb hat er für Weiterbildung keine Energie zur Verfügung. Auf Reisen fürchtet er das Risiko und hat nicht den Mut, sich mit fremden Kulturen zu konfrontieren. Es fehlt an Kraft und Energie, sich für die Partnerschaft einzusetzen, damit sie weiterentwickelt und verbessert werden kann.

Kompensation

Deutung: *Kampf und Streit um Weltanschauung und Religion, übertriebene Aktivität für Bildung und Weiterbildung, wagemutige Reisen, all dies beeinflusst Haus...*

In der Kompensation wird man seine Weltanschauung und seine Ansichten streitsüchtig und kämpferisch vertreten. Der Kompensator lebt nach dem Motto: Angriff ist die beste Verteidigung. Überaktiv stürzt er von einer Weiterbildung zur anderen, um so seine Bildungsfähigkeit zu beweisen. Er neigt zu überaus risikoreichen und wagemutigen Reisen, um als Eroberer fremder Welten zu gelten. In der Partnerbeziehung löst ein aufreibender Aktionismus den anderen ab, damit immer Spannung herrscht, sonst verliert er das Interesse, und die Weiterführung der Beziehung ist gefährdet.

Lösungsmöglichkeit, erwachsene Form

Deutung: *Entspannte Durchsetzung der eigenen Weltanschauung, überlegter Energieeinsatz für Bildung und Weiterbildung, Wagemut für weite Reisen, all dies stärkt Haus...*

Hier kann der Horoskopeigner mutig seine Weltanschauung vertreten, ohne dass es zum Streit kommt. Wenn nötig, leistet er auch Pionierarbeit. Zwar wird immer noch viel Energie in die Bildung und Weiterbildung gesteckt, aber er wählt gezielt aus und überlegt. Die Reisen werden dynamisch und lebendig gestaltet, überschaubare Risiken machen sie reizvoll. Reisen und Sport werden gut kombiniert. Der Erwachsene weiß, dass er sich für die Weiterentwicklung seiner Partnerbeziehung einsetzen und immer wieder die Initiative ergreifen muss.

Venus (Stier) herrscht über Haus 9

Hemmung

Deutung: *Die Unbeweglichkeit in der Weltanschauung, die Bequemlichkeit in der Bildung und in Bezug auf weite Reisen, die Festgefahrenheit in der Entwicklung der Partnerschaft, all dies beeinflusst ungünstig Haus...*

Durch Unbeweglichkeit und Einseitigkeit in der eigenen Weltanschauung ist der Horoskopeigner auch zu gehemmt, um seinen geistigen Horizont zu erweitern. Außerdem besteht eine Neigung zur Askese. Die eigene Bildung lässt er von anderen bewerten, beneidet andere wegen ihres hohen Bildungsstandes und ist trotzdem zu bequem oder zu sparsam, um Weiterbildungsmaßnahmen zu ergreifen. Die Bequemlichkeit verhindert, dass er weitere Reisen unternimmt. Der Gehemmte will aus seinem alltäglichen Trott nicht aussteigen. Zu große Sparsamkeit oder gar Geiz beeinträchtigen den Lebenssinn. Die Partnerschaft ist festgefahren, die Trägheit ist zu stark.

Kompensation

Deutung: *Die Sturheit in der Weltanschauung, die Protzigkeit auf Reisen, die Bewertung von Bildung, die Besitzergreifung in der weiterführenden Partnerschaft, all dies beeinflusst Haus...*

Der Kompensator zeichnet sich meist durch eine materialistische Weltanschauung aus. Durch starrsinnige und sture Weitsicht und durch Bewertung der Ansichten von anderen überdeckt er die eigene Hemmung. Er wertet die Bildung der anderen ab, um damit den eigenen Bildungs- und Entwicklungsstand aufzuwerten. Daher hat er es nicht nötig, für seine Weiterbildung zu sorgen. Auf Reisen stellt er protzig seinen Reichtum zur Schau und will mit teurem Aufwand seinen Selbstwert steigern. Der Lebenssinn wird in Genusssucht und Schlemmerei gesucht. Die Weiterführung der Partnerschaft ist gesichert, wenn der Partner sich als Besitz behandeln lässt oder wenn der Kompensator ihn mit materiellen Werten bei Laune halten kann.

Lösungsmöglichkeit, erwachsene Form

Deutung: *Beständigkeit in der Weltanschauung, Sicherheit auf Reisen, Abgrenzungsfähigkeit in Bildungsfragen, Stabilität in der Entwicklung der Partnerschaft, all dies stärkt...*

In der erlösten Form kann der Horoskopeigner ruhig und gelassen seine Weltanschauung vertreten. Er ist in seiner geistigen Darstellung sicher geworden und hat gelernt, sich gegenüber anderen Weltanschauungen, Lebensphilosophien und Religionen abzugrenzen. Bildung wird nicht mehr nach konventionellem Maßstab, sondern nach den eigenen ideellen Werten beurteilt. Er gibt gerne Geld für Fortbildungsmaßnahmen aus, wenn er damit seinen geistigen Horizont erweitern kann. Besonders aber ist er an der Weiterbildung in Wirtschaft und Finanzen sowie Politik interessiert. Auf weiten Reisen entwickelt der Erwachsene einen sicherheitsbetonten, besonnenen Stil. Auf der Grundlage von Beständigkeit und Abgrenzungsfähigkeit kann sich eine bestehende Partnerschaft weiterentwickeln.

Merkur (Zwillinge) herrscht über Haus 9

Hemmung

Deutung: *Der Mangel an Information über Weltanschauung, Philosophie und Religion, die nicht zum Ausdruck gebrachte eigene Weltanschauung und Lebensphilosophie, das mangelnde Interesse an Weiterbildungs-*

veranstaltungen, der Mangel an Auslandskontakten, die mangelnden Fremdsprachenkenntnisse, all dies beeinflusst ungünstig Haus...

Der Gehemmte interessiert sich eher für die Trivialpresse und die Klatschblätter als für anspruchsvolle Literatur. Da er sich über Sinnfragen keine Gedanken macht, holt er auch keine Informationen über Weltanschauung, Philosophie und Religion ein. Aufgrund seiner mangelnden Fremdsprachenkenntnisse hat er keine Gelegenheit, Kontakt mit der großen weiten Welt aufzunehmen. Meist aber erlebt er diese Konstellation so, dass der Partner oder ein Mitmensch im Reden so ausufert, dass ohnehin kaum eine Chance besteht, ein Gespräch im Sinne einer gegenseitigen gedanklichen Befruchtung zu führen.

Kompensation

Deutung: *Die wilden Diskussionen über Weltanschauung, Philosophie und Religion, der lebhafte Handel mit dem Ausland, der rastlose Besuch eines Seminars nach dem andern, die Fülle an Informationen, die kaum verarbeitet werden kann, all dies beeinflusst Haus...*

Der Kompensator erlernt Fremdsprachen und betreibt einen lebhaften Handel mit dem Ausland. Selbstverständlich lässt er das Erlernte und die Auslandskontakte und -aufenthalte bei jedem Gespräch einfließen. Sein Gesprächspartner soll wissen, dass er es hier mit einem intelligenten, weltgewandten Menschen zu tun hat. Die größte Angst des Kompensators liegt darin, in den Augen der anderen als geistig kleinkariert zu gelten oder aufgrund von mangelnden neuen Informationen als »hinter dem Mond lebend« eingestuft zu werden. Andere Kompensatoren wiederum wollen ständig über Weltanschauung und Religion diskutieren und nerven damit ihre Umwelt. Manchmal zieht der Merkur-Zwilling-Kompensator unruhig und rastlos von einem Weiterbildungsseminar zum anderen, um nur ja nichts zu versäumen. Oder er kauft immer wieder die neuesten Bücher, kann sie aber kaum mehr geistig verarbeiten.

Lösungsmöglichkeit, erwachsene Form

Deutung: *Die Informationen über Weltanschauung, Philosophie und Religion, die Fähigkeit, eine eigene Weltanschauung und Lebensphilo-*

sophie zu entwickeln und in Wort und Schrift auszudrücken, die Erweiterung der Sprachkenntnisse durch Reisen, all dies stärkt Haus...

Der Horoskopeigner hat die Aufgabe, in Bezug auf Weltanschauung, Philosophie und Religion viele Informationen einzuholen und sich intellektuell damit auseinanderzusetzen. Es gilt eine eigene Weltanschauung und Lebensphilosophie zu entwickeln und schließlich in Wort und Schrift darzustellen. Auch der Erwachsene lernt Fremdsprachen und treibt lebhaften Handel mit dem Ausland, aber ohne den Anspruch, deshalb höher in der menschlichen Wertehierarchie angesiedelt zu sein. Ferner zeigt der Erwachsene eine große Aufnahmebereitschaft für Bildung und Weiterbildung. Er stellt auf Weiterbildungsveranstaltungen intelligente Fragen und facht damit interessante Diskussionen an.

Mond herrscht über Haus 9

Hemmung

Deutung: *Stimmungsabhängige Weltanschauung, passive und verträumte Einstellung zu Bildung, Ängstlichkeit auf weiten Reisen, all dies beeinflusst ungünstig Haus...*

Da sich der Gehemmte inhaltlich nicht mit dem Krebs-Mond-Prinzip auseinandersetzt, sich also nicht mit Psychologie oder Naturheilkunde beschäftigt, ist die eigene Weltanschauung sehr von emotionalen Stimmungen abhängig. Zudem reagiert er empfindlich und verletzt, wenn die Mitmenschen seine Ansichten nicht teilen. Manchmal findet er auch seine Heimat bei einer Sekte oder bei einer Vereinigung von Glaubensbrüdern oder -Schwestern. Zur Bildung hat der Gehemmte eine passive, verträumte Einstellung. Für Weiterbildung kann er keine Energie aufbringen, es ist alles zu theoretisch und kalt. Die enorme Ängstlichkeit und kindliche Naivität hindern den Gehemmten, größere Reisen zu unternehmen. Die Umstellung auf fremde Welten und Kulturen würde er gefühlsmäßig nicht verkraften. Er vermisst sofort das eigene Zuhause und bekommt Heimweh. Zur Entwicklung der Partnerbeziehung kann er nichts beitragen, man ist ja selber so bedürftig. Da das 9. Haus das 3. Haus des anderen symbolisiert, wünschen sich männliche Gehemmte eine Partnerin, die sich sehr feminin kleidet und darstellt.

Kompensation

Deutung: *Launische Darstellung der eigenen Weltanschauung, wechselhaftes Interesse für Bildung und Weiterbildung, das Bedürfnis, andere auf Reisen zu bemuttern und zu versorgen, all dies beeinflusst Haus...*

Der Kompensator wird launisch seine eigene Weltanschauung der jeweiligen Stimmungslage angleichen. Sein Interesse für Bildung ist sehr wechselhaft. In der Weiterbildung kokettiert er mit der eigenen Labilität oder erklärt, dass hierzu keine Möglichkeit besteht, weil er sich ständig um andere kümmern muss. Zwar geht der Kompensator auf Reisen, er will aber möglichst das eigene Heim mitnehmen, sodass hier Fahrten mit dem Wohnwagen sehr beliebt sind. Der Sinn des Lebens wird in der Erfüllung der seelischen Bedürfnisse gesehen. Der Horoskopeigner wird den Partner seelisch eng an sich binden, um Sicherheit für den weiteren Bestand der Beziehung zu haben. Manche Kompensatoren erheben auch eine psychologische Richtung, eine Ernährungsform oder eine Naturheilmethode zur Religion.

Lösungsmöglichkeit, erwachsene Form

Deutung: *Die durch Weiterbildung in Psychologie, Naturheilkunde, Ernährung, Biologie und Baubiologie entwickelte Weltanschauung oder Lebensphilosophie, der über die menschliche Natur und über die Stimme des Lebens gefundene Sinn, die für die Weiterentwicklung der Partnerschaft eingesetzten Gefühle und Zärtlichkeiten, all dies wird verwendet für Haus... oder stärkt Haus...*

Der Erwachsene bildet sich in Psychologie, Naturheilkunde, Ernährung, Biologie, Baubiologie und Feng-Shui weiter und kann dadurch eine eigene Weltanschauung oder Lebensphilosophie entwickeln. Diese Weltanschauung bedeutet für ihn geistige Heimat und Geborgenheit. Er achtet besonders auf seine innere Stimme, die ihm als Orientierung im Prozess der Sinnfindung dient. Ferner lernt der Erwachsene sämtliche Zärtlichkeitsvarianten kennen, wählt die für ihn passenden aus und versucht, sie für die Weiterentwicklung und Verbesserung der Partnerschaft einzusetzen.

Sonne herrscht über Haus 9

Hemmung

Deutung: *Mangelnde Selbstsicherheit in der eigenen Weltanschauung, der Religion, der eigenen Bildung und in der Erweiterung des geistigen Horizonts, Handlungsunfähigkeit in Bezug auf weite Reisen, all dies beeinflusst ungünstig Haus...*

In der eigenen Weltanschauung, der Religion und der eigenen Bildung ist die Selbstsicherheit des Horoskopeigners mangelhaft ausgebildet, sodass andere es leicht haben, hier dominant aufzutreten. Für die eigene Weiterbildung fehlt jeder Unternehmungsgeist. Da der Gehemmte keine Lust hat, seinen geistigen Horizont zu erweitern, ist auch die Weltoffenheit blockiert. Auf Reisen ist er nicht imstande, für sich selber zu handeln, ist sehr unselbstständig, sodass er lieber zu Hause bleibt. Da die Selbstentfaltung gehemmt ist, fehlt der Sinn des Lebens. Mangelnde Selbstständigkeit behindert die Weiterentwicklung der Partnerschaft. Wenn der Gehemmte seine Sonne-Löwe-Anlage in Haus 9 nicht ausgebildet hat, steht sie, da das 9. Haus das 3. Haus des anderen ist, dem Partner in Haus 3 zur Verfügung. Der Partner kann sich daher glänzend unternehmerisch oder auch überzogen selbstbewusst darstellen. Frauen mit dieser Konstellation träumen häufig davon, sich zusammen mit ihrem Partner gut und glanzvoll darzustellen.

Kompensation

Deutung: *Selbstherrliche Darstellung der eigenen Weltanschauung, der religiösen Ansichten und der eigenen Bildung, Stolz auf den eigenen geistigen Horizont, Großspurigkeit auf Reisen, all dies beeinflusst Haus...*

Die eigene Weltanschauung, die Ansichten über Religion und die eigene Bildung vertritt der Kompensator dominant. Für die Fortbildung und die Erweiterung des geistigen Horizonts belegt er großspurig Kurse und Seminare, denn damit will der Kompensator glänzen und sein Licht überdimensioniert strahlen lassen. Da das 9. Haus das 3. Haus des anderen darstellt, wird sein Partner durch sein Auftreten in den Schatten gestellt, das heißt, er wird in der Kommunikation kaum aufkeimen können. Reisen verwendet der Horoskopeigner zur überheblichen Selbstdarstellung und um prahlerisch von seinen Erlebnissen zu erzählen. Den Sinn des Lebens sieht er in der Bewunderung seiner Großartigkeit durch sein Publikum. Vergnügungen, Ausgehen, viele Unternehmungen sind ihm wichtig. Er glaubt, damit seine Partnerschaft weiterzuentwickeln und zu differenzieren.

Lösungsmöglichkeit, erwachsene Form

Deutung: *Selbstsicherheit in der eigenen Weltanschauung, der Religion und in der Bildung, Selbstsicherheit durch Auslandsaufenthalte, Organisationstalent für Reisen, Handeln für die Erweiterung des geistigen Horizonts, all dies stärkt Haus...*

In der erlösten Form stellt der Horoskopeigner seine Weltanschauung, seine Religion und seine Bildung selbstsicher dar. Er organisiert und gestaltet seine Weiterbildung und hat Spaß an der Erweiterung des geistigen Horizonts, sodass er dadurch eine großartige Weltoffenheit bekommt. Seine Handlungsfähigkeit und die Managementfähigkeiten zeigen sich auf Reisen, wo man viel Spaß und Vergnügen hat, ohne sich in Szene setzen zu müssen. In der Selbstverwirklichung findet der Erwachsene seinen Lebenssinn. Die eigene Selbstständigkeit und eigene Unternehmungen halten die Partnerschaft lebendig und sorgen so dafür, dass sie sich weiterentwickelt.

Merkur (Jungfrau) herrscht über Haus 9

Hemmung

Deutung: *Anpassung an die allgemein gültige Weltanschauung, Selbstkritik in der eigenen Bildung, der durch Sparsamkeit und Bescheidenheit blockierte Reisedrang, all dies beeinflusst ungünstig Haus...*

Eine eigene Weltanschauung verkneift sich der Gehemmte, da er sich lieber anderen anpasst, um nicht kritisiert zu werden. Die eigene

Bildung wird infrage gestellt. In der Weiterbildung ist der Gehemmte blockiert, weil er sich in seinem Wissen im Detail verliert und somit der Überblick über das große Ganze fehlt. Dadurch ist der geistige Horizont recht klein. Die Regeln der Religion werden gehorsam befolgt. Für große Reisen ist er zu bescheiden, bei fremden Kulturen ist er überfordert. Der Lebenssinn wird demütig in Arbeit und Fleiß gesehen. Indem sich der Gehemmte unterordnet und dient, hofft er auf eine Weiterführung der Partnerbeziehung.

Kompensation

Deutung: *Kritik gegenüber anderen Weltanschauungen, Perfektionsanspruch in Bildungsfragen, vorsichtige Zurückhaltung auf weiten Reisen, all dies beeinflusst Haus...*

Der Kompensator hat hier zwar keine eigene Weltanschauung, kritisiert aber ständig die der anderen. Auf dem Gebiet der Bildung hat er einen hohen Perfektionsanspruch und wendet viel Fleiß für die Weiterbildung auf. Der Kompensator glaubt, einen großen geistigen Horizont zu haben, kommt aber im Grunde genommen über das eigene Schubladendenken nicht hinaus. In Religionsfragen ist er sehr skeptisch und nörglerisch. Weite Reisen wird er zwar unternehmen, ist aber dabei sehr pedantisch und genau. In Bezug auf Oper, Operette, Kunst, Theater, Literatur und Musik passt er sich den geltenden Idealen an, um damit »oben« zu sein und anerkannt zu werden.

Lösungsmöglichkeit, erwachsene Form

Deutung: *Vernünftige Weltanschauung, Fleiß in Bezug auf Bildung und Weiterbildung, Wahrnehmungs- und Beobachtungsfähigkeit auf weiten Reisen, all dies stärkt Haus...*

Es geht für den Horoskopeigner darum, Weltanschauungen, Philosophien und Religionen zu analysieren. Seine Weltanschauung ist klar und sachlich. Bildung richtet er nach nützlichen Gesichtspunkten aus, und er ist gerne bereit, für die Weiterbildung zu arbeiten. Durch die eigene Wahrnehmungs- und Beobachtungsgabe kann er seinen geistigen Horizont erweitern und sich somit ein differenziertes Wissen aneignen. Seine Ansichten über Religion sind kritisch und vernünftig. Auf

Reisen kann der Erwachsene sich gut den veränderten Umständen anpassen und hat keine Mühe, sich auf fremde Kulturen einzustellen. In der Partnerbeziehung ist er aufmerksam und zuverlässig, sodass seine Partnerschaft sich angenehm entwickeln kann.

Venus (Waage) herrscht über Haus 9

Hemmung

Deutung: *Die durch starkes Harmoniebedürfnis im Gespräch und durch übergroße Kompromissbereitschaft verhinderte Sinnfindung, die Nichtbeachtung des Gesetzes der Polarität in der eigenen Weltanschauung und Lebensphilosophie, die Nichtbeachtung der Parität in Bezug auf Attraktivität, all dies hemmt Haus...*

Der Gehemmte verhindert die Weiterentwicklung, Differenzierung und Verbesserung der Beziehung, indem er alles schönredet und zu viele Kompromisse eingeht. Ein echtes, tiefer gehendes Gespräch kommt mit dem Partner nicht zustande, weil er bei dem leisesten Anflug von Disharmonie glaubt, nicht mehr geliebt zu werden. Insbesondere Männer haben Ängste, dass die Partnerin sich dann womöglich in der Erotik verweigert. Besonders schwierig gestaltet sich die Situation, wenn in Bezug auf Attraktivität keine Parität bei den beiden Partnern besteht. Derjenige, der nach den Maßstäben der Gesellschaft den attraktiveren Part darstellt, bekommt Oberwasser, während der andere, in diesem Fall der Gehemmte, ständig strampeln muss, um zum Beispiel über ein anderes Lebensgebiet einen Ausgleich herzustellen. Da Haus 9 das 3. Haus des anderen symbolisiert, kann es sein, dass die Darstellung (Sprache, Kleidung, die Art, sich zu bewegen etc.) des Partners disharmonisch oder nicht dem eigenen Geschmack gemäß ist.

Kompensation

Deutung: *Sich jeder weltanschaulichen Auseinandersetzung mithilfe netter Scheintoleranz zu entziehen bzw. sich durch Floskeln der Friedensliebe und durch pathetische Schöngeistigkeit über innere Sinnentleertheit hinwegzuschwindeln, Fernreisen auf den Schickeria-Strand* *der Cote d'Azur zu beschränken, all dies beeinflusst den Erkenntnisprozess in Haus... Die Demonstration von Bildung über Benimmregeln und Ambiente, die Darstellung als modisch durchgestyltes Paar, die schicke, modische Darstellung des Partners, all dies beeinflusst Haus...*

Der Schöngeist und die Liebe zum Pathos sind Indikatoren für diesen Aspekt. Der charmant Geistreiche kommt überall an. Wo das Pathos blüht, versammeln sich auch gerne andere und hoffen, sich im Austausch gegenseitig zu beeindrucken. Die geistige Haltung und das Verständnis des Kompensators orientieren sich häufig am oberflächlichen Dialog über Weltanschauungsthemen. Scheinbare Toleranz und ästhetisch-moralisches Verständnis entbehren jedoch der Tiefe und haben oft den Touch des nachsichtig-verständnisvoll lächelnden, arroganten Alleswissers. Der vielgebrauchte Satz des Horoskopeigners »Ich verstehe dich ja so gut« ist mitunter nur eine Farce und ein Ersatz für echte Auseinandersetzung mit dem anderen. Alles zu verstehen, alles zu verzeihen, immer darauf bedacht, den anderen weltanschaulich nicht zu verletzen, hat ebenfalls mit Mangel an wirklichem Interesse zu tun, ist viel bequemer und wird immer vom Du honoriert. Der Kompensator lässt sich seinen Bildungs- und Weltanschauungsprozess gerne durch andere bestätigen, möchte er doch auch in diesem Bereich vor allem entsprechen und ankommen. So bestätigt er seinerseits in der geistigen Auseinandersetzung den anderen und stimmt viel zu häufig zu, um sich nicht schmerzhaft mit dem eigenen Lebenssinn auseinandersetzen zu müssen. Der Kompensator liebt das Reisen in vorzugsweise »schöne« Länder, wo er sich in seinem Sinn für Ästhetik und seiner Harmoniefreude nicht allzu gestört fühlen muss. Manche verreisen bei dieser Konstellation nur aus hedonistischen Gründen, das heißt, um dem Wohlleben zu frönen, um wenigstens auf Reisen den Playboy oder das Playgirl zu mimen, um am Strand zu liegen und Bikinischönheiten zu betrachten (bei Männern) oder um durch Urlaubsbräune attraktiver zu wirken, um den schönen Body demonstrieren zu können oder um eine Beautyfarm aufzusuchen (bei Frauen). Dieser Horoskopeigner hält wenig von Abenteuerreisen. Da Haus 9 Haus 3 des anderen symbolisiert, kann es sein, dass der Kompensator die modische, attraktive Darstellung oder die vornehme Sprache des Partners für das Haus verwendet, in welches die Venus ausgewandert ist.

Lösungsmöglichkeit, erwachsene Form

Deutung: *Die in den Polen ausgeglichene Weltanschauung, die ästhetische, geistige Darstellung, die gegenseitige Befruchtung im Gespräch, die richtige Auswahl von Büchern und Weiterbildungsveranstaltungen, all dies stärkt Haus...*

Für den Horoskopeigner geht es darum, bei der Entwicklung einer eigenen Weltanschauung die Polarität zu berücksichtigen, um zu einer Synthese zu kommen, und er hat die Aufgabe, Yin und Yang, weiblich und männlich, in Einklang zu bringen und zwischen beiden Geschlechtern einen Ausgleich herzustellen. Auf keinen Fall darf die männliche oder die weibliche Sichtweise überwiegen, sonst stößt der Horoskopeigner auf Abwehr. Eine weitere Aufgabe besteht für den Erwachsenen darin, sich mit seinem Partner im Gespräch und überhaupt in der Darstellung als Paar abzustimmen.

Pluto herrscht über Haus 9

Hemmung

Deutung: *Die Unterdrückung oder Fremdbestimmung durch eine Religion, Weltanschauung oder Philosophie, die Fremdbestimmung in der Sinnsuche, die Unterdrückung der Weiterentwicklung und Verbesserung der Partnerbeziehung, die unterdrückte oder fremdbestimmte Bildung, all dies unter*drückt Haus... oder gibt den Kompensatoren Macht in Haus...

In Fragen der Weltanschauung und Religion ist der Gehemmte fremdbestimmt und fixiert. Er fühlt sich an überlebte Programme gebunden, bildet sich nicht fort, betreibt seine Studien nach einem fremden Konzept und beschäftigt sich hauptsächlich mit totem Bildungsballast. Das Denken verläuft in festen Bahnen und wiederholt sich. Wenn er sein Wissen verbreiten soll, gerät er leicht unter Druck. Die Sinnfindung kann blockiert sein und der Mangel an Sinn quälend. Verständnis findet der Horoskopeigner nicht, und die Toleranz, der er begegnet, ist an Bedingungen gebunden. Aufgrund von Zwängen, vorgegebenen Mustern und Programmen gelingt es nicht, dorthin zu verreisen, wohin der Gehemmte möchte. Andere wiederum stehen unter Reisezwang, sei dieser beruflich oder partnerschaftlich bedingt. Häufig glaubt der Horoskopeigner, die Partnerschaft durch das Erfüllen der Erwartungen des anderen weiterentwickeln zu können, doch so wird er im gemeinsamen Alltag unterdrückt und ist in Diskussionen fremdbestimmt.

Kompensation

Deutung: *Bildungs- und Sinnfindungsprozesse, die als Kampf auf Leben und Tod erfahren werden, Weltanschauungsfixierung und absolute Wahrheitsansprüche, fanatisierte Begeisterungsfähigkeit und enormes Überzeugungscharisma, all dies beeinflusst... Dogmatische Weltanschauung, Philosophie oder Religion sowie die Macht der Bildung, all dies beeinflusst Haus... oder unterdrückt den Gehemmten in Haus 3 oder in Haus...*

Für den Kompensator wird jeder Prozess der Sinnfindung zu einem existenziellen Bedürfnis. Goethes Faust handelt genau von diesem Pluto-Typ. Jede Pflicht, die geheiligt wird, jede politische Doktrin, jeder ideelle Fanatismus wird durch diesen Kompensator geadelt. Gurus, die ihre Anhänger in die religiöse Abhängigkeit führen, da sie mit höchstem Überzeugungscharisma ausgestattet sind, leben ebenfalls kompensierend ihren Pluto als Herrscher von Haus 9 aus. Grundsätzlich ist auch in der Kompensation ein fantastisches Potenzial, mit seinem Glauben (an was auch immer) Berge zu versetzen und weltanschaulich nachhaltig zu beeinflussen. Beliebt ist hier auch das Motto: Bildung ist Macht. Der Kompensator demonstriert eigene Bildung und entwertet dabei seine Mitmenschen, die seiner Vorstellung von Bildung und Gebildetsein nicht entsprechen können.

Lösungsmöglichkeit, erwachsene Form

Deutung: *Das Konzept in der eigenen Lebensphilosophie und in der eigenen Weltanschauung, die tiefschürfende Sinnsuche, die Konzepte in der Weiterbildung, das eigene Reiseprogramm, das Glück bringende Programm (für sich selbst und für andere), all dies stärkt Haus...*

Der Horoskopeigner hat in Bezug auf Weltanschauung und Religion tief greifende Wandlungsprozesse absolviert. Er hat erkannt, dass jeder Mensch seinen eigenen Sinn innerhalb der Wechselwirkungen des Seins finden muss. Er schreibt seine Vorstellungen zu seiner Weltanschauung und seiner Lebensphilosophie nieder und hat damit schon einmal den Anfang mit dem Entwerfen eines eigenen Konzepts gemacht. Der Erwachsene respektiert die Weltanschauung und die Religion anderer Menschen, lässt sich aber darin nicht mehr missionieren und manipulieren. Auch auf dem Sektor Bildung und Weiterbildung entwirft er sein eigenes Programm und besucht nicht mehr nur auf Druck der Firma weiterbildende Kurse und Seminare, sondern wählt selbst aus, was er für die Erweiterung seines geistigen Horizonts benötigt. Vielleicht sammelt er auch Wissen an über fremde Länder und Kulturen und erhöht somit seine Toleranz und sein Verständnis für andere.

Jupiter herrscht über Haus 9

Hemmung

Deutung: *Die mangelnde Einsicht in Weltanschauung, Philosophie, Religion, die mangelnde Weiterentwicklung, Differenzierung und Verbesserung der Partnerschaft, die mangelnde geistige Weite und das mangelnde Verständnis, all dies beeinflusst ungünstig Haus...*

Weltanschauung oder Religion erscheint dem Gehemmten eng, und es gelingt ihm nicht, die Welt und was sie zusammenhält zu erklären. Sie wird als intolerant erlebt. Der Horoskopeigner ist ungebildet und wird von Lehrern nicht verstanden und gefördert. Kultur erscheint ihm als zu hoch, und er vermag keinen Sinn in ihr zu erkennen. Er kann dem Schöngeistigen beim besten Willen nichts abgewinnen, versteht Oper, Operette, Kunst und klassische Musik nicht und ist sich unsicher, ob es sich hier wirklich um eine Bildungslücke handelt oder ob die Kompensatoren alle nur so tun, als ob sie etwas davon verstehen würden. Sein Wissen verbreitet der Gehemmte ohne Begeisterung. Er findet keine Resonanz bei seinen Mitmenschen, es kann sogar sein, dass er auf Überheblichkeit stößt. Da er intolerant und ungebildet ist, gibt er seinem Partner keine Resonanz und führt mit ihm keine Gespräche, sondern lässt sich von ihm belehren und muss seine Predigten anhören. Häufig hat der Horoskopeigner Begegnungen mit Menschen, die ohne Unterlass reden, reden, reden...

Kompensation

Deutung: *Die geistige Erhabenheit und der Bildungsdünkel, das Ersetzen von Toleranz durch Überheblichkeit, auf dem Podest der Guten und Weisen dieser Welt zu stehen, all dies beeinträchtigt... Die Überheblichkeit in Bezug auf Weltanschauung und Lebensphilosophie beeinflusst Haus... und beeinträchtigt den Gehemmten in Haus 3 und in Haus...*

Der Kompensator setzt sich wie Jupiter die Krone der Allwissenheit auf, seine Lehren und Erkenntnisse sind für den Durchschnittsmenschen nicht mehr nachvollziehbar. Wer die ganze Welt bereist, vielleicht vieler Sprachen mächtig ist und Bibliotheken in seinem Kopf beherbergt, der hat nur noch das Problem, wie er die Füße wieder auf die Erde kriegt. Eine andere Schwierigkeit für Jupiter-Kompensatoren ergibt sich durch deren vorherrschenden Optimismus. Ihr Lieblingsspruch lautet: »Das würde ich nicht so eng sehen.« Toleranz wird zu Arroganz und Verständnis zu veredelter Überheblichkeit, die Begeisterung auf der anderen Seite hält sich entsprechend in Grenzen. Besonders augenscheinlich ist die Diskrepanz zwischen Anspruch und Wirklichkeit bei der Weiterentwicklung der Partnerschaft. Durch positives Denken allein ist noch nie wirklich eine Partnerschaft verbessert worden. Von Jupiter-Kompensatoren häufig gewählte Berufe sind Hochschullehrer, Politiker, Auslandskorrespondent oder Geistlicher.

Lösungsmöglichkeit, erwachsene Form

Deutung: *Die Einsicht in Weltanschauung, Philosophie und Religion, die Weiterentwicklung, Differenzierung und Verbesserung der Partnerbeziehung, das durch Lesen von Büchern und durch Seminare erweiterte Wissen, all dies stärkt Haus...*

Die Aufgabe für den Horoskopeigner ist klar umrissen: Es gilt Einsicht zu nehmen in die geistige Welt, in Weltanschauung, Philosophie und Religion, um dadurch den eigenen Prozess der Sinnfindung zu fördern. Und es heißt Bücher zu lesen und Weiterbildungsseminare zu besuchen (und dafür auch Reisen zu unternehmen), um mit diesem großen Wissen das Haus zu befruchten, in dem Jupiter steht. Wenn sich der Erwachsene dann noch Gedanken darüber macht, wie er seine

Partnerbeziehung verbessern kann und dies auch umzusetzen vermag, dann schüttet Jupiter gewiß sein Füllhorn aus.

Saturn herrscht über Haus 9

Hemmung

Deutung: *Die Hemmung in der eigenen Sinnfindung, die traditionelle Weltanschauung oder Religion, die Hemmungen, die das herkömmliche Bildungsideal verursacht, die Hemmung, Weiterbildungsveranstaltungen zu besuchen, die Hemmung zu reisen, die Hemmung, seinen Horizont zu erweitern und Einsicht in andere Weltanschauungen und Religionen zu nehmen, all dies hemmt...*

Wenn Saturn über Haus 9 herrscht, verursachen Maßstäbe, Normen und Tabus der traditionellen Weltanschauung oder Religion eine Einschränkung der eigenen Sinnfindung. Eine eigene Weitsicht und eine eigene Lebensphilosophie konnte sich beim Horoskopeigner nicht herauskristallisieren. Er ordnet sich einfach den Traditionen und Normen unter und findet darin seinen Halt. Meist wagt er auch nicht, Interesse für andere Kulturen, Lebensweisen und Religionen zu entwickeln, weil er sich dann für schlecht hält. Aufgrund dessen bleibt jedoch häufig die Toleranz auf der Strecke und es bestehen Schwierigkeiten, den eigenen geistigen Horizont zu erweitern. Es kann jedoch auch sein, dass sich der Horoskopeigner aufgrund des allgemein vorherrschenden Bildungsideals gehemmt fühlt. Er hätte so gerne Abitur gemacht, konnte dies aber in seiner Jugend aus den verschiedensten Gründen nicht verwirklichen. Die Folge ist, dass der Gehemmte bei jeder Begegnung mit einem Menschen, der ein höheres Ausbildungsniveau erreicht hat, in die Hemmung getrieben wird. Auch in Bezug auf Kultur, Kunst und das Schöngeistige empfindet er sich häufig als ungenügend. Wenn andere von klassischer Musik sprechen oder von Werken der Weltliteratur, dann verstummt der Gehemmte, weil er glaubt, davon wenig oder nichts zu verstehen. Außerdem kann die Weiterentwicklung und Differenzierung, der Aufbau und Ausbau der eigenen Partnerschaft blockiert sein. Der Gehemmte hat das Gefühl, in der Partnerschaft auf der Stelle zu treten (Stagnation der Beziehung). Doch dies kann auch nicht anders sein, denn wer sich nach einer pauschalen Norm richtet, der kann eine Partnerschaft, die aus zwei individuellen Wesen besteht, nicht weiterentwickeln und verbessern.

Kompensation

Deutung: *Die Verkörperung der Normen und Ideale von Bildung, Weltanschauung, Philosophie und Religion sowie Auslandsaufenthalte und Fernreisen stärken die gesellschaftliche Anerkennung in Haus... oder hemmen den Erkenntnis- und Entwicklungsprozess in Haus... oder hemmen jenen, der noch die Kindrolle spielt, in Haus 3 und in Haus...*

Der Kompensator zitiert Nietzsche und Schopenhauer, spricht von Mozart und Schubert, erzählt von der Vernissage, die er kürzlich besucht hat, und von den letzten Opernfestspielen, die phänomenal und berauschend waren. Er verkörpert die traditionelle Bildung, und wenn er den Schulabschluss an einem humanistischen Gymnasium und entsprechende Latein- und Altgriechisch-Kenntnisse vorweisen kann, oder gar ein Studium an einer ehrwürdigen Universität absolviert hat, dann verstummt jede Widerrede. Wer will dem noch was entgegensetzen? Der Kompensator genießt es, seine Bildung zu demonstrieren oder aber von seinen Auslandsaufenthalten, Fernreisen und Bildungsreisen zu berichten, um bei seinen Mitmenschen Bewunderung hervorzurufen. Nicht wenige leben diese Konstellation auch als Lehrer, Priester oder Laienprediger aus.

Lösungsmöglichkeit, erwachsene Form

Deutung: *Das Recht auf eine eigene Sinnfindung, Weltanschauung und Lebensphilosophie, das Recht, auch außerhalb des herkömmlichen Bildungssystems seinen Horizont zu erweitern, die Integration in die Gesetze des geistigen Wachstums und der Weiterentwicklung, all dies stärkt Haus...*

Der Erwachsene erkennt, dass der konventionell Gebildete im Sinne des Lebens total ungebildet ist. Er versucht, ein Reifezeugnis fürs Leben zu erwerben, indem er sich in den Fächern des Lebens weiterbildet – in Medizin, Psychologie, Soziologie, Pädagogik, Schicksalskunde, Partner- und Beziehungsfähigkeit, Kommunikationsfähigkeit, Ernährung, humanes Bauen und Wohnen, Wirtschaft und Finanzen, Management- und Erfolgskybernetik, Ökologie. Er empfindet ein Recht auf eine eigene Sinnfindung, also auf eine eigene Weltanschauung und Lebensphilosophie. Ferner lernt der Erwachsene, welche Gesetzmäßigkeiten bei der Weiterentwicklung und Verbesserung der Partnerschaft angewendet werden müssen.

Uranus herrscht über Haus 9

Hemmung

Deutung: *Der Mangel an Freiheit und Unabhängigkeit in Weltanschauung, Philosophie oder Religion, die Irritation in der Weiterentwicklung der Partnerschaft, das kurzzeitige Über-die-Stränge-Schlagen bei Urlaubsaufenthalten im Ausland, die Hemmung, sich aus der traditionellen Bildung zu befreien, all dies beeinflusst ungünstig Haus...*

Statt sich aus traditionellen Weltsichten oder Lebensphilosophien zu befreien, steigt der Gehemmte lieber ins Flugzeug und bereist ferne Länder. Zwar könnte er dort etwas Neues lernen und seine Weltanschauung oder Religion relativieren, aber weil er meint, in einem knappen Urlaub von zwei oder drei Wochen alles nachholen zu müssen, was der langweilige Alltag ihm nicht bieten kann, gelingt ihm dies nie. Im Ausland will er es so richtig »krachen« lassen, will extravagant, normsprengend und spektakulär in Erscheinung treten. Ferner redet der Gehemmte immer davon, dass er jetzt bald aus der Kirche austreten will, weil ihn zum Beispiel die hohen Steuern ärgern, aber seine Drohung verwirklicht er nie. Manche Gehemmte projizieren ihre Anlage auf den Partner. Dieser stellt sich dann progressiv, normdurchbrechend, individualistisch oder besonders frei und unabhängig dar (Haus 9 = Haus 3 des Partners). Da der Partner oft beruflich unterwegs ist, ist eine freie Funktion der Partnerschaft gewährleistet.

Kompensation

Deutung: *Hohe Erkenntnisgabe bei gleichzeitigem Unvermögen, sich an sein eigenes Verständnis hinzugeben und aus diesem als Basis zu schöpfen, um später weitere Einsichten in die Persönlichkeit zu inte-*

grieren, beeinträchtigt... Die exzentrische oder revolutionäre Weltanschauung beeinflusst Haus... oder irritiert jene, welche die Kindrolle spielen, in Haus 3 und in Haus...

Der Kompensator relativiert so lange alle Weltbilder und Glaubenssysteme, bis er einfach an gar nichts mehr glauben kann, auch nicht an sich selbst. Uranus geht auf Distanz, abstrahiert sein Gottesbild und entzaubert jedes noch so mystische Gefühl für die Welt des Unbegreiflichen. Der Horoskopeigner verzichtet außerdem auf tradierte Bildungswerte, orientiert sein Interesse an unkonventionellen Bildungsmöglichkeiten (zum Beispiel Ayurveda, Yoga u. Ä.), was äußerst positiv sein könnte, nicht jedoch für den Kompensator. Wie überragend sein Weltverständnis auch sein mag, auch die größtmögliche Erkenntnis wird ihn nicht glücklicher machen, weil er sich niemals an sie bindet und sie damit nicht verwerten kann. So möchte dieser ruhelose Mensch nicht wirklich erkennen. Die Erkenntnis dient maximal dazu, andere, weniger erhabene Geister zu belehren. Das Motto des Horoskopeigners könnte lauten: »Hauptsache anders als normal.« Die innere Überzeugung spielt dabei im Grunde keine Rolle, da sie ja gar nicht existiert. Dennoch sind Uranus-Kompensatoren äußerst enthusiastisch und kreieren mitunter begabt die progressivsten Einsichten. Doch sie verhalten sich wie ein Pilot, der niemals irgendwo landen kann; so werden sie letztendlich auch als begabte Lehrer und Vordenker nicht in den Herzen der Menschen landen können. Sie haben sich selbst entzaubert und auf eine spirituelle Formel reduziert. Dies ist die Konstellation der wahren Nihilisten, die aus ihrem Unvermögen, sich mit ihrer Seele an Menschheitsideale hinzugeben, gerne Kapital schlagen.

Lösungsmöglichkeit, erwachsene Form

Deutung: *Die freie, unabhängige Weltanschauung und Lebensphilosophie, die freie, unabhängige Bildung, die freie Funktion der Partnerschaft, die geistigen Flugreisen, all dies stärkt Haus...*

Für den Erwachsenen geht es darum, sich aus der alten Weltanschauung oder Lebensphilosophie, die Eltern oder Gesellschaft vorgegeben haben, zu befreien. Außerdem steht als Lernprozess an, die genormte Bildung und die Idealisierung des Schöngeistigen (Oper, klassische Musik etc.) zu durchbrechen bzw. zu relativieren und den richtigen Stellenwert hierfür zu erkennen. Aufgrund dessen gelingt es dem Erwachsenen immer besser, zu einer eigenen, das heißt individuellen Sinnfindung zu kommen. Weil der Erwachsene Freiheit und Unabhängigkeit in Bildung und Weltanschauung zeigt, wagt es sein Partner, frei und unabhängig alles zu sagen, was er sagen möchte (Haus 9 = Haus 3 des anderen).

Neptun herrscht über Haus 9

Hemmung

Deutung: *Die Verunsicherung im Prozess der Sinnfindung, die unklare Vorstellung, wie man eine Partnerschaft weiterentwickelt oder verbessert, die Angst vor Weiterbildung, die schwach ausgebildete Toleranz, all dies schwächt und verunsichert Haus... oder verursacht beim Horoskopeigner Flucht- und Suchttendenzen in Haus... oder gibt den Kompensatoren Gelegenheit, in Haus... verunsichernd oder als Helfer zu fungieren.*

Der Gehemmte ist im Prozess seiner Sinnfindung verunsichert. Er konnte keine eigene Weltanschauung oder Lebensphilosophie ausbilden. Auf die Frage, wie man die eigene Partnerbeziehung weiterentwickeln und verbessern könnte, weiß er keine Antwort. Auch seine persönliche Weiterbildung liegt im Nebel. Meist besteht eine Abwehr, Weiterbildungsveranstaltungen zu besuchen. Aufgrund dieser Unsicherheiten und Schwächen besteht die Gefahr, dass er in die Fänge von »Helfern« gerät, die ihm mittels einer Weltanschauung oder einer religiösen Sekte Sinn oder Bildung nahebringen wollen. Manchmal sucht der Gehemmte auch seinen Lebenssinn auf kulturellen Veranstaltungen. Andere Horoskopeigner wiederum werden auf Reisen mit ihren Verdrängungen konfrontiert, oder die Angst vor dem Verreisen ist von vornherein gegeben.

Kompensation

Deutung: *Die ewige Sehnsucht nach dem einen Gott oder der ultimativen Erkenntnis, die dem eigenen Leben Sinn geben soll, wird ständig genährt durch nimmermüde Propheten aller Metiers, bzw. auch die* *fatale Eigenmystifizierung der Erkennenden beeindrucken... Mystizismus, irreale Weltanschauung und eine aufs Podest gehobene, nicht lebbare Lebensphilosophie beeinflussen Haus... oder verunsichern, schwächen oder entwerten die Gehemmten in Haus 3 und in Haus...*

Dies ist der Aspekt der »Eingeweihten«. Der Horoskopeigner zelebriert sich selbst, seine grenzenlose Einsicht lässt sogar den größten Zweifler ehrfürchtig erblassen. Der Normalsterbliche will sich mit den hehren Sinn- und Seinsinhalten seiner Vorbilder identifizieren, übernimmt eins zu eins deren Erkenntnisse, relativiert nicht, auf seinen persönlichen Lebenssinn bezogen, und fühlt sich auch noch unglaublich weise mit dem geliehenen Verständnis. Jeder denkbare Erkenntnisweg ist letztlich nur eine Krücke, ein Werkzeug, um eine Wahrheit, welcher Art immer, in der eigenen Lebendigkeit zu finden. (Ich bin sinnvoll, weil ich bin.) So viele Menschen es auf Erden gibt, so viele Wirklichkeiten beherbergt dieser Planet. Der Kompensator mag für diese Erkenntnis lange Zeit auf Reisen sein müssen.

Lösungsmöglichkeit, erwachsene Form

Deutung: *Die Auflösung der alten Sichtweise, die persönliche Alternative in Weltanschauung und Lebensphilosophie, die Weiterbildung auf allen alternativen Gebieten, die mittels Fantasie und Wissen um die Hintergründe und Verdrängungen verbesserte Partnerschaft, all dies stärkt Haus...*

Der Horoskopeigner muss hinter die Kulissen der herkömmlichen Weltanschauungen und Philosophien schauen. Für ihn ist es wichtig, die konventionelle Bildung infrage zu stellen und alternative Bildungsangebote wahrzunehmen. Dazu gehören auch Gebiete wie Tiefenpsychologie, Astrologie und Esoterik. Wenn der Erwachsene sich damit befasst hat, fällt es ihm auch leichter, seinen persönlichen Sinn innerhalb der Wechselwirkungen des Seins zu finden und auch Alternativen zu erkennen, auf welche Weise er seine Partnerschaft weiterentwickeln und verbessern könnte.

Mars Herrscht über Haus 10

Hemmung

Deutung: *Die mangelnde Durchsetzung im Beruf und gegenüber Autoritäten, die schwache Selbstbehauptung in der Öffentlichkeit, der mangelnde Mut, sich für die eigenen Rechte einzusetzen, all dies beeinflusst ungünstig Haus...*

Der Gehemmte wagt es nicht, seine Interessen im Berufsleben oder für seine Berufung durchzusetzen. Den Herausforderungen einer Karriere weicht er aus, weil er überall nur Rivalen und Angreifer vermutet. Autoritäten und jene, welche die Elternrolle spielen, haben schon früh den Willen des Horoskopeigners in der Kindrolle bekämpft und ihn somit in der gehemmten Position gehalten. Er traut es sich nicht zu, in der Öffentlichkeit aufzutreten oder gar nach Anerkennung zu streben, dafür hält er sich zu schwach. Für seine Rechte kann er sich nicht einsetzen, es gibt immer Menschen, die sie einem streitig machen.

Kompensation

Deutung: *Kampf und Streit im Beruf und im Umgang mit Autoritäten, aggressiver Einsatz für die eigenen Rechte und heldenhafter Auftritt in der Öffentlichkeit, all dies beeinflusst Haus...*

Der Horoskopeigner wird im Berufsleben seine Durchsetzung aggressiv ausleben und ständig mit anderen in Konkurrenz treten. Ungeduldig und rücksichtslos strebt er die Karriereleiter hinauf. Er kann aber auch durch Leistungssport oder als Sporttrainer Anerkennung ernten. Mit Autoritäten und den Normen der Gesellschaft liegt der Kompensator ständig im Kampf, es gibt Reibereien und Zündstoff, den er meistens selbst liefert. Bereits das Wort »Autorität« treibt ihm das Blut in den Kopf. Vehement führt er einen Rechtsstreit nach dem anderen, um für seine Belange zu kämpfen. Heldenhafte Auftritte in der Öffentlichkeit sollen das verborgene, schwache Ego stärken.

Lösungsmöglichkeit, erwachsene Form

Deutung: *Die Durchsetzung im Berufsleben und im Umgang mit Autoritäten, die Pionierarbeit im Beruf, Selbstbehauptung in den eigenen*

Rechten, mutiges Präsentieren des eigenen Egos in der Öffentlichkeit, all dies stärkt Haus...

Der Horoskopeigner findet eine Möglichkeit, seine Interessen im Berufsleben auf besonnene Art durchzusetzen. Er kann aktiv seine Karriere verfolgen, hat es aber nicht nötig, andere dabei zu bekämpfen. Mutig folgt er seiner Berufung. Im Umgang mit Autoritäten kann er sich behaupten und seinen eigenen Willen durchsetzen. Für seine Rechte kann der Erwachsene die Initiative ergreifen und für sie einstehen. Er hat aber auch den Mut, Verantwortung zu übernehmen und eigene Ziele anzupeilen.

Venus (Stier) herrscht über Haus 10

Hemmung

Deutung: *Die Unbeweglichkeit im Berufsleben, die mangelnde Abgrenzungsfähigkeit im Umgang mit Autoritäten, die Schwerfälligkeit im Entdecken der eigenen Rechte, all dies beeinflusst ungünstig Haus...*

Der Gehemmte setzt finanzielle und materielle Sicherheit auf ein Podest, ohne jemals dieses Ziel erreichen zu können. Er ist nicht dazu in der Lage, sich im Beruf und Autoritäten gegenüber abzugrenzen. Durch Trägheit und Bequemlichkeit ist er so eingefahren, dass er damit seine Karriere verbaut, beneidet aber die anderen wegen ihres Erfolges. Durch mangelnden Besitz fühlt er sich in der Gesellschaft wertlos, trifft aber immer auf Reiche, die herablassend ihren hohen materiellen Status zeigen. Er ist zu schwerfällig, um seine eigenen Rechte zu entdecken und erfüllt naiv die Vorgaben jener, welche die Elternrolle spielen.

Kompensation

Deutung: *Der Sicherheitsfanatismus im Beruf, die Sturheit im Umgang mit Autoritäten, das unbeugsame Beharren auf den eigenen Rechten, das Streben nach Anerkennung mit Besitz, Finanzen und Lebensstil, all dies beeinflusst Haus...*

Der Kompensator leitet seinen Eigenwert von seiner gesellschaftlichen Position ab. Der Beruf wird vorrangig nach Sicherheit und finanziellem Erfolg bewertet. Stur verteidigt er seinen eigenen Karriereweg und ist gierig nach Rang und Status. In der Gesellschaft will er durch seinen Besitz von den anderen Anerkennung erhalten. Insbesondere spielen hier Markenartikel und Wertgegenstände eine Rolle. Manchmal taucht der Kompensator auch in Restaurants der Spitzenklasse auf, um dadurch seinen Eigenwert zu stabilisieren. Dem Kompensator ist jedes Mittel recht, um nach »oben« zu gelangen und mehr zu gelten als andere, sei es die Markenkleidung, die Luxuslimousine, die vornehme Wohngegend, der Besuch von In-Lokalen oder ein distinguierter Lebensstil.

Lösungsmöglichkeit, erwachsene Form

Deutung: *Die auf der Basis von finanzieller Sicherheit gefundene Berufung, die Sicherheit, mit der die eigenen Rechte vertreten werden, dies stärkt Haus...*

Der Erwachsene findet auf der Basis von finanzieller Sicherheit und von ausgebildeten wirtschaftlichen Fähigkeiten seine Berufung. Auch ist es ihm dadurch möglich, seine eigenen Ziele besser zu verwirklichen. Im Umgang mit Autoritäten ist er bedächtig und kann sich ruhig abgrenzen. Im Beruf ist Sicherheit wichtig, jedoch werden zusätzlich persönliche Neigung und ideelle Werte berücksichtigt. Der eigene Karriereweg ergibt sich durch Besonnenheit, Realitätssinn und Sachlichkeit, er hat damit eine solide Basis. Durch seinen persönlichen Lebensstil findet der Erwachsene seinen Platz in der Gesellschaft. Die eigenen Rechte vertritt er standfest und gelassen.

Merkur (Zwillinge) herrscht über Haus 10

Hemmung

Deutung: *Die mangelnden Informationen über die Gesetze der Kultur und des Lebens, die mangelnden Informationen über die eigenen Rechte und die eigene Verantwortung, die schwach ausgebildete Fähigkeit, öffentlich Reden zu halten oder vor Behörden auszusagen, all dies beeinflusst ungünstig Haus...*

Aufgrund mangelnder Informationen über Normen, Ideale, Vorschriften, Gebote und Verbote der Kultur muss sich der Gehemmte nach dem Gesetz der Wiederkehr des Verdrängten mit Schriftstücken und Erlassen von Vorgesetzten und von Behörden herumschlagen. Das Schicksal sagt hier: Weil du dich nicht aktiv und freiwillig informierst, mußt du dazu gezwungen werden. Der Gehemmte erhält dann Weisungen »von oben« oder muss von Vorgesetzten, Behörden oder gar von einem Gericht über die entsprechende Situation belehrt werden, oder er »delegiert« seine Merkur-Zwillinge-Anlage an seinen Rechtsanwalt, der stellvertretend für ihn spricht und schreibt. Da er meist auch keinerlei Informationen über die Gesetze des Lebens eingeholt hat, weiß er auch nicht um seine Lebensrechte und um seine Verantwortung. Doch wer sich die eigenen Rechte nicht nimmt, dem werden sie genommen.

Kompensation

Deutung: *Die Besserwisserei in Beruf und Öffentlichkeit, die Wichtigkeit der Informationen, die Demonstration der eigenen rhetorischen Brillanz in Beruf und Öffentlichkeit, der oberlehrerhafte Ausdruck, das belehrende Sprechen und Schreiben, die Tendenz zur Technokratie, all dies beeinflusst Haus...*

Der Kompensator dreht als Besserwisser verbal und schriftlich voll auf. Er kann auf Konferenzen und Kongressen seine Sprachgewandtheit demonstrieren, kann Weisungen erlassen, Schriftstücke verfassen oder Lehrbriefe herausbringen. Der Kompensator weiß, seine berufliche Karriere steht und fällt mit seiner Merkur-Zwillinge-Anlage. Diese Anlage kann aber auch beruflich auf praktischem und technischem Gebiet zum Tragen kommen. Da es bei dieser Konstellation auch darum geht, in Beruf und Öffentlichkeit Informationen aufzunehmen, zu verarbeiten und weiterzugeben, ist sie besonders günstig für Menschen, die mit Presse, Rundfunk, Fernsehen und Politik zu tun haben.

Lösungsmöglichkeit, erwachsene Form

Deutung: *Die Informationen über Rechtswissenschaften, über den Gesetzeskodex der Kultur und des Lebens, Gebote und Verbote, die Informationen über die eigenen Rechte und die eigene Verantwortung, die*

Fähigkeit vor größerem Publikum zu sprechen, die Informationen über die Gesetze der Technik und über naturwissenschaftliche Gesetzmäßigkeiten, all dies stärkt Haus...

Der Erwachsene hat hier die Aufgabe, sich über die Gesetze, Gebote und Verbote der patriarchalen Kultur zu informieren. Er muss sich also auch mit Moral und Konvention auseinandersetzen und unterscheiden lernen zwischen den Gesetzen des Patriarchats und den Gesetzen des Lebens. Hat er diesen Schritt absolviert, ist es wichtig für ihn, dass er seine eigenen Rechte und seine eigene Verantwortung in Wort und Schrift ausdrücken kann. Gleichzeitig weist diese Konstellation darauf hin, dass der Horoskopeigner die Gesetze der Kommunikation zu lernen hat, um bei öffentlichen Auftritten eine gute Figur abzugeben. Er soll die Fähigkeit entwickeln, auch vor einem größeren Auditorium erfolgreich zu sprechen. Sofern er das Merkur-Zwillinge-Prinzip auf der Ebene der praktischen und technischen Fähigkeiten erlebt, wird er sich auch mit den Gesetzen der Technik und der Naturwissenschaften beschäftigen.

Mond herrscht über Haus 10

Hemmung

Deutung: *Die Stimmungsabhängigkeit im Beruf, die Labilität in der eigenen Karriere, Schüchternheit und Infantilität im Umgang mit den eigenen Rechten, die depressive Tendenz, all dies beeinflusst ungünstig Haus...*

Da der Gehemmte sich nicht mit Psychologie beschäftigt, kann er zwischen realen und irrealen Gefühlen nicht unterscheiden und ist all seinen Gefühlen hilflos ausgeliefert. Er kann überall und doch nirgends arbeiten. Da er seine Identität noch nicht gefunden hat, weiß er auch nicht, was ihm beruflich entsprechen würde. Deshalb ist er in seinem Beruf und vor allem in seiner Berufung gehemmt, da die Neigungen, die er verspürt, sehr von den jeweiligen Stimmungen abhängig sind. Der Horoskopeigner hat nicht die Kraft, sich für eine spezifische Karriere zu entscheiden. Er ist innerlich Kind geblieben und möchte keine Verantwortung für sich übernehmen. Er will sich auch nicht um seine eigenen Rechte und Pflichten kümmern. Daher manövriert er sich manchmal in depressive Gefilde. Im Umgang mit der Gesellschaft und in Begegnungen mit Autoritäten ist er schüchtern und infantil. Damit zieht er Menschen an, die ständig in die Elternrolle schlüpfen.

Kompensation

Deutung: *Die soziale und fürsorgliche Rolle im Beruf, Wechselhaftigkeit im Beruf, launenhafte Einstellung zur Karriere, das Recht auf Gefühlstyrannei, all dies beeinflusst Haus...*

Der Kompensator will seine Gefühle im Beruf launenhaft ausleben. Die Berufung erkennt er vorwiegend in einer sozialen und fürsorglichen Rolle. In der Gesellschaft sucht er Anerkennung für seine soziale Einstellung und dafür, dass er sich viel um andere kümmert. Zu Autoritäten hat er ein wechselhaftes, gefühlsbetontes Verhältnis. Für seine Karriere tut er nur in seelischen Hoch-Phasen etwas und kann sich deshalb nicht kontinuierlich für sie einsetzen. Seine Gefühle passt er den gesellschaftlichen Normen an. Weibliche Kompensatoren versuchen, als Frau im Mittelpunkt zu stehen. Ihr Drang ist groß, als Frau beachtet und anerkannt zu werden.

Lösungsmöglichkeit, erwachsene Form

Deutung: *Die durch den Prozess der Identitätsfindung erkannte Berufung, die Einführung von mehr Humanität im Berufsleben, das feine Gespür für die eigenen Rechte und die der Mitmenschen, all dies stärkt Haus...*

Der Erwachsene muss zunächst den Prozess seiner Identitätsfindung absolvieren, bevor er seinen wahren Beruf und seine Berufung finden kann. Dieser Prozess ist letztlich ohne Psychologie kaum zu bewältigen. Außerdem sollte der Erwachsene mehr Menschenkenntnis erlangen, um sich in Kollegen besser einfühlen zu können und, sofern der Erwachsene in leitender Position ist, für jeden Angestellten ein offenes Ohr zu haben und Menschlichkeit im Berufsleben zu praktizieren. Menschlichkeit heißt hier: Jeder befindet sich seinen Anlagen und Neigungen gemäß am richtigen Platz und arbeitet in einer Atmosphäre der Geborgenheit.

Sonne herrscht über Haus 10

Hemmung

Deutung: *Die mangelnde Selbstständigkeit im Beruf und in der Karriereentwicklung, die falsche Bescheidenheit gegenüber Autoritäten, die schwache Motivation, für die eigenen Rechte einzutreten, all dies überträgt sich auf Haus...*

Durch mangelnde Selbstständigkeit im Beruf hat der Gehemmte immer untergeordnete Positionen inne, während seine Kollegen scheinbar einen Karrieresprung nach dem anderen absolvieren. Er ist zu unmotiviert, um nach seiner Berufung zu suchen. Im Umgang mit Autoritäten hält er sich bescheiden zurück, wird aber von ihnen selbstherrlich behandelt. In der Gesellschaft fehlt ihm jegliches selbstsichere Auftreten, sodass er die Mitmenschen bewundert, die sich von ihrer besten Seite darstellen können. Er ist unfähig, für seine Rechte etwas zu tun oder dafür zu handeln.

Kompensation

Deutung: *Die Selbstherrlichkeit und Dominanz im Beruf und in den Karrierebestrebungen, die Überheblichkeit gegenüber den Autoritäten, die Selbstbezogenheit und Egozentrik im Umgang mit den eigenen Rechten, all dies beeinflusst Haus...*

Im Beruf möchte der Kompensator etwas darstellen, strebt eine Position an, in der er glanzvoll die Karriereleiter hinaufsteigen kann und von den Kollegen bewundert wird. Hierbei kommt ihm sein maßstäbliches Verhalten zugute, das heißt, er verhält sich so, wie die gesellschaftlichen Ideale es vorschreiben. Er spielt diese Rolle so perfekt, dass andere tatsächlich glauben, er wäre so. Er glänzt mit seiner Rolle, die er ideal verkörpert, und vergisst dabei seine eigenen Ziele. Bei der Inanspruchnahme der eigenen Rechte handelt er egozentrisch und selbstherrlich.

Lösungsmöglichkeit, erwachsene Form

Deutung: *Die Selbstständigkeit im Beruf, die Selbstverwirklichung in der eigenen Karriere, Selbstbewusstsein im Umgang mit Autoritäten,*

Selbstsicherheit in den eigenen Rechten und in der eigenen Verantwortung, all dies stärkt Haus...

Der Erwachsene hat die Aufgabe, sich im Laufe der Zeit beruflich selbstständig zu machen. Hierfür müssen insbesondere Handlungsfähigkeit, Organisationstalent und Managementfähigkeiten ausgebildet werden. Diese Fähigkeiten sind es auch, welche die Karriere des Horoskopeigners zu fördern vermögen. Das Verhältnis zu Autoritäten ist beim Erwachsenen selbstsicher und souverän. Er nimmt für sich das Recht auf Selbstverwirklichung und Selbstentfaltung in Anspruch. Darüber hinaus verwirklicht er primär seine eigenen Ziele. In der Öffentlichkeit zeigt er seine Handlungsfähigkeit. Er präsentiert sich als Mensch, der sein inneres Zentrum gefunden hat und eine entsprechend warme Ausstrahlung in die Gesellschaft trägt.

Merkur (Jungfrau) herrscht über Haus 10

Hemmung

Deutung: *Unterordnung im Beruf, zu große Bescheidenheit in der Karriere, Anspruchslosigkeit in den eigenen Rechten, dies beeinflusst ungünstig Haus...*

Im Berufsleben ordnet sich der Gehemmte sehr schnell unter und funktioniert im Sinne des Chefs und der Kollegen. Da er es gewohnt ist, anderen zuzuarbeiten, verzichtet er bescheiden auf die eigene Karriere. Autoritäten gegenüber hat der Gehemmte Gehorsam gelernt und wird sich entsprechend demütig verhalten. In der Öffentlichkeit benimmt er sich verklemmt und zimperlich. Für das Beanspruchen von eigenen Rechten ist er zu bescheiden und zurückhaltend, sodass der Horoskopeigner hier unter Menschen leidet, die kleinlich auf ihr Recht pochen.

Kompensation

Deutung: *Rebellion gegen jede Anpassung im Beruf, Perfektionsanspruch für die eigene Karriere, Spitzfindigkeiten und Pingeligkeit in den eigenen Rechten, all dies beeinflusst Haus...*

Der Kompensator verweigert im Berufsleben jede Anpassung, da er befürchtet, sich unterordnen zu müssen. Die Karriere plant er nüchtern und zweckorientiert und verfolgt sie pedantisch. Im Umgang mit Autoritäten ist der Kompensator vornehm, zurückhaltend und spröde. In der Öffentlichkeit tritt er kritisierend und nörglerisch auf. Hier strebt er nach Anerkennung für seinen Fleiß und seine Arbeit. Pingelig und spitzfindig achtet er auf die Wahrung seiner Rechte. Der Kompensator benutzt Vorgesetzte und andere einflussreiche Personen für seine Ziele.

Lösungsmöglichkeit, erwachsene Form

Deutung: *Die differenzierte Wahrnehmung und Beobachtung im Beruf, die Analyse im Beruf, die Analyse der Gesetze, Normen und Ideale, von Moral und Konvention, die sorgfältige und vernünftige Planung der eigenen Karriere, all dies stärkt Haus...*

Der Horoskopeigner muss im Beruf lernen wahrzunehmen, zu beobachten, zu analysieren, zu diagnostizieren, sich anzupassen und sich auf andere einzustellen, zu nutzen und zu verwerten. Er muss den Normen- und Gesetzeskodex der Gesellschaft analysieren und hierbei genau vorgehen. Außerdem sollte er sich mit seinen eigenen Rechten befassen, mit der eigenen Verantwortung sowie mit der Analyse seiner Ziele. Der Erwachsene arbeitet fleißig, damit er seine Ziele erreicht. Auch seine Karriere plant er sorgfältig und vernünftig. Es besteht die Möglichkeit, beruflich als Psychoanalytiker, Arzt, Heilpraktiker, Ernährungsberater, Politiker oder als Steuerberater tätig zu werden.

Venus (Waage) herrscht über Haus 10

Hemmung

Deutung: *Der Drang nach Harmonie im Beruf, das Ungleichgewicht von Rechten und Pflichten, das mangelnde Beherrschen von Benimmregeln und die mangelnde Begegnungsfähigkeit in der beruflichen Sphäre, all dies beeinflusst ungünstig Haus...*

Noch hat der Gehemmte seine eigenen Rechte nicht entdeckt und für sich keine Gerechtigkeit gefunden. Frieden und Übereinstimmung mit den Traditionen und Normen sind verordnet, und diese Harmonie will er nicht ins Wanken bringen. Rechte und Pflichten stehen nicht im Gleichgewicht. Noch folgt er nicht seiner Berufung, sondern will es anderen recht machen und sie ausgleichen. Der Horoskopeigner richtet sich nach seinen Mitmenschen und möchte bei Autoritäten und Vorgesetzten gefallen. Doch genau das ist es, was den Erfolg und den eigenen Aufstieg behindert. Er kann noch nicht planen und lässt es zu, dass andere ihn verplanen. Er verfolgt zu anspruchsvolle Ziele, die Gegensätzlichkeiten in sich vereinen sollen und mit denen er es anderen recht machen will. Er erkennt sich nur dann an, wenn er im Einklang mit der Norm ist, andere zufriedengestellt hat und bei seinen Vorgesetzten beliebt ist. Doch dieses Ziel ist unerreichbar. Der Gehemmte fühlt sich für andere verantwortlich und dafür, dass ihnen Gerechtigkeit widerfährt, und hat doch die Verantwortung für sich selbst noch nicht entdeckt. Er ist sich der Ungerechtigkeit, die er sich selbst gegenüber an den Tag legt, und seiner Unzufriedenheit noch nicht bewusst.

Kompensation

Deutung: *Auch als Vorgesetzter allen gefallen zu wollen, sich durch Liebenswürdigkeit und Charme jeder Verantwortungsübernahme zu entziehen, sich durch »Gefälligkeiten« seine gesellschaftliche oder berufliche Position zu sichern, dieses biegsame Rückgrat beeinflusst... Die eigenen Ideale in Bezug auf Partnerschaft, Diplomatie, Schönheit, Duft, Mode, Benehmen, Etikette und Ambiente beeinflussen Haus... oder hemmen jene, welche die Kindrolle spielen, in Haus 4 und in Haus...*

Das dem Waage-Prinzip klassisch zugrunde liegende Bedürfnis, zu entsprechen und niemandem, und vor allem sich selbst nicht, »weh tun zu wollen«, wird mit diesem Aspekt auf die ganze Gesellschaft projiziert und findet den Schwerpunkt im Berufsleben. Es ist eine Sisyphusarbeit, im Bereich von Öffentlichkeit und Rechtskodex des jeweiligen Gesellschaftssystems immer in der Mitte zu balancieren, unter allen Umständen ausgleichen zu wollen und die Verantwortung in einer beruflichen Position für alle Beteiligten gleichermaßen wohldosiert möglichst ohne Schmerz anzustreben. Die Begegnungs- und Hingabe- wie Harmoniefähigkeit des Kompensators wird extrem strapaziert. Auch könnte der Horoskopeigner unter den Vorgesetzten nach einem

Lebenspartner Ausschau halten. Mit Esprit und Koketterie hat sich schon manch einer seinen Chef geangelt. Sich in der Gesellschaft gut zu bewegen und alle Benimmregeln zu beherrschen, kann »ganz nach oben führen«. Der nötige Ehrgeiz dazu ist mit diesem Aspekt sicher vorhanden. Die eigene Berufung zu erkennen mag dem Kompensator schwerfallen, da das Bedürfnis nach Übereinstimmung mit Autoritäten überhandnehmen wird. Abgesehen von beruflichen Ambitionen dominiert bei dieser Konstellation ein stark normorientiertes Gefühl für Schönheit und gesellschaftliche Anerkennung durch den Partner. Eine der Norm und Konvention untergeordnete Gefühlslage führt in Konsequenz zu einer bewertungsorientierten Wahrnehmung des anderen, je nachdem, wo sich die Venus im Horoskop aufhält. Damit geht die Liebe baden.

Lösungsmöglichkeit, erwachsene Form

Deutung: *Die Begegnungs- und Partnerfähigkeit auf dem Berufsfeld, die Beachtung von Aktion und Reaktion im Beruf, die Herstellung eines Ausgleichs zwischen den eigenen Rechten und Pflichten und denen des anderen, all dies stärkt Haus...*

Der Erwachsene hat die Benimmregeln auf dem Berufsfeld gelernt und ist dort begegnungs- und kompromissfähig geworden. Er hat erkannt, dass es gilt, einen Ausgleich herzustellen zwischen seinen Rechten und denen des anderen, zwischen seinen Pflichten und denen des Mitmenschen, zwischen seiner Verantwortung und Kompetenz und jener der Kollegen, zwischen seinen Zielen und denen des Partners.

Pluto herrscht über Haus 10

Hemmung

Deutung: *Die Unterdrückung der eigenen Rechte und der eigenen Verantwortung, die Unterdrückung der eigenen Berufung, die Unterdrückung jeglicher Bewusstseinsentwicklung, die Zwänge, die Moral und Konvention ausüben, all dies unterdrückt Haus... oder gibt den Kompensatoren Macht in Haus...*

Seine eigenen Rechte hat der Gehemmte noch nicht entdeckt, vielmehr scheint das Recht nur das Ziel zu haben, ihn zu unterdrücken. Vorgesetzte, Hierarchien und der Staat werden als mächtig, gewalttätig und manipulativ erlebt. Ihnen fühlt sich der Horoskopeigner ausgeliefert. Seiner Berufung folgt er noch nicht. Er wird im Extremfall durch Personen oder Umstände gezwungen, einen anderen beruflichen Weg zu gehen. Er ist im Berufsleben fremdbestimmt und richtet sich nach den Vorstellungen seiner Vorgesetzten, die Kadavergehorsam verlangen, oder nach überlebten Normen und Richtlinien. Manche Gehemmte arbeiten bei Vater Staat und sind dort dem vorgegebenen Stellenplan ausgeliefert. Andere wiederum sind bei einer großen Firma beschäftigt oder gar bei einem Konzern und partizipieren an deren bzw. dessen Macht. Die Verantwortung für sich hat der Gehemmte noch nicht übernommen. Es kann sein, dass er Verantwortung ganz ablehnt oder dass er sich als Sündenbock für alles verantwortlich und schuldig fühlt. Eigene Pläne werden vereitelt durch die Vorstellungen anderer, denen sich der Gehemmte unterwirft. Es fällt ihm schwer, sich zeitlich zu fixieren. So planen andere für ihn, was er jedoch wie Zwang empfindet.

Kompensation

Deutung: *Prinzipienreiterei und machtorientierte Wertvorstellungen, absolute Autoritätsansprüche und Unfehlbarkeitsgebaren, aber auch ein extrem hoch angesetztes Über-Ich-Verhalten und die absolute Bindung an »Gut und Böse« beeinträchtigen und verhindern ... Die berufliche Machtposition, die Absolutheitsansprüche, die Machtausübung mittels Moral und Konvention, Norm und Ideal, all dies beeinflusst Haus... oder unterdrückt die Gehemmten in Haus 4 und in Haus...*

Extremer Ehrgeiz und ausgeprägte Über-Ich-Orientierung unterdrücken jeden emotionalen Freiraum des Kompensators selbst wie auch jenen der ihm untergeordneten Kollegen. Macht ist Recht, und das Recht auf Macht ist beim Horoskopeigner gepaart mit starken, tradierten und oft radikalen Wertvorstellungen, die ganzen Gesellschaftsschichten aufgezwungen werden können (zum Beispiel in einer Diktatur). Im persönlichen Bereich hat der Kompensator häufig große Autoritätskonflikte und überhöhte Berufsvorstellungen, die niemals erreicht werden und zwangsläufig in die Depression und zurück in die Hemmung führen. Prozesse der Bewusstwerdung absolviert der Kompensator fallweise durch kometenhaften Aufstieg und ebensolchen Niedergang, denn »Macht haben zu dürfen« fordert die größtmögliche Selbstverantwortung und tiefes Eindringen in die Lebensgesetze. Manche Horoskopeigner neigen zu einem zwanghaften Perfektionismus auch im Berufsleben und reduzieren sich auf eine »Funktion im Raum«. Dies ist die klassische Konstellation für Politiker und Chefs.

Lösungsmöglichkeit, erwachsene Form

Deutung: *Das eigene berufliche Konzept, der eigene berufliche Weg, die Vorstellung von den eigenen Zielen, die Fähigkeit, die alten Normen und Ideale sterben zu lassen zugunsten der Inanspruchnahme sämtlicher Menschenrechte und der Übernahme der Verantwortung dem eigenen und dem fremden Leben gegenüber, all dies stärkt Haus...*

Der Erwachsene hat erkannt, dass er beruflich ein eigenes Konzept braucht, um es in dem Haus, in dem Pluto steht, einzusetzen. Dazu ist ein tief greifender Wandlungsprozess erforderlich. Jetzt ist es möglich, beruflich die Richtung einzuschlagen, die den eigenen Anlagen und der eigenen psychischen Struktur entspricht. Auch auf dem Sektor Moral und Konvention wagt er es, die alten vorgegebenen Programme sterben zu lassen und Neues zu entwickeln. Endlich hat er ein Konzept über Menschenrechte und über die Verantwortung dem eigenen und dem fremden Leben gegenüber.

Jupiter herrscht über Haus 10

Hemmung

Deutung: *Die mangelnde Einsicht in Recht und Ordnung, in Aufbau und Struktur des Staates und seine Verwaltung, in die Rechtswissenschaften, in die Normen und Maßstäbe des Milieus und der Zeitepoche, all dies beeinflusst ungünstig Haus... Das mangelnde geistige Erfassen der eigenen Rechte und der eigenen Verantwortung sowie der Gesetze des Erfolges beeinflusst ungünstig Haus...*

Wenn der Horoskopeigner nicht freiwillig Einblick in das Rechts- und Verwaltungswesen nimmt, wird er oft aufgrund von äußeren Umständen dazu gezwungen. Auf diese Weise wird er häufig in Rechtsstreitigkeiten hineingezogen oder muss sich immer wieder mit den Behörden auseinandersetzen. Da er die eigenen Rechte und die eigene Verantwortung noch nicht erkannt hat, wagt er nicht, einen Beruf zu ergreifen, der für ihn sinnvoll erscheint. Stattdessen lässt sich der Gehemmte in einem »falschen« Beruf von Vorgesetzten fördern, sodass er schließlich noch weniger die wahre Berufung wahrzunehmen wagt.

Kompensation

Deutung: *Der übergroße Ehrgeiz, auf den höchsten Stufen der Karriereleiter zu stehen und eine alles überragende und nachhaltig beeinflussende wie auch würdevolle gesellschaftliche Position einzunehmen, wo es nie mehr an öffentlicher Anerkennung fehlt, beeindruckt oder beeinflusst Haus... Die edle und großzügige Vorgesetztenrolle, die postulierten Ideale von Toleranz und positivem Denken beeinflussen Haus... oder hemmen jene, welche die Kindrolle spielen, in Haus 4 und Haus...*

Dieses Podest verlässt niemand gerne, denn die Autorität der Guten und Richtigen dieser Welt ist unantastbar. Orden ersetzen leicht die eigene Würde, aber was ist das schon im Vergleich zu dem Denkmal, welches sich der Kompensator bereits zu Lebzeiten setzt? Niemand fürchtet Kritik und Missfallen mehr als dieser Horoskopeigner, doch in der Kompensation ist er selbst zur göttlichen Autorität geworden, und die anderen möchten nur zu gerne an ihn glauben. Als Vorgesetzter großzügig und milde korrigierend, solange niemand die eigene Unfehlbarkeit und Kompetenz anzweifelt oder gar am hohen Sessel sägt. Oder aber der Horoskopeigner versucht, die Ideale Toleranz, Edelmut und positives Denken zu verkörpern und glaubt deshalb, ein guter Mensch zu sein. Doch wahrhaft tolerant kann nur der sein, der auch gegenüber den Intoleranten und negativ denkenden Menschen tolerant ist. Doch dazu müsste er den Maßstab von Gut und Böse infrage stellen. Beruflich findet der Jupiter-Kompensator in allen Führungspositionen seinen Platz (Erfolgskonstellation!).

Lösungsmöglichkeit, erwachsene Form

Deutung: *Die Einsicht in Recht und Ordnung, in die Gesetze und Vorschriften des Staates, in die Rechtswissenschaften, in die Normen und Maßstäbe des Milieus und der Zeitepoche, dies stärkt Haus... Die Erweiterung der eigenen Ziele, der eigene sinnvolle Beruf, der zur Berufung geworden ist, dies stärkt Haus...*

Der Mensch kann nur auf dem Gebiet wirklich gute Arbeit leisten, auf dem er sich berufen fühlt, auf dem er aus eigenem Antrieb motiviert ist und auf dem er seine Talente entfalten kann. Nachdem der Horoskopeigner sowohl Einsicht in die Gesetze der patriarchalen Kultur als auch Einsicht in die Gesetze des Lebens genommen hat, kann er endlich seine eigenen Rechte und die eigene Verantwortung erkennen. Dies führt zu einer Erweiterung seiner Ziele und damit verbunden zu einem interessanteren Leben, als er es vorher in der Kollektivneurose zu leben vermochte.

Saturn herrscht über Haus 10

Hemmung

Deutung: *Die Hemmung, die eigenen Rechte durchzusetzen und die eigene Verantwortung zu entdecken, die Hemmung im Finden des eigenen Berufs und der eigenen Berufung, die Blockaden und Schwierigkeiten im Beruf, die Normen und Ideale der Gesellschaft, all dies hemmt...*

Der Gehemmte macht nicht den Versuch, seine eigenen Rechte in Anspruch zu nehmen. Manchmal ergreift er bei dieser Konstellation einen Beruf, der von den Eltern oder von anderen Erziehungsberechtigten vorbestimmt wurde. Auch kommt es vor, dass der Horoskopeigner einfach aus Mangel an Alternativen eine Beamtenlaufbahn einschlägt, bei der die einzelnen Karrierestufen weitgehend vorgezeichnet sind. Er geht einen Weg, der den Normen und Traditionen entspricht, erfüllt Aufgaben, die von ihm verlangt werden und will alles richtig machen. Vorgesetzte und Autoritäten erscheinen ihm als streng und verknöchert. Sie fordern Leistung und die Beachtung von veralteten Vorschriften. Sie beurteilen und rügen den Gehemmten und verweigern die Anerkennung. Ihnen kann man es nicht recht machen. Der Horoskopeigner hat noch nicht die Verantwortung für sich selbst entdeckt, sondern schreibt sie dem Staat, der Gesellschaft, Eltern, Lehrern und Vorgesetzten zu. Er ist sich seiner selbst noch zu wenig bewusst. Deshalb richtet er sich an Traditionen und Normen aus. Eigene Ziele peilt er noch nicht an, und er plant auch nicht selbst, sondern lässt sich verplanen. Der Gehemmte will sich an die Ordnung halten, aber da es nicht die eigene ist, kann ihm dies letzten Endes nicht gelingen. Er erkennt sich selbst noch zu wenig an und findet daher auch in der Umwelt wenig Anerkennung.

Kompensation

Deutung: *Die Maßstäbe und Normen der Gesellschaft und der Zeitepoche, das ehrgeizige Mittelpunktsstreben, die Verantwortung in einer beruflichen Position oder für eine gesellschaftliche Aufgabe, die leitende Funktion, die Funktion als Vorgesetzter, all dies stärkt die gesellschaftliche Anerkennung in Haus ... oder hemmt den Erkenntnis- und Entwicklungsprozess in Haus ... oder hemmt jene, welche die Kindrolle spielen, in Haus 4 und in Haus...*

Das Mittelpunktsstreben des Kompensators ist besonders ausgeprägt. Er beißt sich fest und verfolgt beharrlich und ehrgeizig seine Ziele, doch sind diese nicht wirklich seine eigenen. Er versucht, seine frühere Hemmung mit Streben nach Anerkennung zu kompensieren. Dabei ist ihm oft jedes Mittel recht. Im Gegensatz zu vielen Gehemmten übernimmt er gerne Verantwortung in einer beruflichen Position oder für eine gesellschaftliche oder politische Aufgabe. Außerdem identifiziert sich der Kompensator mit Moral und Konvention, mit dem Rechts- oder Normenkodex des jeweiligen Gesellschaftssystems und der jeweiligen Zeitepoche. Er belehrt, maßregelt oder korrigiert seine Mitmenschen, versucht, sie wieder auf die richtige Bahn zu bringen. Besonders geeignet sind deshalb für ihn Berufe wie Lehrer, Rechtsanwalt, Richter, Politiker oder auch Altertumsforscher. Da das 10. Haus das 4. Haus des anderen darstellt, ist es auch möglich, dass der Kompensator mit seiner Moral und seinen Normen bei seinem Partner die Entwicklung von eigenen Gefühlen und der seelischen Eigenart blockiert und damit bei diesem Depressionen hervorruft.

Lösungsmöglichkeit, erwachsene Form

Deutung: *Die eigenen Rechte und die eigene Verantwortung, das Recht, die eigene Berufung wahrzunehmen, die berufliche Kompetenz, das Wissen um die Vorschriften des derzeitigen Normen- und Gesetzeskodexes, das Wissen um die Gesetze des Lebens und des Schicksals, all dies stärkt Haus...*

Der Erwachsene kennt sowohl die Normen und den Gesetzeskodex des patriarchalen Systems als auch die Gesetze des Lebens und des Schicksals. Er bewegt sich sicher und ohne die geschriebenen Gesetze zu übertreten in der jeweiligen Gesellschaft, weiß aber auch die Gesetze des Lebens für sich zu nutzen. Er empfindet ein Recht darauf, seine eigene Berufung wahrzunehmen und versucht, andere darin zu unterstützen, ebenfalls den für sie richtigen Beruf zu finden. Er ist sich seiner Lebensrechte und seiner Verantwortung dem eigenen Leben, dem Leben der Mitmenschen und dem Leben der Tiere und Pflanzen gegenüber bewusst.

Uranus herrscht über Haus 10

Hemmung

Deutung: *Die Irritation in der Konzentration und im Erreichen von eigenen Zielen, der Mangel an Freiheit und Unabhängigkeit im Berufsleben, der verhinderte Milieusprung, all dies beeinflusst ungünstig Haus...*

Der Gehemmte möchte sich von allen Normen, Geboten und Verboten befreien, hat aber dazu nicht die nötigen Voraussetzungen geschaffen. Gerne würde er auch sein bisheriges Milieu, in dem er aufgewachsen ist, verlassen und in höhere Gesellschaftsschichten oder Hierarchieebenen aufsteigen. Deshalb wechselt er auch manchmal seine berufliche Richtung, um vielleicht dadurch den von ihm so sehr gewünschten Milieusprung zu schaffen. Andere Horoskopeigner wollen nur halbtags arbeiten, ubernehmen einen Teilzeitjob oder fungieren als sogenannter »Springer«, das heißt, sie werden überall dort eingesetzt, wo es gerade »brennt«. Durch seine Sprunghaftigkeit und Ungeduld kann der Gehemmte oft die eigenen Ziele nicht erkennen und verwirklichen, stattdessen steht er unter der Spannung und dem Stress, im Sinne fremder Ziele funktionieren zu müssen.

Kompensation

Deutung: *Keine Tradition, auch keine eigene, als Basis und Ausgangspunkt für die angesammelten Rechte auf Freiheit, Individualität und somit für das Mündigwerden zuzulassen oder zu achten und daher als »Grenzgänger« gar nicht zu wissen, welche Begrenzungen man überschreiten soll und kann, dies beeinflusst... Der Milieusprung, der innere Zwang, Widerstand, Antihaltung und Rebellion an den Tag legen zu müssen, beeinflussen Haus... oder irritieren die Gehemmten in Haus 4 und in Haus...*

Uranus und Saturn wären die besten Freunde, könnten sie doch nur begreifen, wie sehr sie einander bedingen und brauchen. So erhebt sich der Uranus-Kompensator weit über den Saturn hinweg, rebelliert gegen ihn und verachtet ihn auch noch. Doch Saturn lässt sich nicht entmutigen, schließlich wird er jegliches Höherstreben der Seele im Keim ersticken, solange nicht alle Lektionen des Daseins gelernt sind und der Mensch kein Bewusstsein für Eigenverantwortung entwickelt hat. Dann erst darf er problemlos seine Schwelle passieren. So könnte der Uranus-Kompensator sich von allen Pflichten, Ordnungen und Traditionen befreien wollen und möchte sich ein Recht auf seine Freiheiten nehmen, hat aber nicht gelernt, sich diese Rechte auch bewusst anzuschauen, die eine viel größere Verantwortung bedeuten als jede funktionierende Gesellschaft überhaupt tragen könnte. (Wer ein Auto lenken will, muss die Verkehrsregeln beherrschen.)

Das Lebensziel des Kompensators liegt immer außerhalb einer Norm, und es ist durchaus möglich, dass er zum Beispiel mit seinem unangepassten, individuellen Beruf sehr viel Erfolg hat, jedoch nur dann, wenn seine Exponiertheit einem größeren Ganzen dient. Die meisten Kompensatoren verstricken sich immer mehr in ihrer Antihaltung und werden häufig die Gängel der Gesellschaft, die sie zu überwinden suchen. Sie enden als Außenseiter und bestätigen damit ungewollt das jeweilige System.

Lösungsmöglichkeit, erwachsene Form

Deutung: *Die Freiheit und Unabhängigkeit von Moral und Konvention, von alten Maßstäben und Normen, der freie, unabhängige, eigene Gesetzeskodex, der freie, unabhängige Beruf, die individuelle Berufung, all dies stärkt Haus...*

Der Erwachsene hat sich von alten, pauschalen Normen und Idealen befreit und in sich einen neuen Gesetzeskodex installiert, der auf seine Individualität zugeschnitten ist (ohne gegen geltendes Recht zu verstoßen). Er betrachtet die verschiedenen Gesellschaftsschichten aus der Vogelperspektive und ist weder den dort vorherrschenden Rollennormen unterworfen, noch verharrt er in einer Haltung, die dagegen opponiert und rebelliert. Aufgrund seiner neuen Ideen, seiner Intuition und seines progressiven, zukunftsorientierten Gedankenguts gelingt es ihm immer mehr, sich beruflich unabhängig zu machen und zu seiner wahren Berufung zu finden.

Neptun herrscht über Haus 10

Hemmung

Deutung: *Die Sehnsucht nach Erfolg und Anerkennung, die Unsicherheit und Schwäche in den eigenen Rechten und in der Übernahme von Verantwortung, die unsichere berufliche Situation, die Angst vor öffentlichen Auftritten oder die Angst davor, im Mittelpunkt zu stehen, die schwache Konzentrationsfähigkeit, die Schwäche, etwas zu Ende zu bringen, einen Abschluss oder einen Legitimationsschein zu erwerben, all dies schwächt und verunsichert Haus... oder verursacht beim Horoskopeigner Flucht- und Suchttendenzen in Haus... oder gibt den Kompensatoren Gelegenheit, in Haus... verunsichernd oder als Helfer zu fungieren.*

Der Gehemmte ist verunsichert in seinen Lebensrechten und in seiner Verantwortung. Wenn er nicht weiß, welche Rechte ihm zustehen und nicht erkennt, wann er Verantwortung übernehmen muss, ist auch sein Prozess der Berufsfindung unsicher. Oft fühlt sich der Gehemmte in seinem Beruf nicht angenommen oder gar als Außenseiter. Manche

Horoskopeigner erleben diese Konstellation als ständigen Schwebezustand, als Unsicherheit oder Intrigen im Berufsleben, oder der derzeitige Arbeitsplatz ist nur eine Übergangslösung zu einem Traumberuf, der sich aber unter den gegebenen Umständen nie realisieren lässt. Wieder andere Gehemmte leiden an Konzentrationsschwäche, werden durch Vorgesetzte oder Rechtsvorschriften verunsichert oder haben Angst, in der Öffentlichkeit aufzutreten oder allgemein davor, im Mittelpunkt zu stehen.

Kompensation

Deutung: *Anerkennungssucht und als Fazit Lüge um die eigene Richtigkeit bzw. alle Lügen dieser Gesellschaft, die mithilfe ihrer zweifelhaften Normen und Ideale die Menschen unmündig halten, dies hindert und/oder beeinflusst... Die Rechtsunsicherheit, die Unsicherheiten im Finden der eigenen Berufung und der eigenen Lebensziele werden kompensiert, indem man die Gehemmten in Haus 4 und Haus ... schwächt, verunsichert oder entwertet.*

Der Kompensator schafft sich ständig neue Traumziele und vergisst darüber die Wirklichkeit. Er wird süchtig nach Anerkennung, ist sich aber dessen nicht bewusst, dass er dafür wohl den größten Preis bezahlt, indem er sich verleugnen muss und seine Aufrichtigkeit verliert. Als der scheinheiligste Beamte und Würdenträger einer normidealisierenden Gesellschaft muss er alle Randgruppenerscheinungen zutiefst verurteilen, da sie ihm geradezu panische Angst einflößen. Um nie und nimmer so ein »Außenseiter« zu werden, bedient er sich auch der Lügen und Intrigen, um seine Zugehörigkeit und den Schein seiner Richtigkeit zu wahren.

Lösungsmöglichkeit, erwachsene Form

Deutung: *Die Entlarvung der Maßstäbe der Kultur, des Milieus und der Zeitepoche, die Auflösung von Moral und Konvention, das Installieren eines alternativen Gesetzeskodexes, das Aufdecken der Hintergründe im Berufsleben, das Finden einer persönlichen Alternative im Beruf, der Einsatz von Fantasie im Beruf, Beruf als Helfer (Hilfe zur Selbsthilfe), die Auflösung des Strebens nach Anerkennung, alternative Ziele, all dies stärkt Haus...*

Der Horoskopeigner muss aufhören, sich mit Moral und Konvention zu identifizieren. Es ist wichtig für ihn, dass er Konvention und Moral und die Maßstäbe von Kultur, Milieu und Zeitepoche als Ersatzziele entlarvt und an ihrer Stelle alternative Ziele formuliert, die ihn als Mensch und Individuum weiterbringen. Im Berufsleben deckt er die Hintergründe auf, sieht die Licht- und Schattenseiten von Karriere, Ruhm und Ehre und erkennt, dass die Luft in den oberen Rängen der Hierarchie immer dünner wird. Deshalb versucht der Erwachsene auch im Berufsleben seine persönliche Alternative zu finden. Manche Horoskopeigner setzen erfolgreich ihre Fantasie im Beruf ein, ergreifen einen alternativen Beruf oder sind in einem helfenden Beruf tätig, in dem Hilfe zur Selbsthilfe angeboten wird.

Mars herrscht über Haus 11

Hemmung

Deutung: *Die geschwächte Durchsetzung der eigenen Individualität, fehlende Initiative für Freiheit und Ungebundenheit, die mangelnde Durchsetzung im Freundeskreis beeinflussen ungünstig Haus...*

Der Gehemmte kann seine Interessen im Freundeskreis und bei Gleichgesinnten nicht durchsetzen. Er wagt auch nicht, seine Individualität zu zeigen, denn dann könnte er von anderen angegriffen werden. Eigene Freiheits- und Unabhängigkeitsbestrebungen werden von den Mitmenschen im Keim erstickt, jeder Versuch in diese Richtung endet im Streit. Für gemeinsame Unternehmungen mit anderen fehlt jeglicher Ansporn und auch die Initiative. Für Neuerungen fehlt dem Horoskopeigner der Mut. Wird er dennoch mit Unvorhergesehenem konfrontiert, lenkt er durch andere Aktivitäten ab.

Kompensation

Deutung: *Der übertriebene Aktionismus bei Freunden und Gleichgesinnten, der Kampf für Freiheit, Unabhängigkeit und Individualität, die aufbrausenden Aggressionen, all dies beeinflusst Haus...*

Der Kompensator setzt sich kämpferisch für seine Freunde ein. Allerdings setzt er seine Interessen im Freundeskreis und bei Gleichgesinnten egoistisch durch. Für die eigene Freiheit und Unabhängigkeit wird er zum Rebellen, und es gibt viel und schnell Zündstoff, da sich der Horoskopeigner rasch eingeschränkt fühlt. Überaktiver Tatendrang bei den Unternehmungen mit anderen könnten ihn zum Beispiel zum Führer einer Widerstandsbewegung oder eines Aufstandes machen. Voll Ungeduld sucht er ständig nach Neuem. Ist es erreicht, erlahmt das Interesse daran schnell, und es muss wieder etwas anderes in Angriff genommen werden. Manche Kompensatoren mit dieser Konstellation sind in ihrem Umfeld gefürchtet, weil sie rasch aufbrausen und ihre Aggressionen explosiv zum Ausdruck bringen.

Lösungsmöglichkeit, erwachsene Form

Deutung: *Die reale Durchsetzung im Freundeskreis, der mutige Einsatz für die eigene Freiheit und Unabhängigkeit, die Durchsetzung der eigenen Individualität, all dies stärkt Haus...*

Der Horoskopeigner kann in der erlösten Form seine Interessen bei Freunden und Gleichgesinnten durchsetzen, und die eigene Individualität wie auch die der anderen behauptet sich dabei ohne Kampf. Aktiv tritt der Erwachsene für seine Freiheit und Unabhängigkeit ein. Oft fungiert er sogar als Vorreiter und Pionier. Oder er setzt Reformen in Gang, die auch seinen Mitmenschen zugute kommen. In gemeinsamen Unternehmungen mit anderen gibt er viele Impulse und ergreift gerne die Initiative. Der Erwachsene hat den Mut, sich mit Neuem auseinanderzusetzen und kann sich auch rasch darauf einstellen.

Venus (Stier) herrscht über Haus 11

Hemmung

Deutung: *Die durch mangelnde Ausbildung wirtschaftlicher Fähigkeiten erzeugte Unfreiheit, das durch mangelnde Abgrenzung erwirkte Defizit an Freizeit, die Zersplitterung der Finanzen, die durch Trägheit und Bequemlichkeit verhinderte Emanzipation und Individuation, all dies beeinflusst ungünstig Haus...*

Der Gehemmte hat seine wirtschaftlichen Fähigkeiten nicht ausgebildet und sich zu wenig mit Besitz und Finanzen auseinandergesetzt, sodass Freiheit und Unabhängigkeit für ihn kaum zu verwirklichen sind. Durch vermehrte und entschlossenere Abgrenzung könnte er mehr Freiheit und auch mehr Freizeit gewinnen. Aber dazu ist sein Eigenwert meist zu wenig ausgebildet. Insofern muss der Gehemmte dieses Prinzip in der Erleidensform erfahren, sei es, dass die mangelnde Sicherheit und die fehlenden Finanzen bei ihm Stressgefühle verursachen oder dass unter dem Strich kaum etwas herauskommt, weil seine Investitionen so wenig gezielt erfolgen. Der Gehemmte ist zwar ständig unzufrieden, aber andererseits zu träge und zu bequem, um sich selbst Chancen für eine bessere Zukunft zu erarbeiten. Lieber entscheidet er sich für das Gewohnte, denn sonst könnte Unruhe in sein Leben kommen. Aus demselben Grund werden auch Emanzipations- und Individuationsprozesse kaum vollzogen. Er ist einfach zu festgefahren und bleibt im alten Trott, um seine Sicherheit nicht zu gefährden.

Kompensation

Deutung: *Das Erregen von Aufsehen durch außergewöhnliche Gegenstände oder durch einen ungewöhnlichen Lebensstil, die Trennung vom Partner, um über ein unabhängiges Revier zu verfügen, der durch Demonstration, Trotz, Widerstand und Rebellion entwickelte Eigenwert, all dies beeinflusst Haus...*

Der Kompensator versucht, durch außergewöhnlichen Besitz oder durch besondere Wertgegenstände Aufsehen zu erregen. Vielleicht kauft er sich ein Cabriolet oder einen Jeep, unter Umständen vielleicht sogar ein Segelflugzeug. Sein Ziel ist es, sich von der Masse abzuheben und zu signalisieren, dass er etwas Besonderes ist. Der Horoskopeigner spürt in sich den Drang zur Individuation, bleibt dabei aber vorwiegend in der Kollektivneurose und in materialistischen Gefilden. Da er glaubt, seine Individualität bereits gefunden zu haben, entbindet ihn dies davon, einen echten Emanzipations- und Individuationsprozess zu absolvieren. Manche Horoskopeigner holen sich bei dieser Konstellation ihren Eigenwert, indem sie an Demonstrationen und Widerstandsbewegungen teilnehmen oder Abenteuerreisen buchen, um dadurch den Alltagstrott zu durchbrechen.

Lösungsmöglichkeit, erwachsene Form

Deutung: *Die durch Ausbildung der wirtschaftlichen Fähigkeiten erworbene Freiheit und Unabhängigkeit, die durch finanzielle Sicherheit vermehrte Freizeit, der progressive Lebensstil, das eigene unabhängige Revier, der durch Freiheit und Unabhängigkeit entwickelte Eigenwert, all dies stärkt Haus...*

Der Erwachsene hat seine Lernaufgabe erkannt. Sie lautet: Ausbildung von wirtschaftlichen Fähigkeiten, Besuch der Bankakademie oder von Geldseminaren, um das Finanzsystem zu erfassen, Erreichen von materieller und finanzieller Sicherheit, um dadurch frei und unabhängig sein und mehr Freizeit gewinnen zu können. Er kommt dann in einen positiven Kreislauf: Je freier und unabhängiger er ist, umso mehr kann er sich abgrenzen, und je mehr er sich abgrenzen kann, desto freier und unabhängiger wird er. Daher achtet er auch in der Partnerschaft besonders darauf, ein unabhängiges Revier zu haben. Und wenn es sich nur um ein eigenes, abschließbares Zimmer handelt, dann ist dies bereits ein Schritt in die richtige Richtung. Finanzielle Unabhängigkeit, progressiver Lebensstil und ein unabhängiges eigenes Revier sind dazu angetan, den Eigenwert des Horoskopeigners zu stärken.

Merkur (Zwillinge) herrscht über Haus 11

Hemmung

Deutung: *Der Mangel an progressiven, revolutionären Informationen, das nicht entwickelte progressive Gedankengut, die Hemmung, unabhängig und frei zu sprechen, der Mangel an Bewegungsspielraum, all dies beeinflusst ungünstig Haus...*

Da der Gehemmte noch nicht weiß, dass man über sämtliche Lebensgebiete (Ehe, Familie, Arbeit, Religion ....) auch ganz anders denken kann, bleibt ihm »revolutionäres« Gedankengut verschlossen. Da er eine Abwehr gegenüber Nudisten, Reformern, Kommunisten und Emanzen verspürt, kommt er an progressive, normdurchbrechende Literatur nicht heran. Insofern ist auch eine freie und unabhängige Diskussion mit ihm kaum möglich. Er erlebt diese Konstellation primär als Nervenleiden, Schilddrüsenstörung oder als Kommunikationsstress etwa durch ständige Telefonate und Faxe, die am Arbeitsplatz oder auch im privaten Bereich eingehen.

Kompensation

Deutung: *Die ständigen Veränderungen und Renovierungen, der ständige Themenwechsel im Gespräch, die flatterhafte Freizeitgestaltung, das Immer-in-Bewegung-Sein, die in bestimmten Intervallen notwendigen Kurzreisen, all dies beeinflusst Haus...*

Der Kompensator nervt seine Umwelt durch Veränderungen im Alltag, etwa durch ständiges Umstellen der Möbel oder häufige Renovierungen der Wohnung, aber auch durch ständig neue Wanderwege oder Reiserouten, die er vorher auf der Landkarte erkundet und dann dem Partner oder den Freunden aufdrängen will. Geschäftig und ruhelos flattert er in der Freizeitgestaltung von einer Möglichkeit zur anderen. Auch auf geistigem Gebiet ist es schwierig, mit ihm ein Thema vollends auszuloten, weil er dann schon wieder eine neue Idee oder eine neue Richtung verfolgen will. Manche Kompensatoren stellen sich progressiv dar, tragen Jeans und fahren Cabrios oder Jeeps. Aber diese Fortschrittlichkeit ist meist nur eine Form ohne Inhalt, denn der Kompensator hat die Aufgabe, die bei dieser Konstellation ansteht, nicht erkannt. Er bleibt im alten Denken verhaftet und ist in einen konventionellen Rahmen eingebunden.

Lösungsmöglichkeit, erwachsene Form

Deutung: *Das Studium von progressiver, »revolutionärer« Literatur, das eigene progressive Gedankengut, die Fähigkeit, frei und unabhängig zu sprechen, die Möglichkeit, sich frei und unabhängig überall zu bewegen, all dies stärkt Haus...*

Der Erwachsene hat die Aufgabe, Informationen über die linke Szene, über Emanzipation, Feminismus und Scheidungsrecht einzuholen. Es geht darum, sich mit progressiver Literatur zu beschäftigen und sich ein »revolutionäres« Gedankengut anzueignen. Der Erwachsene hat die Fähigkeit erworben, unabhängig und frei zu sprechen. Er diskutiert ohne Tabus mit Freunden und hat sich einen freien Aktionsradius erkämpft. Der Erwachsene ist ein interessanter Gesprächspartner, weil er über die neuesten Informationen verfügt, witzig ist und den konventionellen Rahmen zu sprengen vermag. In der Freizeit bewegt er sich viel, spielt Tennis, fährt Rad oder versucht, mit Freunden immer wieder kleinere Reisen oder Wanderungen zu unternehmen.

Mond herrscht über Haus 11

Hemmung

Deutung: *Die durch den Mangel an Wissen um Psychologie, Naturheilkunde, Ernährung, Bauen und Wohnen unterbundene Emanzipation, die Ängstlichkeit in der Freiheit und Unabhängigkeit, die Schüchtern-*

heit in der eigenen Individualität, die Passivität im Freundeskreis, all dies beeinflusst ungünstig Haus...

Der Mangel an Wissen um Psychologie, Naturheilkunde, Ernährung, Bauen und Wohnen macht den Horoskopeigner abhängig von Psychotherapeuten und Ärzten, von Partnern, die kochen können, von Immobilienmaklern und Bauträgern. Ein Emanzipationsprozess ist kaum möglich, da der Gehemmte in der Kindrolle stecken geblieben ist. Außerdem hindert ihn übergroße Ängstlichkeit daran, seine Freiheit und Unabhängigkeit zu beanspruchen, denn er ist anhänglich und möchte doch lieber in der Familie eingebunden sein. In der Freizeit wird er gerne mit anderen etwas unternehmen, persönliche Aktivitäten sind dabei nicht wichtig. Eine eigene Individualität kennt er nicht, er braucht den Schutz der Masse. Im Umgang mit Freunden und Gleichgesinnten ist er passiv und anlehnungsbedürftig, er will sich von ihnen bemuttern lassen und erwartet von ihnen Zuneigung. Weibliche Horoskopeigner klagen bei dieser Konstellation oft über den Stress der Doppelbelastung von Haushalt und Beruf und manchmal auch über Unterleibsbeschwerden.

Kompensation

Deutung: *Die stimmungsabhängige Einstellung zu Freiheit und Unabhängigkeit, das Durchsetzen der emotional übertriebenen Individualität, die Befreiung von der traditionellen Frauenrolle, all dies beeinflusst Haus...*

Der Kompensator vertritt seine stimmungsabhängige Einstellung zu Freiheit und Unabhängigkeit vehement. In der Freizeit kümmert er sich überwiegend um andere und erstickt sie mit seiner Fürsorglichkeit. Seine Individualität zeigt der Horoskopeigner in einer übertriebenen, gefühlsbetonten Emotionalität. Da er sich als Kompensator nicht mehr so anlehnungsbedürftig fühlt, hält er sich für emanzipiert. Weibliche Kompensatoren verfolgen einen feministischen Kurs, wollen sich von der traditionellen Frauenrolle – Kinder, Küche, Kirche – befreien. Der männliche Kompensator erlebt diese Konstellation meist in der Projektion. Er sträubt sich mit Händen und Füßen gegen die Unabhängigkeitsbestrebungen seiner Ehefrau oder Partnerin.

Lösungsmöglichkeit, erwachsene Form

Deutung: *Der durch Psychologie und Naturheilkunde forcierte Emanzipationsprozess, die Stimme der Natur als Orientierung im Befreiungsprozess, die Freiheit und Unabhängigkeit als Frau, die Emanzipation des eigenen weiblichen Anteils, die Geborgenheit im Kreise der Freunde, all dies stärkt Haus...*

Der Erwachsene muss sich mit Psychologie, Naturheilkunde, Ernährung, Bauen und Wohnen befassen, damit er seine Projektionen auf den Psychotherapeuten, Arzt, Koch, Immobilienmakler oder Bauträger zurücknehmen kann. Als Frau gilt es hier, sich von der traditionellen Frauenrolle zu befreien, um als freie, unabhängige Frau so leben zu können, wie man leben möchte. Als Mann hat man hier die Aufgabe, den eigenen weiblichen Anteil zu emanzipieren und synchron dazu auch die Partnerin in ihrem Befreiungsprozess zu unterstützen.

Sonne herrscht über Haus 11

Hemmung

Deutung: *Die durch die mangelnden Handlungs- und Managementfähigkeiten erwirkte Unfreiheit, der mangelnde Unternehmungsgeist in der Freizeit, die durch mangelnde Selbstständigkeit erzeugte Abhängigkeit, das mangelnde Selbstbewusstsein für Emanzipation und Individuation, der Mangel an Gestaltung von Abwechslung, all dies beeinflusst ungünstig Haus...*

Der Gehemmte hat seine unternehmerischen Fähigkeiten und Managementfähigkeiten nicht ausgebildet. Infolgedessen erlebt er diese Konstellation als Nervosität, Stress, Lärmeinwirkungen, Hysterieanfälle, Unfälle, Unfreiheit und Abhängigkeit. Oder aber er handelt, managt und organisiert für die Unternehmungen eines anderen. Manche Gehemmte erleben diese Konstellation auch als Seitensprünge des Partners (Haus 11 = Haus 5 des anderen), meist deshalb, weil sie im Vorfeld keinen Handlungsbedarf sahen, Abwechslung in die »Beziehungskiste« zu bringen. Ferner verfügt der Horoskopeigner meist nicht über das nötige Selbstvertrauen, um einen Emanzipations- oder Individuationsprozess vollziehen zu können.

Kompensation

Deutung: *Das egozentrische Ausleben der eigenen Ungebundenheit, die »Verwirklichung« als Rebell, Punk oder Revolutionär, das Sich-Abheben von der Masse durch individuelle Besonderheit, die Organisation von gemeinsamen Unternehmungen, die Neophilie im Handeln, all dies beeinflusst Haus...*

Der Kompensator organisiert die gemeinsamen Unternehmungen und gibt vor, wie die Freizeit gestaltet wird. Dadurch wird das selbstständige Handeln des Partners unterbunden. Der Horoskopeigner glaubt, sich gar nicht mit progressiven Schriften, mit Emanzipation und Individuation auseinandersetzen zu müssen, weil er davon überzeugt ist, dass er bereits von vornherein ein fortschrittlicher und emanzipierter Mensch ist, der so etwas nicht nötig hat. Er zeigt seine individuelle Besonderheit, um sich von den anderen deutlich abzusetzen. Sein Handeln ist stets auf Neues und Überraschendes ausgerichtet, was aufgrund der damit verbundenen Nervenbelastung in seinem Umfeld nicht immer auf positive Resonanz stößt. Manche Horoskopeigner »verwirklichen« sich auch in der Rolle des Widerspenstigen, des Demonstranten, des Punks oder des Rebellen.

Lösungsmöglichkeit, erwachsene Form

Deutung: *Die durch Handlungsfähigkeit und Managementfähigkeiten erworbene Freiheit und Unabhängigkeit, die sexuelle Freiheit und Unabhängigkeit, die sexuelle Abwechslung, die Selbstverwirklichung in der Freizeit, die Selbstständigkeit in Freizeit und Unabhängigkeit stärken Haus...*

Der Erwachsene hat die Aufgabe, seine Handlungsfähigkeit, seine unternehmerischen Fähigkeiten und seine Managementfähigkeiten auszubilden, um dadurch mehr Freiheit und Unabhängigkeit zu erlangen und um seinen Individuations- und Emanzipationsprozess voranzutreiben. Sein Ziel ist es, selbstständig in Freiheit und Unabhängigkeit zu leben. Dazu ist ferner notwendig, dass der Horoskopeigner es auch wagt, Rollennormen und konventionelle Muster zu durchbrechen. Er entfaltet seine Kreativität und seine gestalterischen Fähigkeiten, um notwendige Veränderungen durchführen zu können.

Merkur (Jungfrau) herrscht über Haus 11

Hemmung

Deutung: *Unterordnung im Freundeskreis und bei Gleichgesinnten, Anspruchslosigkeit in der Freiheit und Unabhängigkeit, der Verzicht auf eine eigene Individualität, all dies beeinflusst ungünstig Haus...*

In dem kleinen Freundeskreis, den der Gehemmte aufgebaut hat, neigt er zur Unterordnung und wird deshalb auch sehr schnell von den Freunden kritisiert. In der eigenen Freiheit und Unabhängigkeit ist er sehr anspruchslos, er ist eher bereit, den anderen für ihre Ungebundenheit zu dienen. In der Freizeit macht er sich lieber nützlich und ist fleißig. Eine eigene Individualität verkneift er sich und nimmt seine Besonderheit noch nicht wahr. Emanzipationsbestrebungen begegnet er mit Skepsis. Neuem gegenüber ist er übervorsichtig und ängstlich.

Kompensation

Deutung: *Rebellion gegen jede Anpassung, Kritik gegenüber freien und ungewöhnlichen Menschen, eine spitzfindige Haltung in der eigenen Individualität, all dies beeinflusst Haus...*

Im Freundeskreis wehrt sich der Kompensator gegen jede Anpassung aus der Befürchtung heraus, sich unterordnen zu müssen. In seiner Freiheit und Ungebundenheit ist er sehr pingelig darauf bedacht, dass die eigenen Vorstellungen eingehalten werden. Er ist schnell bereit, andere zu kritisieren, wenn sie sich seiner Meinung nach zu viel Freiheiten herausnehmen. Weil er zu viel arbeitet, steht ihm kaum Freizeit zu, und die wenige, die er zur Verfügung hat, teilt er nüchtern und zweckgebunden ein. Die eigene Individualität erklärt er spitzfindig und kleinlich. Emanzipation behandelt er mit vornehmer Zurückhaltung. Sie spielt sich mehr in der Theorie ab als in der Praxis. Neues apostrophiert der Kompensator von vornherein als Utopie und lehnt es aus Angst erst einmal ab.

Lösungsmöglichkeit, erwachsene Form

Deutung: *Freiwillige und situationsgerechte Anpassung bei Freunden und Gleichgesinnten, die Wahrnehmung der eigenen Individualität, die Befreiung von Anpassungszwängen, die Analyse von Feminismus, der linken Szene und der Emanzipation, der vernünftige Umgang mit Freiheit und Unabhängigkeit, all dies stärkt Haus...*

Bei Freunden und Gleichgesinnten kann sich der Erwachsene der jeweiligen Situation entsprechend freiwillig anpassen. Mit seinen Bedürfnissen nach Freiheit und Unabhängigkeit geht er vernünftig um. Die Freizeit plant er nutzbringend. Die eigene Individualität kann er durch seine Wahrnehmungsfähigkeit und aufgrund seiner ausgebildeten analytischen Fähigkeiten erkennen. Mit Emanzipation beschäftigt er sich sachlich. Neues wird vorsichtig beobachtet und erst nach kritischen Überlegungen angenommen. Vornehmlich geht es beim Erwachsenen um die Befreiung von Anpassungszwängen und um die Ausbildung von analytischen Fähigkeiten, damit er zu mehr Freiheit, Unabhängigkeit und Individualität kommen kann.

Venus (Waage) herrscht über Haus 11

Hemmung

Deutung: *Die durch den Mangel an strategischen und taktischen Fähigkeiten erwirkte Unfreiheit, das mangelnde Gleichgewicht an Freiheit und Unabhängigkeit, das mangelnde Gleichgewicht zwischen Arbeit und Freizeit, die durch Lieb-sein-Wollen vereitelte Emanzipation und Individuation, all dies beeinflusst ungünstig Haus ...*

Der Gehemmte hat seine strategischen und taktischen Fähigkeiten nicht ausgebildet, und er kann daher nur wenig Freiheit und Freizeit erwirken. Außerdem glaubt er noch, dass eine erfüllende Partnerschaft, dauerhafte Liebe und dauerhaftes Glück nur innerhalb von Moral und Konvention möglich sind. Deshalb empfindet er Schmerz, wenn er unfreiwillig Single geworden ist oder wenn der Partner Distanz übt. Auf jeden Fall ist ein Gleichgewicht an Freiheit und Unabhängigkeit zwischen ihm und seinem Partner zunächst nicht zu verwirklichen. Der Gehemmte wagt es nicht, sich so exzentrisch oder freizügig zu kleiden, wie er es eigentlich möchte. Er schimpft lieber über jene, die den Mut zur Verwirklichung eines außergewöhnlichen Geschmacks an den Tag legen. Gegenüber Freunden ist er bei dieser Konstellation lieb und freundlich, kann aber dabei kaum die eigenen Interessen vertreten, sodass seine Freundschaften nicht ausgeglichen sind. Der Gehemmte gibt mehr, als er erhält. An gemeinsamen Aktivitäten nimmt der Horoskopeigner wahllos teil und versucht unter Gleichgesinnten zu gefallen. Anstatt auf seine Intuition zu hören, richtet er sich nach anderen. Er beschönigt und harmonisiert lieber und sucht in Idealen Ausgleich, anstatt sich auch mal aufzulehnen und zu revoltieren.

Kompensation

Deutung: *Emanzipations- und Freiheitsbestrebungen des Einzelnen, welche Nähe zum anderen nicht zulassen bzw. wo die Liebe zur eigenen Besonderheit reformerische Inhalte einer Gruppe überstrahlen will und damit das Ziel verloren geht, solcherart verstandener Individualismus beeinflusst... Die Freiheit in der Liebe um der Freiheit und nicht um der Liebe willen, der ständige Wechsel in der Partnerschaft beeinflussen Haus...*

Das Bedürfnis nach Liebe und Begegnung steht im Widerspruch zum eigenen Freiheitsstreben. Der Kompensator sammelt Menschen um sich wie andere Briefmarken und fühlt sich von jenen angezogen, die der angeborenen Extravertiertheit und der Liebe zur eigenen Besonderheit huldigen. Zu viele Bewunderer und sogenannte Freundschaften wachsen dem Horoskopeigner manchmal über den Kopf. Wobei es gerade mit dieser Anlage schwerfällt, sich emotional auf einen Menschen einzulassen. Das ist die Crux mit der Freiheit, denn wer sie im Innern nicht hat, verhält sich aus der Angst heraus, dass Bindung die Freiheit behindern könnte, ständig wie abgetrennt von der Umwelt und von sich selbst. Diese Kompensatoren sind Menschen, die am liebsten zu sich selber »Sie« sagen würden. »Man lässt sich nicht wirklich lieben.« Generell spricht dieser Aspekt für ein ausschweifendes, exzentrischen

Gebaren im Begegnungsverhalten. Der Horoskopeigner liebt aufregende Menschen, zu nahe darf ihm allerdings niemand kommen. Alle engen Grenzen konventioneller Muster werden in Begegnungen bewusst durchbrochen, auch im sexuellen Verhalten. Deshalb auch die Liebe zu Randgruppen. Typisch für den Kompensator immer wieder neue und unstete Bekanntschaften nach dem Motto: »Wer zweimal mit demselben pennt, befindet sich im Establishment.« Diese Menschen lieben es, ein avantgardistisches Lebensgefühl zu dokumentieren.

Lösungsmöglichkeit, erwachsene Form

Deutung: *Die freie, unabhängige Liebe, die abwechslungsreiche Erotik, die Unabhängigkeit und Freiheit in der Partnerschaft, das Gleichgewicht an Freiheit und Unabhängigkeit, die richtige Wahl von Freunden, die über Freunde und Freundschaften erlernte Begegnungs- und Partnerfähigkeit, die wohlausgewogene Form der Emanzipation und Individuation, all dies stärkt Haus...*

Wer in der Begegnung mit Freunden Aktion und Reaktion beachtet, wird in seiner Begegnungs- und Partnerfähigkeit ein gutes Stück vorankommen. Da der Erwachsene auch in seinem Emanzipations- und Individuationsprozess das für ihn richtige Maß einhält, kommt es nicht zu den ungünstigen Reaktionen, die bei überzogenem Freiheitsanspruch und Egoismus ansonsten zu verzeichnen sind. Der Erwachsene stimmt sich mit dem Partner ab und achtet auf ein Gleichgewicht in Bezug auf Freiheit und Unabhängigkeit. Er führt daher mit ihm eine unabhängige und freie Partnerschaft. Außerdem hat er strategische und taktische Fähigkeiten ausgebildet, um seine persönliche Zukunft angenehm zu gestalten.

Pluto herrscht über Haus 11

Hemmung

Deutung: *Die Unterdrückung von Freiheit und Unabhängigkeit, die Unterdrückung oder Fremdbestimmung im Emanzipations- und Individuationsprozess, die Unterdrückung von Mitbestimmung und*

Gleichberechtigung, die fremden Programme in Bezug auf Freizeitgestaltung, die Unterdrückung der Freizeit, all dies unterdrückt Haus... oder gibt den Kompensatoren Macht in Haus...

Irgendwelche Personen oder Sachzwänge behindern hier ständig den Emanzipations- und Individuationsprozess des Gehemmten. Auch Freiheit oder Freizeit bleiben hier auf der Strecke. Oder es werden Programme für Freiheit und Freizeit vorgegeben, und es bleibt dem Gehemmten nichts anderes übrig, als zum Beispiel selbst im Urlaub noch munter Programme zu erfüllen. Auch die gemeinsamen Unternehmungen mit Partnern oder Freunden gestalten sich schwierig – immer sind andere es, die dabei unbedingt ihre Vorstellungen durchsetzen wollen. Manchmal ist der Horoskopeigner bei dieser Konstellation stolz auf einflussreiche Freunde, letztlich aber befindet er sich im Schatten ihrer Macht. Am häufigsten jedoch wird diese Konstellation so erlebt, dass der Befreiungsprozess aus der Tretmühle einer subalternen Arbeit oder aus einer unbefriedigenden Ehesituation entweder total abgewürgt ist oder unter furchtbaren Kämpfen und schwierigen Bedingungen stattfindet. Diese langwierigen Prozesse kosten Kraft und laugen den Horoskopeigner aus.

Kompensation

Deutung: *Radikales Verändern-Wollen, koste es, was es wolle, wie zwanghaftes Reformieren-Müssen, aber auch die innere Freiheit durch die Vorstellungen von Freiheit zu ersetzen und exzessiver Individualismus, all dies beeinträchtigt... Die Macht und Power als Rebell, als Trendsetter, Gruppenführer oder als Emanze beeinflussen Haus... oder unterdrücken die Gehemmten in Haus 5 und in Haus...*

Wenn der Kompensator als eine Art Wüstling gesehen werden möchte, dann wohl, weil er zu radikalen Randgruppen neigen könnte. Der zwanghafte Reformer und Visionär mit apokalyptischen Inhalten könnte viele Anhänger finden. Im Gruppenverhalten zeigt er sich als Anführer und tritt beherrschend auf, auch in Selbsterfahrungsgruppen mit Therapiegehalt. Gleichzeitig ist er ein kontrollierter Einzelgänger, der Nähe und alles Gleichwertige fürchtet, selbst wenn er Gleichwertigkeit gerne propagiert. Freundschaften sind oft durch Machtkämpfe gefährdet oder werden dadurch behindert. Schwer fällt es dem Horoskopeigner, seine Visionen von einer besseren Welt im richtigen Verhältnis zu Raum und Zeit zu begreifen, daher sind sie kaum zu verwirklichen.

Lösungsmöglichkeit, erwachsene Form

Deutung: *Der Plan oder das Konzept für Freizeit und Unabhängigkeit, das Konzept für die persönliche Zukunft, das Wissen um reale Emanzipation, das angesammelte Wissen, um mitbestimmen zu können, das Konzept für Reformen und für neue Erfindungen, all dies stärkt Haus...*

Der Horoskopeigner hat die Aufgabe, Wissen anzusammeln, damit eine echte Gleichberechtigung und Mitbestimmung möglich wird. Außerdem muss er sich ein Konzept erarbeiten, mit dessen Hilfe er sich von den bisherigen Zwängen befreien kann. Ferner geht es hier um die Ansammlung von neuen Gedanken und Ideen, um Reformen durchführen und Erfindungen realisieren zu können. Kurzum, man braucht hier ein Konzept für die persönliche Zukunft und leistet somit einen Beitrag für die Zukunft der Menschheit.

Jupiter herrscht über Haus 11

Hemmung

Deutung: *Die mangelnde Einsicht in progressive Bestrebungen, in die zukünftigen Entwicklungen, in die Trends, in Reformbestrebungen, in die Welt von Widerstand, Auflehnung, Trotz, in die Übertritte von Moral und Konvention, in Emanzipation und Individuation beeinflusst ungünstig Haus...*

Der Gehemmte kann die Menschen, die fremdgehen, Nudisten, Homosexuelle, Punks und Avantgardisten, Demonstranten und Widerstandskämpfer, Revolutionäre und Emanzen einfach nicht verstehen. Es ist ihm ein Rätsel, worauf diese Leute hinauswollen. Er kann sich eher vorstellen, dass sie nicht bei Sinnen sind, als dass ihr Tun einen Sinn haben könnte. Da er sich nicht unabhängig gebildet hat bzw. nicht Einsicht genommen hat in progressive Literatur, fehlt ihm dafür die notwendige Toleranz und jedwedes Verständnis. Manche Horoskopeigner mit dieser Konstellation sind sich auch zu edel dazu, um sich aufzulehnen, Widerstand zu leisten oder die Moral zu durchbrechen.

Kompensation

Deutung: *Das enorm erhöhte Freiheitsbedürfnis, die imposantesten aller Reforminhalte, die zu inkonsequenten Idealvorstellungen, die zwar futuristischen, aber wenig realen Menschheitsideale, all dies beeinflusst... Die Überlegenheitsgefühle aufgrund von eigener Bildung oder eigener imposanter Entwicklung beeinflussen Haus... oder hemmen jene, welche noch die Kindrolle spielen, in Haus 5 und in Haus...*

In dieser Konstellation vereinen sich alle Avantgardisten für ihre großartigen, meist unklaren Ideen. Völkerübergreifend verkünden sie progressive und okkulte Lehren, denn schließlich sind sie wie Prometheus berufen, weniger Entwickelte zu reformieren und in die Mündigkeit zu führen. Der Kompensator verliert sich zu gerne in schwindelerregenden Höhen, rebelliert aber nur um der Rebellion willen. Ihm entgleitet das eigentliche Ziel, und er vergisst, dass das noch so schöne Ideal nur in einem entsprechenden Umfeld einen Nährboden finden kann. Kläglich scheitert der Kompensator so an den Achsen von Raum und Zeit. Von der eigenen Originalität entzückt, findet sich unter diesen Horoskopeignern so mancher Meister, der die Menschheit retten will (der sich unterdessen oft von seinen Anhängern aushalten lässt). Viele Kompensatoren sind einfach nur abenteuerlustig und impulsiv, doch ihre große Ruhelosigkeit und ihre Gier nach Freiheit um jeden Preis lässt sie selten sinnvolle Reformen in die Tat umsetzen, weder für sich selbst noch für die anderen. Die Realität ist häufig größer als das Ideal und holt denjenigen ein, der sein Selbstverantwortungsbewusstsein unvollständig oder gar nicht entwickelt hat. Das, was bleibt, ist die »Vision« von einer idealen Zukunft, die immer wieder neu in die Zukunft verschoben wird.

Lösungsmöglichkeit, erwachsene Form

Deutung: *Die Einsicht in progressive Bestrebungen, in Trends, in neue Ideen, in die Welt der Freidenker und der geistigen Revolutionäre wird verwendet für Haus...*

Für den Horoskopeigner geht es darum, eine unabhängige, freie Weltanschauung, Lebensphilosophie und Religion zu entwickeln. Dies kann geschehen, indem er Einsicht nimmt in die linke Szene, in die Welt des Progressiven, Neuen und Ungewöhnlichen, in die Welt von Emanzipation und Individuation, in die Welt der Freidenker, Erfinder und geistigen Revolutionäre. Ferner geht es beim Jupiter-Schütze-Prinzip immer auch um Fülle, Ausdehnung und Vermehrung. Der Erwachsene muss also Freiheit, Unabhängigkeit und Freizeit vermehren. Dadurch kann das große Glück sowohl in Haus 11 als auch dort, wo Jupiter steht, erlebt werden.

Saturn herrscht über Haus 11

Hemmung

Deutung: *Die Hemmung im Individuations- und Emanzipationsprozess, die Hemmung, sich aufzulehnen und Widerstand zu leisten, die Hemmung, seine Extravaganz und Besonderheit auszudrücken, die Hemmung, aus der Norm zu springen, Moral und Konvention zu durchbrechen, die Einschränkung der eigenen Freiheit, Freizeit und Unabhängigkeit, die Hemmung, sich aus misslichen Bedingungen zu befreien, all dies hemmt...*

Der Horoskopeigner ist im Individuations- und Emanzipationsprozess gehemmt. Meist lassen ihn andere nicht mitbestimmen, er fühlt sich nicht gleichberechtigt, wird in seiner Freiheit und Unabhängigkeit beschnitten. Dennoch wagt der Gehemmte es nicht, zu revoltieren oder sich aus misslichen Umständen (der Tretmühle in der Arbeit oder der unbefriedigenden Partnerbeziehung) zu befreien. In der Freizeit warten mehr Pflichten als Vergnügen. Der Gehemmte hat das Gefühl, nie mit einer Arbeit fertig zu werden, nie wirklich seine Freizeit genießen zu können. Immer wieder schleichen sich Schuldgefühle ein. Der Horoskopeigner wagt nicht, seine Besonderheit zum Ausdruck zu bringen, sondern tut so, als sei er wie alle anderen. Bei gemeinsamen Aktivitäten und Unternehmungen ordnet er sich anderen unter und bemüht sich, alles richtig zu machen. Bei Freunden findet er nicht die Anerkennung, die er erwartet hat.

Kompensation

Deutung: *Die Maßstäbe und Ideale der Emanzipations- und Reformbewegung, der linken politischen Ideologie und des Feminismus, die Verklärung dessen, was »in« und progressiv ist, all dies beeinflusst Haus... oder hemmt den Erkenntnis- und Entwicklungsprozess in Haus... oder hemmt jene, welche noch die Kindrolle spielen, in Haus 5 und in Haus...*

Der Kompensator übernimmt häufig die Führung einer Widerstandsbewegung, eines Aufstands, einer Frauen- oder Männergruppe, einer Demonstration, Revolution, Reformbewegung oder einer anderen progressiven Bewegung. Ist er jedoch noch mehr angepasst, dann will er einfach nur seine Besonderheit und Extravaganz zum Ausdruck bringen, etwa indem er Cabriolet oder Jeep fährt oder auffallend und unkonventionell gekleidet ist. Er tut so, als sei er schon ganz weit in der persönlichen Entwicklung fortgeschritten, als gehöre er zu den Vorreitern, zur Avantgarde. Es besteht die Tendenz, andere nach ihrem Bewusstseinszustand und nach ihrer Entwicklung zu beurteilen.

Lösungsmöglichkeit, erwachsene Form

Deutung: *Das Recht auf Freiheit und Unabhängigkeit, die Gesetze der Emanzipation und Mitbestimmung, das Recht, sich zu befreien, das Recht auf Individuation, das Recht auf eigene Freizeitgestaltung, die Übernahme der Verantwortung für seine eigene Zukunft und die der Gesellschaft, all dies stärkt Haus...*

Je mehr der Erwachsene seine eigenen Rechte und seine Verantwortung wahrnimmt, desto mehr kristallisieren sich Freiheit und Unabhängigkeit heraus. Er befreit sich aus der Tretmühle der (entfremdenden) Arbeit, aus einer unbefriedigenden Ehesituation oder aus anderen unangenehmen Schicksalsmanifestationen. Er versucht, seinen Beitrag zu einer konstruktiven Veränderung der gesellschaftlichen Verhältnisse zu leisten. Er ist sich bewusst, wenn er mitbestimmen will, muss er sich Wissen und Kenntnisse auf dem entsprechenden Gebiet aneignen und darf sich nicht scheuen, Verantwortung zu übernehmen. Er nimmt sein

Recht auf die Gestaltung seiner und der gesellschaftlichen Zukunft in Anspruch. Der Erwachsene leistet nicht mehr Widerstand um des Widerstandes willen, sondern versucht die Weichen so zu stellen, dass eine lebenswerte Zukunft erwirkt wird.

Uranus herrscht über Haus 11

Hemmung

Deutung: *Die Irritation im Emanzipations- und Individuationsprozess, die Irritation, die aus dem Freundeskreis kommt, die Irritation der gemeinsamen Unternehmungen in der Partnerschaft, die Tendenz des Partners zur Untreue, die Zersplitterung in den Freizeitaktivitäten, all dies beeinflusst ungünstig Haus...*

Der Horoskopeigner erlebt seine Uranus-Wassermann-Anlage primär in den Seitensprüngen des Partners oder dadurch, dass der Partner ein unabhängiges Unternehmen oder Geschäft aufgezogen hat (Haus 11 = Haus 5 des anderen). Ferner wirkt sich diese Konstellation irritierend auf die gemeinsamen Unternehmungen in der Partnerschaft aus. Da der Gehemmte noch zu sehr unter dem Einfluss der Norm steht, glaubt er in der Freizeit und im Urlaub nicht eigene Wege gehen zu dürfen. Oft hat er in der Freizeit auch zu viel vor und verzettelt sich dabei, das heißt, er kann schließlich keine Freizeitaktivität voll ausleben. In bestimmten Intervallen wechseln hier auch die Freunde, insbesondere wenn sie Irritationen und Stressgefühle beim Horoskopeigner verursachen.

Kompensation

Deutung: *Wo Loyalität und Emanzipation maximal als Metapher dienen, wo Menschenliebe und Ideale von einer besseren Welt für alle unter Beweis gestellt werden, wo die personifizierte Einmaligkeit größer ist als das große Ganze, da beeinflusst dies sicher... Die Befreiung und Emanzipation um jeden Preis beeinflussen Haus... und irritieren die Gehemmten in Haus 5 und in Haus...*

In dieser Konstellation treffen alle Gemeinschaften gemeinsamer Gesinnung aufeinander, hier werden Logen und Parteien und jede Art von Gruppen gebildet, die ein gemeinsames Ziel haben: Verbrüderung und Freiheit für alle Menschen. Auf der kompensierenden Ebene stellt der Horoskopeigner aber seine Besonderheit über die der anderen, er möchte in allen Bereichen und möglichst von der ganzen Menschheit als die personifizierte Einmaligkeit anerkannt werden, wobei sich die anderen in seinem Glanze maximal sonnen dürfen. Freundschaften entbehren jeder Hingabe, die Liebe zur Verbrüderung endet dort, wo Loyalität und Gleichberechtigung beginnen. Oder der Kompensator befreit sich sogar von allen Zugehörigkeiten, um als Unikat die Kälte der Einsamkeit zu erfahren, in die er sich dann meist ungewollt katapultiert. Er abstrahiert sich selbst und könnte jeden Bezug zu emotionalen Regungen verlieren. Häufig stehen diese Menschen unter Strom, sitzen in der Steckdose und sind getrieben von ihrem Zwang, die Dinge zu verändern. Nur wissen sie weder was noch wie. Immer auf der Suche nach der Zukunft, gefangen in der Vision der eigenen Freiheit, scheuen sie jede Handlung, die sie ihrer Zukunft näher bringen könnte. »Die wahren Abenteuer finden im Kopf statt«, sagt Andre Heller und spricht dem Uranus-Kompensator damit aus dem Herzen.

Lösungsmöglichkeit, erwachsene Form

Deutung: *Die Befreiung von den Normen und Trends in Bezug auf gemeinsame Unternehmungen und in Bezug auf Freizeitverhalten, die Freiheit und Unabhängigkeit von den Normen und Idealen der Emanzipation, der linken Szene, des Feminismus etc., all dies stärkt Haus...*

Der Erwachsene hat sich gegenüber seinem Partner einen eigenen unabhängigen Freundeskreis ausbedungen, mit dem unabhängig vom Partner Unternehmungen möglich sind. In Bezug auf Freizeitaktivitäten hat er sich von der herkömmlichen Norm der Freizeitgestaltung abgekoppelt. Er geht in dieser Hinsicht einen unabhängigen Weg. Auch in Bezug auf Emanzipation übernimmt er nicht vorgegebene Muster, sondern schaut, was für ihn als Individuum richtig ist. Je freier und unabhängiger er wird, desto selbstständiger kann auch sein Partner werden (Haus 11= Haus 5 des anderen).

Neptun herrscht über Haus 11

Hemmung

Deutung: *Die Angst und Unsicherheit sich zu befreien, sich zu emanzipieren und zum eigenstandigen Individuum zu werden, die heimlichen Seitensprünge, die verdrängte Freizeit, die Verunsicherungen bei gemeinsamen Unternehmungen, all dies schwächt und verunsichert Haus ... oder verursacht beim Horoskopeigner Flucht- und Suchttendenzen in Haus... oder gibt den Kompensatoren Gelegenheit, in Haus... verunsichernd oder als Helfer zu fungieren.*

Der Gehemmte hat Angst vor Freiheit und Unabhängigkeit und Angst davor, sich zu emanzipieren und den Individuationsprozess zu vollziehen. Das ist auch verständlich, denn solange er sich mit den Normen und Idealen der Gesellschaft identifiziert, solange er normal sein will, kann er seine individuellen Bestrebungen und Besonderheiten vertuschen. Nur ab und zu keimt bei ihm ein Befreiungswunsch auf, aber aufgrund der eigenen Passivität und Bequemlichkeit wird dieser nie realisiert. Wenn es hoch kommt, bringt er den Mut zu einem Seitensprung auf, wird aber prompt dabei erwischt oder fühlt sich von seiner Erfahrung enttäuscht. Dem Gehemmten fehlt es auch häufig an Freizeit, und wenn er sie hat, versäumt er sie oder verbringt sie vor dem Fernsehgerät. Und wenn er zusammen mit Freunden etwas unternehmen will, dann wird er rasch zum Außenseiter, oder er hat das Gefühl, dass es seine Freunde nicht ehrlich mit ihm meinen.

Kompension

Deutung: *In der Vision von der eigenen Freiheit gefangen zu sein, ohne etwas dafür zu tun bzw. ständig die Zukunft herbeizusehnen, um sich dem Hier und Jetzt nicht stellen zu müssen (und sich damit jeder Verantwortung und Verbindlichkeit zu entziehen), beeinflusst... Der Schein von Freiheit und Unabhängigkeit, die Scheinemanzipation und -individuation, all dies beeinflusst Haus... oder verunsichert, schwächt und entwertet die Gehemmten in Haus...*

Die Sehnsucht nach einer alles überschreitenden Freiheit lässt den Kompensator vor den kleinsten Verbindlichkeiten flüchten. Nichts und niemand darf ihn einschränken oder gar bevormunden. Deshalb büßt er immer wieder Freundschaften ein, da diese ja der Pflege und Kontinuität bedürfen. Auf der anderen Seite fühlt sich der Horoskopeigner gerade zu jenen Menschen hingezogen, die ihn ihrerseits arg enttäuschen werden. Bei der Auswahl seiner Freunde ist er außerdem selten differenzierend. Manchmal lässt sich der Kompensator vom Schicksal treiben, lebt aber in ständiger Unruhe auf der Suche nach der eigenen Zukunft, ohne eine Vorstellung zu besitzen, wie diese aussehen sollte. Wohl fühlt er sich nur jenseits aller Normen und Begrenzungen, wobei weder seine alles dominierende Antikultur noch sein ausuferndes sehnsüchtiges Individualitätsstreben eine innere Struktur beherbergen und somit von Auflösung bedroht sind. Scheinbare Freiheit wird gerne auch durch Suchtmittel erlangt. Andere Kompensatoren verwenden ihre ganze Freizeit dafür, um sich an diversen Hilfsorganisationen zu beteiligen, denn generell besteht eine große Affinität zu den Hilflosen und Außenseitern der Gesellschaft. Manche leben aber das Neptun-Fische-Prinzip ganz anders aus: Sie gehen zum Segeln oder verbringen ihre Freizeit vorwiegend auf ihrem Motorboot.

Lösungsmöglichkeit, erwachsene Form

Deutung: *Die fantasievolle Gestaltung der eigenen Freizeit, die mit Fantasie begabten, unangepassten Freunde, die persönliche Alternative in Bezug auf Befreiung, Emanzipation und Individuation, all dies stärkt Haus...*

Für den Horoskopeigner gilt es, in die linke Szene zu gehen, sich mit Emanzipation, Feminismus, Kommunismus und mit progressiver, revolutionärer Literatur zu beschäftigen, um hier die Spreu vom Weizen zu trennen, um zu sehen, was an diesem Gedankengut irreal und was real ist, was Ideologie ist und was der menschlichen Natur entspricht. Nachdem der Erwachsene diese alternativen pauschalen Modelle kennengelernt und deren Hintergründe aufgedeckt hat, kann er sie ablegen und seine persönliche Alternative in Bezug auf Befreiung, Emanzipation und Individuation finden.

Mars herrscht über Haus 12

Hemmung

Deutung: *Die Antriebslosigkeit, die verdrängten Aggressionen, die verdrängten egoistischen Motive und Interessen, der fehlende Mut, die Grenzen der Gesellschaft zu überschreiten oder die starren Strukturen aufzulösen, all dies beeinflusst ungünstig Haus...*

Aufgrund von Schwäche und Antriebslosigkeit schafft der Gehemmte es nicht, seine eigenen Rechte und seine Verantwortung zu zeigen und auszudrücken. Er muss heimliche Angriffe seiner Mitmenschen über sich ergehen lassen und wagt nicht, die Hintergründe dieser Intrigen aufzudecken. Da der Horoskopeigner selber jeder Auseinandersetzung aus dem Weg geht, bewundert er in Film und Fernsehen die Helden in Kampfszenen. Um die eigenen Grenzen und auch die Grenzen der Gesellschaft zu überschreiten, fehlt dem Gehemmten jeglicher Mut, und es bleibt oft nur die Flucht in die Sucht. Im gehemmten Zustand ist es auch nicht möglich, seine alten und starren Strukturen aufzulösen, da es noch an Alternativen mangelt. Und noch etwas: Da der Gehemmte seine egoistischen Motive und Interessen sowie seine Aggressionen verdrängt hat, neigt er zu Entzündungen aller Art.

Kompensation

Deutung: *Die forsche Art, die eigenen Rechte zu zeigen und auszudrücken, kämpferisch die Grenzen der Gesellschaft und alte Strukturen zu stürmen, all dies beeinflusst Haus...*

Der Kompensator bringt seine Rechte und seine Verantwortung kämpferisch und aggressiv zum Ausdruck. Da er den offenen Angriff noch nicht wagt, geht er hinterrücks vor oder setzt Intrigen in Gang. Draufgängerisch und stürmisch überschreitet er die Grenzen der Gesellschaft und setzt seine verdrängten Aggressionen frei. Er gilt als Anführer von Alternativbewegungen, die im Widerstand provozieren wollen. Andererseits setzt der Kompensator viel Energie dafür ein, um anderen Menschen zu helfen, er hält aber dabei seinen Führungsanspruch aufrecht. Ungeduldig rennt er gegen alle Strukturen an, will blindwütig alles Bestehende auflösen.

Lösungsmöglichkeit, erwachsene Form

Deutung: *Der Mut, seine eigenen Rechte auszudrücken, als Vorreiter die Grenzen der Gesellschaft zu überschreiten, dynamisch starre Strukturen aufzulösen, die Durchsetzung der persönlichen Alternativen, all dies stärkt Haus...*

Der Horoskopeigner zeigt mutig und offen seine eigenen Rechte und seine Verantwortung. Auch wagt er offene Auseinandersetzungen, um Hintergründe aufzudecken. Die eigenen starren Grenzen und Strukturen können durch starke Antriebskraft überschritten werden, und damit wird der Horoskopeigner auch die Grenzen der Gesellschaft nicht mehr einengend erleben. Durch eigene Initiative hat der Erwachsene damit für sich selbst Alternativen gefunden und kann sie mithilfe der eigenen Tatkraft auch verwirklichen.

Venus (Stier) herrscht über Haus 12

Hemmung

Deutung: *Die Verdrängung von Lebensgenuss, des eigenen Reviers und Lebensstils, die Unsicherheit in der Abgrenzung, die durch Mangel an wirtschaftlichen Fähigkeiten und Mangel an finanzieller Sicherheit entstandene Angst, Moral und Konvention zu hinterfragen und Alternativen wahrzunehmen, all dies beeinflusst ungünstig Haus...*

Der Gehemmte hat seine wirtschaftlichen Fähigkeiten nicht ausgebildet und kein finanzielles Polster angelegt. Aufgrund dessen wagt er nicht, die Grenzen von Moral und Konvention zu überschreiten und Hintergründe aufzudecken. Er hat die Entwicklung eines eigenen Lebensstils, seinen Reviertrieb und seinen Sammeltrieb verdrängt. Aus diesem Grunde fehlt es ihm an Sicherheit. Auch wagt er nicht, sich gegenüber anderen abzugrenzen. Nur manchmal versucht er heimlich und unter großen Ängsten ein bisschen sein Leben zu genießen. Der Gehemmte flieht vor der Verantwortung für seine Finanzen und für seine Sicherheit, und er ist zu träge und schwerfällig, um Alternativen wahrzunehmen und zu verwirklichen.

Kompensation

Deutung: *Die undurchsichtigen finanziellen Transaktionen, die Entwertung der Alternativszene, die Stabilisierung des Eigenwerts durch Helfen, die Vortäuschung eines höheren Sozialprestiges, all dies beeinflusst Haus...*

Der Kompensator bringt heimlich Geld auf die Seite und vollzieht undurchsichtige finanzielle Transaktionen. Vielleicht tätigt er Termingeschäfte oder gründet eine Briefkastenfirma. Oder er stabilisiert seinen Eigenwert, indem er die Alternativszene entwertet. Andere Kompensatoren holen sich ihren Eigenwert, indem sie anderen helfen. Bei dieser Konstellation können starre Strukturen nur dann aufgelöst werden, wenn dem Horoskopeigner der Geduldsfaden reißt. Er reagiert dann jähzornig und rasend, um aber schließlich doch wieder in den alten Trott zu verfallen. Möglich ist es auch, dass der Horoskopeigner ein höheres Sozialprestige vortäuscht, als er in Wirklichkeit vorzuweisen hat.

Lösungsmöglichkeit, erwachsene Form

Deutung: *Die wirtschaftlichen und finanziellen Alternativen, die durch finanzielle Sicherheit möglich gewordene Unangepasstheit, das Hinterfragen und die Auflösung der derzeit geltenden Werthierarchie, der unangepasste Lebensstil, all dies stärkt Haus...*

Für den Horoskopeigner gilt es hier, seine wirtschaftlichen Fähigkeiten auszubilden und sich über das Finanzsystem zu informieren, um neue wirtschaftliche und finanzielle Möglichkeiten, aber auch allgemein mehr Alternativen zu erkennen. Erst auf der Grundlage einer finanziellen Sicherheit kann es der Horoskopeigner wagen, Moral und Konvention zu hinterfragen und aufzulösen, Hintergründe zu erfassen und sein Bewusstsein zu erweitern. Der Erwachsene hat erkannt, dass der wirkliche Wert eines Menschen nicht abhängig ist von Herkunft, Bildung, Status und Prestige. Aufgrund seiner kosmischen Sichtweise kann er die derzeit geltende Werthierarchie auflösen und einen unangepassten Lebensstil pflegen.

Merkur (Zwillinge) herrscht über Haus 12

Hemmung

Deutung: *Die Unsicherheit im Sprechen oder im Schreiben, die Schwierigkeiten, eigene Gedanken schriftlich zu formulieren, der mangelnde Wortschatz, die mangelnden Kommunikationsmöglichkeiten, das nicht anerkannte Lernen (zum Beispiel als Autodidakt), die mangelnden Informationen über das Unbewusste und über die Hintergründe des Seins, all dies beeinflusst ungünstig Haus...*

Da der Gehemmte nicht wagt, hinter die Kulissen zu schauen, sondern voll »im System« bleiben will, erlebt er seine Merkur-Zwillinge-Anlage in einer unangenehmen Form. Weil er sich nicht für das Hintergründige und Unbewusste interessiert, erfährt er die Konstellation als Einsamkeit, Ausgestoßen-Sein und Kontaktarmut. Er lernt als Autodidakt und hat daher kaum einen Gesprächspartner. Zudem wird der Autodidakt gesellschaftlich nicht anerkannt, weil er ja keinen »Schein« nachweisen kann. Da der Gehemmte sich gegenüber der »normalen« Umwelt in einer schwachen Position befindet, muss er Heimlichkeiten gegenüber den Kompensatoren haben, muss zur Lüge greifen oder manchmal sogar Intrigen spinnen. Doch auch hier macht sich sein mangelnder Wortschatz bemerkbar.

Kompensation

Deutung: *Das uferlose Reden, die chaotische Darstellung, das ständige Reden über Krankheit und Leid, über Mystik und Esoterik, die Verdrehung von Tatsachen, die durch Schweigen erlangte Machtposition, all dies beeinflusst Haus...*

Der Kompensator ist ein Meister im Verdrehen von Worten, in der falschen Darstellung und in der Lüge (allerdings hier nicht wie beim Gehemmten aus der Position der Schwäche heraus). Oder er hüllt sich in Schweigen und macht seine Mitmenschen dadurch verrückt. Andere Kompensatoren wiederum verhalten sich genau umgekehrt, sie reden und reden und reden. Oder die Darstellung ist so chaotisch, dass es für den anderen nicht leicht ist, den roten Faden zu erkennen. Möglicherweise reden sie auch nur über Krankheit und Leid, über ihre Vorleben, über ihre Träume, über ihre Eingebungen aus der Transzendenz – und langweilen und verunsichern damit ihr Umfeld. Besonders beliebt ist es bei diesen Kompensatoren, sich als Helfer zu profilieren, um schließlich über das, was man dabei in Erfahrung gebracht hat, ausführlich zu berichten.

Lösungsmöglichkeit, erwachsene Form

Deutung: *Die hintergründigen, alternativen, mystischen, esoterischen oder astrologischen Informationen, die Lüge, Schein und Illusion entlarvenden Informationen, die intellektuelle Erfassung der Welt jenseits des Normalen, die Fähigkeit, seine persönlichen Alternativen zu verbalisieren, all dies stärkt Haus...*

Der Horoskopeigner erfasst intellektuell die Welt jenseits des Normalen, jenseits von Moral und Konvention, und nimmt in der Alternativszene oder Subkultur Informationen auf und gibt sie weiter. Diese Informationen sind nicht die gängig anerkannten, sondern fantastische, ungewöhnliche und geheimnisvolle Informationen. Die Aufgabe des Horoskopeigners ist es, all das, was an Hintergründen aufgedeckt, was in der Alternativszene und in der Funktion als Helfer (zur Selbsthilfe) entdeckt, was in der mystischen und esoterischen Welt erkannt wurde, in Wort und Schrift auszudrücken. Er lernt durch die Beschäftigung mit Hintergründigem, Unbewusstem und Verdrängtem sich sprachlich und schriftlich darzustellen. Außerdem erweitert er dadurch sein Bewusstsein und nicht zuletzt auch seinen Wortschatz.

Mond herrscht über Haus 12

Hemmung

Deutung: *Die verdrängten Gefühle, der verdrängte Prozess der Identitätsfindung, innere (oder äußere) Heimatlosigkeit, die seelische Ausgestoßenheit, die Schwierigkeiten mit der eigenen Geschlechtsrolle, die weinerlichen Gefühle, all dies beeinflusst ungünstig Haus...*

Der Gehemmte hat seine wahren Gefühle und den Prozess seiner Identitatsfindung verdrängt. Damit ist es für ihn schwierig bis unmöglich,

Geborgenheit und eine seelische Heimat zu finden. Manche Horoskopeigner haben dies auch in der Außenwelt zu spüren bekommen, wenn sie aus ihrer bisherigen Heimat flüchten mussten. Einige Menschen mit dieser Konstellation wissen nicht, wohin und zu wem sie gehören. Sie sind heimatlos und einsam, obwohl sie sich möglicherweise sogar in einer festen Beziehung befinden oder einen großen Freundeskreis haben. Dieses Gefühl der seelischen Ausgestoßenheit birgt die Gefahr in sich, dass man in Traumwelten flüchtet und die Realität aus den Augen verliert. Frauen mit dieser Konstellation fällt es oft schwer, die eigene Geschlechtsrolle anzunehmen, oder sie fühlen sich in ihrem Frausein von der Umwelt nicht akzeptiert. Manche Frauen leben diese Anlage auch mit weinerlichen Gefühlen aus, oder sie leiden an Ängsten und Alpträumen.

Kompensation

Deutung: *Das Vertuschen von Gefühlen, das Vorspielen seelischer Liebe, die Traumfrau, die im Nebel liegende Identität, die Suchttendenzen, das soziale Engagement, all dies beeinflusst Haus...*

Der Kompensator lügt hier, dass sich die Balken biegen. Er täuscht Gefühle vor, tut unter Umständen sogar so, als ob er seelische Liebe und Wärme empfinden würde – doch es ist alles nur Schein. Männer halten bei dieser Konstellation häufig Ausschau nach ihrer »Traumfrau«, die jedoch für sie so lange unerreichbar sein muss, wie auch ihre eigene Identität und ihr eigenes Gefühlsleben im Nebel bleiben. Manche Kompensatoren flüchten aufgrund von innerer Heimatlosigkeit in die Sucht und finden eine fragwürdige Heimat bei ihren Saufkumpanen oder im Drogenrausch. Andere wiederum setzen sich für sozial Schwache ein, bemuttern und versorgen Arme und Hilflose, um dadurch die eigenen seelischen Probleme zu vergessen. Oder der Kompensator versucht in der Alternativszene oder in der Subkultur Fuß zu fassen. Er verspricht sich im Kreise der Mitglieder dieser Szene Geborgenheit und wünscht sich, dort angenommen und akzeptiert zu werden.

Lösungsmöglichkeit, erwachsene Form

Deutung: *Die durch den Prozess der Identitätsfindung entdeckten Alternativen, die über Mystik, Esoterik und Astrologie entdeckte eigene*

Identität, das Aufdecken der Hintergründe der eigenen Seele, der eigenen Familie und der eigenen Herkunft, all dies stärkt Haus...

Der Erwachsene vollzieht den Prozess seiner Identitätsfindung mittels Psychologie und kann dadurch für sich Alternativen erkennen. Oder umgekehrt: Je mehr er sich mit der Welt jenseits von Moral und Konvention, mit Subkulturen, Mystik, Esoterik und mit anderen möglichen Alternativen auseinandersetzt, desto mehr kann er seine eigene Identität entdecken. Seine Aufgabe ist es, die Hintergründe seiner Seele, seines Geschlechts, seiner Familie, seiner Heimat und Nationalität zu ergründen. Es geht um ein Hinabtauchen in die Tiefen des Seelenmeers, um ein Auflösen der alten, »falschen« Identität und um das Auftauchen in eine neue Identität, die ihre Heimat jenseits von Moral und Konvention hat.

Sonne herrscht über Haus 12

Hemmung

Deutung: *Die verdrängte Selbstständigkeit, die verdrängte oder heimliche Selbstverwirklichung, die verdrängte oder heimliche Sexualität, das mangelnde Selbstbewusstsein, um die Normen und Ideale der Kultur zu hinterfragen und aufzulösen, die durch mangelnde Handlungsfähigkeit und mangelnde Managementfähigkeiten verhinderten Alternativen, die durch mangelnde Macherqualitäten hervorgerufenen Hoffnungen und Illusionen, all dies beeinflusst ungünstig Haus...*

Der Gehemmte hat die zur Verwirklichung von Alternativen notwendigen unternehmerischen Fähigkeiten nicht ausgebildet. Es fehlt an allen Ecken und Enden die Selbstsicherheit, um Grenzen überschreiten, Hintergründe aufdecken und Illusionen auflösen zu können. Wenn überhaupt, dann wagt es der Gehemmte nur, sich heimlich zu verwirklichen oder heimlich seine Sexualität auszuleben. Da er ein Defizit in Bezug auf Macherqualitäten aufweist, ist es ihm auch nicht möglich, seine Wünsche und Träume zu realisieren.

Kompensation

Deutung: *Der Drang, mit Hintergründigem, mit Esoterik und der Welt jenseits des Normalen zu glänzen, die Handlungen und Unternehmun-*

gen als Helfer, die »Verwirklichung« in der Subkultur, in der Alternativszene oder in der Welt der Süchte, all dies beeinflusst Haus...

Der Kompensator möchte gerne mit Hintergründigem glänzen. Wenn er gesellschaftliche Missstände beleuchtet oder Unangenehmes ausspricht, stößt er nicht immer auf die Bewunderung, die er sich dabei erträumt. Vielleicht beschäftigt er sich auch mit Hellsehen, Esoterik, Mystik, Schamanismus, Tarot, Handlesekunst und Astrologie. Selbstbewusst berichtet er von den Vorleben und über die Zukunft seiner Mitmenschen. Andere Kompensatoren lassen ihr Licht als Helfer leuchten und werden durch Gestrauchelte, Hilflose, Schwache und Arme zum Handeln veranlasst. Eine weitere Möglichkeit zur Kompensation ist die »Verwirklichung« in einer Subkultur, in der Alternativszene oder über eine Sucht (Nikotin, Alkohol und andere Drogen).

Lösungsmöglichkeit, erwachsene Form

Deutung: *Die durch Handlungs- und Managementfähigkeiten verwirklichten Alternativen, die Verwirklichung der eigenen Wünsche und Träume, das ans Licht gekommene Verdrängte, die unbeschränkten Möglichkeiten als Selbstständiger, all dies stärkt Haus...*

Der Erwachsene ist selbstbewusst genug, um die Normen und Ideale des Milieus und der Kultur zu hinterfragen und das Verdrängte ans Licht zu bringen. Er hat seine Handlungs-, Management- und Unternehmerfähigkeiten ausgebildet, sodass er Alternativen, Träume und Wünsche realisieren kann. Plötzlich sieht er als selbstständig Handelnder unbeschränkte Möglichkeiten und hat dadurch Freude und Spaß am Leben. Seine Kinder erzieht er völlig anders als die Norm es vorschreibt. Seine Sexualität, die Feste, die er feiert, sind anders, ja, sein ganzes Leben ist völlig anders als das seiner Mitmenschen.

Merkur (Jungfrau) herrscht über Haus 12

Hemmung

Deutung: *Übermäßige Vorsicht im Ausdruck der eigenen Rechte und im Auflösen von starren Strukturen, Zimperlichkeit im Überschrei-*

ten von eigenen Grenzen, die durch den Mangel an analytischen Fähigkeiten verhinderten Alternativen, all dies beeinflusst ungünstig Haus...

Der Gehemmte ist im Ausdruck der eigenen Rechte mehr als vorsichtig und sehr zurückhaltend. Die festgesteckten Grenzen, die jene, welche die Elternrolle spielen, und die Gesellschaft einmal gesetzt haben, überschreitet der Gehemmte aus Gehorsam nicht. Wegen seiner unterordnenden Haltung wagt er nicht, feste und starre Strukturen aufzulösen. Das verklemmte Denken verhindert, dass er Hintergründe aufdecken kann, Alternativen findet und somit sein Bewusstsein erweitern könnte. Deshalb werden auch Verdrängungen nicht erkannt.

Kompensation

Deutung: *Spitzfindiges Aufdecken von Hintergründen, das Nutzen von Randzonen der Legalität, Grenzüberschreitungen und Auflösung von alten Strukturen durch Verweigerung der Anpassung, Skepsis und Nörgelei gegenüber Alternativen, all dies beeinflusst Haus...*

Der Kompensator deckt spitzfindig und pingelig Hintergründe auf. Durch Verweigerung jeder Anpassung kann er seine Grenzen überschreiten und auch alte, starre Strukturen auflösen. Alternativen begegnet er skeptisch und nörglerisch, kritisiert sie, damit die zugrunde liegende Abwehr verdeckt ist. In der Kompensation kann er leicht zu einem arbeitssüchtigen Menschen werden. Mit Rationalität und Detailfixierung versucht er anderen zu helfen.

Lösungsmöglichkeit, erwachsene Form

Deutung: *Der vernünftige Ausdruck der eigenen Rechte, Bedächtigkeit im Überschreiten von Grenzen und im Auflösen von starren Strukturen, Analyse der Hintergründe, die durch analytische Fähigkeiten erkannten Alternativen, all dies stärkt Haus...*

In der erlösten Form ist der Horoskopeigner fähig, seine Rechte vernünftig zum Ausdruck zu bringen und seine Verantwortlichkeit auf zuverlässige Art zu zeigen. Durch Achtsamkeit und Analysefähigkeit kann er seine Grenzen überschreiten und damit alte, starre Strukturen auflösen. Die Fähigkeit zur Wahrnehmung und Beobachtung verwendet der Erwachsene, um Alternativen zu finden, Hintergründe aufzudecken und seine Verdrängungen zu erkennen.

Venus (Waage) herrscht über Haus 12

Hemmung

Deutung: *Die Verdrängung von Erotik, Wohlleben oder auch manchmal von Begegnung und Partnerschaft, die verdrängte Ausgewogenheit und der verdrängte Ausgleich, das durch den Drang nach Harmonie verhinderte Zeigen der eigenen Rechte und der eigenen Verantwortung, die Schwäche, Inhalt und Form in Einklang zu bringen, all dies beeinflusst ungünstig Haus...*

Der Gehemmte ist zu lieb und zu brav, um Normen und Ideale infrage zu stellen und Hintergründe aufzudecken. Er hat große Schwierigkeiten, Inhalt und Form in Einklang zu bringen, sich gut abgestimmt zu kleiden und für sich ein schönes Umfeld zu schaffen. Oft sind auch Erotik und Wohlleben so sehr verdrängt, dass er für andere wenig anziehend wirkt. Manchmal wagt der Gehemmte auch nicht, sich selbst auszugleichen bzw. die vor seinem geistigen Auge auftauchenden Komplementärbilder zu verwirklichen, weil irgendwelche Tabus oder Ideale dagegen stehen.

Kompensation

Deutung: *Wenn die eigene Wirklichkeit nur in heimlichen Liebesbeziehungen gelebt werden kann, wenn die ganze Fantasie darauf verwendet wird, Menschen zu verkleiden statt zu kleiden, wenn der andere nur als Projektion der eigenen Wünsche und Sehnsüchte wahrgenommen werden darf und sich hoffentlich niemals entzaubert, dann beeinflusst dies... Die Scheinpartnerschaft, die Scheinliebe, die Sucht nach Wohlleben und Erotik, all dies beeinflusst Haus...*

Schein und Sucht sind die Themen des Horoskopeigners. So kann beispielsweise bei der Sucht nach erotischen Kontakten die Heimlichkeit im Vordergrund stehen. Der Kompensator liebt seine Scheinwelten, denn jede reale Begegnung mit anderen Menschen würde diese entzaubern. Der Kompensator kann sich jedoch auch als der unverbesserliche Helfertyp offenbaren, der jetzt seinerseits den Hilflosen anzieht. Venus-Waage-Kompensatoren können wegen ihres hohen Fantasiepotenzials Verkleidungskünstler und Zauberer werden. Das eigene Outfit dient mehr der Tarnung denn der Darstellung individueller Ästhetik. Kleidung wird zur Verkleidung und Begegnungen dienen der gegenseitigen Aufrechterhaltung und Bestätigung der Traumwelt, in der man lebt. Dieses Potenzial könnte sehr konstruktiv in Berufen gelebt werden, die unsere rüde Realität verzaubern helfen und uns wieder in kindliche Sphären zurückführen. Wichtig ist dabei, wenigstens mit einem Bein auf der Erde zu stehen.

Lösungsmöglichkeit, erwachsene Form

Deutung: *Die durch Auflösung von Moral und Konvention erweiterte Begegnungs- und Partnerfähigkeit, die unangepasste Erotik, das Praktizieren des Rechts auf Ausgleich und Wohlleben, all dies stärkt Haus...*

Die Aufgabe des Erwachsenen liegt darin, sein verdrängtes Wohlleben und seine verdrängte Erotik aus ihrem verwunschenen Zustand zu erlösen. Er muss lernen, seine Komplementärbilder zuzulassen und deren Ursachen aufzuspüren. Hat er etwa ein Defizit an Eigenwert und taucht dabei vor seinem geistigen Auge das Komplementärbild einer Luxuslimousine auf, heißt es zunächst dieses Bild zuzulassen, selbst wenn es mit dem eigenen ökologischen Bewusstsein nicht zu vereinbaren ist. Der Erwachsene füllt entweder das jeweils zugrunde liegende Defizit auf oder sucht nach einem anderen adäquaten Ausgleich.

Pluto herrscht über Haus 12

Hemmung

Deutung: *Die Unterdrückung von Zweifel und Angst, die Unterdrückung der Auflösung von Moral und Konvention, die Unterdrückung der Aufdeckung von Hintergründen, die Unterdrückung des Bewusstmachens von Unbewusstem und Verdrängtem, die Unterdrückung von*

Fantasie und von persönlichen Alternativen, all dies unterdrückt Haus ... oder gibt den Kompensatoren Macht in Haus...

Der Horoskopeigner wagt hier nicht am Herkömmlichen zu zweifeln, alte Bewusstseinshaltungen aufzulösen, Hintergründe aufzudecken, den wahren (unbewussten) Motivationen bei sich selbst und bei anderen auf die Spur zu kommen. Er hat keine inneren Bilder davon entwickelt, wie die Welt jenseits von Gut und Böse aussehen könnte. Sehr häufig ist bei dieser Konstellation der eigene Lebensweg verdrängt. Der Gehemmte hat keine Vorstellungen davon, wie er auf den verschiedensten Lebensgebieten leben möchte. Auch Leidenschaften und erotische Fantasien verdrängt er oft oder lässt sie nicht zu. Im ungünstigsten Fall wird der Gehemmte zum Opfer von unbewussten oder hinterhältigen Machtspielen, von Erpressung, Drohungen, schwarzer Magie oder von sadistischem Krankenhauspersonal.

Kompensation

Deutung: *Mittels okkulter Kräfte Macht auf andere ausüben zu wollen, Hilf- und Haltlose an sich zu binden bzw. im Schattenmilieu oder zumindest sehr verdeckt seine Fäden ziehen zu wollen und damit die eigene Macht gut getarnt und für andere nicht sichtbar einzusetzen, all dies beeinflusst... Die Macht als Helfer, die heimlich oder verdeckt ausgeübte Macht und Dominanz, die undurchsichtigen Manipulationen, all dies beeinflusst Haus... oder unterdrückt den Gehemmten in Haus 6 und in Haus...*

Für die Macht des Unbewussten empfänglich, könnte der Kompensator die eigenen Grenzen weit überschreiten und mit okkulten Kräften experimentieren. Auch zwielichtige Macht im Rotlichtmilieu oder nach außen gut getarnter Machtkomplex, um »Suchende und Haltlose« ganz an sich zu binden, könnten ein Thema sein. Wie ein Agent im Hintergrund die Fäden zu ziehen, das entspricht ganz und gar den Wunschvorstellungen des Horoskopeigners. Bei dieser Konstellation wird häufig die Macht als Helfer besonders stark erfahren und dementsprechend ausagiert.

Lösungsmöglichkeit, erwachsene Form

Deutung: *Das Konzept der persönlichen Alternativen, alternative Konzepte, das Wissen um das Unbewusste und um die Welt jenseits des*

»Normalen«, das Zulassen von Leidenschaft und von erotischen Fantasien, all dies stärkt Haus...

Der Horoskopeigner lässt sich in die unbewussten Machtspiele, die in Partnerschaft und Gesellschaft ablaufen, nicht mehr hineinziehen. Ferner ist er aus der komplementären Verflochtenheit zwischen Hilflosen und Helfern ausgestiegen. Er hat stattdessen einen eigenen persönlichen Lebensweg jenseits von Gut und Böse gefunden. Die Aufgabe, Wissen anzusammeln über die Hintergründe des Seins, über die Welt jenseits von Moral und Konvention, über Astrologie, Tiefenpsychologie, Esoterik etc. hat er wahrgenommen. Auf diese Weise kristallisiert sich beim Horoskopeigner ein Konzept der persönlichen Alternativen heraus. Er gewinnt Macht über sich selbst, indem er seine Rechte beansprucht und Verantwortung übernimmt.

Jupiter herrscht über Haus 12

Hemmung

Deutung: *Der Mangel an Einsicht in die eigenen Verdrängungen, in die Hintergründe des Seins, in die Welt der Fantasie und Träume, in Mystik, Esoterik und Astrologie, in die Welt jenseits von Konvention und Moral, jenseits von Gut und Böse, in die Welt der Alternativen und der unbeschränkten Möglichkeiten, dies beeinträchtigt Haus... Die verdrängte Sinnfindung und Bildung beeinflussen Haus... Eine Fülle an Ängsten und Heimlichkeiten beeinflusst Haus...*

Der Gehemmte hegt die Illusion vom großen Glück. Er glaubt, dass das Glück Zufall ist und dass er daher keinen Einfluss darauf hat. Bei dieser Konstellation spricht man auch vom Glück im Unglück, etwa nach dem Motto: »Wenn Du glaubst, es geht nicht mehr, kommt von irgendwo ein Lichtlein her.« So beruhigend dies auch sein mag, so darf sich der Gehemmte dabei dennoch nicht darüber hinwegtäuschen, dass er passiv bleibt, abhängig ist von anderen, von Helfern, von Förderern oder günstigen Umständen. Statt eine Fülle von Möglichkeiten und an Alternativen zu sehen, pflegt der Horoskopeigner eine Fülle von Ängsten und Heimlichkeiten, wenn er nicht schon im Vorfeld so stark gehemmt wurde, dass er aufgrund von »edler Gesinnung« gerade diese Ängste und Heimlichkeiten nicht zugelassen hat.

Kompensation

Deutung: *Die Struktur- und in sich haltlose Weltanschauung, der Wahn-Sinn vieler »Auserwählter« wie die grenzenlose Sehnsucht nach einem imaginären Jenseits, dies beeinflusst... Die geistige Überlegenheit und die empfundene Erhabenheit aufgrund von Einsichten in die Hintergründe beeinflussen Haus... oder hemmen jene, welche die Kindrolle spielen, in Haus 6 und in Haus...*

Der Mensch ist auf das Spiel mit der materiellen Welt angewiesen, gut für den, der die Spielregeln kennt. So kann der Kompensator sich noch auf dem offenen Meer in aller Grenzenlosigkeit befinden, wird aber nie den Leuchtturm aus den Augen verlieren. Jupiter-Kompensatoren wollen sich oft mit Gewalt von den Fesseln der Materie befreien, um ihre Sehnsucht nach dem Unendlichen zu stillen und könnten sich so im Grenzenlosen ertränken (durch Alkohol zum Beispiel). Sie sind gerne mit dem lieben Gott per du und bringen ihrerseits den Suchenden auf ihr eigenes Ufer. So täuschen sie sich über ihren nicht gefundenen Lebenssinn hinweg und katapultieren sich selbst und andere in jene himmlischen Gefilde, wo zwischen Realität und Irrealität nicht mehr zu unterscheiden ist (wo der Sinn im Wahn-Sinn endet). Selbst sonst vernünftige Menschen können in einer tiefen Lebenskrise einem auserwählten Blender in die Hände fallen, das Aufwachen und die grenzenlose Enttäuschung führen nicht immer in das Leben zurück. Auch ein durchschnittlicher Kompensator glaubt an die Erlösung in einem Glaubens- oder Bildungssystem oder fühlt sich grenzenlos weise und unterdrückt jeden gesunden Zweifel. Viele mit dieser Konstellation leben mitten im lebendigen Leben bereits ihr »Leben danach«.

Lösungsmöglichkeit, erwachsene Form

Deutung: *Die Einsicht in die eigenen Verdrängungen und in das von der Gesellschaft Verdrängte, in die Hintergründe des Seins, in die Welt der Transzendenz sowie des Unsichtbaren, in die Welt jenseits von Mo-*

ral und Konvention, von Gut und Böse, all dies stärkt Haus... Die nicht anerkannte Bildung (zum Beispiel die Bildung als Autodidakt), die Fülle an Möglichkeiten und Alternativen, die Fülle an Fantasie, die alternative Weltanschauung oder Lebensphilosophie, das Glück, sich selbst erlösen zu können, all dies stärkt Haus...

Für den Erwachsenen gibt es in dieser Konstellation einiges zu tun. Er muss nicht nur Einsicht nehmen in die komplementäre Verflochtenheit zwischen Hilflosem und Helfer und in das von der Gesellschaft Verdrängte, in das Verwunschene, Verzauberte und Transzendente, sondern muss auch eine alternative Weltanschauung oder Lebensphilosophie entwickeln. Schließlich kann der Erwachsene eine Fülle an Möglichkeiten und Alternativen finden. Indem er sich als Autodidakt weiterbildet, verlässt er die vorgeschriebenen Bahnen der herkömmlichen Bildung und kann mit seinen Einsichten das Haus befruchten, in dem Jupiter steht.

Saturn herrscht über Haus 12

Hemmung

Deutung: *Die Hemmung im Zeigen der eigenen Rechte und der eigenen Verantwortung, die Hemmung in der eigenen Phantasieentwicklung, die Hemmung im Finden von Alternativen, die Hemmung, sich mit Mystik, Esoterik und Astrologie auseinanderzusetzen, all dies hemmt... oder wird ausgeglichen durch...*

Der Horoskopeigner ist gehemmt im Zeigen der eigenen Rechte und der eigenen Verantwortung. Er wagt nicht zu zweifeln, zu hinterfragen und Hintergründe aufzudecken. Er findet für sich selbst keine persönlichen Alternativen. Die eigene Verantwortung, die eigene Berufung und die eigenen Ziele sind verdrängt. Der Horoskopeigner ist gehemmt, Moral und Konvention aufzulösen und findet keine Auswege. Auch können Ängste und Unsicherheiten vor Vorgesetzten, Beamten, Polizisten und Richtern bestehen. Der Gehemmte hat die starke Tendenz zu Suchtmitteln, mit denen er vor Verantwortung, Frustration, Moral und der nüchternen Wirklichkeit zu fliehen versucht und mit denen er den Schmerz, der aus der fehlenden gesellschaftlichen Anerkennung resultiert, zu vergessen hofft. Es fällt dem Gehemmten schwer, eigene Fantasien zu entwickeln, da sie mit den Normen und Idealen der Gesellschaft nicht vereinbar sind.

Kompensation

Deutung: *Die Sucht nach Anerkennung, die Funktion als Verdränger von gesellschaftlichen Missständen, das eigene Helfersyndrom, all dies beeinflusst Haus... oder hemmt jene, welche die Kindrolle spielen, in Haus 6 oder in Haus...*

Der Kompensator kann eine maßgebliche Rolle (als Vorgesetzter) in der Alternativbewegung, in einem Krankenhaus, Kloster oder Gefängnis übernehmen. Möglicherweise tritt er aber auch als Berater oder Lehrer in Astrologie, Esoterik, Handlesekunst, Tarot, Meditation etc. in Erscheinung. Ansonsten kann es sein, dass er Wahrnehmungsfähigkeit, Analyse, Hygiene, Kritikfähigkeit des Partners und das Zeigen der Gefühle des Partners oder Mitmenschen (Haus 12 = Haus 6 des anderen) durch den eigenen Perfektionsanspruch oder durch die strengen Maßstäbe und Normen des eigenen Über-Ichs hemmt und blockiert. Der Kompensator spürt die eigenen Zweifel an Moral und Konvention, versucht aber gerade durch Demonstration von Recht und Ordnung das drohende innere Chaos zu übertünchen. Indem er alles, was sich außerhalb der Norm befindet, verdrängt, ist er »oben« und anerkannt. Es besteht die Tendenz zur Sucht nach Anerkennung. Diese Sucht kann so stark sein, dass der Horoskopeigner sogar Lügengeschichten erfindet oder jahrelang einen Schein wahrt, nur um dazuzugehören, um nicht ausgegrenzt und in eine Außenseiterposition gedrängt zu werden. Einige Horoskopeigner übernehmen bei dieser Konstellation die Helferrolle, bis sie sich schließlich im Beseitigen der ungünstigen Wirkungen (Krankheit, Leid, Armut etc.), welche die patriarchale Gesellschaft unaufhörlich erzeugt, erschöpfen.

Lösungsmöglichkeit, erwachsene Form

Deutung: *Die Integration in die Gesetze des Kosmos und des Schicksals, das Recht, Hintergründe aufzudecken und sein Bewusstsein zu erweitern, das Recht auf eigene Fantasien, auf eigene Wünsche und Träume,* *das Recht auf die eigene Andersartigkeit, das Recht auf eine persönliche Alternative, das Recht, das man dem Partner einräumt, Kritik zu üben und seine Gefühle zu zeigen, all dies stärkt...*

Der Horoskopeigner befasst sich mit den Gesetzen des Kosmos und des Schicksals und integriert sie. Er übernimmt Verantwortung für sein Verdrängtes und für das damit verbundene Schicksal. Außerdem versucht er seine eigenen Rechte auf den verschiedensten Lebensgebieten zu praktizieren. Er hat erkannt, dass es immer Auswege gibt, allerdings nicht innerhalb von Moral und Konvention und nicht innerhalb der herkömmlichen Empfindungs- und Denkmuster. Der Erwachsene ist über den Maßstab von Gut und Böse hinausgewachsen. Er ist fähig, die Situationen und Ereignisse des eigenen Lebens aus kosmischer Sicht zu betrachten und hat seine persönliche Alternative gefunden. Außerdem ist er bereit, dem Partner und Mitmenschen das Recht zuzugestehen, all seine Gefühle (auch die negativen) zu zeigen und am Horoskopeigner Kritik zu üben.

Uranus herrscht über Haus 12

Hemmung

Deutung: *Die Verdrängung, die Hintergründe von Rebellion, Auflehnung, Widerstand und Seitensprung aufzudecken, die Verdrängung von Freiheit, Unabhängigkeit, Freizeit, Emanzipations- und Individuationsbestrebungen, die Hemmung, freie, unabhängige Alternativen zu finden, all dies beeinflusst ungünstig Haus...*

Der Gehemmte hat keinen Zugang zu seiner wertvollen Uranus-Wassermann-Anlage. Er hat seine Freiheit und Unabhängigkeit, seinen Emanzipations- und Individuationsprozess verdrängt. Manche Horoskopeigner sind beruflich oder in der Kindererziehung so stark engagiert, dass sie über nur wenig freie Zeit verfügen. Auch eigene Auflehnungstendenzen oder der Hang zur Untreue werden verdrängt. Statt die Anlage selbst zu leben, wird sie häufig auf Filmstars und Romanfiguren übertragen. Filme, Fernsehsendungen und Romane liefern die Spannung, Aufregung und Abwechslung, die im eigenen Leben fehlen. Nur ab und zu macht sich die Anlage auch im Leben des Gehemmten bemerkbar – als Unfall, als schnelle Hilfe, die er braucht, oder als plötzlicher Krankenhausaufenthalt, der notwendig wurde. Manche erleben die Konstellation aber auch so, dass ihr Partner sich nicht an die Normen anpassen und sich von subalterner Arbeit befreien will.

Kompensation

Deutung: *Mit dem Prädikat »besonders wertvoller Mensch« in der Helferrolle seine Lebensberechtigung zu finden oder sich überhaupt nur mit jenen zusammenzutun, die ebenso einer Befreiung der irdischen Fesseln entgegenstreben (ob Raumschiff oder Drogen), dies beeinflusst... Scheinfreiheit und Scheinemanzipation beeinflussen Haus... und irritieren jene, we*lche die Kindrolle spielen, in Haus 6 und in Haus...

Mit Hilfe aller möglichen Drogen möchte der Kompensator überdimensionale Flügel bekommen, um sich aus dem irdischen Gefängnis (dem eigenen Körper) und jedwedem einengenden Realitätsbewusstsein zu befreien und in einen Seinsbereich zu gelangen, wo sich alle Struktur in der Endlosigkeit verliert. Diese Sehnsucht nach »Missverstandener Heimkehr zu einem Gott« hat einen hohen Preis, da das Rückflugticket nicht immer garantiert werden kann. Der Befreiungsversuch beginnt mit einem »Rausch« und endet im allerbesten Fall mit einem »Kater«; vielfach erlebt der Suchende Horrorszenarien statt himmlischer Ekstase und begegnet auf seiner wahnwitzigen Reise maximal furchterregenden Symbolfiguren seiner verdrängten Wirklichkeit. Andere mit diesem Aspekt solidarisieren sich mit der ganzen Menschheit, versuchen sich in verschiedenen Hilfsorganisationen, arbeiten freiwillig zur »Befreiung« von Gestrauchelten und opfern ihre Freizeit, um so ihrem Dasein eine Existenzberechtigung zu geben. In der Helferrolle kann sich der Kompensator gut als etwas Besonderes erleben (Prädikat »besonders wertvoller Mensch«) und sich weiter über eigene Ängste und Verdrängungen hinwegschwindeln. Auch fehlt ihm ganz einfach die Zeit, sich mit der eigenen Hilflosigkeit auseinanderzusetzen. Andere Kompensatoren suchen scheinbare Freiheit in Alternativgruppen, tun sich zusammen als Auserwählte, die (hoffentlich) noch vor dem Untergang des Planeten Erde von fiktiven Raumschiffen auf einen erhabeneren Planeten transferiert werden. Oder sie warten auf die Befreiung durch diverse Inkarnationen des Messias. Welches

»Befreiungsvehikel« der Horoskopeigner auch wählt, es landet zielsicher im eigenen angstgeblähten Bauch, wo sämtliche Verdrängungen darauf warten, ihn in Empfang zu nehmen.

Lösungsmöglichkeit, erwachsene Form

Deutung: *Die Befreiung über persönliche Alternativen, über die eigene Fantasie, über die Fähigkeit, Hintergründe aufzudecken, das unabhängige und freie Verteidigen der eigenen Rechte und der eigenen Verantwortung, all dies stärkt Haus...*

Der Erwachsene hat seine Uranus-Wassermann-Anlage aus ihrem verwunschenen Zustand erlöst. Er verdrängt nicht mehr Freiheit, Unabhängigkeit und den Wunsch nach Freizeit, sondern lässt diese Bestrebungen zu. Je mehr er dies tut, desto mehr kann er sich zugleich von Sucht, Lüge und Schein befreien. Da er nicht die vorgegebenen Muster und Normen der Alternativszene übernimmt, kann er besser seine individuelle Alternative finden. Er zeigt frei und unabhängig seine eigenen Rechte und praktiziert Verantwortung. So ist es auch für den Mitmenschen möglich, ihm gegenüber frei seine Gefühle zum Ausdruck zu bringen.

Neptun herrscht über Haus 12

Hemmung

Deutung: *Die Rolle als Hilfloser; die Verunsicherung im Zeigen der eigenen Rechte und der eigenen Verantwortung, die Verdrängung der eigenen Wünsche und Träume, die Verdrängung der eigenen Ängste, der mangelnde Mut, die eigenen Selbstlügen, Selbsttäuschungen und Illusionen zu entlarven, all dies schwächt und verunsichert Haus... oder verursacht beim Horoskopeigner Flucht- und Suchttendenzen in Haus... oder gibt den Kompensatoren die Gelegenheit, in Haus... verunsichernd oder als Helfer zu fungieren.*

Der Gehemmte ist verunsichert im Zeigen der eigenen Rechte und der eigenen Verantwortung. Er hat Angst, hinter die Kulissen zu schauen, Hintergründe aufzudecken, die Seifenblasen der Illusionen platzen zu lassen und sein Bewusstsein zu erweitern. Da das Verdrängte Angstgefühle hervorruft, die ihn unangenehm berühren, muss er auch diese wiederum verdrängen. So bleibt dem Verdrängten nichts anderes übrig, als sich bei ihm über andere Kanäle bemerkbar zu machen – etwa in Träumen und Alpträumen, in einer Vorliebe für Krimis und Horrorfilme, in Intrigen oder in einem Krankenhausaufenthalt, durch den der Gehemmte in die Rolle des Hilflosen gedrängt wird.

Kompensation

Deutung: *Die eigene spirituelle Abgehobenheit als Flucht vor der Realität, der Wirklichkeitswahrnehmung und als klare Absage dem Leben und seinen Herausforderungen gegenüber, die Tätigkeit als Helfer, die starke Suchttendenz, die Tätigkeit als Amateurdetektiv, all dies stärkt Haus... oder schwächt und verunsichert den Gehemmten in Haus 6 und in Haus...*

Der Kompensator verliert sich in seinen Fantasiekreationen und in mystischen Welten, er wird abhängig von Informationen jenseits der Realität und tut sich schwer, die eigene Wirklichkeit vor unklaren und diffusen Einflüssen zu schützen. Solche Horoskopeigner sind als Esoteriker nicht zu überbieten, sie sind abgehoben und auf ein imaginäres Jenseits fixiert und möchten als die wahren Guten erkannt werden, die schon sehr weit entwickelt sind. Es ist ihre »letzte Inkarnation« (oder sie befinden sich »freiwillig« auf Erden), um die weniger bewussten Seelen zu unterstützen und mit ihrer Liebe zu heilen. Gleichzeitig schützt sich der Kompensator mit allen möglichen Ritualen vor den dunklen Mächten und Kräften, hat einen Horror vor dem »Bösen« und denkt sich das Böse ganz einfach »positiv aus dem Leben weg«. So wird Neptun in seiner wahren Gestalt verkannt, da gerade er alles in allem ist, nichts bewertet und jeden Winkel des menschlichen Seins integriert wissen möchte. Ist die Nacht denn böse, weil sie dunkel ist? Bleibt der Kompensator hingegen innerhalb der Normalität der Kollektivneurose, kann hier ein starker Drang bestehen, die Alternativszene und die Subkultur zu entwerten. Wieder andere Horoskopeigner täuschen vor, über Hintergründe Bescheid zu wissen, und tun so, als würden sie das Gras wachsen hören. Manche betätigen sich auch als Amateurdetektive, immer bereit, einen neuen Auftrag zu übernehmen. Und wenn solche Möglichkeiten fehlen, bleibt dem Kompensator immer noch seine Rolle als Helfer oder die Sucht, mit der er vor der Realität fliehen kann.

Lösungsmöglichkeit, erwachsene Form

Deutung: *Die Entlarvung von Lüge und Schein der patriarchalen Gesellschaft, die Aufdeckung der Hintergründe der Alternativszene und der Subkultur, das unangepasste Zeigen der eigenen Rechte und der eigenen Verantwortung, die Hilfe zur Selbsthilfe, die Fähigkeit sich selbst zu erlösen, all dies stärkt Haus...*

Der Erwachsene hat die Aufgabe, sowohl seine Verdrängungen und seinen Hang, sich selbst zu belügen, als auch das durch die Gesellschaft Verdrängte ans Licht zu bringen. Um dies bewerkstelligen zu können, muss er die komplementäre Verflochtenheit zwischen Hilflosem und Helfer erkennen und, statt der konventionellen Form, Hilfe zur Selbsthilfe anbieten. Seine Aufgabe ist meist auch damit verbunden, dass er sich in die Welt der Esoterik, in die Alternativszene und in die Subkultur begeben und mit alternativem Gedankengut befassen muss, um zu seiner persönlichen Alternative zu finden. Wenn er sich zudem nicht scheut, Gespräche zu führen mit den Gestrauchelten dieser Gesellschaft, mit den Gammlern und Clochards, mit den Inhaftierten und seelisch Kranken, dann kann er die Hintergründe immer weiter aufdecken und sein Bewusstsein erweitern.

Die Bedeutung der Häuser

Haus 1

Themen: *Äußere Erscheinung der Person, Substanz, Körper, Durchsetzung, Selbstbehauptung, Wille, Pionierarbeit, Eroberung, körperliche Triebe, Entdeckung der körperlichen Eigenart, die zur Verfügung stehende Energie, Aktivität, Wagemut, Investitionsbereitschaft, Anfang (Beginn), der körperliche Reiz.*

Körperliche Ebene
Kopf, Finger- und Fußnägel, Galle

Hemmung

Ärger
Verinnerlichung von Aggression
Willensschwäche
Mangelnde Initiative
Schwache körperliche Energie
Mangelnder Antrieb
Mangelnder Mut
Schwache Triebentwicklung
Disposition zu Entzündungen, Kopfschmerzen und Gallenerkrankungen
Altruismus
Gehemmte Durchsetzung
Gehemmte Selbstbehauptung
Zu wenig sportliche Betätigung
Wagt nicht, den Anfang zu machen
Wagt nicht die notwendige Pionierarbeit
Opfer von Aggressoren
Mangelnde Männlichkeit

Kompensation

Egoismus
Eroberer
Aufreißen
Überdimensionale Willensstärke
Akquirieren im großen Stil
Rivalitätsdenken
Streit vom Zaun brechen
Militante Durchsetzung
Übersteigertes Triebleben
Demonstration von Männlichkeit und Stärke (Macho-Allüren)
Angreifen (auch um des Angreifens willen)
Willen rigoros durchsetzen
Kämpfen um jeden Preis
Andere bekriegen
Unbedingt mitmachen wollen
Unbedingt gewinnen wollen
Übertriebene sportliche Betätigung
Schnelles Auto- oder Motorradfahren
Aggressive Fahrweise

Lösungsmöglichkeit, erwachsene Form

Durchsetzungsfähigkeit
Selbstbehauptung
Willensstärke
Tatkraft
Aktivität an den Tag legen
Etwas in Gang bringen
Fähigkeit, Initiative zu zeigen
Fähigkeit, den Anfang zu machen
Gesundes Ego
Fähigkeit, Energie konstruktiv einzusetzen
Gut entwickeltes Triebleben
Fähigkeiten als Liebhaber
Sportliche Fähigkeiten

Entwicklungsprozess

Entwicklung eines gesunden Egos
Prozess der Ichfindung
Prozess des Aufkeimens
Durchsetzungsprozess
Prozess der Entdeckung des eigenen Körpers und der materiellen Welt

Haus 1 entspricht dem 7. Haus des anderen

Was erwirke ich durch meine Haus-1-Anlagen beim anderen?

Hemmung: Wer sich in Haus 1 nicht durchsetzt und behauptet, erscheint beim anderen in der Begegnung (Haus 7) nicht echt, ist dort nicht wirklich präsent. Der andere betrachtet den Horoskopeigner nur als Objekt, oder er wird bei anderen einfach übersehen oder nicht für voll genommen.
Kompensation: Der Horoskopeigner sorgt mit allen Mitteln dafür, dass der andere eine belastende Begegnung hat. Er nervt andere durch ständige Hypermotorik, Unruhe, Angriffe und Sticheleien und stört damit Harmonie (Haus 7) und Friede (Haus 7) des anderen.
Lösungsmöglichkeit, erwachsene Form:
Die reale Durchsetzung und Selbstbehauptung fördert beim Mitmenschen die Kompromissbereitschaft und die Fähigkeit, Frieden zu schließen.

Haus 2

Themen: *Eigenes Revier, Abgrenzung, Eigenraum, Genuss, Absicherung, Sicherheit, Ansammlung von Materie, Sammeltrieb, Vorratshaltung, materieller Besitz, Vermögen, Einkommen, Finanzen, Immobilien, Status und Prestige, Eigenwert, eigener Lebensstil.*

Körperliche Ebene
Hals, Rachen, Mandeln

Hemmung

Mangelnder Genuss (auch Askese)
Geiz
Mangelnde Vorratshaltung
Schwacher Sammeltrieb
Schwacher, gehemmter Eigenwert
Keine Beziehung zu Geld
Zu wenig wirtschaftliche Fähigkeiten
Schwache finanzielle Verhältnisse (unter Umständen sogar Schulden)
Zu wenig materielle Besitztümer
Schwache Absicherung
Zu wenig Sicherheit
Zu wenig Stabilität
Wagt nicht, sich abzugrenzen
Revierunsicherheit (z. B. kein eigenes Zimmer in der Wohnung)
Fremdbestimmter Lebensstil
Schwache Fähigkeit, etwas zu sichern und zu bewahren
Sich von der Gruppe nicht angenommen fühlen
Disposition zu Hals- und Rachenbeschwerden

Kompensation

Schlemmerei
Gourmet
Neigung zu Luxus
Erwerb von immer wieder neuen Immobilien
Aufgeblähter Eigenwert (Eigenwert wird über das Haben definiert)
Übertriebene Geselligkeit
Überdimensionierter Sammeltrieb (Antiquitäten, Briefmarken, Münzen etc.)
Übertriebene Vorratshaltung (Hamstertrieb)
Übertriebene Absicherung
Mehr Haben als Sein
Zurschaustellung von Status und Prestige
Lebensstil den Normen und Idealen der Kultur gemäß
Ständige Erweiterung des eigenen Reviers
Übertriebene Abgrenzung und Reviersicherung

Lösungsmöglichkeit, erwachsene Form

Abgrenzungsfähigkeit
Genussfähigkeit
Gesunder Eigenwert
Vorratshaltung im Rahmen der Notwendigkeit
Eigener Lebensstil
Materielle Sicherheit
Finanzielle Sicherheit
Wirtschaftliche Fähigkeiten
Fähigkeit, finanziell zu haushalten
Fähigkeit, etwas zu bewahren und zu konservieren

Entwicklungsprozess

Etablierungsprozess
Absicherungsprozess
Prozess der Entwicklung eines realen Wertbewusstseins
Entwicklung eines gesunden Eigenwerts
Sicherung und Festigung des Egos
Entwicklung eines eigenen Lebensstils
Entwicklung von wirtschaftlichen Fähigkeiten
Verwurzelungsprozess

Haus 2 entspricht dem 8. Haus des anderen

Was erwirke ich durch meine Haus-2-Anlagen beim anderen?

Hemmung: Wer in Haus 2 keinen eigenen Lebensstil entwickelt hat, sich nicht abzusichern und abzugrenzen vermag und keinen gesunden Eigenwert entwickelt hat, wird zum Opfer in der »Beziehungskiste« (Haus 8) des anderen. Der andere gewinnt dadurch Dominanz (Haus 8) und Macht (Haus 8). Der Horoskopeigner wird für den persönlichen Lebensweg (Haus 8) des anderen eingespannt.

Kompensation: Die überdimensionierte Abgrenzung und Revierausweitung, der aufgeblähte Eigenwert oder der Lebensstil als Kompensator schwächen die Bereitschaft des anderen, sich zu binden (Haus 8), erwirken Kämpfe (Haus 8) am laufenden Band oder verunsichern den anderen, seinen eigenen Lebensweg (Haus 8) zu finden.

Lösungsmöglichkeit, erwachsene Form:
Die Entwicklung eines realen Eigenwerts, einer guten Genussfähigkeit und eines eigenen Lebensstils fördert die Bereitschaft des anderen, sich zu binden (Haus 8). Indem der Horoskopeigner sein Revier absteckt, kann der andere seinen eigenen Lebensweg (Haus 8) besser finden.

Haus 3

***Themen:** Darstellung der Person, Ausdruck, manuelle Fähigkeiten, praktische Fähigkeiten, freier Aktionsradius, Technik, Intellekt, Mathematik, Naturwissenschaften, Kommunikation, Rhetorik, Handel, Aufnahme und Weitergabe von Information (Presse, Rundfunk), Erschließung und Erfassung der Umwelt*

Körperliche Ebene
Luftröhre, Bronchien, Lungen, Arme und Beine

Hemmung

Mangelnde technische Fähigkeiten
Mangelnde mathematische Fähigkeiten
Mangelnde praktische Begabung
Ausdrucksschwierigkeiten
Mangelnde sprachliche Begabung
Geringer Wortschatz
Wenig Bewegungsfreiheit
Blockierter Aktionsradius
Defizite an Information
Fremdbestimmte Information
Schwach ausgebildete Kommunikationsfähigkeit
Schwache Rhetorik
Blockierte intellektuelle Fähigkeiten
Mangelnde schriftliche Fähigkeiten
Lernblockaden
Schwache Darstellung der eigenen Person
Mangelhafte Diskussionsfähigkeit
Sich selbst in Alltagsangelegenheiten verlieren

Kompensation

Technokrat
Intellektualität
Sich intellektuell darstellen (zum Beispiel mittels Fremdwörtern)
Übertriebene Geschäftigkeit
Ständig telefonierend
Ständig in Bewegung
Ständig unterwegs
Mittels Informationen manipulieren
Mittels Fremdsprachen glänzen wollen
Rhetoriker
Manipulation durch die Sprache
Überdimensionierter Darstellungsdrang
Durch technische oder praktische Begabung beeindrucken wollen

Lösungsmöglichkeit, erwachsene Form

Rhetorische Fähigkeiten
Sprachbegabung
Diskussionsfähigkeit
Kommunikationsfähigkeit
Großer Wortschatz
Freier Aktionsradius
Schriftliche Fähigkeiten
Intellektuelle Fähigkeiten
Fähigkeit, sich darzustellen
Fähigkeit, sich mit Mimik und Gestik auszudrücken
Technische Fähigkeiten
Mathematische Fähigkeiten
Praktische Fähigkeiten
Lernfähigkeit
Alltagsbewältigung
Informationsbereitschaft
Fähigkeit, Informationen zu übermitteln

Entwicklungsprozess

Lernprozess
Prozess der Weiterentwicklung und Differenzierung des Intellekts
Entwicklung der Fähigkeit, sich darzustellen
Entwicklung von Kommunikationsfähigkeiten
Entwicklung von praktischen und technischen Fähigkeiten
Prozess der Erschließung und Erfassung der Umwelt

Haus 3 entspricht dem 9. Haus des anderen

Was erwirke ich durch meine Haus-3-Anlagen beim anderen?

Hemmung: Wer in Haus 3 keine oder nur wenig Informationen abgibt, behindert die geistige Horizonterweiterung (Haus 9) des anderen. Der andere kann geistig nicht wachsen (Haus 9), wenn er keine neuen Informationen (Haus 3) bekommt. Ein partnerschaftliches Gespräch im Sinne von Geben und Nehmen ist nicht möglich.
Kompensation: Durch die eigene überdimensionierte Darstellung oder durch die eigene Dominanz in der Kommunikation wird ein partnerschaftliches Gespräch abgewürgt. Eine gegenseitige Befruchtung ist nicht mehr möglich.
Lösungsmöglichkeit, erwachsene Form: Die eigene Kommunikationsfähigkeit (Haus 3) fördert die Einsichtsfähigkeit und die geistige Horizonterweiterung (Haus 9) des anderen. Der andere kann besser seinen Sinn (Haus 9) in der Welt finden.

Haus 4

Themen: *Seelische Eigenart, eigenes Wesen, eigene Natur, eigene Identität, Gefühle, Herkunft, Familie, Heimat, Empfindungen, Instinkt, Stimme des Lebens, natürliches Gewissen, das weibliche (mütterliche) Prinzip, seelische Wärme, seelische Liebe, Geborgenheit, Schwangerschaft, Nahrung, Wohnung, Kleidung.*

Körperliche Ebene
Magen, Vagina, Schleimhäute

Hemmung
Mangelnde Identitätsfindung
Mangelnde Geborgenheit
Blockierte Gefühle
Mangelnde Hingabefähigkeit
Mangel an seelischer Liebe
Hemmung im Oralsex
Schwierigkeiten im Elternhaus
Unterdrückung der inneren Stimme (Stimme des Lebens)
Hemmung, Zärtlichkeit zu schenken
Defizit an seelischer Wärme
Zärtlichkeitsdefizit
Hemmung im Geben
Wohnkonflikte
Mangelnde oder falsche Ernährung
Schlafstörungen

Kompensation
Dogmatisierung des eigenen Fühlens
Zärtlichkeit geben und entziehen, um Macht auszuüben
Identitätsfindung im Rahmen der zweiten Natur (Kollektivneurose)
Gluckenhaftes Bemuttern
Überzogene Versorgerfunktion
Machtausübung im Wohnbereich
Alpha-Position in der Familie
Dogmatisierung einer Ernährungsrichtung

Lösungsmöglichkeit, erwachsene Form
Empfindungsfähigkeit
Realistische Gefühle
Natürlichkeit
Fähigkeit, seelische Liebe zu entwickeln
Geborgenheit in sich selbst
Regenerationsfähigkeit

Fähigkeit, Zärtlichkeit zu schenken und zu empfangen	Gesunder Schlaf
Zugang zur Stimme des Lebens	Seelische Eigenart
Fähigkeit, seelische Wärme und Geborgenheit zu schenken	Eigenes Wesen
	Hingabefähigkeit
	Schwangerschaft
	Mütterlichkeit
Entwicklungsprozess	Entwicklung einer Geborgenheit in sich selbst
Entwicklung einer seelischen Eigenart	Entwicklung von Hingabefähigkeit
Prozess der Identitätsfindung	

Haus 4 entspricht dem 10. Haus des anderen

Was erwirke ich durch meine Haus-4-Anlagen beim anderen?

Hemmung: Wer seine wahre Natur bzw. sein wahres Wesen nicht durchsetzt, gibt dem anderen die Gelegenheit, zu moralisieren, Normen und Ideale aufzustellen, zu maßregeln, zu hemmen, zu blockieren, zu kontrollieren und zu strafen (Haus 10). Der andere übernimmt die Elternrolle (Haus 10).
Kompensation: Durch die ständige Reproduktion von alten Gefühlen, durch überdimensionierte Mütterlichkeit und Versorgungsbereitschaft (Haus 4) wird der andere daran gehindert, Eigenverantwortung (Haus 10) zu übernehmen und eigene Ziele (Haus 10) zu formulieren.
Lösungsmöglichkeit, erwachsene Form: Die Entwicklung einer seelischen Eigenart und der Zugang zur eigenen inneren Stimme (des Lebens) fördern beim anderen die Übernahme der Verantwortung und die Entdeckung der Gesetze des Lebens. Dem Mitmenschen wird dadurch auch seine eigene Natur mehr bewusst (Haus-10-Bewusstwerdungsprozess).

Haus 5

Themen: Lebenskraft, Schöpferkraft, Schaffen von Formen, Kreativität, Unternehmungsgeist, eigenes Unternehmen, eigenes Geschäft, Verselbstständigungsprozess, Selbstverwirklichungsprozess, Handlungsfähigkeit, Management, Organisation, Ausgehdrang, Ansammlung der eigenen Gefühle, seelische Sicherheit, Emotion, Lebenslust, Vergnügen, Spiellust, Sexualität, Orgasmusfähigkeit, Kinder, Pädagogik, Spontaneität

Körperliche Ebene
Herz und Kreislauf

Hemmung

Hemmung in der Sexualität
Orgasmusschwierigkeiten
Verhinderung von Selbstständigkeit
Schwierigkeiten in der Selbstverwirklichung
Schwierigkeiten mit Kindern
Mangelnde pädagogische Fähigkeiten
Mangelnder Spieltrieb
Emotionale Blockaden
Handlungsblockade
Blockaden in der Kreativität
Unterdrückte schöpferische Anlagen
Wenig Unternehmungsdrang
Schwache Lebenskraft
Mangelnde Umsetzungsfähigkeit
Mangelndes Selbstvertrauen

Kompensation

Leistungssex
Übertriebene Emotion
Starker Geltungsdrang
Starkes Imponiergehabe
Drang zu glänzen
Drang zu prahlen und zu blenden
Überdimensionierter Unternehmungsdrang
Machermentalität
Starker Ausgehdrang
Selbstherrlichkeit
Überdimensioniertes Selbstvertrauen
Übertriebener Stolz
Spielsucht
Kreativität im Rahmen der Norm
Schöpferisch im Rahmen der Norm
Umsetzungsfähigkeit im Rahmen der Norm

Lösungsmöglichkeit, erwachsene Form
Handlungsfähigkeit
Pädagogische Fähigkeiten
Managementfähigkeit
Sexuelle Fähigkeiten
Zeugungsfähigkeit
Orgasmusfähigkeit
Fähigkeit, Emotionen zu entwickeln
Fähigkeit zu spielen
Pädagogische Fähigkeiten
Kreative Fähigkeiten
Schöpferische Fähigkeiten
Gestalterische Fähigkeiten
Fähigkeiten, etwas umzusetzen
Souveränität

Entwicklungsprozess
Prozess der Selbstverwirklichung
Verselbstständigungsprozess
Reifungsprozess
Prozess der Festigung der eigenen Identität
Umsetzungsprozess

Haus 5 entspricht dem 11. Haus des anderen

Was erwirke ich durch meine Haus-5-Anlagen beim anderen?

Hemmung: Wer in Haus 5 nicht handlungsfähig und selbstständig wird, der verhindert die Freiheit und Unabhängigkeit des Partners oder Mitmenschen. Der Partner des Horoskopeigners muss Schuldgefühle haben, wenn er frei und unabhängig agiert.
Kompensation: Indem der Horoskopeigner alles an sich reißt und alles selbst machen will, verhindert er den Befreiungs- und Emanzipationsprozess des anderen.
Lösungsmöglichkeit, erwachsene Form: Je selbstständiger der Horoskopeigner wird und je mehr er sein Leben selbst managen kann, desto unabhängiger und freier kann der andere werden.

Haus 6

Themen: *Wahrnehmung und Beobachtung, Diagnose, Analyse, Kritik, Zeigen der Gefühle, Reinigung, Hygiene, Sauberkeit, Pflege von Körper und Seele, Anpassung, Arbeitsleben, Detailwissen, Nutzung, Dienstleistungsgewerbe, medizinische Fähigkeiten (Krankheit und Gesundheit).*

Körperliche Ebene
Darm, Sinnesorgane

Hemmung
Mangelnde Wahrnehmungs- und Beobachtungsfähigkeit
Mangel an Kritikfähigkeit
Mangel an Hygiene
Mangel an analytischen Fähigkeiten
Mangel an diagnostischen Fähigkeiten
Mangel an medizinischen Fähigkeiten
Tendenz zu Gehorsam
Masochistische Tendenzen
Vorgehen zu wenig differenziert und genau
Kein Wissen um Krankheit und Gesundheit
Blockade im Zeigen der Gefühle
Anpassung an die Normen und Ideale der Kollektivneurose
Dienen
Unterordnung
Sklaventum

Kompensation
Arbeitssucht
Waschzwang
Überdimensionierte Hygiene und Sauberkeit
Zeigen der Gefühle im Rahmen der Norm
Wahrnehmung und Beobachtung im Rahmen der Norm
Subalterne Arbeit
Abhängigkeit
Kritiksucht
Überdimensionierter Drang zu analysieren
Ausnutzen anderer Menschen
Überdimensionierte Genauigkeit
Detailversessenheit

Ausgenutzt werden
Gebraucht werden

Lösungsmöglichkeit, erwachsene Form

Medizinische Fähigkeiten
Analytische Fähigkeiten
Psychoanalytische Fähigkeiten
Anpassungsfähigkeit
Wahrnehmungsfähigkeit
Beobachtungsfähigkeit
Fähigkeit, die eigenen Gefühle zu zeigen
Diagnostische Fähigkeiten
Fähigkeit, sich seelisch zu reinigen
Fähigkeit zu Hygiene und Sauberkeit
Kritikfähigkeit
Fähigkeit, etwas zu verwerten
Fähigkeit zu Recycling

Entwicklungsprozess

Reinigungsprozess
Prozess der Erschließung und Erfassung des Seelenlebens
Analytischer Prozess
Symbiotischer Prozess

Haus 6 entspricht dem 12. Haus des anderen

Was erwirke ich durch meine Haus-6-Anlagen beim anderen?

Hemmung: Die Hemmung im Zeigen der Gefühle verhindert, dass der Partner oder Mitmensch Hintergründe wahrnehmen und sein Bewusstsein erweitern kann.
Kompensation: Die Dogmatisierung der eigenen Wahrnehmung oder das Zeigen von angepassten und erlaubten Gefühlen macht es dem anderen unmöglich, die Hintergründe wahrzunehmen oder sein Bewusstsein zu erweitern.
Lösungsmöglichkeit, erwachsene Form: Es geht hier darum, Gefühle zu zeigen, damit der Partner oder Mitmensch nach dem Warum fragen, Hintergründe aufdecken und sein Bewusstsein erweitern kann.

Haus 7

Themen: *Das »Du«, die anderen, die Umwelt, Rendezvous, Kontakt, Begegnung, Partnerwahl, Partnerschaft, Gleichgewicht, Ausgewogenheit, Harmonie, Schönheitstypus, Glück, Liebe, Ausstrahlung, Erotik, Wohlgeruch, Duft, Kosmetik, Mode, eigener Geschmack, Schönheits- und Ästhetikempfinden, Kunst, eigene Ideen, geistige Eigenart, Komplementärbilder, Werbung, Selektionsfähigkeit, Einklang zwischen Inhalt und Form, Kompromiss, Friede, Aktion und Reaktion des anderen.*

Körperliche Ebene

Nieren- und Blasensystem

Hemmung

Defizit an Kontakten
Defizit an Begegnungen
»Falsche« Partnerwahl
Defizit an Begegnungsfähigkeit
Mangelnder Ausgleich
Nichtzulassen von Komplementärbildern
Störung der Harmonie
Mangel an Harmonie
Mangel an Zufriedenheit
Hemmungen in der Erotik
Fremdbestimmte geistige Eigenart
Mangelnde (Eigen-)Werbung
Mangelhaftes Benehmen
Mangelndes Taktgefühl
Undiplomatisch
Mangel an eigenem Geschmack
Fremdbestimmung im Geschmack
Diskrepanz zwischen Inhalt und Form
Schwierigkeiten, Inhalt und Form in Einklang zu bringen
Störung des Gleichgewichts
Mangelnde Strategie und Taktik
Falsche (zu geringe) Dosierung
Beliebt sein wollen
Anderen gefallen wollen
Immer und zu allen freundlich sein wollen

Kompensation

Demonstration eines tollen Ambientes
Dogmatisierung des eigenen Geschmacks
Rolle als Kavalier
Rolle als Diplomat
Normgerechte Rahmenbedingungen
Nach strengen Kriterien Auswahl treffen
Anerkennung durch Schönheit
Ausrichtung nach dem Modediktat

Anerkennung durch perfekte Beherrschung der Benimmregeln
Verkörperung des Harmonieideals
Anerkennung durch Beachtung der Etikette
Kontakte nur mit Menschen von »Niveau«
Demonstration von Kunstverständnis
Extravaganz der Kleidung
Wohlgeruch durch Parfüms und Deodorants
Stark geschminkt und durchgestylt
Falsche Dosierung (Dosis zu hoch)

Lösungsmöglichkeit, erwachsene Form
Begegnungsfähigkeit
Fähigkeit, gute Umgangsformen zu beherrschen
Selektionsfähigkeit
Entscheidungsfähigkeit
Fähigkeit, Inhalt und Form in Einklang zu bringen
Fähigkeit, Schönheit und Ästhetik in seinem Umfeld zu schaffen
Fähigkeit, einen Ausgleich zu schaffen
Fähigkeit, ein Gleichgewicht zu schaffen
Liebesfähigkeit
Erotische Fähigkeiten
Fähigkeit zu Verführungskunst und Verführungstaktik
Fähigkeit, eine erotische Stimmung zu schaffen
Fähigkeit, die Reaktionen des anderen zu beachten
Designerfähigkeiten
Künstlerische Fähigkeiten
Fähigkeit, das Beste aus seinem Typ zu machen
Partnerfähigkeit
Fähigkeit, einen eigenen Geschmack zu entwickeln
Friedensfähigkeit
Kompromissfähigkeit
Fähigkeit, eigene Ideen und geistige Bilder zu entwickeln
Fähigkeit, eine geistige Eigenart auszubilden
Fähigkeit zu werben
Fähigkeit, taktvoll mit den Mitmenschen umzugehen
Fähigkeit, strategisch und taktisch vorzugehen
Fähigkeit, richtig zu dosieren

Entwicklungsprozess
Partnerwahlprozess
Selektionsprozess
Geschmacksfindungsprozess
Friedensprozess
Prozess des Ausgleichschaffens
Entscheidungsprozess

Haus 7 entspricht dem 1. Haus des anderen

Was erwirke ich durch meine Haus-7-Anlagen beim anderen?

Hemmung: Mangelnde erotische Fähigkeiten erwirken beim Partner einen Mangel an Reiz und Triebentwicklung. Mangel an Taktgefühl und mangelnde Einhaltung der Benimmregeln sowie mangelnde Diplomatie erzeugen beim anderen Aggressionen.
Kompensation: Die Dogmatisierung des eigenen Geschmacks, die strengen Auswahlkriterien und die Verkörperung des Harmonieideals hemmen die Durchsetzung und Selbstbehauptung des anderen.
Lösungsmöglichkeit, erwachsene Form: Der Einsatz von Verführungskunst und Verführungstaktik erwirkt Reiz und Triebentwicklung beim Partner. Aufgrund von Friedens- und Kompromissfähigkeit sowie der Fähigkeit, auf Ausgewogenheit zu achten, kann der Partner sich durchsetzen und behaupten.

Haus 8

Themen: *Ansammlung von Ideen und Gedanken, Ansammlung von Wissen, eigene Meinung, geistige Einstellung, Forschung, Ideologie, eigenes Vorstellungsvermögen, erotische Fantasien, eigener Weg, Macht über sich selbst, Verwurzelung der Partnerschaft, Bindung und Verpflichtung an den Partner, Leidenschaft, Beziehung, Transformation, Stirb-und-Werde-Prozess, Therapie, Magie, Ritual.*
Haus 8 entspricht dem 2. Haus des anderen: Besitz und Finanzen des Partners oder der Mitmenschen (daher gilt Haus 8 als das Haus der Erbschaften), Lebensstil des Partners, Revier des Partners, Genuss des Partners, Eigenwert des Partners.

Körperliche Ebene
Sexualsystem

Hemmung

Zu wenig angesammeltes eigenes Wissen
Fremdbestimmt im Meinungsbildungsprozess
Mangel an eigener Meinung
Mangelndes eigenes Vorstellungsvermögen
Mangelnde erotische Fantasien
Ideologiegläubigkeit
Autoritätsgläubigkeit
Anhänger eines Leitbildes oder eines Gurus
Unter Erwartungsdruck stehen
Defizit an Transformationsfähigkeit
Ohnmacht
Opfer
Klient (therapiert werden)
Zwängen unterworfen sein
Ein Programm, Konzept oder einen Plan als Vorgabe haben
Gefesselt werden
Geknebelt werden
Versklavt werden
Unterdrückt werden
Atomkraftgegner
Mangelnde Beziehungsfähigkeit
Zu wenig Macht über sich selbst
Mangelnder Forschergeist
Defizit an Konzepten
Defizit an Plänen
Defizit an Leidenschaft
Hundephobie

Kompensation

Ausbeuter
Fixierung

Machthaber
Macht ausüben
Zwang ausüben
Andere unter Druck setzen
Erwartungsdruck ausüben
Sadist
Andere versklaven
Andere manipulieren
Durch Pläne und Konzepte andere fremdbestimmen
Andere missionieren
Dogmatisierung der eigenen Meinung
Dogmatiker
Prinzipienreiter
Vorstellungsgebundenheit
Ideologie
Programme für andere aufstellen
Atomkraftbefürworter
Autorität (im Sinne von Machtverkörperer)
Guru
Ständig kämpfen
Hundehalter
Therapeut
Eigene Vorstellungen in der Beziehung dogmatisieren
Beziehung leben, wie es Norm oder Ideal vorschreiben

Lösungsmöglichkeit, erwachsene Form

Eigener Weg
Eigene (geistige) Einstellung
Eigene Meinung
Eigene Vorstellungen
Eigene Pläne
Eigenes Konzept
Eigenes Lebensprogramm
Wandlungsfähigkeit
Transformationsfähigkeit
Eigene Forschung
Der eigene Therapeut sein
Der eigene Chef sein
Der eigene Guru sein
Beziehungsfähigkeit
Bindungsfähigkeit
Fähigkeit, die Partnerschaft zu festigen
Macht über sich selbst
Fähigkeit, Leidenschaft zu entwickeln
Fähigkeit, erotische Fantasien zu entwickeln
Fähigkeit, Altes sterben und Neues entstehen zu lassen

Entwicklungsprozess

Stirb-und-Werde-Prozess
Wandlungsprozess
Transformationsprozess
Wegfindungsprozess
Therapeutischer Prozess
Prozess der Festigung und Verwurzelung einer Beziehung
Bindungsprozess
Prozess von der Fremdbestimmung zur Selbstbestimmung

Haus 8 entspricht dem 2. Haus des anderen

Was erwirke ich durch meine Haus-8-Anlagen beim anderen?

Hemmung: Die mangelnde eigene Meinung, der Mangel an Konzept und an eigenen Programmen, die Schwierigkeiten im Finden des eigenen Wegs und der Mangel an Selbstbestimmung verursachen beim anderen einen überdimensionierten Eigenwert und den Drang, das eigene Revier (überzogen) zu erweitern. Die mangelnde Bindungsbereitschaft macht den Horoskopeigner beim Partner weniger wertvoll.
Kompensation: Die eigenen Übergriffe, die eigene Dominanz, die eigenen Dogmen, Vorstellungen, Pläne, Fixierungen und Erwartungshaltungen beeinträchtigen das Revier, den Genuss, den Lebensstil und den Eigenwert des anderen. Auch kann es sein, dass dadurch Besitz und Finanzen des anderen geschmälert werden.
Lösungsmöglichkeit, erwachsene Form: Der Einsatz von Leidenschaft verschafft dem Partner körperlichen Genuss. Wer seine eigenen Vorstellungen, seine Lebensprogramme verwirklicht und seinen eigenen Weg geht, kann dem anderen sein Revier und seinen Lebensstil zugestehen. Wenn der andere um den Lebensweg des Horoskopeigners weiß, kann er sein Revier besser abstecken und seinen Platz schneller finden.

Haus 9

Themen: *Darstellung und Weiterentwicklung der eigenen Gedanken und Vorstellungen, Weltanschauung, Philosophie, Religion, geistige Welt, religiöses Leben, Sinnfindung, große Reisen, Ausland, Internationalität, Bildung, Weiterbildung, (schöngeistige) Kultur, Oper, Operette, Vernissagen, Funktionalität der Partnerschaft, Verbesserung der Beziehung, Darstellung als Paar, vielseitige Interessen, Einsichtsfähigkeit, Horizonterweiterung, Weitblick, Verständnis, Toleranz, Weisheit, Assimilation, Liberalität, Expansion.*

Körperliche Ebene
Leber, Hüften, Oberschenkel

Hemmung

Mangelnde Bildung
Mangelnde Weiterbildung
Zu wenig Weitblick
Mangelnde Erfassung der geistigen Welten
Zu wenig Einsichten
Uneinsichtig
Zu wenig Verständnis
Mangel an Toleranz
Blockade in der Weiterentwicklung der Partnerschaft
Hemmung, eine Beziehung zu verbessern
Schwierigkeiten im Ausland
Günstling eines Mäzens
Schwierigkeiten, die eigenen Gedanken und Vorstellungen darzustellen
Keinerlei Auslandserfahrung
Mangel an eigener Weltanschauung
Mangel an eigener Lebensphilosophie
Mangel an eigener Sinnfindung
Lob empfangen
Unedel

Kompensation

Mäzen
Konventionelle Bildung
Konventionelle Weiterbildung
Konventionelle Weltanschauung
Konventionelle Philosophie
Religiöser Fanatiker
Sinnfindung innerhalb der Norm
Überdimensionierter Reisedrang
Auslandserfahrung (als Trumpfkarte gegenüber anderen)
Demonstration von Weisheit
Demonstration von geistiger Weite
Der Edle (um via Edelmut

Opportunist	»oben« zu sein)
Positivdenker	Kulturelle Interessen und Bildung demonstrieren, um andere zu beeindrucken
Wohlwollen (als Spieler der Elternrolle)	Opern, Operetten, Konzerte und Vernissagen besuchen, um als gebildet zu gelten
Lob spenden (nur um als guter Mensch zu erscheinen)	
Tolerant, um dafür anerkannt zu werden	
Lösungsmöglichkeit, erwachsene Form	
Einsichtsfähigkeit	Eigene Weltanschauung
Toleranz	Eigene Lebensphilosophie
Echte Weisheit	Eigene Sinnfindung
Fähigkeit, zu expandieren	Fähigkeit, etwas optimaler zu gestalten
Fähigkeit, sich selbst zu fördern und zu beglücken	Fähigkeit, die Partnerschaft weiterzuentwickeln und zu verbessern
Eigene Bildung	
Eigene Weiterbildung	
Entwicklungsprozess	
Prozess der Sinnfindung	Prozess der Weiterentwicklung der geistigen Anlagen
Bildungsprozess	Prozess der Weiterentwicklung der Partnerschaft
Weiterbildungsprozess	
Expansionsprozess	

Haus 9 entspricht dem 3. Haus des anderen

Was erwirke ich durch meine Haus-9-Anlagen beim anderen?

Hemmung: Der Mangel an eigener Bildung, an Interesse und an Toleranz hemmt den anderen in seiner Darstellung und in seiner Kommunikation. Es kann aber auch das Gegenteil eintreten, nämlich, dass dadurch der andere Oberwasser gewinnt und rhetorisch auftrumpft.
Kompensation: Durch die Dogmatisierung von Bildung, Weltanschauung, Philosophie oder Religion wird die Darstellung des anderen unterdrückt oder gehemmt. Der andere wagt nicht mehr, frei zu

kommunizieren. Ein echtes Gespräch im Sinne einer gegenseitigen Befruchtung ist nicht mehr möglich.

Lösungsmöglichkeit, erwachsene Form: Eigene Bildung, Wohlwollen, entwickelte Toleranz und echtes Interesse fördern die Bereitschaft des anderen, offen zu kommunizieren. Ferner wird der andere nicht in seinem freien Aktionsradius eingeschränkt.

Haus 10

Themen: *Beruf, Berufung, Anerkennung, Maßstäblichkeit, Karriere, Ehrgeiz, Ruhm und Ehre, Auszeichnungen, Öffentlichkeit, Normen, Gebote, Verbote, Gesetze, Ideale, Moral und Konvention, Anstand, eigene Ziele, eigene Rechte, eigene Verantwortung, Konzentration, Stabilität, Kontinuität, Ausdauer, Bewusstsein, Maßstäbe der Kultur, der Zeitepoche und des Milieus, die Staatsregierung, die Regierung in sich selbst, der Richter in sich selbst.*

Körperliche Ebene
Knochengerüst (Skelett),
Wirbelsäule, Milz, Knie

Hemmung

Angst, Verantwortung zu übernehmen
Zu wenig eigene Rechte in Anspruch nehmen
Mit Schuldgefühlen behaftet sein
Sklave von Moral und Konvention
Wenig Anerkennung ernten
Normgerecht sein wollen
Bestraft werden
Gerichtet werden
Gehemmt werden
Gemaßregelt werden
Sich selbst bestrafen
Mangelnde Konzentrationsfähigkeit
Mangelnde eigene Zielsetzung
Nur im Sinne der Ziele der anderen tätig
Schwaches Mittelpunktstreben
Mangelnder Ehrgeiz
Patriarchales Bewusstsein (als Spieler der Kindrolle)
Wenig Aussicht auf Karriere und Ruhm
Gehemmt in der Öffentlichkeit
Angst vor öffentlichen Auftritten
Sich selbst zu wenig wichtig nehmen

Kompensation

Verkörperung einer Norm
Verkörperung von Idealen
Karrierist
Übergeordnete Position, Vorgesetzter, Vorstand
Streber nach Ruhm und Ehre
Idealist
Moralist
Patriarchales Bewusstsein (als Spieler der Elternrolle)
Verantwortlich gegenüber Norm, Moral und Konvention

Lehrer
Maßregler
Richter
Strafender
Konservativer Mensch
Vergangenheitsorientiert
Traditionalist
Verursacher von Schuldgefühlen beim anderen

Lösungsmöglichkeit, erwachsene Form

Fähigkeit, die eigenen Rechte zu entdecken und durchzusetzen
Verantwortung dem Leben gegenüber
Fähigkeit, eigene Ziele anzupeilen
Konzentrationsfähigkeit
Fähigkeit, seine Berufung wahrzunehmen
Fähigkeit, nach den Lebensgesetzen zu leben
Stabilität
Kontinuität
Verlässlichkeit
Ausdauer
Ökologisches Bewusstsein

Entwicklungsprozess

Bewusstwerdungsprozess
Verantwortungsprozess
Berufsfindungsprozess
Prozess des Findens der eigenen Berufung
Konzentrationsprozess
Prozess der Entdeckung der Lebensgesetze

Haus 10 entspricht dem 4. Haus des anderen

Was erwirke ich durch meine Haus-10-Anlagen beim anderen?

Hemmung: Der Mangel an Verantwortung verletzt die Gefühle des anderen oder drängt den Partner in die Mutterrolle.
Kompensation: Durch das Verfechten von Moral, Konvention und Anstand werden die seelische Eigenart, die Natur und die Gefühlsentwicklung des anderen eingeschränkt. Durch das Streben nach Karriere und Ruhm werden die Gefühle des anderen nicht mehr wahrgenommen.
Lösungsmöglichkeit, erwachsene Form: Die Übernahme von Verantwortung und die Beachtung der Lebensgesetze fördern die Entwicklung der Gefühle des anderen, lassen dessen seelische Eigenart zu.

Haus 11

Themen: *Befreiung, Emanzipation, Gleichberechtigung, Freiheit, Gleichheit, Brüderlichkeit, Mitbestimmung, Feminismus, Individuation, progressive Bestrebungen, Unabhängigkeit, Ansammlung und Festigung der eigenen Rechte und der eigenen Verantwortung, Veränderung, Erneuerung, Abwechslung, Chance, Überraschung, Widerstand, Rebellion, Seitensprung, Skandal, Übertreten von Tabus, Auflehnung, Trotz, Demonstration, Antihaltung, Reformen, Humanismus, neue Ideen, Intuition, Originalität, Erfindergeist, Exzentrizität, Teamarbeit, Teamgeist, Trend, Freundschaften*

Körperliche Ebene

Nervensystem, Unterschenkel, Sprunggelenk

Hemmung

Eingeschränkte Freiheit
Eingeschränkte Freizeit
Nicht emanzipiert genug
Trotzhaltung
Widerstand leisten
Unmündigkeit
Unfall erleiden
Neurasthenie
Unter Stress stehen
Mangelnde Originalität
Zu wenig intuitiv
Mangelnde Abwechslung
Nichterkennen von Trends
Mangelnde Chancenverwertung
Seitensprung erleiden
Verhinderte Individuation
Schwierigkeiten, die passenden Freunde zu finden
Schwierigkeiten, Freundschaften zu pflegen

Kompensation

Extravaganz
Sich aus der Masse herausheben
Genormte Freiheit und Freizeit
Freiheit erleben über Geschwindigkeitsrausch
Symbolische Befreiung über Drachenfliegen oder Flugreisen
Fanatische Emanzipation
Neophilie
Demonstrant
Rebell
Terrorist
Revolutionär
Konventionen sprengend
Genormte Originalität
Seitensprung begehen
Skandal auslösen

Lösungsmöglichkeit, erwachsene Form

Fähigkeit zu Freiheit und Unabhängigkeit
Fähigkeit, sich zu emanzipieren
Fähig, den Individuationsprozess zu beginnen
Fähig, sich zu ändern
Fähigkeit, seine Freizeit zu gestalten
Fähigkeit zur Mitbestimmung
Fähigkeit, Freundschaften zu pflegen
Fähigkeit, für Abwechslung zu sorgen
Fähigkeit, sich zu befreien
Fähig zu gemeinsamen Unternehmungen
Fähigkeit, Chancen wahrzunehmen
Fähigkeit, Trends zu erkennen
Fähigkeit, für Überraschungen zu sorgen
Fähigkeit zur Intuition
Fähigkeit zur Originalität
Fähigkeit, Tabus zu übertreten
Fähigkeit zur Antizipation
Fähigkeit, etwas zu erfinden

Entwicklungsprozess

Emanzipationsprozess
Befreiungsprozess
Individuationsprozess
Veränderungsprozess
Mitbestimmungsprozess

Haus 11 entspricht dem 5. Haus des anderen

Was erwirke ich durch meine Haus-11-Anlagen beim anderen?

Hemmung: Die eigene Unfreiheit und mangelnde Unabhängigkeit schränken den anderen in seiner Souveränität und Selbstständigkeit ein oder treiben ihn dazu, überdimensioniert zu handeln und zu managen.
Kompensation: Die ständige Untreue, die ständige Auflehnung, der dauernde Widerstand irritieren die seelische Sicherheit, das Selbstbewusstsein und die Handlungsfähigkeit des anderen. Die Antihaltung macht es dem Partner schwer zu handeln und Unternehmungen durchzuführen. Der Horoskopeigner fungiert als ständiger Unruheherd dem Partner gegenüber.
Lösungsmöglichkeit, erwachsene Form: Die eigene Freiheit und Unabhängigkeit fördern die Selbstständigkeit und die Handlungsfähigkeit des Partners.

Haus 12

Themen: *Das Haus der unbeschränkten Möglichkeiten, Zeigen und Praktizieren der eigenen Rechte und der eigenen Verantwortung, Verdrängtes, Wahrnehmung und Aufdeckung der Hintergründe, detektivische Fähigkeiten, Entlarvung, kosmische Fähigkeiten, Traum, Erlösung, Tiefenpsychologie, Esoterik, Astrologie, Mystik, Transzendenz, Welt jenseits von Gut und Böse, Bewusstseinserweiterung, Ahnungsvermögen, Fähigkeit, zu zweifeln und infrage zu stellen, Lüge, Schein, Scheinwelt, Irrealität, Film und Fernsehen, Fantasie, Hoffnung, Heimlichkeiten, das Nebulöse, der Nebel, das Verwunschene, das Verzauberte, das Illegale, Angst, Flucht, Sucht, Helfen, Krankenhaus, Gefängnis, psychiatrische Klinik, Subkultur, Alternativbewegung, Ausgestoßensein, Einsamkeit, Zurückgezogenheit, Stille.*

Körperliche Ebene
Füße, Hormonsystem, innersekretorische Drüsen, Hypophyse

Hemmung
Ausgestoßenheit
Opfer des Spotts
Ängstlichkeit
Rechtlosigkeit
Einsamkeit
Weinerlichkeit
Mangelnde Fantasie
Mangelndes Ahnungsvermögen
Mangelnde Alternativen
Mangelnde Hoffnung
Asozial
Gefängnisinsasse
Patient in einer psychiatrischen Klinik
Unsicherheit
Hilflosigkeit
Schwäche
Patient im Krankenhaus
Mangel an esoterischem oder astrologischem Wissen
Mangel an Symbolwissen
Gehemmt im Zeigen der eigenen Rechte
Gehemmt im Praktizieren von Verantwortung
Mangelnde Fähigkeit, zu hinterfragen und zu zweifeln
Blockade in der Bewusstseinserweiterung

Kompensation
Heimlichkeiten pflegen
Schwärmereien
Sucht
Anhänger einer Subkultur
Andere verachten, ausstoßen, entwerten

Flucht	Spion
Lüge	Detektiv
Schein	Irreale Hoffnungen hegend
Mythos	Hellseher
Helfer	Romane lesen
Ausgeflippter	Filme konsumieren
Alternativer	Alternativen innerhalb des vorgegebenen Systems
Clown	
Lösungsmöglichkeit, erwachsene Form	
Fähigkeit, Fantasie zu entwickeln	Fähigkeit, Alternativen zu entwickeln
Fähigkeit, Träume zu verwirklichen	Fähigkeit, die eigenen Rechte und die eigene Verantwortung auszudrücken
Fähigkeit, Überkommenes aufzulösen	Fähigkeit, nach den kosmischen Gesetzen zu leben
Fähigkeit zu zweifeln und zu hinterfragen	Kosmische Fähigkeiten (Telepathie, Telekinese, Teleportation etc.)
Fähigkeit, Hintergründe aufzudecken und zu entlarven	
Fähigkeit, etwas zu erahnen	Fähigkeit, sich selbst zu helfen
Fähigkeit, die Welt jenseits von Gut und Böse zu erfassen	Fähigkeit, sich selbst zu erlösen
Entwicklungsprozess	
Verschleierungsprozess	Prozess der eigenen Erlösung
Auflösungsprozess	Prozess der Entwicklung von Alternativen
Entlarvungsprozess	

Haus 12 entspricht dem 6. Haus des anderen

Was erwirke ich durch meine Haus-12-Anlagen beim anderen?

Hemmung: Die Hemmung, Moral und Konvention aufzulösen, Hintergründe zu erfassen und Verantwortung zu praktizieren, blockieren oder verunsichern den Partner beim Zeigen seiner Gefühle. Die eigene Hilflosigkeit zwingt den Partner zu mehr Arbeit, Mühe und Plag.

Kompensation: Der helfende Horoskopeigner verunsichert den anderen im Zeigen seiner Gefühle. Durch das ständige Fernsehen und Konsumieren von Videofilmen wird der Partner in seiner Wahrnehmung verunsichert.
Lösungsmöglichkeit, erwachsene Form: Wer bereit ist, Verantwortung zu praktizieren, sich und die Welt infrage zu stellen und sein Bewusstsein zu erweitern, fördert die Bereitschaft des anderen, seine wahren Gefühle zu zeigen.

Standardwerke der Astrologie

RAFAEL GIL BRAND

Himmlische Matrix

Die Bedeutung der Würden in der Astrologie

380 Seiten, Hardcover, 85 Abbildungen und 36 Tabellen
ISBN 978-3-89997-232-0

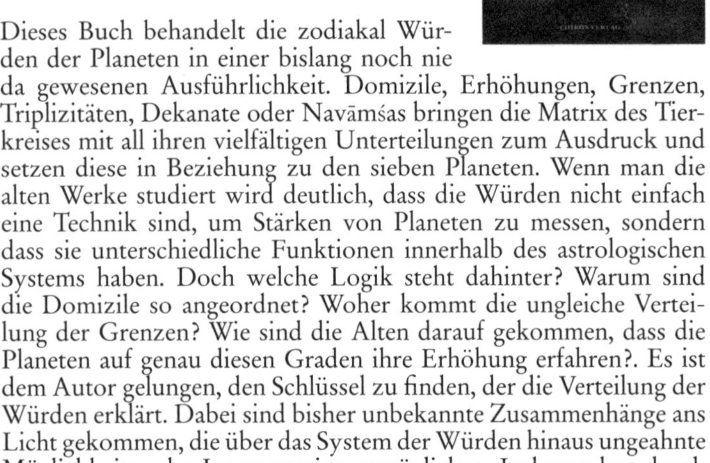

Dieses Buch behandelt die zodiakal Würden der Planeten in einer bislang noch nie da gewesenen Ausführlichkeit. Domizile, Erhöhungen, Grenzen, Triplizitäten, Dekanate oder Navāmśas bringen die Matrix des Tierkreises mit all ihren vielfältigen Unterteilungen zum Ausdruck und setzen diese in Beziehung zu den sieben Planeten. Wenn man die alten Werke studiert wird deutlich, dass die Würden nicht einfach eine Technik sind, um Stärken von Planeten zu messen, sondern dass sie unterschiedliche Funktionen innerhalb des astrologischen Systems haben. Doch welche Logik steht dahinter? Warum sind die Domizile so angeordnet? Woher kommt die ungleiche Verteilung der Grenzen? Wie sind die Alten darauf gekommen, dass die Planeten auf genau diesen Graden ihre Erhöhung erfahren?. Es ist dem Autor gelungen, den Schlüssel zu finden, der die Verteilung der Würden erklärt. Dabei sind bisher unbekannte Zusammenhänge ans Licht gekommen, die über das System der Würden hinaus ungeahnte Möglichkeiten der Interpretation ermöglichen. Insbesondere durch die Entdeckung des Goldenen Schnitts als einer universellen Proportion, die auch dem klassischen astrologischen System innewohnt, eröffnet Ihnen dieses Buch eine vollkommen neue Perspektive.

„Aber der Titel verspricht mehr als nur Technik. Gil Brand hebt Tierkreis und Planeten auf einen höheren Plan und zeigt beispielsweise, wie der Goldene Schnitt, jenes in der Natur allgegenwärtige Ordnungsprinzip, auch unserem Sonnensystem und der ganzen Galaxis inhärent ist."

Astrologie Heute Nr .174

Standardwerke der Astrologie

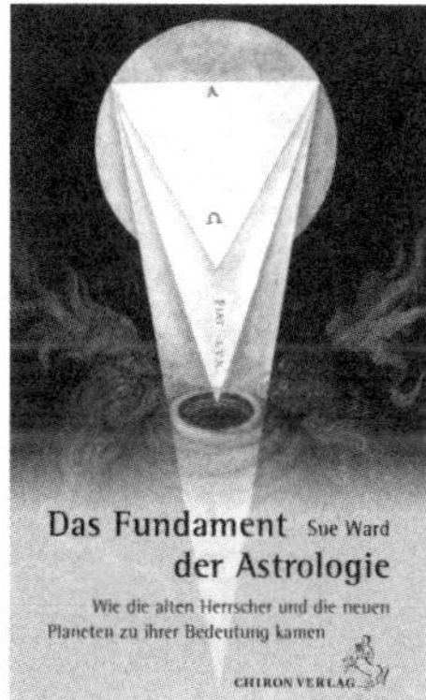

SUE WARD

Das Fundament der Astrologie

Wie die alten Herrscher und die neuen Planeten zu ihrer Bedeutung kamen

142 Seiten, Paperback, zahlreiche farbige Abbildungen
ISBN 978-3-89997-195-8

Die Grundprinzipien der Astrologie lassen sich nirgends besser erkennen als in den ersten Kapiteln der Schöpfungsgeschichte. Bei näherer Betrachtung kann man feststellen, dass sich die klassische Zuordnung der Zeichenherrscher und der Temperamente direkt aus der Genesis ableiten lässt. Mit der Entdeckung der äußeren Planeten Uranus, Neptun und Pluto erhebt sich die Frage, wie diese zu deuten seien und wie sie in das bestehende System eingefügt werden sollten. Dem geht Sue Ward nach, indem sie die Ursprünge der heute gängigen Symbolik aufzeigt. Sie kommt zu dem Schluss: Astrologie in ihrer ursprünglichen Form ist und bleibt eine universelle Wissenschaft.

Die Autorin möchte darüber aufklären, dass der modernen Astrologie seit der theosophischen Wiedererweckung im ausgehenden 19. Jh. nicht die Autorität zukommt, die sie beansprucht. Wohl wahr – da ist manches seltsam gelaufen bei der Etablierung der modernen Astrologie. Ich wüsste nur zu gerne, warum wir nicht längst alle wieder zur Klassik zurückgekehrt sind ...

Sternzeit 49/2011

Standardwerke der Astrologie

ROLAND JAKUBOWITZ

Astrologie in der Erziehung

Werde der, der Du bist. Oder: Finde im jetzigen Leben wieder die innere Balance

186 Seiten, Hardcover
ISBN 978-3-89997-224-5

»Welchen Einfluss hat die Erziehung auf das Horoskop?« In diesem Buch wird diese oft gestellte Frage beantwortet. Mütter und Väter finden die Erklärung, warum ihre Kinder bei gleicher Erziehung so verschieden sind. Doch das ist noch nicht alles Dieses Buch richtet sich auch an Sie als Erwachsener. Im Horoskop steht die Geschichte, die wir in dieses Leben mitbringen. Der Autor betrachtet das Horoskop entwicklungspsychologisch und erläutert die Entwicklungsschritte anhand der zwölf Planetenprinzipien. Ausführlich zeigt er jeweils die ungünstigen Folgen einer Unterdrückung bzw. die positiven Auswirkungen bei der Entfaltung der Anlagen. Neben zahlreichen erläuternden Beispielen aus dem Alltag erhalten Sie vor allem die Gelegenheit, unbewusst übernommene Normen und Regeln zu überprüfen und zu hinterfragen. Zum Beispiel ob Ihre Ansichten und Meinungen oder Ihr Verhalten auch tatsächlich Ihrer Charakteranlage entsprechen. Dieses Buch ist der Wegweiser, wenn Sie für Ihre Selbstverwirklichung den Entschluss fassen: »Werde der, der Du bist!«

Es ist ein wertvoller »Erziehungsbegleiter« geworden. Der Autor geht auf pränatale Prägungen sowie defizitäre und destruktive Auswirkungen einer ungünstigen Erziehung ein und erläutert die psychosomatischen Auswirkungen bei einer unentwickelten Anlage... Ein Buch, das nicht nur Astrologen interessieren dürfte, sondern alle, die Kinder auf ihrem Entwicklungsweg begleiten wollen.

Astrologie Heute

Standardwerke der Astrologie

RAYMOND MERRIMAN

Astrologie in der Entwicklung

Karma, Bewusstsein und die Entfaltung der Seele

361 Seiten, Hardcover, 17 Abbildungen
ISBN 978-3-89997-219-1

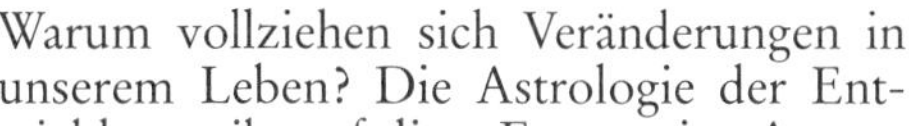

Warum vollziehen sich Veränderungen in unserem Leben? Die Astrologie der Entwicklung gibt auf diese Fragen eine Antwort. Diese Veränderungen haben ein Ziel, auch wenn die Betroffenen dieses zunächst nicht wahrnehmen. Bei jedem Ereignis verändern sich die Lebewesen. Sie bewegen sich auf etwas zu, gehen irgendwohin, auch dann, wenn das nicht immer klar definiert ist oder klar von demjenigen verstanden wird, der sich diesem Wandel unterzieht. Diese Suche ist jedoch nicht auf die Grenzen einer einzigen Lebenszeit beschränkt, noch geht es lediglich um eine einzige Periode in der Geschichte der Menschheit.

Das Horoskop ist ein Schlüssel bei dieser Suche, denn es enthält die Geschichte der Seele und gibt Antwort auf die Frage: „Warum bin ich hier?“ Es enthält die Stärken und Schwächen, beschreibt die Lektionen, die gelernt wurden, und diejenigen, die noch zu lernen sind. Es beschreibt die Natur der Reaktionen in früheren Leben sowie das Potenzial der befreienden Reaktionen im jetzigen Leben. Aus dieser Perspektive bespricht der Merriman ausführlich die Faktoren und Zyklen des Horoskops, stellt die wichtigsten Übergänge vor und zeigt Ihnen, wie Ihnen eine Sinnkrise zum Durchbruch verhilft. Dies ist das ideale Begleitbuch für eine erfolgreiche Reise der Seele.

Durch das Buch von Merriman lernen wir, das Geburtsbild als Entwicklungsplan der Seele zu interpretieren. Die zahlreichen Erfahrungen, die wir leben, werden in dieser Arbeit als wichtige Lernprozesse verstanden, die das Wachstum und das Wissen der Seele erweitern und voranschreiten lassen. …

Astrologie Heute

Standardwerke der Astrologie

JAKOB VAN SLOOTEN UND
ERIK VAN SLOOTEN

Die Mondphase der Geburt

Eine astro-psychologische Charakterkunde

122 Seiten, Hardcover
ISBN 978-3-89997-204-7

Es macht einen Unterschied, ob jemand bei abnehmendem Mond oder bei Vollmond geboren ist, denn der betreffende Mensch zeigt je nach dem eine andere Einstellung zum Leben. Außerdem lässt sich an den Mondphasen auch die spätere Entwicklung des Geborenen ablesen. Die Berechnung der individuellen Mondphase wird von den Autoren erläutert und ist mit den beigegebenen Tabellen ohne weitere Hilfsmittel möglich. Anschließend werden die zwölf Mondphasen-Typen beschrieben und anhand zahlreicher Beispiele dargestellt. Das Buch bietet eine fundierte Charakterkunde, die Sie sofort praktisch umsetzen können.

„Dieses Buch bietet nicht nur dem geschulten Leser, sondern auch dem Laien viele interessante Anregungen und Erkenntnisse über bestimmte wesentliche Antriebe des eigenen Charakters und über die Eigenschaften seiner Mitmenschen. Bei der Lektüre ist man permanent versucht, die Mondphase aller Freunde, Bekannten und Familienmitglieder nachzuschlagen, und so wird das Buch zu einem aktiven Lebensbegleiter und einer großen Bereicherung für den Alltag."

Astrologie Heute Nr. 155